GOTTES*Männer*

FELICITAS WITTSTOCK

GOTTES
Männer

ISBN 978-3-83-914-464-0

INHALT

Wie ich zu diesem Buchprojekt kam, beschreibe ich in der Vorbemerkung des ersten Gespräches. Es war Zufall. Doch mein erster Gesprächspartner, Pfarrer Leodegar Schmidt aus Braunschweig, betont gern, dass es seiner Meinung nach den Zufall nicht gibt, sondern dass dieser als „Fügung GOTTES" bezeichnet werden müsse. Lassen wir dies so stehen. Auf jeden Fall wurden die vorliegenden Gespräche mein Pilgerweg. Ich reiste in zwei Jahren nach Langenweddingen, Berlin, Remscheid, Aachen, Crostwitz, Altötting, Paderborn und Hamburg und begegnete jedes Mal einem Menschen, der zutiefst beseelt seinen Glauben lebt, mit Geist und Herz in seiner Aufgabe als Priester aufgeht und mit ganzem Wesen den Glauben bezeugt. Ich habe große Hochachtung vor meinen Gesprächspartnern und bin ihnen zutiefst dankbar für die Begegnung und die Gespräche, die sie mir ermöglichten.

Ich selbst habe mich immer als jemanden bezeichnet, der an GOTT glaubt, aber mit Kirche nichts zu tun haben will. Ich war vor 30 Jahren im Groll aus der evangelischen Kirche ausgetreten und hatte nicht vor, diesen Schritt rückgängig zu machen. Doch jedes Gespräch, das ich führte, öffnete mir eine andere Tür zu Glauben und Kirche, denn beides sollte man nicht voneinander trennen. Mit jedem Gespräch vollzog sich in meinem Inneren Wandlung. Ich begann über vieles nachzudenken, nachzulesen und mit ganz vielen Menschen inspirierende Gespräche über Fragen des Glaubens zu führen. Nach einem Jahr der Arbeit an diesem Buch trat ich wieder in die evangelische Kirche ein. Ich hatte das Gefühl, endlich, endlich nach Hause kommen zu dürfen. Es ist wunderbar, in einer Gemeinde Halt zu finden und sich gemeinsam mit Anderen im Glauben verbunden zu fühlen. Ich war die „verlorene Tochter", die mit offenen Armen empfangen und aufgenommen wurde.

So möge das vorliegende Buch auch für Andere Inspiration zum Nachdenken und -sinnen sein. Im Priester treffen Berufung und Beruf auf besondere Weise zusammen. Meine Gesprächspartner berichten alle über diese Seite ihres Werdegangs zum Priester: die Berufung, ohne die sie diesen Weg nicht eingeschlagen hätten. In keiner anderen Tätigkeit wird der berufliche Alltag, das gesamte Leben, so von dem Wunsch bestimmt, GOTT nahe zu kommen und den Menschen GOTTES Anwesenheit zu vermitteln. Doch leider ist unser Medienalltag dafür verantwortlich, dass reißerische Schlagzeilen die Wahrnehmung des Priesterberufes in der Öffentlichkeit prägen. Dass ungenannt, in aller Stille und Selbstverständlichkeit tausende Priester in unserem Land ihren Dienst an GOTT und dem Menschen in höchster Verantwortung tun, gerät aus dem Blickfeld. Das ist extrem bedauerlich, denn neben einigen schwarzen Schafen, die es in jedem Berufsstand gibt, versieht die größte Mehrzahl der Priester ihre Aufgaben aufopferungsvoll, mit Hingabe, einem hohen Ethos, tiefer Geistigkeit und unter den Bedingungen des Priestermangels mit zunehmend größer werdenden Pfarreien und einem enormen Arbeitspensum.

Auf diese Weise habe ich meine Gesprächspartner an den Orten ihres Wirkens kennen lernen dürfen. Wer also in diesem Buch die Abhandlung reißerischer Themen erwartet, der wird enttäuscht werden. Es ging mir nicht um weitere Schlagzeilen oder das Abfragen von Meinungen zu diesen in der Öffentlichkeit forcierten Themen. Mir ging es um Zeugnisse gelebten Glaubens. Das sind die Gesprächsprotokolle geworden. Zugleich sind es zeitgeschichtliche Dokumente, denn meine Gesprächspartner sind zwischen 1927 und 1976 geboren, gehören also ganz unterschiedlichen Generationen an. So sind die vorliegenden Protokolle einerseits Momentaufnahmen der Gedanken, Einstellungen, Überzeugungen, Glaubensvorstellungen meiner Gesprächspartner, wie sie am Tag und im Moment des Gespräches geäußert und festgehalten wurden. Darüber hinaus geben sie Beständiges wie Wesen, Persönlichkeit und Einmaligkeit der befragten Menschen wieder. Die Gespräche sind als verbale Porträts angelegt und in der Frage-Antwort-Form niedergeschrieben worden. Das heißt, meine Fragen sind absichtlich kurz und prägnant. Ich habe kein Zwiegespräch angestrebt, wo auch die Meinung der fragenden Person eine Rolle spielt. Meine Gesprächspartner sollten sich über ihre Antworten selbst porträtieren. Was dabei nicht ins Schriftliche übertragen werden konnte, sind die klangvollen Dialekte, die phonetischen Färbungen, die die mündliche Sprache so lebendig und persönlich werden lassen. Ich habe den Berliner Dialekt, das Braunschweiger Hochdeutsch, den Magdeburgischen, den Rheinländer, den Oberpfälzer Dialekt, das Bayerische und das vom Klang der sorbischen Sprache durchdrungene Deutsch auf Band und habe das alles ins Schriftliche übertragen, mit dem Bemühen, den Gesetzen der Schriftsprache zu folgen und dennoch die persönlichen Ausdrucksweise eines Jeden zu erhalten.

Es gibt Fragen, die sich in jedem Interview wiederfinden und den Vergleich der Antworten untereinander – das Querlesen – möglich und interessant machen. Aber ich habe mich auch oft vom Gesprächsfluss treiben lassen, so dass der Verlauf des Gespräches die Fragen hervor brachte. Lassen auch Sie sich, liebe Leserin, lieber Leser, treiben und von den Gesprächen mitnehmen in ihre eigene Glaubens- und Gedankenwelt. Mögen die Aufzeichnungen für Sie Glaubensstärkung, Anregung, Inspiration sein, sich selbst in GOTT zu finden.

Felicitas Wittstock, Braunschweig, 16. Dezember 2009

GOTT oder nicht GOTT – das ist hier die Frage

„Du aber geh hin und verkünde das Reich GOTTES!" Lukas 9,60

Ist GOTT beweisbar? Kann die Existenz GOTTES mit naturwissenschaftlichen Methoden erforscht werden? Lässt sich GOTT vermessen? Oder heißt Glauben Nicht-Wissen im Sinne einer rationalen Vernunft? Entzieht sich die Existenz GOTTES den Gesetzen der Logik und ist es damit unmöglich, GOTTES Existenz intellektuell verstehen zu können? Gehört GOTT in das Reich von Spekulation, Mystik, Märchen? Sind die zwei Milliarden Christen, die es heute weltweit gibt, einfältige Gemüter, die sich nicht der Wahrheit stellen wollen, dass GOTT auch mit den modernsten Messgeräten unserer Zeit nicht vermessen werden kann und also nicht existiert? Denn das Paradigma lautet doch spätestens seit der Aufklärung und dem beginnenden Maschinenzeitalter: Was nicht gemessen werden kann, existiert nicht. Oder? Jedoch: Hat jemals ein Chirurg bei der Operation am Hirn einen Gedanken seziert? In einer der Hirnzellen einen Gedanken nachgewiesen? Die Hirnforscher messen die Hirnströme im EEG. Haben Sie dabei einen Gedanken gefunden? Im Computertomographen entstehen farbige 3-D-Bilder vom lebenden, denkenden (!) Hirn. Die Forscher blenden sich live in das Gehirn ein, schauen ihm bei der Arbeit zu. Konnte dabei ein Gedanke entdeckt werden? Nein, natürlich nicht. Gedanken selbst sind nicht messbar, auch durch feinste technische Geräte nicht verifizierbar. Auf ihre Existenz ist nur indirekt durch die Auswirkungen des Denkens zu schließen. Heißt das, dass unsere Gedanken nicht existieren, nur weil sie als solche bisher noch nicht gemessen werden konnten? Ist GOTT nicht existent, weil wir ihn bisher nicht vermessen konnten? Ist die Methode, durch die Wirkung indirekt auf seine Existenz schließen zu können, nicht auch anwendbar, uns der Existenz GOTTES nähern zu können?

GOTT ist existent durch seine Wirkungen in unserem Leben. Das ist meine persönliche Überzeugung und auch die meiner Gesprächspartner. Doch was bewirkt seine Anwesenheit im Leben eines Menschen? Warum entscheidet sich ein Mensch, sein Leben ganz in den Dienst GOTTES zu stellen? Diesen Fragen versucht dieses Buch und die Gespräche, die in ihm wiedergegeben sind, nachzugehen. Die Befragten sprechen von GOTTESerfahrung oder dass sie GOTT erfahren haben. Was ist damit gemeint? Sich dem Unfassbaren nähern zu wollen bedeutet, auf Vergleiche ausweichen zu müssen:

Stellen Sie sich eines jener 3-D-Bilder vor, wie sie vor Jahren aufkamen und einen wahren 3-D-Boom auslösten. Was sieht ein Betrachter auf den ersten Blick? Zunächst eine zweidimensionale Anordnung verschiedener Gegenstände oder Muster, sagen wir „Rosen". Auf den ersten Blick nimmt das Auge des Betrachters also eine Art Rosentapete wahr. Sie ist flächig dargestellt, ein zweidimensionales Bild. Wenn der Betrachter bereit ist, sich darauf einzulassen (!), kann daraus ein 3-D-Bild werden. Mit dem speziellen Blick ist es möglich, dass nach geraumer Zeit aus der Rosentapete ein räumlicher Stern hervortritt, den der Betrachter plastisch als 3-D-Bild sieht. Das passiert nicht sofort. Man muss ein wenig Geduld haben. Aber wenn sich das Hirn eingeschwungen hat, dann ist er plötzlich da, dieser Stern, den man vorher weder ahnt noch sieht, und das löst ein ziemliches Erstaunen aus. Ich höre noch die ganzen „Ahs" und „Ohs" meiner Umgebung, die in der Hochphase der 3-D-Welle mit stierem Blick und einem Bild vor der Nase versuchte, das Geheimnis von wirren Mustern, Zaunreihen, Farbklecksen oder eben Rosentapeten zu entschlüsseln. Wie verhält es sich nun mit diesem 3-D-Stern? Ist er existent? Für den, der ihn entdecken konnte, auf jeden Fall, denn er sieht ihn ja. Doch beschreiben Sie diese Erfahrung jemandem, der nur einen flüchtigen Blick auf die Rosentapete wirft, der nicht bereit ist, den 3-D-Effekt sehen zu wollen oder der dies aus anatomischen Gründen der Augen gar nicht kann. Die Worte, die Sie wählen, um ihre Erfahrung zu beschreiben, werden bei Ihrem Gegenüber ungläubiges Staunen, Abwehr oder auch rationale Akzeptanz auslösen, aber sie werden nicht auf eine echte eigene Erfahrung treffen und deshalb wird derjenige immer skeptisch und distanziert bleiben. So teilte sich die „Menschheit" in zwei Lager: in die, die den 3-D-Blick hatten, „es" sahen und die, die ihn nicht hatten und die damit diese Erfahrung nicht nachvollziehen konnten. Da es viele Menschen gab, die den „Stern" entdeckt hatten, bekam seine Existenz und die 3-D-Bilderwelt etwas Objektives und Reales. Da es genauso viele gab, die ihn nicht gesehen hatten, war seine Nicht-Existenz genauso real und objektiv.

Verhält es sich mit der Existenz GOTTES nicht ähnlich? Man muss zunächst bereit sein, die Existenz GOTTES entdecken zu wollen. Das geschieht bei vielen Menschen in der Kindheit als eine selbstverständliche, nicht hinterfragte Übernahme der familiären Glaubenstradition. Doch es kommt der Moment, wo dieser Kinderglaube dem sezierenden Licht des Verstandes ausgesetzt wird und so muss sich derjenige auf einer ganz anderen Ebene neu für (oder gegen) GOTT entscheiden. Aber auch ohne einen familiären Hintergrund finden Menschen zu GOTT, weil sie Suchende sind. Sie suchen nach dem Sinn des Lebens, nach ihrer Lebensaufgabe in dieser Welt und finden dabei GOTT. Naturwissenschaftler sind auf der Suche nach tiefer Erkenntnis dessen, was die „Welt im Innersten zusammen hält", nach der „Weltformel". Wie es Max Planck formulierte: „GOTT steht für den Gläubigen am Anfang, für den Physiker am Ende allen Denkens." [1] Auch sie finden – oft unbeabsichtigt – zu GOTT. Ein Schicksalsschlag, eine Genesung nach schwerer Krankheit, großes Glück oder eine große Liebe können gläubig machen. Im Alter kann es passieren, dass die Altersweisheit die Erfahrung des Glaubens mit sich bringt. Wege gibt es viele. So viele „Gesichter" GOTTES es gibt, so viele Wege gibt es, ihn zu finden. Doch Voraussetzung dafür ist die Bereitschaft, sich darauf einlassen zu wollen. Das Hirn muss sich „einschwingen" auf GOTT, muss die GOTTESfrequenz suchen wollen. Wie beim Radio, wenn man einen bestimmten Sender sucht und nach und nach die Feinabstimmung vornimmt, damit man ihn klar und deutlich empfangen kann. Und so teilt sich auch hier die Menschheit in diejenigen, die GOTT finden, GOTTESerfahrungen machen, spüren, wie sich ihr Leben durch GOTTES Anwesenheit verändert. Für diese ist GOTT Wirklichkeit durch die eigene leibhaftige Erfahrung. Doch wie lassen sich solcherlei Erfahrungen mitteilen? Es ist wie mit dem 3-D-Stern. Nur die werden sich von den Schilderungen berühren lassen, die Ähnliches erlebt haben und daher wissen, wovon die Rede ist.

Es ist der Beruf des Priesters, GOTT nahe zu sein, ihm so nah wie möglich kommen zu wollen und andere Menschen zu geleiten, Gleiches zu erreichen. Was bringt einen Menschen dazu, aus Liebe zu GOTT (der noch gar nicht vermessen und bewiesen werden konnte, den es daher gar nicht zu geben scheint), auf Ehestand, familiäres Glück und Sexualität zu verzichten, nur um sich ganz in den Dienst GOTTES und der ihm anvertrauten Menschen zu stellen? Die Gespräche versuchen eine Annäherung. Sie legen Zeugnis ab von Glaube, Liebe, Hoffnung und sollen den Leser inspirieren auf seinem ganz eigenen Weg zu GOTT.

Für diejenigen jedoch, die GOTT nicht suchen, die keine Erfahrungen mit ihm machen, ist GOTT nicht existent. Die hier geschilderten Lebenswege werden nicht resonieren mit dem eigenen Denken, Fühlen und Erfahrungshorizont.

Somit ist GOTT zugleich existent und nicht-existent. Wie paradox! Was ist er nun wirklich?

Existenz und Nicht-Existenz sind wie Hell und Dunkel, Schwarz und Weiß, Stille und Lärm, Geburt und Tod ... zwei Ausprägungen unserer von Dualität gekennzeichneten Welt. Erst zusammen bilden die verschiedenen Qualitäten das EINE, aus dem sie hervor gehen. *Schwarz* und *Weiß* gehen aus der Qualität „Farbe" hervor, *Heiß* und *Kalt* aus der Temperatur, *Geburt* und *Tod* bilden das Leben. Alles zusammen ist die Schöpfung. Erst durch das Eine lässt sich das

Andere erfahren. Yin und Yang sagen die Chinesen und meinen damit zwei Po-
laritäten (nicht Dualitäten), die sich gegenseitig brauchen, erzeugen und die aus
dem EINEN (dem Dao) hervorgehen. In unserem Kulturkreis geben wir diesem
EINEN, aus dem alles kommt, den Namen GOTT. Also erschafft GOTT auch
seine eigene Nicht-Existenz?

Ein Blick auf die Quantentheorie könnte eine Antwort liefern [2]. „Wer von der
Quantentheorie nicht schockiert ist, hat sie nicht verstanden" – so formulierte es
einst Niels Bohr, einer ihrer Väter. Bereits im 18. Jahrhundert hat der englische
Arzt und Physiker Thomas Young die Doppelnatur des Lichtes als Welle und
Teilchen durch das Einfach- und Doppelspaltexperiment nachgewiesen. Für diese revolutionäre Entdeckung war er viel zu früh. Später begründete und bewies
Max Planck die Quantentheorie: Sie legt nahe, dass auf der subatomaren Ebene
die Realität als ein Feld von möglichen Wahrscheinlichkeiten existiert, bis ein
Beobachter mit seinem Bewusstsein und einem geplanten Experiment einer dieser unzähligen Wahrscheinlichkeiten zur Realisierung verhilft. Das heißt, es ist
das Bewusstsein des experimentierenden Menschen, das darüber entscheidet, ob
das Licht sich als Welle oder Teilchen zeigt. Das EINE ist das Licht, was die Polarität von Welle und Teilchen hervor bringt. Der Beobachter schafft durch seine
Beobachtung die Realität eines Pols, doch die Basis dafür liefert die Schöpfung.
GOTT ist der EINE, der die Polarität seiner Existenz und Nicht-Existenz her-
vorbringt. Die Entscheidung, welche Polarität sich zeigt, liegt beim Menschen
und seinem Bewusstsein. Die Befragten dieses Buches haben sich entschieden.

Möge GOTTES Segen auf dem Geschick dieses Buches und seinen Lesern
ruhen.

Felicitas Wittstock

Durch Nacht zum Licht

PFARRER I. R. LEODEGAR SCHMIDT, BRAUNSCHWEIG

Geboren am 6. März 1927

Als ich nach Braunschweig zog, trug ich mich mit dem Gedanken, eine Ausbildung in Seniorentanz zu absolvieren und mich auf diesem Gebiet selbstständig zu machen. Deshalb suchte ich in meiner Nähe eine Gruppe, in der ich mittanzen könnte und stieß im Luise-Schroeder-Haus auf einen Treff, wo Tänze im Sitzen praktiziert wurden. Am ausgeschriebenen Tag fand ich mich ein und war 30 Minuten zu früh da. Mit mir war ein älterer Herr im Raum, der ebenfalls zu den Tänzen im Sitzen wollte. Wir kamen ins Gespräch. Es war Pfarrer Leodegar Schmidt, der mir gleich seine Predigtvorbereitungen zeigte, die er in der Jackettasche bei sich trug. Es war eine Predigt zum Thema „Der verlorene Sohn". Mit seinen 80 Jahren stand er gelegentlich immer noch auf der Kanzel. Ich blickte auf eng beschriebene Seiten, abwechselnd in Sütterlin und lateinischen Buchstaben gehalten. Manchmal gab es einen langen Strich über das Papier. „Da bin ich wohl eingeschlafen" – bemerkte er. 30 Minuten können lang genug sein, um neugierig auf das Leben eines anderen Menschen zu werden. Pfarrer Schmidt erzählte mir vom Krieg, seiner Einberufung, seiner Hirnverletzung nach dem Krieg und seinen priesterlichen Aufgaben.

Wir waren uns zum ersten Mal begegnet und dennoch gab er mir in großer Offenheit Einblicke in sein Leben. Was ich hörte, fand ich so interessant, dass ich ihn im Sinne der „oral history" gern interviewt hätte. Er gehört zu einer Generation, deren Lebenslauf schicksalshaft vom 2. Weltkrieg geprägt wurde. Die Zeitzeugen des Krieges werden rarer. Ist es nicht wichtig, die Erinnerung wach zu halten für all diejenigen, die das Glück späterer Geburt hatten? Hinzu kam, dass Herr Schmidt katholischer Priester war. Für mich hat dieser Beruf immer noch die Aura des Besonderen, treffen doch Gott und Mensch im Priester (oder Pfarrer) von Berufs wegen zusammen. Wie geht ein Priester, der den Menschen die Schönheit von Gottes Schöpfung nahe bringt, der von der Liebe Gottes zu seinen Geschöpfen predigt, mit Tod, Verderben und Krieg um? Kann der Glaube helfen, solche traumatischen Erlebnisse aufzuarbeiten? Verfügt ein Priester über besondere seelische Stärken, Schicksalsschläge im Leben mithilfe des Glaubens überwinden zu können? Überhaupt, wie lebt ein katholischer Priester seinen Glauben ganz konkret im Alltag? Aus all diesen Fragen entstand nach und nach in meinem Kopf der Wunsch, katholische Priester zu befragen und zu hören, wie das Agieren in der Welt und der ganz persönliche Glaube eine unverwechselbare Biografie erschaffen, die vielleicht auch ein wenig davon zeugt, wie hier und heute der katholische Glauben gelebt wird.

So fragte ich Pfarrer Schmidt, ob er sich vorstellen könne, mir sein Leben zu erzählen bzw. von mir zu seinem Leben befragt zu werden. Er sagte spontan „Ja", und so wurde Pfarrer Schmidt mein erster Gesprächspartner.

Ich schilderte ihm mein Anliegen, dass ich mir vorstellen könne, Priester verschiedener Generationen zu befragen. „Warum wollen Sie so ein Buch zusammenstellen? Weshalb möchten Sie[10] Popen – sag' ich jetzt mal so lax – interviewen?" fragte er zurück. Und nach einer Denkpause: „Der Sinn kann doch nur darin liegen, herauszubekommen, wie diese vier Generationen von Priestern, die es heute parallel gibt, durch die Zeiten gekommen sind, wie sie sich mit Nazizeit, Weltkrieg, dem Kommunismus herum geschlagen haben und ob sie tapfer waren. Ein Priester, meint man, muss immer 'was Frommes sein. Aber ‚fromm' kommt von ‚frumb' und heißt eigentlich ‚tapfer'. Es war der ‚frumbe Landsknecht', der mit der Fahne voran ging. Er war also der Tapfere (der ‚Fromme'), weil die Fahne ein Angriffsziel bot und er der Erste war, auf den geschossen wurde. Gläubig zu sein heißt nicht automatisch, tapfer zu sein. Auf meinem Entnazifizierungszeugnis steht: ‚nicht betroffen'. Das können nicht viele in dieser Zeit von sich sagen."

Die Nazizeit und der Krieg haben die Biografie von Pfarrer Leodegar Schmidt stark geprägt. Immer wieder kommt er darauf zu sprechen, eine Zeit, die er nicht nur erlebt, sondern – wie er sagt – erlitten hat. Geistige Heimat und Quelle der Kraft waren ihm in diesen dunklen Jahren Kirche und Glauben. Aber auch die Bücher, ohne die er sich sein Leben nicht vorstellen könnte. Als er 1945 in italienische Gefangenschaft kam, nannte er eine Handvoll Stroh sein eigen, ein Sturmgepäck, was auf einem Panzer angebrannt und dadurch unbrauchbar geworden war und ein Neues Testament – ein kleiner Band, in Leder gebunden. Als er aus der Gefangenschaft zurückkam, enthielt dieses Buch nur noch ein paar wenige Seiten zwischen seinem Einband. „Kamerad, hast du 'was zum Lesen?" wurde er immer wieder von seinen mitgefangenen Kameraden gefragt, und so riss er aus seinem geliebten Buch Seite um Seite, um auch die Anderen, die nach geistiger Nahrung und seelischem Halt hungerten, zu stärken.

Der Glaube, die Kirche und die Bücher – aus dieser Trinität erwuchs sein Tun. Kein Wunder also, dass beim Betreten seiner Wohnung sofort die wertvollen Bücher auffielen: Viele mehrbändige Lexika zu allen Wissensgebieten, Belletristik und großformatige Wörterbücher in Englisch, Spanisch, Französisch, Latein und Hebräisch standen in den Regalen. 30 laufende Meter Bücher hatte er bereits an ein Kloster bei Magdeburg verschenkt. Überhaupt sei das Materielle für ihn nicht so wichtig, erzählte er: „Ich war nicht unbetucht. Meine Ländereien und mein Geld habe ich schon früher weggeben, an die Familie, an die Kirche. Damit habe ich auch einen seit 1919 schwelenden Erbstreit beendet. Das war gut so."

Kaum zu glauben, dass dieser große stattliche Mann, der von unbezwingbarer Energie scheint und etwas ganz Kerniges, Kraftvolles in seinem Wesen und seiner Sprache hat, seit einem Verkehrsunfall im Jahr 1952 durch eine Hirnverletzung in seiner Leistungsfähigkeit vermindert ist. Wer war er davor? Wer danach?

Pfarrer Leodegar Schmidt hat sich nicht beugen lassen von den schlimmen Erlebnissen im Krieg und all den Schmerzen und Einschränkungen, die die Hirnverletzung mit sich brachte. Er hat trotz des schweren Schicksals, das ihm Gott aufgebürdet hat, niemals an Gott gezweifelt und ist auch nie verzweifelt. Im Gegenteil, der Glaube und der Priesterberuf gaben ihm die Kraft, seine Bürde anzunehmen und damit leben zu lernen. Seine Biografie und seine Haltung dem Leben gegenüber machen Mut, „Ja" zu den Höhen und Tiefen des Lebens zu sagen, nicht zu verzagen oder sich aufzugeben, wenn man harten Prüfungen unterworfen ist. Pfarrer Schmidt ist ein Kämpfer in den Stürmen des Lebens geworden, und er hat sich bei all dem einen trefflichen Humor bewahrt. Einer seiner Chirurgen gab ihm nach der Hirnoperation folgenden Rat: „Wenn Ihnen Ihr geistiges Leben lieb ist, studieren Sie jeden Tag." Er hat diesen Rat ernst genommen und bis zum heutigen Tag beherzigt. So ist es ihm möglich geworden, spielerisch vom Deutschen ins Lateinische oder Englische zu wechseln. Er zitiert Psalmen und Gedichte auswendig und schreibt sich täglich Gedankengut auf von Schriftstellern, Theologen, Mystikern, welches ihn inspiriert. So ist das nachfolgende Gespräch reich an Zitaten aus Bibel und geistlicher Literatur, die Pfarrer Schmidt aus dem Kopf memoriert. Über unsere Gespräche sagte er: „Wissen Sie, die Zeit mit Ihnen war wie Exerzitien", was heißen mag: Vielleicht war es gut, gesprächsweise einmal über das eigene Leben nachzusinnen.

März bis Mai 2007

I. WIR KOMMEN RUM, OHNE PFAFFENGEBRUMM – KINDHEIT, JUGEND, KRIEG

Pfarrer Schmidt, in welche Familie wurden Sie hineingeboren?

Geboren bin ich am 6. März 1927 in Mayen. Das ist im Rheinland, Osteifel. Mayen-Koblenz heißt heute der Kreis. Wir waren vier Jungs. Mein ältester Bruder Josef ist 1920 in Wiesbaden geboren. Er war während des Krieges 5 Jahre in Russland, ist auch Priester geworden, 1950 geweiht. 1997 ist er gestorben. Der zweite Bruder Godefried ist auch in Wiesbaden geboren, wo mein Vater als Studienrat tätig war. Er kam 1923 während der Inflation zur Welt. Da haben meine Eltern fast ihr gesamtes Vermögen verloren. Dieser Bruder ist mit einem verengten Magenausgang geboren worden. Ein halbes Jahr lag er erst einmal unter der Glasglocke und war zeitlebens ein Hänfling. Den haben sie dann während des 2. Weltkrieges später eingezogen als mich, zu einem Bataillon von Magenkranken gebracht, und das ist an einem Tag vollständig drauf gegangen. Das war am 6. Januar 1945 – Heilige Drei Könige – an der französischen Grenze. Er liegt da unten. Sie haben ihn dann noch einmal umgebettet ins Saarland. Der dritte Sohn bin ich, geboren in Mayen. Mein Zwillingsbruder Gebhard ist eine halbe Stunde später auf die Welt gekommen. Dem habe ich im Mutterleib den ganzen Kopf eingedrückt, so dass er lange mit seinem Kopf in einem Holzkissen liegen musste, damit sich der Schädel wieder richtet. Aber es ist gut gegangen. Dieser Bruder ist Landwirt geworden und lebt im Großraum Frankfurt.

Wir hatten ein gutbürgerliches Zuhause. Mein Vater war Lehrer, auch mein Großvater – geboren 1858 – war schon als Lehrer tätig gewesen. Mein Großvater ist übrigens 1919 an der spanischen Grippe gestorben. Wissen Sie, dass die spanische Grippe – heute sagt man Vogelgrippe – mehr Menschenleben gefordert hat als der gesamte 1. Weltkrieg? So war Europa ausgehungert. Die Menschen hatten keine Widerstandskräfte mehr. Mein Vater ist mit viereinhalb Jahren eingeschult worden. Mit knapp 16 hatte er das Abitur, er hat dann in Straßburg studiert und über Wilhelm Heinrich Riehl[1] promoviert. Er war Germanist, hat Deutsch, Geschichte, Erdkunde und Religion studiert, wobei er Religion nur bis zur Mittelstufe unterrichten durfte. Die Oberstufe konnte nur ein Priester geben. 1910 – mit 22 Jahren – war mein Vater mit allem fertig. Er bekam in Wiesbaden eine Stelle und ist sehr früh Direktor des Lyzeums in Mayen geworden.

Während des 1. Weltkrieges musste auch mein Vater an die Front. Er war ein Einjährig-Freiwilliger, hat aber sehr früh einen Heimatschuss bekommen. Heimatschuss heißt: Er war so verletzt, dass er nicht mehr zurück an die Front musste. Er hat bereits 1914 das EK II[2] gekriegt, und war dann Stadtkommandant von Wiesbaden. Und als der Krieg aus war, war er Studienrat. Studiendirektor ist er 1926 geworden, also mit 38 Jahren. Er war damals der jüngste Direktor in ganz Preußen.

Mein Vater hat sehr früh mit den Nazis Ärger bekommen. Er hatte ein loses „Maul". In seiner Schule gab es z. B. einen Hausmeister, der rief ihm zu „Heil Hitler" und mein Vater antwortete: „Heilt Hitler". Als Hitler am 30. Januar 1933 an die Macht kam, hat mein Vater „vergessen", in seiner Schule die Fahne zu hissen – weil er diesen Lappen nicht wollte. Und ich weiß noch wie heute: Während der Feier, die dann war, legte er meinem Zwillingsbruder und mir die Hände auf den Kopf. So brauchte er nicht zum Hitlergruß auszuholen. Als ihn die Nazis zwangen, das Buch „Der Mythos des 20. Jahrhunderts" von Alfred Rosenberg im Unterricht einzuführen, hat er immer gesagt: „Das ist der Mist-os des 20. Jahrhunderts." Also, er hat sich unbeliebt gemacht.

Mein Vater war „Zentrum", bei den Schwarzen – das, was heute die CDU ist. Dort war er Abgeordneter der Stadt. Er hatte für die Nazis einfach nichts übrig. Damit Sie sehen können, wie stur mein Vater war: Weihnachten 1944 hat er mir kein Paket an die Front geschickt. Er sagte nur: „Der Adolf hat dich eingezogen, soll er dich auch ernähren."

Hat Ihr Vater aus christlichem Ethos heraus so gehandelt?

Er war katholisch, was sonst, im Rheinland. Der Glaube war ganz tief in meiner Familie verankert. Als in den 1870er Jahren unter Bismarck der Kulturkampf[3] war, waren eine ganze Reihe von Bischöfen und Priestern eingesperrt worden. Und keiner war da, der die Leute beerdigen konnte. Da hat das mein Großvater gemacht, als junger Mann. Als Bismarck das Sozialistengesetz durchgebracht hat, mussten alle, die Arbeiter und in der SPD waren, aus der Kirche austreten. Solche Schwierigkeiten gab es eben auch schon damals für die Katholiken.

Konnte Ihr Vater unter den Nazis im Amt bleiben?

Am Todestag meiner Großmutter, am 4. 4. 1934, kam das Telegramm, in dem meinem Vater mitgeteilt wurde, dass er an der Schule nicht mehr unterrichten durfte. Er ist zeitgleich mit den Juden aus dem Amt gejagt worden. Wegen seiner politischen Einstellung, wegen seiner christlichen Haltung. Grundlage dafür war der § 5 des Gesetzes „Zur Wiederherstellung des Berufsbeamtentums". Als der Röhmputsch[4] war, sind auch gleich ein paar Katholiken mit ermordet worden. Die Nonnen und die Priester haben in der Nazizeit den höchsten Blutzoll gezahlt. Die wurden zahlreich im KZ hingerichtet.

Was hat Ihr Vater gearbeitet, nachdem er aus dem Amt suspendiert wurde?

Kuhbauer ist er geworden. Wir sind umgezogen und sozial deklassiert worden. Wir hatten dann eine „Klitsche" mit Plumpsklo in einem Dorf bei Frankfurt – Hattersheim/Main, wo meine Mutter herkam. Wir wurden im Dorf separiert. Man wusste: Wer die Hofrainung des Dr. Schmidt betrat, war kein Freund der Nazis. Der Ortsgruppenleiter – Windeis hieß er – sagte einmal: „Der Dr. Schmidt und seine Familie haben uns mehr geschadet als die gesamten Pfaffen der Umgebung." Wer das Haus betrat, wurde von meinem Vater gefördert. Er hat Arbeitersöhne kostenlos und extern auf's Abitur vorbereitet. Und sie haben's bestanden. Dann sind sie eingezogen worden nach Russland und totgeschossen worden. Viele jedenfalls. Der Letzte von ihnen ist vor ein – zwei Jahren gestorben. Wir hatten über all die Jahre noch Kontakt. Mein Vater hat übrigens noch nicht einmal das Land bekommen, was ihm gehörte. Das wurde ihm dann erst von den Amerikanern zurückgegeben. Er ist auch noch zum Volkssturm gekommen. Weil er Englisch konnte, musste er als Zugbegleiter die amerikanischen Gefangenen nach Elbing bringen.

Ist Ihr Vater von den Nachbarn nicht angezeigt worden?

Irgendwie hatten wir wohl Glück. Der eine Nachbar, der auch braun war, sagte mal zu meinem Vater, als er wieder dieses „bumbumbum" aus unserem Fenster hörte: „Herr Doktor, geh'n Se ins letzte Zimmer und tun Se ä Deck übern Kopp." Mein Vater hat immer BBC, den Feindsender, gehört, und das war schon Grund für die Todesstrafe. Also, die Nachbarn waren zwar braun, aber redlich. Aber man musste schon sehr aufpassen. Einer meiner Verwandten, Onkel Anton, ist z. B. ins Zuchthaus gekommen. Er wurde im Krieg von einem Arbeitskollegen gefragt: „Weißt du, wie wir zu Butter kommen?" Und Onkel Anton sagte: „Da müssen wir wohl die Hitlerbilder ent-rahm-en." Das hat ihm Zuchthaus und mir „mehr Arbeit" eingebracht, denn ich habe in dieser Zeit seinen Garten gepflegt. Onkel Anton ist dann auch kurz nach dem Krieg gestorben. Mit seinem Sohn treffe ich mich noch heute ein Mal im Jahr.

Wie ist es Ihnen als Sohn des Dr. Schmidt ergangen?

Ich war der Sohn vom Staatsfeind. Ich war vogelfrei, so hat man mir es nachgerufen. In der Schule war ich die „schwarze Sau". Überhaupt war meine Schullaufbahn schwierig: Erste Klasse in Mayen, zweite Klasse in Hattersheim, wo wir hinziehen mussten. Ein Dorf mit damals 1.500 Einwohnern, fast alle braun. Mein Bruder und ich sind in der dritten Volksschulklasse sitzen gelassen worden, weil wir nicht Mitglied im Jungvolk sein wollten. „Schert euch nach Palästina, da gehört ihr hin", so hatte unser Klassenlehrer diese Maßnahme begründet. Mein Vater schickte uns daraufhin nach Frankfurt-Westend auf die Höhere Privatschule. Das war 1937. Dort habe ich Englisch als erste Fremdsprache gehabt. Gott sei Dank. Das hat mir viel geholfen im Leben. Obwohl noch kein Krieg war, galt Englisch als Sprache des Feindes. Von dort haben die Nazis die Beamtensöhne herunter geholt. Die wollten sie für sich haben. Mein Vater war Reichsbeamter auf Lebenszeit, auch wenn er jetzt als Bauer arbeitete. Also haben sie uns da weggeholt. Die nächste Schule war die Selektenschule, eine Konfessions-Schule. Da waren aber schon die Bombenangriffe. Also musste ich ein halbes Jahr lang die zerbombten Wohnungen leer räumen und entrümpeln. Wir sind wie die Affen in den leeren Häusern herum geklettert. Eine gefährliche und halsbrecherische Arbeit. Dann kam der Gauleiter Sprengler und hat uns begrüßt. Das war der Dank.

Ich war noch keine 15, als mich der Amtsarzt für eineinhalb Jahre von der Schule nahm. Ich war zu schnell gewachsen und hatte einen Herzfehler bekommen. In dieser Zeit habe ich mit meinem Vater beim Ackern gelernt. Da hab ich mehr gelernt, als in all den Jahren vorher. Und ich hab mehr Prügel gekriegt als die Ochsen.

Insgesamt sah meine Schulzeit so aus: Morgens in den Stall, dann mit der Eisenbahn nach Frankfurt fahren zur Schule, nach der Schule auf die Felder. Und abends rief mein Vater: "Jetzt komm rein und schaff' was!" Schaffen – das waren die Hausaufgaben. Wir hatten an der Selektenschule morgens die Messe, da hab' ich Latein gepaukt für die Klassenarbeit. Ich hab die Anderen immer beneidet, die abends Ruhe hatten. Ja, mit der Schule – das war schwierig in meinem Leben.

Und oft hatten wir Hunger: Es gab Dickmilch und ein paar Kartoffeln zum Mittag. Unsere Hühner bekamen „Abrador", das waren Trockenfische. Die haben mir auch geschmeckt, die hab' ich den Hühnern manchmal weggegessen.

Dann kam die nächste Schule in Hofheim/Taunus. Und weil wir immer noch nicht in der HJ waren, haben die Nazis uns, meinem Bruder und mir, in dieser Schule in einer Art organisierten Volkszorns aufgelauert. Eine Übermacht gegen zwei. Sie müssen wissen, dass jede Schule einen Wimpel hatte, rechteckig mit dreieckigem Einschnitt – Doppelstander genannt. Das war so ein gezacktes Stück Stoff, rot/weiß und die Swastika in der Mitte. Diesen durfte die Schule nicht setzen, wenn nicht alle in der HJ waren. Und so versuchte jeder Schulleiter, seine Schule sauber zu kriegen.

Waren Sie und Ihr Bruder die Einzigen Ihrer Klasse, die nicht in der HJ waren?

Ja. Samstags war z. B. schulfrei. Da marschierten die Anderen. Meinen Bruder und mich haben sie in dieser Zeit einbestellt, wir mussten Nazilieder lernen – die mir heute noch aufstoßen. Und der Pauker stand da mit der Geige. Und wenn es nicht so lief, hat er seinen Geigenbogen genommen und auf meinem Kopf kaputt geschlagen. Und mein Bruder hat ihn um die Ohren gekriegt. Aber ich habe auch anständige Menschen in dieser Zeit kennen gelernt. Im Mai 1942 war z. B. wieder einmal eine Prügelei, wo ich mich mit Nazijungen schlagen musste. Das war schlimm. Das hat sich richtig aufgeschaukelt. Da war das ganze Fähnlein da, und dann haben sie Beleidigungen gerufen. Und meistens flogen die Brocken, wenn ich reingelangt habe. Das kam zur Anzeige. Mein Bruder und ich haben dann vor dem Jugendrichter gestanden. Und der fragte: „Wie alt seid ihr denn?" Wir waren so ungefähr 15. Und leise zu uns gewandt: „Haut drauf!" Mein Bruder und ich hatten zwischen dem 10. und dem 17. Lebensjahr insgesamt 37 Anzeigen.

Wer war Ihre Mutter?

Meine Mutter ist 1896 geboren und 1956 gestorben. Sie war Bauersfrau und hochintelligent. Und sehr mütterlich. Bei uns Katholiken gibt es die Missio Canonica. Sie hatte als erste Frau im Bistum die Missio Canonica - die Lehrbefähigung für Religionsunterricht. Meine Mutter hat das Gemeindeleben munter gehalten. Sie war der weibliche Kopf in der Gemeinde und im Dorf. Sie sprach nicht viel über Religion, sie lebte sie. Ich habe noch eine Postkarte, die meine Mutter mir zum 21. Geburtstag schrieb. Darauf steht: „Zu Deinem Geburtstage wünsche ich Dir von Gottes Güte Gesundheit des Geistes und Leibes, auf dass

Du Gott mit ganzer Kraft lieben mögest und mit ganzer Liebe vollbringst, was ihm wohlgefällig ist." Das war meine Mutter...

Wer hat Sie mehr geprägt: Ihr Vater oder Ihre Mutter?

Gute Frage. Mein Vater hat nie verkraftet, dass er in der Blüte seiner Jahre aus dem Beruf geworfen wurde. Er war schlau und intelligent, aber er war auch ein „Arschpauker" und hat uns geschlagen. Darin war er manchmal maßlos. Auf diesem Gebiet habe ich ihn nicht geschätzt. Mein Vater hat mich im Wissen, meine Mutter im Glauben geprägt. Wenn ich jetzt das Gesamt der Erziehung betrachte: Meine Mutter mit ihrer stillen Art: 70 %, mein Vater mit seinem Gebrülle: 30 % - so würde ich es sagen. Insgesamt bin ich ziemlich streng erzogen worden. Küssen war bei uns nicht üblich, auch Umarmen nicht. Man war da sehr sparsam.

Sie waren noch nicht volljährig und kamen an die Front...

Als ich in die „Kinderlandverschleppung"[5] kam – man hatte mich nach Rüdesheim/Rheingau – geschickt, war ich unter Verdacht geraten, mit den Edelweiß-Piraten Verbindung zu haben. Die Edelweiß-Piraten waren die Widerstandskämpfer in Frankfurt – junge Leute. Ich hatte einen Brief mit einem Edelweiß darauf bekommen. Darauf stand: „Pugnare-Superare": Kämpfen – Überwinden. Das hat schon gelangt, mich zu verdächtigen. Der eigentliche Ärger der Gestapo war jedoch, dass ich versucht habe, meinen Mitschülern die Sakramente zu ermöglichen. Das Kloster Eibingen war ganz in der Nähe, und ich habe versucht zu organisieren, dass meine Mitschüler dorthin zur Beichte, zur Heiligen Kommunion und zu den Sakramenten gehen konnten. Das war mein „Verbrechen". Es kam der Herbergsvater zu mir, der war gleichzeitig in Berlin beim RSSHD – Reichssicherheitshauptamt – tätig. So bekam ich Schwierigkeiten mit der Gestapo. Er hat mich „verflammt" – verhauen! Und ich habe zurück gehauen. Das war ein Sakrileg. Aber die Wut von zehn Jahren bin ich da losgeworden. Da sagte mein Direktor, der Dr. Glöckner aus Frankfurt/Hoechst: „Melde dich freiwillig zur Wehrmacht. Ich kann dich nicht mehr halten." Ja, da habe ich mich freiwillig gemeldet und stand unter dem Schutz der Wehrmacht. Da konnten sie mir für's Erste nichts mehr anhaben. Ich habe übrigens nach dem Krieg mal nachgeforscht, wie es um die Herberge in Rüdesheim steht. Stellen Sie sich vor: In der Zeit des Krieges war ein Strich auf dem Papier, so als hätte es diese Zeit und die Herberge in dieser Zeit nicht gegeben. Der Krieg hat nicht stattgefunden! Und was mir passiert ist, hat auch nicht stattgefunden. Oder?

Jedenfalls hieß es dann bei der Musterung zur SS: „Das ist der Sohn vom Dr. Schmidt, der schwarzen Sau." Damit kam ich nicht für die SS in Frage. Das war eine gute Empfehlung für mich. Die zweite Musterung war am 18. Februar 1943.

Goebbels dröhnte an diesem Tag im Berliner Sportpalast: „Wollt ihr den totalen Krieg? Wollt ihr ihn, wenn nötig, totaler und radikaler, als wir ihn uns heute überhaupt noch vorstellen können?" Da war ich noch keine 16. Weil ich so lang war, war ich untauglich für Panzer und U-Boot. So meldete ich mich „freiwillig" zu den Luft/Nachrichten. Ich dachte: Bis die in den Einsatz kommen, ist der Krieg aus. Ich habe zwar den Eid geleistet, aber für mich war er innerlich nicht bindend. Das war nicht mein Regime.

Ich bin dann 12,5 Wochen zum Arbeitsdienst nach Luxemburg gekommen, und von dort aus ging's nach Rostock/Stralsund zum Bodden. Ich bin ausgebildet worden auf dem Seeflughafen Ribnitz-Damgarten und kam zu den Fallschirmjägern. Dann ging es über Gardelegen nach Italien. In Gardelegen ist mir mein gesamtes Gepäck gestohlen worden. Ich hatte Verpflegung für unseren Waggon geholt, und als ich zurückkam, war alles weg. Mein ganzes Gepäck, mit Kugelspritze[6]. Dann bin ich zum Gerichtsoffizier. Der sagte: „Eine halbe Stunde Zeit, sonst Kriegsgericht." Da bin ich durch den Zug gerannt. Im letzten Waggon bei einem Reserveoffiziersbewerber habe ich meine Sachen gefunden. Dem hatten sie seine geklaut, und der hatte sich meine unter den Nagel gerissen. Aber: Der Zug, in den ich rein musste, der war mittlerweile weg. Und damit auch meine Papiere. Vielleicht war das mein Glück, vielleicht hat dieser Umstand mein Leben gerettet, denn mir hing immer noch an, dass ich den „Gestapohäuptling" verhauen hatte. Der hätte damals eigentlich die Pistole nehmen und mich erschießen können.

In Italien habe ich einem Partisanen das Leben gerettet. Der hat so schnell die „Pfoten" hoch genommen, dass ich ihn nicht erschossen habe. Da hat der „Alte" gesagt: „Putz ihn um!" Und ich: „Nicht ohne Kriegsgericht!" Er: "Befehlsverweigerung!" Da hatte ich wieder Glück. Er hätte sagen können: „Stell dich gleich daneben."

Meine Kriegserlebnisse kann ich in einem Satz zusammenfassen: Wir waren das Ungeziefer, und die Alliierten die Kammerjäger, die versucht haben, uns zu vernichten – so habe ich das damals empfunden. Punkt.

Wo waren Sie eingesetzt in Italien? Wie lange waren Sie an der Front?

An der Grünen Linie: Imola, Modena, Medicina, Rimini…

Insgesamt waren es 15 Monate Kriegsdienst. Im Einsatz an der Front hätte ich an jedem Tag davon drei Mal tot sein können. Man wird reine Kreatur. Es geht nur noch um's Überleben. Wenn wir nachts marschiert sind, schossen die Schlachtflugzeuge 'rein. Sind wir morgens angekommen, kam der Panzerangriff. Und in der Stellung haben sie einem die Bomber geschickt. Und wenn man nicht aufpasste, kamen die Kettenhunde[7] und sagten: „Hier ist die Front". Ich habe ringsum viele sterben sehen. Dem Ersten, dem ich die Totenmarke abgemacht habe, habe ich sie unwissentlich ganz abgenommen. Der ist heute noch nicht identifiziert. Meine Daten lesen sich so: Im März `44 bin ich in Belgien 17 geworden, in Italien 18 und mit 19 saß ich wieder auf der Schulbank.

Sie sind in Gefangenschaft gekommen...

Ja, zuerst sind wir von den italienischen Partisanen gefangen genommen worden, nach acht Tagen wurde wir den Amerikanern übergeben. Praktisch hat man uns alles abgenommen, was verwertbar war: das Feldgeschirr, die Decke, Schuhe, Mantel, Essbesteck... Die erste Verpflegung, die wir gekriegt haben, war für 20 Mann eine Dose Rote Bete.

Wie ist es Ihnen gelungen, nach all dem Ihr Abitur zu machen?

Als ich vom Militär kam, habe ich an der Kurfürst-Balduin-Schule Münstermaifeld in allen Fächern eine Aufnahmeprüfung gemacht und bin in die 12. Klasse gekommen. Damit habe ich etliche Klassen übersprungen. Und das, obwohl ich ein paar Jahre gar keinen Unterricht gehabt habe! In dieser Zeit habe ich in 26 Monaten(!) eine neue Sprache gelernt – Französisch. Ich habe 26 Monate härtestens gearbeitet. Mein Klassenlehrer, der Dr. Fiseni – Offizier im ersten Weltkrieg – war ein großartiger Mann. Der hat uns allen sehr geholfen. Wir haben dafür gesorgt, dass er und die Schule `was zum Brennen hatten, und er hat dafür nach der Schule mit uns gelernt. Die meisten von uns waren Soldaten gewesen. Zum Abitur bin ich in acht Fächern geprüft worden, auf meinem Zeugnis sind 12 Unterschriften. Zentralabitur: Die Lehrer kannten uns nicht, wir kannten die Lehrer nicht. In Deutsch bin ich mit „Fluch und Segen der Armut" als Aufsatzthema dran gekommen, in Biologie z. B. mit der „Parthenogenese[8] von Farnen und Moosen". Etwa drei von vier Schülern haben das Abitur nicht bestanden. So streng war das. Ich bin mit 10,6 Punkten durchgekommen. In Deutsch mündlich hatte ich Auseinandersetzungen mit den Prüfern zum Thema „Gertrud von Le Fort: Kranz der Engel – Letzte auf dem Schafott". Da hab ich denen dann gesagt: „Ist das hier eine SPD-Wahlversammlung oder ein Zentralabitur?" Wissen Sie, ich war im Feld, ich war Landser und Kindersoldat gewesen. Da ging natürlich bei den Prüfern der Daumen runter und damit die Zensur.

Konnten Sie sich mit Ihren Mitschülern, die auch im Krieg gewesen waren, über Ihre Kriegserlebnisse unterhalten?

Nein, nie.

Mit Ihren Eltern oder Lehrern?

Nein. Mich hat nie jemand gefragt: Wie hast du die Nazizeit verarbeitet, wie hast du den Krieg verarbeitet? Auch später nicht.

Wurde im Religionsunterricht darüber gesprochen?

Nein. Wissen Sie, wir waren in einem Alter, wo wir wirklich manche Frage hatten und richtigen Religionsunterricht wirklich hätten gebrauchen können. Aber es durfte keine Frage gestellt werden. Der Krieg war im Krieg tabu und danach auch. Es war gespenstisch. Im Krieg haben wir nur Kirchenlieder gelernt. Deswegen habe ich, als ich später Religionsunterricht an der Schule gegeben habe, alle vier Wochen eine Fragestunde eingeführt.

Wie haben Sie damals die Haltung des Vatikans während der Nazizeit beurteilt?

Gut. Der Vatikan hatte – es war wohl um 1937 – einen Kirchenbrief herausgegeben mit dem Titel „Mit brennender Sorge", wo er schon damals die ganzen Untaten anprangerte. Ich war vielleicht zehn, aber man hatte mich mit der Aufgabe betraut, dieses Rundschreiben zu den Priestern in verschiedenen Kirchen zu bringen. Ich will noch ein Bild gebrauchen: Nehmen Sie eine Hühnergalerie, Hühner in ihren Käfigen. Da sieht ein Huhn das Huhn rechts von sich und links von sich. Das Übernächste sieht es schon nicht mehr. So war das in der Nazizeit. Der Überblick der Kirche und ihr Einfluss waren begrenzt. Von allen Berufen haben die Priester, Nonnen und Mönche den größten Blutzoll entrichtet. Es gab Hinrichtungen – nicht zu knapp. Für mich waren die Nazis ein Drache. Und eine richtige Waffe gegen dieses Vieh hatte die Kirche nicht.

2. GOTT WAR GNÄDIG ZU MIR – DER WEG ZUM PRIESTER

Warum wollten Sie Priester werden?

Um der Berufung Folge zu leisten… Ein jüngerer Priester sagte einmal zu mir: „Na, es waren wohl keine anderen Berufe übrig, da musstest du Priester werden?" Sie müssen wissen, dass wir Älteren für die Jüngeren nach dem Krieg alle Nazis waren. Ich habe ihm geantwortet: „Nach all dem, was ich durchgemacht habe, hat Gott mir die Gnade des Priesterdaseins geschenkt." Soweit ich zurück denken kann, war dieser Berufswunsch da, ungefähr seit dem siebten Lebensjahr. Aber es kam so viel Schutt dazwischen, dass es ein Wunder war, dass ich noch lebte und diesen Wunsch verwirklichen konnte.

Was hat Sie zu diesem Weg inspiriert? Gab es Vorbilder? Ereignisse?

Ja, eine ganze Reihe. Selbst der Ortspfarrer von Hattersheim kommt da in Frage. Der war zwar so ein „Zitterarsch", dass er noch 1944 in die Nazipartei eingetreten ist. Das hab' ich ihm nicht krumm genommen. Er war ein guter Zitterer. Aber er war auch Vorbild. Menschlich war er großartig und priesterlich auch. Wie er die Liturgie gestaltet hat, wie viel Ruhe er da hinein gebracht hat, das war beispielhaft. Er hat in der Predigt aus tiefstem Herzen gesprochen und konnte dabei druckreif formulieren... Ich habe Ihnen ja viel über die Nazizeit erzählt. Ich habe sie nicht nur erlebt, sondern erlitten. Und Kirche war mir in dieser Zeit so viel Heimat, dass ich den ganzen Sch... tragen konnte. In der Kirche – da war die Geborgenheit. Auch an der Front hatte ich das tiefe Bedürfnis nach Kirche. Unsere Vorgesetzten hatten uns z. B. verboten, die italienischen Kirchen zu betreten. Da habe ich Gottesdienst gefördert, und das bei der 4. Division der Fallschirmjäger, deren Slogan war: "Wir kommen rum, ohne Pfaffengebrumm." Da ließ uns der Offizier alle antreten und brüllte herum. Und über uns dröhnten plötzlich die Schlachtflugzeuge. Es kam ein Luftangriff, und der Fall war erledigt. Keine Leute mehr für den Gottesdienst. Wie ich überlebt habe, weiß ich nicht. Ich habe für diese Situation bis heute eine retrograde Amnesie. Als der Offizier uns antreten ließ, war ich in Schio, da war ich noch nördlich des Pos. Dort habe ich meine Nahkampfausbildung gemacht. Als ich wieder zu mir kam, fand ich mich südlich des Pos an der Front wieder. Wie ich dahin gekommen bin? Ich weiß es nicht. Dazwischen müssen ca. 14 Tage liegen, an die ich keine Erinnerung habe. Und als dann alles in Auflösung begriffen war, habe ich einen kranken Kameraden ins Lazarett gebracht und konnte nicht mehr zurück. Da habe ich einen italienischen Geistlichen angesprochen, ob ich bei ihm übernachten kann. „Habitare" habe ich lateinisch gesagt. Er hat pralle Augen gekriegt, hat in mir den Nazi gesehen. Trotzdem hat er mich mit in seine Wohnung genommen. Und die Wohnung war voller Partisanen. Der hat mich nicht gern bei sich gehabt. Als Einwand sagte er: „Ich habe Läuse und Flöhe." Da sagte ich: „Ich auch." Aber es kam bei ihm wohl die Gastfreundschaft durch und der Priester. Und so nahm er mich mit und rettete mir dadurch das Leben. Er hat mich nicht an die Partisanen ausgeliefert. So etwas prägt.

Wie haben Ihre Eltern den Wunsch, Priester zu werden, aufgenommen? Hatten Sie vielleicht für Sie eine andere Laufbahn vorgesehen, zumal ja Ihr großer Bruder schon den Priesterberuf gewählt hat?

Ich dachte auch mal daran, Arzt oder Dolmetscher zu werden. Aber meine Eltern haben diesen Wunsch, Priester zu werden, normal aufgenommen. Sie haben nicht abgeblockt. Sie waren aber auch nicht himmelhochjauchzend.

Wenn der Sohn Priester wird, heißt es ja auch: Es kommt keine Schwiegertochter ins Haus, es wird keine Enkel geben...

Ich habe ja noch einen Zwillingsbruder, der hat drei Töchter...

Wo haben Sie studiert?

Ich bin 1948 an der Philosophisch-Theologischen Hochschule Sankt Georgen in Frankfurt/Main immatrikuliert worden, einer Hochschule der Jesuiten. Ab 1954 war ich an der Johann-Goethe-Universität Frankfurt und habe Philosophie,

Theologie und auch Teile der Soziologie studiert. Ich hatte auch bei Adorno, Horkheimer und Carlo Schmidt Vorlesungen. Insgesamt habe ich 13 Semester studiert. Davon war ich auch längere Zeit Werksstudent, wo ich mir meine Brötchen selber verdient habe. So habe ich z. B. als Maurer gearbeitet, wobei mir da beim Auswuchten von Feldgleisen durch die Unvorsichtigkeit eines Kollegen mit dem Vorschlaghammer eine Rippe gebrochen wurde. Aber ich war auch in der Glashütte, war Beifahrer und Packer für eine Schokoladenfabrik, habe im Labor der Farbwerke Höchst gearbeitet und als Zugbegleiter für die amerikanischen Soldaten. Im Studium hatte ich hervorragende Lehrer, darunter einige berühmte Kirchenwissenschaftler: Junk, Hartmann, Lotz, Schneider, Schilling... Einer meiner Lehrer sagte einmal: „Wenn Sie sich nicht im Priesterberuf an den Rand von Kirchenstrafen bringen, dann war ihr Studium umsonst." Daran musste ich manchmal in meinem Berufsleben denken.

Wann sind Sie geweiht worden?

Am 29. Juli 1962 im Mainzer Dom durch Bischof Hermann Volk, dem späteren Kardinal. Nach unserer Glaubensauffassung ist die Taufe ein unauslöschlicher Moment für das Leben eines Menschen. Und die Priesterweihe auch. Es war ein ganz großer Moment für mich, aber es ist mehr als nur ein Augenblick. Es ist ein Entwicklungsprozess. Die Priesterweihe war der Beginn einer vertieften Lebensbeziehung zu Christus.

Den Krieg haben Sie körperlich unversehrt überstanden, aber im Studium hatten Sie einen Verkehrsunfall, der zu einer Hirnverletzung führte...

Am 16. Juni 1952 bin ich mit meinem Hilfsmotorrad, das lief vielleicht 50 km/h und nannte sich "Quick", gegen einen Mercedes gefahren. Ohne Helm. Ein Helm war damals nicht üblich. Und der Mercedes hat gewonnen. Ich habe ein Verkehrszeichen übersehen, das habe ich teuer gebüßt. Es folgten etliche Operationen, auch am offenen Hirn bei örtlicher Betäubung...

Wer waren Sie vor dieser Verletzung, wer danach?

Die Hirnverletzung liegt im Stirnhirnlappen vorn links. Natürlich habe ich mich dadurch verändert. Ich habe eine künstliche Abdeckung der Lücke des Stirnbeins, die man auch sieht. In meiner rechten Körperhälfte habe ich Gefühlsstörungen. Meine Gedanken „kicken" oft weg. Meine Priesterrunde kennt mich mittlerweile. Die wissen damit umzugehen. Denken und Tun verlangen bei mir mehr Disziplin als bei Gesunden. Insgesamt hat sich meine Lebensqualität vermindert. Durch die Verletzung wurde ich der Mann für die zweite Reihe. Aber das habe ich nie bedauert. Wenn Sie mich fragen, was sich durch diese

Hirnverletzung geändert hat, sage ich Ihnen vielleicht ein bisschen zynisch: Ich bin „zurechtgestutzt" worden auf die Größe, die ich brauchte, um nicht aufzufallen.

Können Sie denn heute im Rückblick auch etwas Positives aus dieser Sachlage ziehen?

Ja, das Positive liegt darin: Ich bin der Mann für die Krankenhäuser geworden. Ich habe mehr Empfinden für Kranke und Behinderte bekommen. Manche Menschen sind von so „brutaler Gesundheit", die können sich nicht hineinversetzen in das, was ein Behinderter oder Kranker durchlebt. Ich vermag es schon. Mir wurden Menschen mit schweren körperlichen Behinderungen und Suchtkranke anvertraut, die in Pflegeeinrichtungen lebten. Auch Sterbende zu begleiten, ihnen beizustehen – das war meine Aufgabe. Krankensalbung, das Spenden der Sakramente, verzeihende Sakramente – waren meine Stärken. Ich konnte Menschen so vorbereiten, dass sie ganz ruhig in den Operationssaal gegangen sind, vermochte sie innerlich stützen. Aber das ist nicht mir anzuschreiben, sondern ist Gottes Handeln. Überhaupt war Gott gnädig zu mir: Ich habe mit dieser Hirnverletzung mein Studium gemacht und die Berufsjahre durchgestanden. Das ist Gnade auf der einen Seite, aber auf der anderen Seite auch ein gutes Stück Energie. Ganz ohne Willensübung geht so etwas nicht. Ich glaube auch nicht, dass es viele Priester mit Hirnverletzung gegeben hat.

Wie stehen Sie selbst zu Leid und Leiden?

Im Rahmen der Ausbildung zum Jungpriester hatte ich einmal das Thema vorgeschlagen: „Für den Leib Christi, die Kirche, ergänze ich in meinem irdischen Leben das, was an den Leiden Christi noch fehlt." Brief des Paulus an die Kolosser 1, 24. Das Thema hat Entrüstung hervorgerufen, so als hätte der Heilige Paulus damals etwas ganz Unziemliches gesagt. Aber für mich sind die körperlichen, seelischen Leiden und Drangsale der Christen nicht nur privater, sondern auch sozialer Natur. Was meine ich damit? Es wird nicht umsonst gelitten, sondern dies kommt allen zugute. Die Gemeinschaft ist nur so stark, wie ihr schwächstes Glied. Eine Familie ist nur so stark, wie ihr schwächstes Mitglied beschützt wird. Durch das Leiden des Einzelnen prägt die Gemeinschaft Eigenschaften wie Fürsorglichkeit, Hilfsbereitschaft, Mitgefühl, die Fähigkeit zu Trost und Liebe aus. Menschsein ist mehr, als nur in guten Tagen zusammen zu stehen… Natürlich haben manche mehr zu tragen als andere. Doch wem viel gegeben ist, von dem wird auch viel verlangt.

Im Brief an die Römer sieht Paulus das Untergetauchtwerden des Täuflings und seine Auferstehung aus dem Wasser der Taufe als ein Bild des Versinkens des Getauften in Tod und Auferstehung Jesu. Es führt ihn dazu zu sagen: Die Leiden der Christen sind mit den Leiden Christi verbunden und dadurch in Gottes Heilsplan einbezogen. Ein schlesischer Priester hat es einmal so formuliert: „Auf der Rückseite des Kreuzes ist noch viel Platz für uns." Anders ausgedrückt, könnte das heißen: Einen Teil hat Christus geleistet, den anderen müssen die Jünger vollbringen. Denn da, wo Leid ist, ist auch Trost. So schreibt Paulus an die Korinther: „Gepriesen sei der Gott und Vater unseres Herrn Jesus Christus, der Vater der Erbarmungen und Gott allen Trostes, der uns tröstet in all unserer Drangsal, damit wir die trösten können, die in allerlei Drangsal sind, durch den Trost, mit dem wir selbst von Gott getröstet werden. Denn wie die Leiden des Christus überreich auf uns kommen, so ist auch durch den Christus unser Trost überreich. Sei es aber, dass wir bedrängt werden, so ist es zu eurem Trost und Heil; sei es, dass wir getröstet werden, so ist es zu eurem Trost, der wirksam wird im geduldigen Ertragen derselben Leiden, die auch wir leiden. Und unsere Hoffnung für euch steht fest, da wir wissen, dass, wie ihr der Leiden teilhaftig seid, so auch des Trostes."[9]

3. Nicht Herr über den Glauben, sondern Diener der Freude sein – Die Arbeit als Priester

Wohin kamen Sie als Priester nach dem Studium?

Nach der Weihe schloss sich ein Pastoraljahr bei den Dominikanern – dem Predigerorden – in Köln an, wo wir als Jungpriester auf die praktische Seite der Berufsausübung vorbereitet wurden. In Köln waren ca. 100 junge Priester zusammengezogen worden, aus dem ganzen deutschsprachigen Raum, aber auch aus dem Ausland. Wir haben uns lateinisch unterhalten. Das war eine schöne Erfahrung. Einer meiner Professoren fragte mich, ob ich zu einem Orden, dem „Congregatio missionarum Sancti Johannis Baptistae" gehen würde. Ich habe angenommen. Der Orden ist in Großstädten wie Köln, Mainz, Bonn u. a. tätig gewesen. Heute ist er in Indien und Afrika zu finden. Zunächst kam ich nach Leutesdorf am Rhein auf ein Jahr Probe und Einführungszeit – Noviziat: Ora et labora, könnte man sagen. Zwischen „Reinigungsarbeiten" und Tätigkeit in der Redaktion des Ordens pendelte ich hin und her. Danach wurde ich als Priester in Oberhausen, im Ruhrgebiet im Bereich Suchtkrankenseelsorge und Resozialisierung eingesetzt. Heute würde man sagen, Nicht-Sesshafte wieder „heimatfest" zu machen. Die habe ich begleitet. Das Studium der Theologie habe ich an der Johannes-Gutenberg-Universität in Mainz am Rhein fortgesetzt.

Sie haben danach an verschiedenen Schulen Religion unterrichtet...

1968 bin ich als Kaplan nach Braunschweig gekommen, habe in der Pfarrei St. Laurentius, an dem Gymnasium Martino-Katarineum Religionsunterricht gegeben, auch an Realschulen. Da hatte ich die oberen Klassen. Das war kein einfaches Brot. Zum Schluss hatte ich mein eigenes Schmalspur-Kino, ich habe mir z. B. bei den „Evangelen" Filme geliehen, über die wir dann diskutiert haben. Und dazu meine Arbeit in den Krankenhäusern. Seit dem 1. Mai 1970 war ich Krankenhausseelsorger für praktisch alle Krankenhäuser in Braunschweig. Damals war die Arbeit schwerer als heute. Das waren Riesenzimmer mit vielen Patienten drin. Nachts wurden wir geholt, wenn es ans Sterben ging. Aber natürlich war ich auch tagsüber im Einsatz. Einer der Pfleger sprach mich einmal an und sagte: „Herr Pfarrer, Sie sind ja viel öfter hier, als wenn einer stirbt." Ich habe ihm geantwortet: „Habe ich Ihnen noch nicht erzählt, dass ich auch für die Lebenden da bin?" 1992 habe ich mit der Krankenhausseelsorge aufgehört. Dann die Gemeindearbeit. In den Gemeinden war ich der Mann im 2. Glied. Ich war nicht der Pfarrherr, hatte nicht meinen eigenen Pfarrgemeinderat, aber ich hatte zwei Dutzend Helfer. Als Kaplan musste man auch die Beerdigungen machen. In einer Woche hatte ich bisweilen fünf Beerdigungen. Konvertitenunterricht war auch gelegentlich angesagt, also wenn jemand vom Evangelischen ins Katholische konvertieren wollte. Ich hab' gemacht, was anlag. Von 1970 bis 1980 habe ich in St. Cyriakus die heilige Messe für Senioren gefeiert. In den Pfarreien Vechelde und Wendenburg war ich regelmäßige Aushilfe für Messopfer, Beichtgelegenheiten, Firmung, Taufen, Trauungen, Fronleichnamsfeste, Krankenkommunion oder Taufen. Für das Bonifatiuswerk habe ich gepredigt und Spenden eingeworben. In Portugal habe ich im Gefängnis gepredigt und die Beichte abgenommen, und, und, und… Da gehört auch der Zölibat mit ins Gespräch. Welche Frau, welche Familie lässt sich einen solchen Berufsalltag gefallen?

Haben Sie jemals den Berufswunsch des Priesters bereut?

Nein, nie. Ich habe manchmal Schwierigkeiten gehabt und mich dann gekümmert, Veränderung zu bewirken. Aber das sind Dinge, die in jedem Leben da sind. Man ist auf Erden, um sich zu entfalten. Aber dass ich z. B. seit 1970 in einem Predigtkreis bin, also im 37. Jahr – das sagt einerseits etwas über meine „Sturheit", andererseits, dass ich meinen Weg gefunden habe.

Wenn Sie zurück blicken: Was sind die bewegendsten Momente Ihres Berufslebens gewesen?

Es gab viele: Die Priesterweihe und die Begleitung Sterbender waren vielleicht die stärksten Momente, weil in dem Menschen, der stirbt und natürlich auch in mir eine große Ehrfurcht wach wird. Ich habe jede Form des Todes erlebt, vom Aufbäumen bis zum ergebenen Hinüberscheiden. Im Tod geht es ans „Eingemachte". Lassen Sie es mich so sagen: Das Gros der Menschen ist nur bis zu 20 % wach. 80 % ihrer Energie sind im Fernsehen oder anderen eher belanglosen Di nen des Lebens gebunden. Und beim Sterben ist der Mensch ganz wach, ganz da.

Sie wurden in den 80er Jahren Pfarrer…?

Ich war immer der Pastor, und wenn ich dann mit meiner Gemeindereferentin aufgetaucht bin, war ich bei den Leuten der Protestant. Die Leute dachten, ich bin der evangelische Pastor mit Frau. Ein Pastor ist etwas Protestantisches. Als Krankenhausseelsorger habe ich im Jahr bis zu 3.000 Leute betreut. Da habe ich dem Bischof gesagt: Herr Bischof, machen Sie mich bitte bald zum Pfarrer, sonst muss ich allen immerzu erklären, dass ich nicht evangelisch bin. Und vor ca. 25 Jahren bin ich dann zum Pfarrer ernannt worden. Aber mehr inoffiziell. Es ist ein Titel ohne Mittel. Aber erst jetzt, seit ich 80 wurde, darf ich mich offiziell Pfarrer i. R. [10] nennen. Da brauchten sie 25 Jahre dazu, aber was sind bei der katholischen Kirche 25 Jahre? Gar nix. Die kennt 2000…

4. Freiheit zum grossmütigen Handeln – Leben im Zölibat

Hatten Sie nie den Wunsch, einen Menschen oder eine Familie an Ihrer Seite zu haben?

Natürlich hatte ich diesen Wunsch. Das ist doch klar. In Matthäus 19, 12b heißt es: „Noch andere verzichten von sich aus auf die Ehe, weil sie ganz davon in Anspruch genommen sind, dass Gott jetzt seine Herrschaft aufrichtet. Das sage ich für die, die es verstehen können." Und Jesus sagt: „Und die mir dann nachfolgen, die bekommen in anderer Weise Vater, Mutter und das Hundertfache." Das heißt also, es kommt eine neue Gemeinschaft auf. Als ich meinen 80. Geburtstag gefeiert habe, waren meine Mitbrüder zu Gast – mein Predigtkreis – und dann sind wir essen gegangen. Das ist meine Familie. Ich habe auch ganz viele Vertraute, Männer und Frauen, die mich seit vielen Jahren begleiten und die ich begleite. Da ist z. B. eine Frau dabei, die seit vielen Jahren depressiv ist. Andere Menschen meiden sie, weil der Umgang mit ihr nicht einfach ist. Aber sie gehört zu meiner Familie. Ich sortiere nicht aus. Sie ist mir genauso willkommen wie alle anderen. Ich stehe ihr bei und dies als Priester.

Halten Sie es für notwendig, dass Priester alleine leben? Ist das besser für die Ausübung der Aufgaben des Priesters?

Wie viele Menschen in aller Welt möchten heiraten und können es nicht, aus diesen oder jenen Gründen – finanzielle, gesundheitliche Gründe, nicht den richtigen Partner gefunden… Und viele heiraten und sind keineswegs glücklich. Viele Wissenschaftler sind so mit ihrem Beruf verbunden, dass sie mit ihrer Arbeit verheiratet sind. Wenn sie eine Familie haben, ist die unglücklich. Es muss auch Menschen geben, deren Familie größer ist als die von Mann und Frau: also die Menschheit oder die Kirche oder, oder… Ich habe durch den Zölibat auch eine größere Freiheit gehabt.

Sollte die Kirche für Priester, die im Zölibat leben, etwas ändern?

Wenn die Kirche den Zölibat will, sollte sie ihre Priester auch so mit Fähigkeiten ausstatten, dass man gut im Zölibat leben kann. Ich hätte mir pro Semester vier Wochen Hauswirtschaft gewünscht. Stattdessen hat man uns einfach reinrennen lassen ins praktische Leben... Ich habe mir zum Beispiel erzählen lassen müssen, wie man eine Pampelmuse aufschneidet. Jetzt weiß ich's. Oder wir Priester sollten so bezahlt werden, dass wir uns eine Haushälterin leisten können. Und wenn ich jetzt ins Sterben komme, habe ich keinen Ort, wo ich in Würde und Anstand sterben kann. Es müsste für diesen Fall ein Heim für Priester geben oder etwas Ähnliches. Das ist mein Beklagen, aber ich wende mich damit nicht gegen den Zölibat.

Ist Ihnen denn nie eine Frau begegnet, in die Sie sich hätten verlieben können?

Doch schon, aber der Wunsch, Priester zu werden und zu bleiben, war immer stärker.

Und es war keine Liebe so stark, dass Sie sich gesagt hätten: Die möchte ich leben?

Im Letzten: Nein.

Gab es Momente, wo Sie Sehnsucht nach menschlicher Nähe, Wärme und Körperlichkeit hatten?

Natürlich gab es die. Sie wissen, ich bin hirnverletzt. Ich habe seit mehr als 50 Jahren täglich Schmerzen. Und seit Weihnachten 2006 nehme ich keine Schmerzmittel und keine Schlafmittel mehr. Beides erforderte Disziplin: mit den Schmerzen leben und ohne Schmerzmittel auskommen. So ist es auch mit allem anderen. Wille und Disziplin gehören zu meinem Leben. Das kostet Kraft und Energie. Entweder ich nehme meine Energie und stecke sie in meine Familie oder ich nehme sie und stecke sie in die Liebe zu Gott, in meine Arbeit und die Menschen, mit denen ich zu tun habe. Das ist eine Sublimierung, würde Freud sagen. Aber es entsteht eine ganz andere Ebene. Die kann jemand, der nicht im Zölibat lebt, vielleicht nicht nachvollziehen. Ich will es anders ausdrücken: Wenn ich nächtens arbeite, vergesse ich jeden Schmerz, den ich habe. Da höre ich nur noch die Uhr, und die Nacht ist herum. So ist es auch mit der Vertiefung in die Aufgaben, die ich als Priester hatte und habe.

Wenn man die sexuelle Energie sublimiert, führt das nicht zu Leid, zu Reizbarkeit, dazu, dass der Geist den Körper bezwingt und sich untertan macht? Ist das im Sinne Gottes?

Wieder ein Beispiel: In meinem Kühlschrank sind ein bisschen Frikassee, ein paar Zwiebeln und etwas Quark. Es sind gute Dinge, nichts Lukullisches. Brecht sagte einmal: Erst kommt das Fressen, dann die Moral. Ich sehe es umgekehrt:

Erst kommt die Moral, dann die körperlichen Bedürfnisse, ob es das Essen oder anderes ist. Ich verstehe mich auch als ein geistiges Wesen.

Was hat der Zölibat Positives/Negatives in Ihrem Leben bewirkt? Hat er Sie Gott und den Menschen näher gebracht?

Er hat mir eine unheimliche Freiheit gebracht. Ohne den Zölibat wäre ich der „Familie aufgesessen." Ich halte Familie für etwas Großes… Aber Folgendes: Ich habe früher viel ökumenisch gearbeitet. Die evangelischen Pfarrer wurden nach einer bestimmten Zeit unruhig. Notwendigerweise. Es waren ja alles Familienväter. Wobei ich jetzt nichts gegen evangelische Pfarrer sagen wollte. Aber bei mir ging es zeitmäßig weiter. Tags war ich in der Schule und in vielen Nächten bei Sterbenden. Und bei manchem Sterbenden vielleicht mehrere Stunden und morgens wieder in der Schule stehen und unterrichten… Und danach vielleicht zu einer Beerdigung. Da waren Beerdigungen dabei, die haben mich einen Anzug gekostet. Da hat's so „geschüttet", dass ich zu den Angehörigen gesagt habe: Ich mach' das alleine, stellt euch unter. Und dann vielleicht auch eine heilige Messe. In meinen aktiven Zeiten hatte ich bisweilen zwei Autos, ein privates und einen Dienstwagen, damit immer eines einsatzfähig war, weil ich manchmal „rund um die Uhr" tätig war. Ich will nur sagen: Ohne den Zölibat wäre das nicht möglich gewesen. Der Zölibat ist nicht nur „Leid", sondern auch große Freiheit. Eine Freiheit zum großmütigen Handeln…

5. In Gott fallen alle Gegensätze zusammen – Nachdenken über Gott und die Welt

Gab es Lebensphasen, wo Sie auf der Suche nach Gott waren?

Meine Antwort wäre spontan: Nein, hat's nie gegeben; ich war immer auf der Suche nach Gott. Ich habe Gott nie außer Betracht gelassen.

Wodurch haben Sie Gott gefunden?

Durch jeden Menschen, angenehme wie unangenehme, gesunde oder kranke, glückliche oder leidende. Gerade in den Leidenden, den Unappetitlichen, den Unangenehmen finde ich den leidenden Gott.

Wie fühlt es sich an, Gott gefunden zu haben? Was ist das für ein Seinszustand?

„Sättige mich mit Freud und Wonne, dass die Gebeine frohlocken, die du zermalmt hast." – heißt es in der Bibel und auch für mich [11]. Es ist dieses Frohlocken…[12] Für dieses Wort gibt es keinen zeitgemäßen Ausdruck, es meint: vor Freude springen/fliegen, auch und gerade, wenn es einem nicht so gut geht, wenn dazu scheinbar kein Anlass besteht.

Was ist Gott für Sie?

Das große DU... Ich habe kein Bild von einem Drohgott. Ein Mann sagt: Ich gebe dir 100 Euro, wenn du mir sagst, wo Gott ist. Der Befragte antwortet: Ich gebe dir 200 Euro, wenn du mir sagst, wo Gott nicht ist. Mit Gott komme ich nie an ein Ende. Jochen Klepper[13], ein protestantischer Theologe – wir haben seine Lieder in unserem Gesangbuch – formulierte es einmal so: „Gott wird uns richten, als wolle er uns belohnen." Ich denke auch an Nikolaus von Kues[14], den großen deutschen Kardinal, 1401 bis 1464. Er schrieb: „Coincidentia oppositorum" – „In Gott fallen alle Gegensätze zusammen." Bei uns Menschen nicht. So bin ich froh, dass ich am Ende IHM „in die Hände falle". Es ist Glaubensaussage der Kirche, dass unser Sprechen von Gott mehr falsch ist als richtig.

Was sind die stärksten Momente Ihres Glaubens gewesen?

Die sind jeden Tag. Die heilige Messe oder die Sakramente sind jeweils Hochpunkte des Glaubens. Aber Glaube ist ein Zustand, kein Ereignis.

Wo hat Gott Sie am meisten geprüft?

Mit der Hirnverletzung... Der Bischof von Hildesheim hat mir in einem Brief zum 70. Geburtstag gratuliert. Er hat es so formuliert: „Gern bitte ich den Herrn, dass er Ihnen auch weiter nahe sei und Ihnen die Kraft schenkt, das zu meistern, was er Ihnen zu tragen aufgibt."

Wie würden Sie einem Menschen, der nicht gläubig ist, Gott nahe bringen?

Ich bete für ihn und bin ihm gut. Jesus hat das auch so gemacht. Da muss nicht unbedingt etwas Frommes passieren. In meinem Umfeld gibt es eine Frau, die an Depressionen leidet. Ich kenne sie lange. Es kann sein, dass sie nun, nach fast 10 Jahren, von mir auch mal ein bisschen „Theologie" bekommt, dass ich ihr sage: Gott war nicht nur barmherzig, er hat nicht nur Mitleid gehabt – er hat mitgelitten. Das ist eine Stufe mehr. Wenn jemand zum Abendmahl geht, heißt das: Ich kann es nicht allein – Gott, ich brauche deine Hilfe! Das bedeutet natürlich auch, dass man bereit sein muss, sein Leid Gott zu übergeben, nicht an ihm festzuklammern. Also, ich werde ihr demnächst in meiner Eigenschaft als Priester mal ein paar Worte dazu schreiben. Das heißt nicht, dass ich sie bekehren will; ich will ihr helfen.

Der tiefe Glaube ist das Eine, die Institution der Kirche – von Menschen geschaffen – das Andere. Gibt es etwas, was Sie an der Institution Kirche kritisieren? Womit sind Sie nicht einverstanden?

Die Kirche ist von dem Stifter Jesus Christus gegründet. Er ist das Haupt in dem mystischen, geheimnisvollen, fortlebenden Leib und wir sind seine Glieder.

Es gibt Kleinigkeiten, die man anmerken könnte. Die würde ich auch dem Bischof sagen oder gegebenenfalls dem Papst. Da hätte ich keine Berührungsängste. Aber es gibt für mich nichts Grundsätzliches zu ändern. Ich bin eine Lebensbeziehung eingegangen. Was ich ändern kann, das bin ich. Ecclesia semper reformanda – die Kirche, die sich immer verändern muss, das bin ich.

Waren Sie in Rom im Vatikan? Aus welchem Anlass?

Ich war 1993 für einige Tage in Rom, kurz nach Ostern. Der Anlass war: Den Vatikan zu besuchen. Das ist natürlich schon ein „Leckerli" im Leben eines Priesters.

Was haben Sie an Eindrücken mitgenommen?

Wir waren mehrere Priesterkollegen auf dieser Fahrt. Im Vatikan haben wir an Vorträgen und Gesprächsrunden teilgenommen. Ich habe einige Kardinäle kennengelernt, auch den damaligen Kardinal Ratzinger, heute Papst Benedikt XVI. Was ich mitgenommen habe? Einen frischen Geist und Weite… Das, was nicht in der Zeitung steht. Wenn's im Kirchlichen klein-klein wurde, habe ich jedes Mal gemeutert. Also Schiffchen versenken, das mag ich nicht. Aber im Vatikan spürt man Weite.

Wenn Sie Papst wären, was würden Sie anders machen?

Ich werde kein Papst, der jetzige ist übrigens 40 Tage jünger als ich. Insofern mache ich mir keine Sorgen, was der Papst will und wie er das will. Man kann nur das verkünden, was in einem lebt. Insofern bin ich ganz gut beschenkt worden.

Wie stehen Sie dazu, dass Frauen in der katholischen Kirche nicht geweiht werden dürfen?

Es könnte eines Tages werden. Nach katholischem Verständnis habe ich keine Einwände dagegen. Aber es ist kein Thema, was mich bedrängt. Ich bin froh, dass z. B. heute im Vatikan auch Frauen als Wissenschaftlerinnen arbeiten. Da tut sich eines Tages mal etwas von selber. Aber man kann das nicht erzwingen, das muss sich ergeben. Die Kirche Gottes hat einen langen Atem…

Sie haben viele Sterbende begleitet, was ist der Tod für Sie?

Das werde ich erleben. Ich weiß nicht viel. Aber ich habe ein großes Vertrauen, weil ich eingehen werde in das Leben mit Gott: visio beatifica. Mein Leben ist in seiner Endphase eine Wucht. Ich habe ein reiches Leben geführt.

6. In Gottes Namen, so Gott will – Die Beichte

Was bedeutet die Beichte für Sie?

Sündenbekenntnis, Bußsakrament, Gewissenserforschung, Reue, Bekenntnis, neuer Vorsatz, neuer Anfang... „In Gottes Namen, so Gott will." Beichte ist für mich Wieder-Aufleben. Sie wird heute übrigens wieder von streng gläubigen Protestanten gefordert. Ich habe auch einen anderen Begriff von Buße. Da komme ich von der Sprache: „Buezzan/buezzam" heißt im Mittelhochdeutschen: „wieder aufleben". Wenn einer seinen inneren Frieden wieder herstellen kann, das ist doch 'was! Dass derjenige Mensch wieder aufrecht gehen kann... Für mich ist Beichte: Versöhnung annehmen. Es heißt aber auch: „Vor meinen verborgenen Sünden bewahre mich, oh Herr!" Die Beichte fordert zur Gewissenserforschung auf. Im Sinne des Vaterunsers: Vergib uns in dem Maß, wie wir mit Anderen „umspringen". Ich habe Beichten erlebt, das war ein Wiederaufleben wie eine Wiedergeburt. Da gingen zentnerschwere Lasten runter. Man konnte richtig zusehen, wie derjenige wieder zu sich kam. Im Krankenhaus habe ich Beichten erlebt, da fragten mich die Ärzte: „Herr Pfarrer, was haben Sie mit dem Mann gemacht?" Ich sagte: „Ich gar nix, der Herrgott hat das gemacht."

Woher nehmen Sie die Gabe, Menschen in schwierigen, manchmal sogar aussichtslosen Lebenssituationen in der Beichte begleiten zu können?

Ich bin Werkzeug in der Hand Gottes. Das Priestertum gehört zu den Urdienstleistungen der Menschheit wie Vater, Mutter, Lehrer, Heiler oder Arzt. Der Priester muss natürlich auch belastbar sein. Nehmen Sie das Bild vom Rad: Je schwerer die Last, desto dichter die Speichen an der Nabe. Und man muss auch offen für eine „Eingebung" sein. Von Papst Johannes XXIII.[15] wird berichtet, dass er, als er noch Kardinal war, einen Priester, der Alkoholiker war, zu betreuen hatte. Bisher hatte keine Maßnahme geholfen. Er suchte ihn und fand ihn in der Kneipe. Da fiel Papst Johannes XXIII. vor ihm auf die Knie und bat ihn, ihm die Beichte abzunehmen. Damit hat er ihn gestärkt und zur Umkehr bewogen.

Wo überall haben Sie die Beichte abgenommen?

Es gibt, glaube ich, kein Verkehrsmittel, das da ausgelassen ist: im Flugzeug, auf dem Schiff, im Zug, im Auto, unterwegs, in meinem Wohnzimmer, mit Stola, ohne Stola, bei einem Glas Wein. Es gibt kaum eine Lebenssituation, die da ausgelassen ist. Heute wüsste ich aber, dass ich in meiner Einstellung zum Beichtkind milder wäre als damals.

Warum?

Weil der Mensch schwach ist. Wo Menschen sind, geht's menschlich zu.

Gehen Sie selbst auch zur Beichte?

Ja natürlich. Sehr wohl. Ich gehe zu einem Mitbruder.

Wie erleben Sie Ihre eigene Beichte?

Unheimliche Glücksmomente... Ich muss von Zeit zu Zeit sehen, ob ich noch richtig liege. Beichte ist nicht nur die Lossprechung, Beichte ist auch Orientierung. Es geht ja auch darum, dass ich als Priester mit mir im Einklang bin, mit mir und meinem Alltag.

7. „EINNORDEN" AUF GOTT - DAS GEBET

Was ist das Gebet für Sie?

Gebet ist eine Form, wie die Seele sich zu Gott hin äußert und ihn als den Herrn und Schöpfer anerkennt. Alles, was man in Gott tut, ist Gebet. Das edelste Gebet ist nach Angelus Silesius[16], wenn der Betende sich in das, „vor dem er kniet, verwandelt, inniglich". Ich verstehe heute auch den Heiligen Paulus besser, wenn er sagt: „Betet ununterbrochen." Das heißt: Seid immer „eingenordet" auf Gott. Die Magnetnadel findet immer wieder hin...

Wann beten Sie?

Ich bete seit frühester Jugend jeden Tag, das ist für mich selbstverständlich. Darüber braucht man nicht zu reden.

Haben Sie damals auf dem Schlachtfeld gebetet?

Ja, natürlich, aber nicht, um zu überleben. Mein Gebet ist Lobpreis.

Auch in dieser Situation?

Auch in dieser Situation. Ich habe manches Mal bei Sterbenden oder Kranken geweint. Das darf man nicht, hab' s aber gemacht... Und trotzdem ist dann immer der Gott da wie beim Hiob – der Gott, den ich hochhalte. Ich habe Gott nie geflucht.

Wie beten Sie?

Wie bete ich? Ich nehme gern einen Psalm zum Ausgangspunkt. Ich nehme ihn wie ein „Klettergerüst" und gehe an den Worten entlang: Ich verkoste den Wortlaut und gehe dem nach, was die Worte für mich und mein Tun bedeuten... Wenn ich morgens wach werde oder die Nacht gearbeitet habe, dann kommuniziere ich und nehme das Altarsakrament, das der Heiligen Eucharistie, denn ich feiere die heilige Messe nur ein Mal in der Woche. Und dann schließe ich all die ein, denen ich über den Tag hin begegnen werde: die Autofahrer, die Nachbarn... Und ich nehme Jesus in die Stille meiner Gedanken. Und sicher habe ich auch viele Glücksmomente in all dem. Aber es ist mein ganz normales Leben. Mein Außerordentliches ist, dass ich nichts Außerordentliches tue, sondern hoffentlich nur Ordentliches. Und das in jeder Weise, ob ich einkaufe oder die Wohnung sauber mache oder den Müll aufhebe, der auf der Straße herum liegt... Oder nehmen Sie meine Gemeindereferentin, mit der ich lange zusammen gearbeitet habe. Sie verdankt ihr Leben den Ärzten. Ich schaue jeden Tag nach ihr. Da fällt mancherlei Arbeit an. Und so ziehe ich mir die Gummihandschuhe an und tue, was getan werden muss. Da fängt für mich das Christentum an. Gebet heißt für mich nicht, dass ich Gott eine Menge erzähle. Oder die Hände falte. Es ist jede Stellung, es ist überall zu beten erlaubt, an jedem Ort, mag er noch so ungewöhnlich sein. Dem Christus war nichts fremd. Wenn ich in Stille über etwas nachsinne, ein Ereignis bedenke, Worte der Psalmen auf mich wirken lasse – das ist meine Schule, sie sind ja bis zu 3.000 Jahren alt – dann ist das Gebet für mich. In den Psalmen heißt es, frei wiedergegeben: Bevor ich einen Gedanken fasse, weiß ihn der Herrgott schon. Beten bedeutet auch: Ich hab' es nötig, wieder Tuchfühlung zu kriegen... Franz von Sales[17] formulierte es so: „Wir ziehen uns in Gott zurück, weil wir in ihm atmen möchten. Wir möchten in ihm atmen, um uns in ihn hinein zurück zu ziehen. So bedingen unsere Sehnsucht nach Gott und die innere Einkehr einander. Ohne innere Einkehr gibt es kein kontemplatives Leben, kein gutes aktives Leben. Ohne innere Einkehr ist Ruhe ein Nichtstun und Arbeit eine Last."

8. WER MIT DEM ZEITGEIST VERHEIRATET IST, DER IST BALD WITWER – DAS HIER UND HEUTE

Verstehen Sie sich als einen politischen Menschen?

Ich habe seit ungefähr 10 Jahren kein Fernsehen mehr, auch keine Tageszeitung. Ich höre mir täglich im Radio die Presseschau an, mehr nicht. Andere Neuigkeiten bekomme ich von meiner Priesterrunde. In der Nazizeit habe ich gelernt: Wer mit dem Zeitgeist verheiratet ist, der ist bald Witwer. Mein Vater sagte immer: „Wenn alle in den Main springen, müsst ihr nicht hinterher springen." Wissen Sie, ich lese pro Jahr zwischen 30 und 50 Bücher. Ich bereite mich in Theologie vor und auch auf meine Predigten, beschäftige mich mit mehr als nur theologischen Themen, lerne Psalmen auswendig. Es soll auch Menschen geben, die das Geistige hochhalten und die allgemein gültigen Werte der Menschlichkeit. Ich will es mal so ausdrücken: Wenn Sie einen Mann geheiratet haben, können Sie die anderen nicht mehr heiraten. Die müssen Sie links liegen lassen. Also, ich bin Priester geworden und nicht Politiker oder Medienmensch. Die neue Medienmacht sehe ich z. B. sehr kritisch. Die indoktrinieren oft den Menschen. Ich indoktriniere nicht so bei der Predigt, wie es die Medien unangenehmerweise tun.

Das finde ich nicht zulässig. Wenn ich etwas vorhabe, sage ich, was ich vorhabe und warum. Es ist für mich auch eine gewisse Psychohygiene, die ich betreibe, indem ich auf Fernsehen und Zeitung verzichte, damit ich Zeit und Kraft für mein Eigentliches habe. Als Priester werde ich nicht nach den Filmen gefragt, die ich gesehen habe, sondern nach anderen Dingen…

Wie sieht Ihr Alltag heute aus?

Ich habe viele Menschen, mit denen ich zusammen arbeite. Und wenn ich angerufen werde von jemandem, der die Sakramente braucht oder beichten möchte, da setze ich mich ins Auto und fahre los. Samstags feiere ich die heilige Messe. Darauf bereite ich mich die Woche über vor. Meinen Haushalt muss ich machen, einkaufen gehen. Auf meinen Predigtkreis bereite ich mich intensiv vor. Ich lese viel, gehe zum „Hockertanz"[18] und, und, und…

Haben Sie ein Lebensmotto?

„Per aspera ad astra – durch Nacht zum Licht."[19] Und mein Weihespruch: Zweiter Brief an die Korinther, Kapitel 1, Spruch 24: „Nicht dass wir Herren seien über euren Glauben, sondern wir sind Gehilfen eurer Freude, denn im Glauben stehet ihr ja fest."

Was ist Ihr Lebensziel?

Mein Lebensziel ist: Durch mein Tun und das Aufnehmen von Gottes Liebe ein möglichst gutes Werkzeug für den Herrn in dieser Welt zu sein. Also für mich war dieses „Schaffe, schaffe, Häusle baue oder nach den Mädle schaue" nicht wichtig. Ich bin auf Erden, um Gott zu dienen, ihn zu loben und die Anschauungen Gottes in die Welt zu tragen. Ich lass mich da auch überraschen, was Gott mit mir vorhat. In Korinther 13, Vers 12 heißt es: „Jetzt erkenne ich's stückweise; dann aber werde ich erkennen, gleichwie ich erkannt worden bin." Oder: „Was kein Auge gesehen hat und kein Ohr gehört hat und in keines Menschen Herz gekommen ist, was Gott bereitet hat denen, die ihn lieben." (1. Korinther 2,9)

Die Liebe… Was ist für Sie die Liebe?

Einer meiner Professoren, ich meine, es war Adorno, sagte einmal: „Liebe ist, wenn man an Unähnlichem Ähnliches entdeckt." Im „Hohelied der Liebe"[20] heißt es, jetzt frei wiedergegeben: Wenn ich mit Engelszungen spräche, besäße aber die Liebe nicht, dann wären meine Worte hohl. Und wenn ich einen Glauben hätte, der mich befähigte, Berge zu versetzen und hätte die Liebe nicht, so würde ich doch nichts bewirken. Die Liebe ist großmütig; sie rechnet das Böse nicht auf… Was eine richtige Liebe ist, die endet nicht. Und Gott ist die Liebe!

Ihr seid Priester bis zu eurem Lebensende

PFARRER I. R. GEORG KIRCH, LANGENWEDDINGEN BEI MAGDEBURG

Geboren am 7. Juni 1930

Pfarrer Georg Kirch hat ein Jahr vor der Gründung der DDR sein Abitur in Magdeburg abgelegt. Er studierte im „Westen", hat die politischen Spannungen der 50er Jahre, den Kirchenkampf in der DDR und den Mauerbau miterlebt. Wie sah der Alltag eines katholischen Priesters in der DDR aus? Welche Schwierigkeiten gab es, den christlichen Glauben zu leben?

In der DDR herrschte eine strikte Trennung von Staat und Kirche. Und gerade in den letzten Jahren vor der Wende versammelten sich in der Kirche, der evangelischen wie der katholischen, Gegner des Systems. Wer für die Kirche war, sich zu seinem Glauben und der Kirche bekannte, lief oft genug Gefahr, sich kleinen oder großen Ärger mit der Staatsmacht einzuhandeln. Schikanen aller Art oder auch die Inhaftierung in einem der Stasi-Gefängnisse drohten hartnäckigen Regimegegnern. Als katholischer Priester ist Pfarrer Kirch in der DDR viele Male mit den Behörden in Konflikt gekommen. Aber es war mehr eine Art Kleinkrieg und wurde nie ernsthaft bedrohlich für ihn und seine Gemeindemitglieder. Mit List, „Priesterschläue" und Gottes Wohlwollen gelang es ihm immer wieder, seine Vorhaben zu verwirklichen und ein aktives Gemeindeleben zu gestalten.

Heute wohnt Pfarrer Kirch in einem ehemaligen Ausgedingehaus in Langenweddingen, in dem sich im Erdgeschoss auch die katholische Kirche des Ortes – eine kleine Kapelle mit sehr schönen modernen Glasfenstern im Halbrund – befindet. Er lebt quasi mit „seiner" Kirche unter einem Dach und braucht zum Feiern der heiligen Messe nur die Treppe hinunter zu steigen. Diese Wohnsituation erlaubt ihm, das fortzusetzen, was er bereits als Kind empfand, als Jugendlicher lebte und als Priester bis heute praktiziert: Möglichst keinen Tag ohne die heilige Messe zu verbringen, denn sie erst gibt dem Tag „die Mitte", wie er es formulierte.

Wenn Pfarrer Kirch sich vor dem Altar verneigt, wirken seine Bewegungen weich und geschmeidig, fast anmutig. Er ist ein Bewegungsmensch. Sein Gang ist behände, hat etwas Festes und zugleich Federndes. Wie viele Millionen Schritte mag er bereits auf seinen langen Wanderungen und Pilgerwegen gegangen sein? Im Jahr 2006 lief er von Lourdes nach Santiago de Compostela 1.060 km zu Fuß. Auf dem europäischen Fernwanderweg wanderte er von Eisenach nach Zakopane. Außerdem liebt Pfarrer Kirch den Tanz. Das ist ihm „zugewachsen" durch die Kinder- und Jugendarbeit und die religiösen Kinderwochen, wo immer viel getanzt wurde. Er hat die Ausbildung zum Seniorentanzleiter absolviert und dürfte auf diesem Gebiet der einzige katholische Pfarrer der Bundesrepublik sein. Sieben Seniorentanz-Gruppen leitet er an und fährt dazu nach Magdeburg und auf die Dörfer der Umgebung. Zu seinem 70. Geburtstag versammelten sich

150 Tänzer aus seinen Gruppen im Hof des Ausgedingehauses zu einem fröhlichen Fest. Tanz ist für ihn Verehrung, Referenz: für die Menschen, mit denen man tanzt, für Gott. Gott mit dem ganzen Körper anbeten, das ist Tanz... Im Sommer 2007 wird er wieder unterwegs sein, 1200 km vor sich. Als Ziel hat er die ehemalige Einsiedelei von Niklaus von Flüe, einem Schweizer Heiligen. „Wenn man als Priester wandert, wandert man immer als Priester" – sagt Pfarrer Kirch. Und so wird er auf diesem Weg – Sinnbild seines Lebens – offen sein für das, was Gott ihm an Gedanken und Eindrücken, an Anregungen und Begegnungen schenkt und für das, was Gott noch mit ihm vorhat...

April bis Mai 2007

I. Unterm Banner – Kindheit, Jugend, Krieg

Pfarrer Kirch, in welche Familie wurden Sie hinein geboren?

Ich bin der Jüngste von vier Geschwistern. Ich habe noch zwei Brüder und eine Schwester. Wahrscheinlich sind meine Geschwister und ich eine „gute Mischung", denn meine Mutter stammt ursprünglich vom Niederrhein. Das sind die „Spökenkieker", die so ein bisschen tiefgründig sind, obwohl meine Mutter nicht ganz so war. Aber sie hatte Spuren von Tiefgründigkeit. Mein Vater ist Rheinländer aus Bergisch-Gladbach bei Köln und hatte die sprichwörtliche rheinische Frohnatur. Er ist beruflich in Magdeburg ansässig geworden, wo er ein Geschäft für Feuer- und Luftschutz hatte. Auf diesem Wege ist er irgendwie an die Familie meines Großvaters geraten. Nach einer Zusammenkunft im Hause meines Großvaters hat er seinen Schirm stehen lassen, ob absichtlich oder unabsichtlich hat man mir nie verraten, und so hat er eine der beiden Töchter meines Großvaters geheiratet. Mein Großvater war Holzhändler, wobei ich die Großeltern nie kennen gelernt habe. Mein Vater und meine Mutter sind in Magdeburg geblieben und stark geprägt worden von der zentralen katholischen Gemeinde der Sankt-Sebastian-Kirche. Wenn Sie mit dem Zug in Magdeburg ankommen, sehen Sie eine Kirche mit zwei Zwiebeltürmen. Das ist meine Heimatkirche. Man kann sagen, Magdeburg war die Diaspora[1]. Wir hatten vielleicht 3% Katholiken in der Stadt. Aber dadurch, dass wir ganz in der Nähe unserer Kirche wohnten, habe ich das nicht so empfunden. Es war auch eine große Gemeinde mit großen und feierlichen Gottesdiensten. Wir hatten einen Propst und drei bis vier Kapläne. Also, es war wie eine Großfamilie. „Draußen" war ich dann schon eher Diaspora-Kind. In der Schule war ich später oft der einzige Katholik, wobei ich die ersten drei Schuljahre noch die katholische Volksschule erlebt habe. Die war im Schatten des Domes, als ein eigenes Gebäude. Aus den Dörfern der Gegend kamen mit einem kleinen Bus die Kinder zusammen, die katholisch waren. Ich kann mich noch sehr gut daran erinnern, wie 1938 die Schule aufgelöst wurde. Alle Konfessionsschulen wurden in diesem Jahr aufgelöst. Unser Rektor ließ noch einmal alle antreten. Es standen ein paar Eltern und Großeltern dabei, von denen manche schluchzten. Das hat sich mir sehr eingeprägt. Wir wurden danach aufgeteilt auf die anderen Schulen der Stadt. Ich kam mit noch einem katholischen Jungen in so eine Gemeindeschule und traf dann einen meiner katholischen Lehrer wieder und kam in dessen Klasse. Aber es war vorbei mit den Konfessionsschulen, und so habe ich den Nationalsozialismus von dieser Seite her deutlich kennen gelernt.

Wie haben die Eltern den Nationalsozialismus aufgenommen?

Anfangs waren meine Eltern noch Sympathisanten. Mein Vater hielt große Stücke auf Franz von Papen[2], der als Katholik Mitglied der Zentrumspartei war und bei Hitler in der Regierung saß. Später hat sich mein Vater distanziert. Ich erinnere mich z. B.: Mein Bruder und ich sollten ins Ferienlager bei Gommern fahren. Aber mein Vater sagte zu den Verantwortlichen: „Meine Jungs können da nicht mit. Das geht über zwei Sonntage, und sonntags gehen wir in die Kirche. Es sei denn, Sie stellen fest, wo man von dort aus den Gottesdienst besuchen kann." Und da man daran interessiert war, dass wir mitfahren, wurde das möglich gemacht und wir durften sogar unser Fahrrad mitnehmen, weil es vom Zeltlager bis nach Möckern, wo der Gottesdienst stattfand, 12 km waren. Wir waren die Einzigen, die in diesem Lager ein Fahrrad hatten und waren dadurch natürlich die „Kings". Das rechne ich meinem Vater hoch an, dass er für uns eingetreten ist. Das brauchte Mut.

Das Geschäft meines Vaters lief anfangs schlecht, aber durch die Kriegs- und Luftschutzvorbereitungen – jeder musste seine Feuerabwehrgeräte zu Hause haben – haben wir gut verdient. Dadurch war es möglich, dass mein Bruder und ich von der Mittel- auf die Oberschule kamen. Das kostete ja Geld, bei vier Kindern – meine Mutter hatte übrigens auch das Mutterkreuz – war das also nicht selbstverständlich. Und so kamen mein Bruder und ich auf die Bismarck-Schule. Weil Sie nach der Nazizeit fragten: Im Zentrum der Stadt gab es ja viele Judengeschäfte, die in der Reichsprogromnacht zerstört wurden. Da reagierte meine Mutter ganz deutlich, indem sie sagte: „Ich kann nichts gegen die Juden sagen. Ich bin bei denen immer ehrlich und gut bedient worden."

Ihre Mutter war Hausfrau?

Nein. Wir hatten in der Otto-von-Guericke-Straße in Magdeburg, mitten in der Stadt, wo heute das City-Carré ist, eine 7-Zimmerwohnung. Dort bin ich groß geworden. Mein Vater hatte kein Ladengeschäft, sondern das erste Zimmer in dieser Wohnung war Büro, so dass sich alles zu Hause abspielte. Und meine

Mutter hat das Geschäft mit geführt, was für mich ein Segen war, denn es war immer jemand zu Hause.

Waren Sie als Katholik Repressalien des Systems ausgesetzt?

Nein, eigentlich nicht. Ich habe mich ganz fest an die Jugendgruppe der Gemeinde gehalten. Das war von der geistigen Ausrichtung in Magdeburg-Sebastian „ND" – „Neudeutschland", eine Oberschülerbewegung. Lauter Gymnasiasten waren da drin, wobei Mädchen und Jungen getrennt waren. Die Mädchen hatten ihre eigenen Gruppierungen wie „Heliand" oder „MC" – „Marianische Jungfrauen-Congregation". In anderen katholischen Gemeinden gab es wieder andere Organisationen, in Buckau z. B. gab es die „Sturmschar". Aber schon in den ersten Jahren des Nationalsozialismus wurden die Katholische Jugend und alle Jugendverbände, die nicht nationalsozialistisch waren, geschluckt und verboten. Ich schätze, das war für uns in Magdeburg so um 1936 herum. Jede Gruppe hatte auch ein eigenes Banner, das natürlich verboten wurde. Aber man traf sich trotzdem, aber eben informell in den Jugendstunden, doch auch dies war irgendwann nicht mehr erlaubt. Ich weiß noch, wie unser Vikar sagte: „Wir können keine Jugendstunden mehr machen. Was wir jetzt noch abhalten, ist die Ministrantenstunde." Es war eigentlich dasselbe, nur unter einem anderen Namen. Das könnte dann im Krieg gewesen sein. Wir hatten sehr interessante ältere Jungen, die schon Theologie studierten und unsere Gruppen geleitet haben. Es gab da einen festen Zusammenhalt und für mich viele Freundschaften. So waren wir z. B. auch mit der Küsterfamilie eng befreundet. Die hatten drei Mädchen und einen Jungen (bei uns war es ja genau umgekehrt). Wir haben dann gemeinsam in der Sebastianskirche Feuerwache gehalten und kriegten 2,50 RM in der Nacht. Das war viel Geld für einen vierzehnjährigen Jungen. Es war vorgeschrieben, dass soundso viele Leute Luftschutzwache in der Nähe eines öffentlichen Objektes halten, und die Gemeinde oder die Stadt musste dieses Geld bezahlen. Wir bekamen es vom Küster ausgezahlt. Ja, und da haben wir dann abends immer „Mensch ärgere dich nicht" o. ä. gespielt und in Doppelstockbetten in der Pfarrbücherei geschlafen. Dadurch war die Verbindung zur Gemeinde noch stärker.

Wie und wo haben Sie die Bombennacht vom 16. Januar 1945 erlebt?

Als Magdeburg zerstört worden ist, war ich in der Kirche. Wir haben in diesem riesigen Gemäuer gehockt – die Kirche hat ja zwei Meter dicke Mauern – und über uns wummerten die Einschläge. Ein Mal ging auch eine Luftmine `runter, und da hat es sogar die Stahltür des Luftschutzraumes eingedrückt. Und oben, in diesem alten Gebälk staken 15 Stabbrandbomben. Das waren ca. 50 cm große Bomben mit einem noch einmal so großen Leitwerk hinten dran, das hohl war; dadurch fielen sie immer mit dem Zünder nach unten. Und die brannten so vor sich hin. Unser Vikar und die Küsterfamilie zogen die Stabbrandbomben aus dem Gebälk heraus oder kratzten und hackten sie heraus, und wir Jungs haben Wasser getragen und Sandsäcke geschleppt. So haben wir praktisch die Sebastianskirche in dieser Nacht gerettet. Bis auf die beiden Zwiebeltürme. Durch den Funkenflug – ringsum brannte alles lichterloh – gab es einen Sog. Und so flogen die Funken in das alte Gebälk der beiden Hauben der Zwiebeltürme. Wir haben gesehen, wie es dort langsam zu glimmen anfing. Wenn man da hoch gekonnt hätte, hätte man die Stellen mit dem Taschenmesser auskratzen können. So aber sind die Hauben der beiden Türme abgebrannt.

Wie ist es Ihrer Familie in dieser Nacht ergangen?

Wir sind ausgebombt worden in dieser Nacht. Die ganze schöne Wohnung, die Violine, die ich hatte, zwar ungern gespielt, aber es war ein wertvolles Instrument, das Klavier... alles war weg. Nachdem wir die Kirche so einigermaßen gerettet hatten, kam ich über die Trümmer nach Hause. Es war eigentlich nur quer `rüber, aber man musste durch die brennende Stadt... Ich sah: Unser Haus war abgebrannt und schon zusammengefallen. Und ich wusste nun auch nicht: Sind meine Eltern da drunter oder nicht. Wir hatten im Garten eine feste Fachwerklaube mit drei Zimmern und einem Keller. Da wollten wir uns im Ernstfall alle treffen. Doch diese war auch abgebrannt. Es lag noch so ein Häufchen Asche da. Da habe ich mein Portemonnaie aus der Hosentasche geholt und festgestellt: Ich habe noch 1,17 RM und dachte: Jetzt bin ich allein auf dieser Erde... Doch dann bin ich zurück in die Sebastianskirche. Dort wusste ich die Küstersfamilie und konnte bei unserer Gemeindeschwester wenigstens ein paar Stunden schlafen. Und irgendwie war dann in der Kirche die Meldung eingegangen, dass meine Eltern und meine Schwester lebten. Nach drei Tagen habe ich bei Bekannten meine Eltern wieder gefunden. Wie Jesus nach drei Tagen von seinen Eltern gefunden wurde, so habe ich nach drei Tagen meine Eltern wieder gefunden...

Wir wurden von der Familie eines Klassenkameraden meines Bruders aufgenommen. Die lebte in der Encke-Siedlung, so einer Arbeitersiedlung, wie sie die Nazis gebaut hatten. Dort gab es drei Zimmer und eine Küche. Und da kamen wir Fünf dazu, meine Eltern, meine Schwester, mein Bruder und ich. Dort haben wir gelebt, bis die Amerikaner kamen, also von Januar bis Mai '45.

Hatten Sie in dieser Zeit Schulunterricht?

Wir sind in die Schule gegangen, und dann war oft um 10.00 Uhr Alarm. Da wurde die Schule geräumt, und wir mussten nach Hause und zu Hause helfen. Im Winter hatten wir vielleicht mal eine Stunde und gingen dann nach Hause. Es gab ja nichts zum Heizen. Manchmal sind wir auch zu unseren Lehrern in die Wohnung gegangen. Manche wohnten noch vornehm, und da saßen wir dann im Musizierzimmer und haben ein bisschen Mathematik gemacht... Die Schulzeit war dadurch eigentlich zu kurz. Nach dem Krieg war das auch nicht unbedingt besser, da hatten wir auch nichts zum Heizen. Ich sehe noch, wie eine Lehrerin da stand, die Arme um sich gelegt und klappernd fror. Wir hatten z. B. eine katholische Englischlehrerin. Die hat für 15 Abiturienten alle Unterrichtsmaterialien mit der Hand geschrieben... Abitur habe ich 1948 gemacht. Da war aber dann schon wieder richtig regelmäßig Unterricht gewesen, wobei ich der Jüngste in der Klasse war. Ich habe das Abitur also ziemlich zeitig, mit 18 Jahren, gemacht. Viele Klassenkameraden waren Kriegsteilnehmer gewesen, kamen zurück und waren somit älter als ich.

Insgesamt habe ich nicht den Eindruck, dass mich die Nazizeit und die Kriegserlebnisse traumatisiert haben. Kirche ist in dieser Zeit meine Heimat gewesen, und nach dem Krieg genauso!

Wie gestaltete sich die Verbindung zu Ihrer Kirche nach dem Krieg?

Wir hatten – vor allem auch durch meinen großen Bruder und die älteren Freunde – die Erinnerung an die Zeit vor dem Krieg, wo es katholische Jugendorganisationen gab. Und so haben mein Bruder und ich nach dem Krieg in den Trümmern von „Sebastian" eine Art „Heim" gebaut, wo man sich treffen konnte. Da, wo früher ein Schwesternhaus war, über der Waschküche, stand noch ein bisschen Mauerwerk, und da haben wir eine Tür hinein gesetzt und einen Kanonenofen beschafft. Die Fenster waren 'raus, aber es lagen die Fenster von San Sebastian auf der Straße, die wir dann eingebaut haben... Und dort haben wir unsere Jugendstunden abgehalten, viel gesungen, „Mensch, ärgere dich nicht" oder „Schinkenklopfen" gespielt. Die Älteren haben uns gezeigt, wie man so eine Jugendstunde abhält. Und so haben wir zwei Jugendgruppen aufgebaut, mein Bruder und ich. Er hatte die Älteren, die Zwölf- bis Vierzehnjährigen, ich die Jüngeren, die Zehn- bis Zwölfjährigen. Das waren nicht alles Ministranten. Sondern wir sind als Jungs zu den Eltern gegangen und haben gefragt, ob ihr Sohn nicht mit zu den Jugendstunden in die Kirche kommen dürfte, ohne dass das Ganze jetzt einen Namen gehabt hätte. Wir knüpften da an, wo es vor dem Krieg aufgehört hatte. Auch in den anderen Gemeinden hat sich Ähnliches – also eine Pfarrjugend – gebildet. Es gab dann auch eine kleine katholische Jugendzeitschrift, die Claus Herold von Halle aus heraus gegeben hat, mit Wachsmatrizen abgezogen. Die erste Ausgabe hieß: „Unterm Banner". Wir haben alle unsere Banner wieder 'raus geholt und sind losgezogen. Zum Beispiel traf sich die katholische Jugend am Petersberg bei Halle. Oder wir sind an einem Abend mit 60–70 Leuten ins Marienstift gegangen, ein Krankenhaus und haben dort gesungen, die alten Lieder der katholischen Jugendbewegung. Wir haben vielleicht zwei Stunden gesungen, sind nach Hause gegangen und waren fröhlich. Oder die einzelnen Gemeindegruppen – Buckau, Südost etc. – haben sich untereinander getroffen. Da sind Freundschaften entstanden. Die Jungs guckten mal nach den Mädchen und umgekehrt. Es gab nichts zu essen, zu trinken und trotzdem hat das alles einen unheimlichen Aufschwung für uns bedeutet.

2. „WER MIR NACHFOLGEN WILL..." – WAHL DES PRIESTERBERUFS

Ist dieses beglückende Leben in der katholischen Jugend der Ausgangspunkt für Sie gewesen, den Beruf des Priesters zu wählen?

Ich bin davon überzeugt, dass man zum Priester berufen wird, dass es so eine Art „Urberufung" gibt, dass man sich das nicht wählt... Und man kann dem entweder folgen oder nicht folgen. Aber bei diesem „Bewusstwerden" darüber, mag das alles eine Rolle gespielt haben. Sicher, wir haben auch sehr feine Vikare gehabt. Aber eigentlich führe ich es darauf zurück, dass man zum Priestertum berufen wird, man wählt sich das nicht. Wenn einer sich das wählt, so nach dem Motto: Ach, ich könnte doch eigentlich Priester werden, dann wird das nichts. Nun ist man ja auch sehr von der Liturgie geprägt worden. Wir hatten immer Vikare, die großen Wert darauf gelegt haben, dass die Gottesdienste festlich sind, mit 24 Ministranten. Wir haben den heiligen Dienst am Gottesdienst gern gemacht und sind darin, in der Hingabe an diesen Dienst, aufgeblüht. Ich bin jeden Tag in die Messe gegangen. Wir hatten drei Messen: 6.30 Uhr, 7.10 Uhr und 8.00 Uhr früh. Ich bin 7.10 Uhr vor der Schule gegangen. Das ist noch heute so: Wenn ich aus irgendeinem Grund in die Lage komme, mal nicht die heilige Messe feiern zu können, da fehlt mir etwas. Ich habe heute noch zu einem ehemaligen Schulkameraden Kontakt, der mit mir jeden Tag in der Messe war, ohne dass er Theologe geworden ist. Und auch von den Mädchen waren welche da. Das war eine Werktagsgemeinde von 30 Leuten, die da jeden Tag 7.10 Uhr in der Messe war. Sonntags sind wir gern 6.15 Uhr gegangen und danach konnten wir paddeln gehen oder anderes machen. Ohne die Messe möchte ich nicht leben. Sie gibt dem Tag die Mitte.

Wann ist Ihnen das erste Mal so richtig bewusst geworden, dass Sie Priester werden möchten?

Endgültig: kurz vor dem Abitur.

Wie hat Ihre Familie auf diesen Berufswunsch reagiert?

Ehrfürchtig und liebevoll. Der Vater hat mich vor Übereilung gewarnt. Wir sind durch diese schwere Zeit auch sehr freiheitlich erzogen worden. Mit 15 Jahren, also nach dem Zusammenbruch, war ich selbstständig. Da hat keiner mehr gefragt, wann ich komme oder gehe. Aber wir haben zu Hause auch viel erzählt von unserem Engagement in der Sankt-Sebastian-Kirche. In „Sebastian" waren wir eben auch zu Hause.

Haben Sie sich damit auseinander gesetzt, dass es im Priesterberuf auch Entbehrungen geben könnte? Wie sind Sie mit Entbehrungen zurecht gekommen?

Ich habe mich natürlich damit auseinander gesetzt und bin gut damit zurecht gekommen. Das heißt nicht, dass es immer leicht war.

Was waren Momente, wo es nicht so leicht für Sie war?

Mit 16, 17 Jahren ist man ja auch verliebt... Aber mit 18 ist man dann schon sehr klar. Ich habe die Entscheidung nicht angefragt. Ich habe gesagt: Es ist so!

Wo haben Sie studiert?

Magdeburg gehörte damals zur Erzdiözese Paderborn. In Paderborn war die Kirchliche Hochschule. Ich bin 'rüber gezogen. Man musste schwarz über die Grüne Grenze. Das war 1948, gleichzeitig mit der Währungsreform. Und um das Studiengeld zu verdienen, und um überhaupt ein bisschen Geld in der Hand zu haben, bin ich mit meinem Bruder im Sommer durchs Sauerland gezogen und habe mit ihm auf den Dörfern Kaspertheater gespielt. Wir hatten von unseren Faltbooten her noch so einen zweirädrigen Karren. Auch das Holzgestänge war uns geblieben. Daraus haben wir eine Kasperbühne gebaut. Die Puppen haben wir selbst geschnitzt und so haben wir uns ein bisschen Geld verdient. Mein Bruder hat da auch mal einen „Dr. Faust" geschrieben. Nachmittags haben wir für die Kinder „nach Schnauze" gespielt: Kaspers Großmutter braucht eine Heilpflanze o. ä. Und das Tolle war: Da drüben hatten sie noch die alten Fünfziger mit dem Pleitegeier und dem Hakenkreuz drauf. Die Währungsreform ging damals nicht so schnell vonstatten wie die heutige Euroreform. Und die alten Fünfziger waren noch fünf Pfennige wert. 25 Pfennig kostete unser Eintritt, und die Kinder brachten also fünf solcher Fünfziger. Bei uns in Magdeburg galten die noch als Fünfziger, bis 1948. Da habe ich ein Päckchen Geldstücke nach Hause geschickt, und davon haben mir meine Eltern meine erste Gitarre gekauft. Ich bin neulich mal durchs Sauerland gewandert und bin durch manche dieser Orte gekommen, wo ich als 18jähriger Puppentheater gespielt habe...

Was hat Sie im Studium am meisten geprägt?

Die Theologie habe ich geschluckt „wie ein Kind", wobei die ersten vier Semester Philosophie sind. Da hört man von Theologie und Dogmatik noch gar nichts, höchstens Kirchengeschichte. Wir hatten auch ein ganzes Semester Logik, um logisches Denken zu lernen. Dann konnte man das Philosophicum machen und nach den ersten Semestern irgendwo Theologie studieren. Man musste für die Diözese Paderborn lernen, konnte aber nach München, Tübingen oder Freiburg gehen. Ich bin dann zwei Semester an die Universität München gegangen. Wir hatten dort großartige Professoren, und die Alpen waren in der Nähe. Da habe ich mir ein Paar Skier gekauft. Das mit dem Kaspertheater war nicht mehr so ergiebig gewesen und so habe ich, um Geld zu verdienen, in den Semesterferien im Kohlebergwerk in Gelsenkirchen gearbeitet, richtig untertage. In Paderborn haben wir das ganze Studiengeld gestundet bekommen. Aber ich hatte den Ehrgeiz, das nicht so hoch auflaufen zulassen. Ich wusste ja nicht, ob ich dabei bleibe. Das Studium geht fünf oder sechs Jahre durch, und es ist immer die Frage: Will dich der liebe Gott noch haben und wenn du das machst, hältst du es auch durch? Es hieß bei uns immer spaßeshalber nach einem alten Nazilied: „In München sind viele gefallen." Manche haben in diesen freien Semestern gemerkt, dass der Priesterberuf doch nicht ihre Berufung ist und sind abgesprungen. Von unseren geistlichen Lehrern haben manche bei den Exerzitien so gewaltig „vom Leder gezogen", dass wir sagten: Jetzt halten sie ,Kippexerzitien`. Sie haben versucht, uns nahe zu legen, was es bedeutet, in der Christusnachfolge zu sein und zölibatär zu leben. Also, sie haben uns an Grenzen gebracht, um darauf aufmerksam zu machen, dass der Priesterberuf eine ganz wesentliche Entscheidung ist, die Hingabe und Opfer kostet. Und falls das einer noch nicht gewusst hat, dass er sich jetzt damit auseinander setzt. Wenn man bestimmte Worte aus dem Evangelium liest, dann ist das schon nicht leicht, also z. B. wenn Jesus sagt: „Wer mir nachfolgen will, der nehme täglich sein Kreuz auf sich und so folge er mir."[3] Schon das normale Christentum ist nicht immer ein Zuckerlecken und der Priesterberuf erst recht nicht.

Ich erinnere mich an die Worte unseres Präfekten, Prof. Schürmann, der sagte: „Ich bin jetzt viele Jahre lang Priester. Ich weiß nicht, ob ich zwei-drei Leute dazu gebracht habe, ein gläubiger Christ zu werden. Wenn ich jetzt geheiratet und fünf Kinder in die Welt gesetzt hätte, eine gute Frau gehabt hätte, mit der ich die Kinder christlich erzogen hätte, da wäre man vielleicht sicherer gewesen."

Wenn ich von dieser Art Erfolg her denke, kann ich bis heute nicht sagen, ob jemand durch mein priesterliches Wirken ein festerer Christ oder überhaupt ein Christ geworden ist. Und wenn man das formulieren könnte – manchmal sagen einem die Leute ja: „Sie waren so ein netter Kaplan." Oder: „Durch Sie habe ich meinen Glauben richtig lieben gelernt." – da muss man immer noch sagen: „Das war der Herrgott. Es ist sein Werk. Das war nicht ich. Ich bin nur Werkzeug."

Aber Sie fragten, was mich am meisten geprägt hat: Mehr als alle Theorie und Theologie sicher das, was wir „nebenher" als geistliche/spirituelle Bildung hatten. Das muss vielleicht auch so sein. Wir sind in einer Gruppe gewesen, hatten jeden Abend „puncta meditationis" – das sind Kerngedanken, die man aufnimmt und mit denen man schlafen geht. Am nächsten Morgen haben wir darüber in Stille meditiert. Dazu mussten wir eine halbe Stunde vor Beginn der heiligen Messe in der Kapelle sein. Man hätte das auch auf seinem Zimmer machen können oder in der freien Natur. Aber wir waren in einem Schlafsaal mit 45 Leuten untergebracht, hatten einen Studiersaal und einen Esssaal mit 45 Leuten. Das war aus der Not heraus so. Ursprünglich gab es in Paderborn für jeden Studierenden ein kleines Zimmerchen, aber der Trakt war im Krieg zerstört worden und so waren wir ausgelagert worden nach Bad Drieburg bei Paderborn. Diese Situation ist ja eine starke Bedrängung, und es geht nur, wenn man eine eiserne Disziplin hat. Nach den abendlichen „puncta" bis zum nächsten Morgen nach der Messe war „silentium religiosum". Sich waschen, das Bett zurecht machen, vielleicht unter der Decke lesen – das musste alles im Schweigen gehen.

Für diese geistliche Ausbildung hatten wir einen „Spiritual". Das ist heute auch noch so. Im besten Fall ist das ein „pater pneumatikos" – also ein geistlicher Vater, der nicht nur die Ausbildung des Priesters hat, sondern auch durch sein persönliches Leben wie ein geistlicher Vater geworden ist. Wir hatten einen alten geistlichen Studienrat, der war sein Leben lang Religionslehrer an höheren Mädchenschulen gewesen: weißhaarig, schlank und mit einer ganz freundlichen und tiefen Art, uns geistlich zu bilden. Der hat uns abends die Meditationspunkte für den nächsten Tag gegeben: seine eigenen Gedanken, geistliche Erfahrungen, die er gemacht hat, das Leben der Heiligen, Worte aus der Heiligen Schrift. Es gibt da kein Programm. Für so einen geistlichen Vater gilt mehr noch als für das Predigen: Beim Predigen soll man, was man selber meditiert hat, anderen weiter geben. Und auch ein geistlicher Vater gibt sein eigenes Frömmigkeitserleben weiter … Das hat mich mehr geformt als das Studium. Manchmal hat auch unser Direktor, ein Universalgenie – er hat viele Bücher geschrieben – die „puncta" gegeben. Das sah dann schon ganz anders aus. Der musste immer aufpassen, dass er uns nicht eine Vorlesung hält… Aber der Sinn von diesen geistlichen Übungen für junge Theologen ist das Einführen in die persönliche priesterliche Frömmigkeit.

An das Studium schloss sich die Seminarzeit an. Wo haben Sie diese verbracht?

Erst war ich in Bad Driburg, bei Paderborn, dann direkt in Paderborn, danach war ich für zwei Semester in München, dann ging es zurück nach Paderborn. Inzwischen war die DDR gegründet worden. Und es hieß: Wir lassen nur die „zu uns rein", die von hier stammen. Und so saß ich auf gepackten Koffern und kam dann zur Huysburg bei Halberstadt, was ein ehemaliges Benediktinerkloster war. In der Säkularisation ist es zwangsweise aufgelöst worden, aber als katholische Pfarrkirche und katholisches Terrain geblieben. Dort gab es auch ein altes Schulgebäude. Und so hat man uns dort für unsere Seminarzeit untergebracht. Das sind noch einmal drei Semester gewesen – der Bischof hatte zwischenzeitlich das Priesterstudium von 12 auf 10 Semester gekürzt, denn normalerweise beträgt die Seminarzeit vier Semester. Ich gehöre also mit zur Gründergeneration des Seminars auf der Huysburg, was fast 50 Jahre lang existiert hat. Heute ist es aus Mangel an Priesteramtskandidaten geschlossen, aber es ist wieder ein Benediktinerkloster.

Es ist eine schöne Landschaft, in der das Kloster liegt. Und es war eine stille Zeit, in der die letzten Entscheidungen fallen. Man lebte da tatsächlich wie im Kloster. Die Beschäftigung mit den pastoralen und seelsorgerischen Aufgaben, die man später einmal als Priester haben wird, ist Inhalt dieser Ausbildungsphase, also die Liturgie, die Verwaltung des Bußsakraments, wie man die heilige Messe feiert, wie man Katechese macht, Kinder unterrichtet, eine Predigt aufbaut... Aber der äußere Rahmen ist die unmittelbare Vorbereitung auf die Priesterweihe. Das geht in Stufen. Man ist dann auch schon als Priester eingekleidet. Heute sind die drei höheren Weihen: Subdiakonat, Diakonat, Priester. Vorher wird man aufgenommen in den Klerikerstand. Auch der Regens[4] prüft hier noch einmal die Kandidaten, ob er sie zum Priesterdasein zulassen kann. Der Regens ist als der Leiter des Priesterseminars dem Bischof gegenüber verantwortlich.

Bei der Weihe, wenn die Diakone, die nun zum Priester geweiht werden sollen, aufgerufen werden, fragt der Bischof den Regens: „Scis illos dignos esse?" – „Weißt du, ob die wirklich würdig sind?" Dann muss der Regens vor seinem Herrgott und dem Bischof „ja" sagen. Und natürlich gibt es auch den einen oder anderen, den der Regens nicht vorschlägt, aber das formuliert er vor der Weihe.

In der Gründergeneration waren wir 25 Priester aus verschiedenen Bistümern, die dort geweiht worden sind.

Sie sind also auf der Huysburg geweiht worden?

Ja, dort ist eine schöne romanische Kirche, die aber barock eingerichtet ist. Mit dieser Kirche bin ich seit der Kindheit vertraut gewesen. Wir haben oft einen Sonntagsausflug zur Huysburg gemacht oder durften dort in den Ferien mit der Familie ein Zimmer mieten.

Wie haben Sie Ihre Priesterweihe erlebt?

Das ist natürlich ein Moment, den man nicht vergisst. Von meinem Empfinden her kann man den Tag der Priesterweihe nur mit der Hochzeit vergleichen. Es war der 6. August 1953. Man feiert an diesem Tag auch silbernes oder goldenes Priesterjubiläum. Wir waren neun Diakone, die an diesem Tag zu Priestern geweiht worden sind. Wenn der Bischof den Regens gefragt und der Regens seine Antwort gegeben hat, legt der Bischof seine Hände auf das Haupt des zu weihenden Priesters und spricht das große feierliche Weihegebet. Alle anderen Priester, die schon geweiht worden sind, stehen um den Bischof herum und strecken ebenfalls ihre Hände zu dem Priesteramtskandidaten aus. Und dann geht der Bischof von Einem zum Anderen und legt schweigend jedem seine Hände auf, ohne dass er etwas betet und überträgt damit als Träger des Heiligen Geistes die Vollmacht des Priestertums auf den Priester, der da vor ihm kniet. Und dann kommen die anderen Priester, die schon geweiht worden sind und legen symbolisch dem Neugeweihten ihre Hände auf. Es gibt dann auch so schöne Symbole: Die Hände des Priesters werden gesalbt, zusammengelegt und mit einem Tuch umwickelt. Der zu weihende Priester kommt mit der Querstola wie ein Diakon. Dann wird ihm die Stola gerade umgehängt. Vorher hatte er als Diakon die Dalmatik[5] an, jetzt kriegt er das priesterliche Messgewand an. Das wurde zu unserer Zeit hinten noch hoch gerollt. Und erst am Ende, wenn uns der Bischof den Auftrag gegeben hat, das Bußsakrament zu spenden, wurde es ganz entfaltet als Symbol für das entfaltete Priestertum.

Ja, es war ein sehr schönes Fest. Meine Eltern waren da. Die lebten beide noch. Meine Schwester war aus dem Westen angereist, durfte aber nur in Magdeburg bleiben und nicht mit auf die Huysburg fahren.

Als ich 50jähriges, goldenes Priesterjubiläum hatte, bin ich zu den Mönchen auf die Huysburg gegangen und habe gefragt, ob ich für acht Tage bei ihnen zu Gast sein darf. Und als ich in die Kirche trat, blickte ich wieder auf die Stelle zwischen dem Chorgestühl und dachte: Da hast du gelegen vor deinem Bischof. Bevor die Weihe beginnt, legen sich die Weihekandidaten der Länge nach auf den Boden. Die ganze Gemeinde betet die Allerheiligen-Litanei. Ich habe ehrfurchtsvoll diesen Platz betrachtet, wo ich damals gelegen habe.

Ich war 23 Jahre alt, aber man muss mindestens 24 sein, um den Priesterberuf ausüben zu können. Man braucht in so einem Fall eine päpstliche Erlaubnis, direkt aus Rom, die kam mit dem Briefkopf von Pius XII. bei mir an, wahrscheinlich unterschrieben von einem Prälaten. Und so durfte ich als Priester arbeiten.

Wo haben Sie Ihre erste heilige Messe gefeiert?

Die Primiz[6] ist etwas ganz Besonderes. Ich habe sie am 16. August 1953 mit meiner Heimatgemeinde in Sankt-Sebastian gefeiert. Man wird da richtig wie ein Bräutigam empfangen. Im Pfarrhaus zieht man sich schon an, das einfache priesterliche Gewand. Man hält ein Kreuz in der Hand, wird von der Pfarrei hinaus geleitet und zieht feierlich in die Kirche ein wie ein Bischof. Nachdem man seine erste heilige Messe gefeiert hat, kommen die Leute zum Segnen vor. Man segnet die Eltern, die Freunde, die Gemeindemitglieder…

Haben Sie auf der Huysburg die politischen Erschütterungen des Jahres 1953 mitbekommen?

Wir haben den 17. Juni da oben erlebt. Unser Bischof kam auf die Burg, um uns auf die Diakon-Weihe vorzubereiten und brachte die Nachricht mit, dass russische Panzer vor dem Justizgebäude in Magdeburg stehen. Wir waren natürlich sehr erschrocken. Fernsehen gab es noch nicht. So haben wir versucht, Radio zu hören. Aber insgesamt waren wir da oben in stiller Landschaft.

Sind Sie in Ihrem priesterlichen Wirken durch die Politik der DDR eingeschränkt worden? Sind Sie in Konflikt mit dem System gekommen?

Die 50er Jahre waren genau die Zeit, wo der „Kirchenkampf" so richtig losging: Die CDU wurde immer mehr zum Anhängsel der SED, Jakob Kaiser[7] war in den Westen gegangen, dann fing das an mit der Jugendweihe. Und natürlich ist man da als Priester gefragt. Wir haben also mit Eifer die Anweisungen unserer Bischöfe vorgelesen, dass man sich dem Sozialismus nicht „weihen" kann, weil er den Atheismus mit beinhaltet. Das System hatte es auch geschafft, dass der Klerus gespalten war und unterschiedlich reagierte. Die einen von uns sagten: Man muss dem System ein bisschen entgegen kommen und ein paar Kompromisse schließen. Die anderen hielten standhaft an einer strengeren Haltung fest. Ich stand eher auf letzterer Position, wobei die Einrichtung der Jugendweihe mehr ein Schuss gegen die evangelische Kirche war. Denn wir hatten die Erstkommunion immer schon mit 10 Jahren. Es zeichnete sich dann ein Kompromiss ab, dass die evangelische Kirche erlaubte: Wer zur Jugendweihe geht, darf nicht im gleichen Jahr konfirmiert werden. Aber das hat die evangelische Kirche auch sehr gespalten.

3. Dienst an Gott und den Menschen – Die Arbeit als Priester

Sie kamen nach dem Studium als Kaplan nach Torgau...

Die erste Stelle als Priester – das können Sie sich vielleicht gar nicht vorstellen – ist wie eine erste Liebe! Ich glaube: In einem anderen Beruf gibt es das so gar nicht. Allein das Hineinwachsen in eine Gemeinde... Als junger Kaplan hatte ich eine eigene Gemeinde! Alles, was in Torgau östlich der Elbe war – 2000 Leute – das war meine Gemeinde. Ich hatte 25 Stunden Religionsunterricht zu geben, an drei Stellen Gottesdienst zu halten. Mein Kaplankollege hatte die Mädchen-, ich die Jungengruppen. Manchmal haben wir auch etwas zusammen gemacht, z. B. einen Chor gebildet. Als Fahrzeug hatte ich eine 98er „Möwe", ein Vorkriegsmoped. Wenn irgendwo eine Familie mit drei Kindern war, bin ich hin und habe dort in der guten Stube Religionsunterricht gegeben. In einem Dorf habe ich eine Gruppe von Birken gefunden, die im Halbkreis standen. Und da dachte ich: Hier, in der Diaspora, müsste man eigentlich ein schönes Bildstöckel, wie es sie in Bayern gibt, aufstellen. Ich habe dann einen Abguss einer romanischen Mutter Gottes organisieren können. Und diese Mutter Gottes steht heute noch dort. Davor haben wir Andachten gehalten. In zwei Dörfern hatte ich auch eine Jugendgruppe mit ca. 30 Jugendlichen. Wir sind gewandert. Die Mädchengruppen haben den Gottesdienst mitgestaltet und dort mehrstimmig gesungen. Aus meinen Burschen habe ich eine Art „Rollkommando" zusammengestellt. Einige konnten Tanzmusik machen, andere Theater spielen. Und so sind wir in die Dörfer oder die kleineren Städte der Umgebung gefahren und haben dort Nachmittage oder Abende gestaltet. „Scheinbar war nichts los, und es war trotzdem so viel los." Es war eine richtige Aufbruchstimmung.

Inwieweit spielten die politischen Bedingungen in Ihre Arbeit hinein?

Ich bin in den Jahren 1953 bis 1957 zum Skifahren in Bayern gewesen (das konnte man damals noch) und habe in München alle, die aus der Torgauer Jugend kamen, mal zusammen gerufen. Das waren allein 15! Alles Torgauer, die von dort weggezogen waren. In den Dörfern, wo die katholische Kirche keine eigenen Räume hatte, haben wir Schulen nutzen können. Da habe ich in den Klassenzimmern, unter den Bildern von Wilhelm Pieck und Otto Grotewohl, Religionsunterricht gegeben. Aber es fing '57 schon an, dass wir das nicht mehr durften.

Sie wurden dann von Torgau abberufen, bekamen in Ziesar eine eigene Pfarrvikarie und haben auch dort die Wirkung des sozialistischen Systems zu spüren bekommen…

In Ziesar gab es ca. 2000 katholische Christen, die sich auf 20 Dörfer verteilten. Ich war siebeneinhalb Jahre dort, hatte eine nette Gemeindereferentin, es war eine schöne Zeit – meine erste eigene Pfarrstelle… Aber in der Zeit, in der ich da war, reduzierte sich die Gemeinde von 2000 auf 1000 Mitglieder. Nicht, weil ich dort Pfarrer war oder dass alle dem lieben Gott den Rücken gekehrt hätten: Sie haben der DDR den Rücken gekehrt. Es kostete 2,60 Mark bis Potsdam und von dort aus war man schon fast in Berlin… Die Hälfte der Gemeinde war nach und nach weg.

In Ziesar habe ich auch erlebt, wie die FDJ-Brigaden über die Dächer gingen und die Antennen abbrachen. Es war ja zu sehen, wenn ich Westempfang haben wollte. Und ich habe erlebt, wie der Direktor unserer Schule – der hatte den Doktor in Marxismus-Leninismus gemacht – „unsere Leute" so richtig bedrängte. Das war ein richtiger „Giftzahn". Normalerweise gingen „unsere Kinder" nicht zur Jugendweihe. Ich hatte z. B. eine Familie, die aus dem Sudetengau stammte, der Vater leitete eine kleine „Kleiderbude", in der Uniformröcke für die russischen Soldaten, die in der Nähe stationiert waren, genäht wurden. Beide Eltern waren katholisch und wollten nicht, dass ihre Tochter die Jugendweihe bekam. Da halfen auch die Besuche des Klassenleiters nicht. Und dann kam ein Morgenappell: 300 Kinder auf dem Schulhof, und der Direktor sagte: „Jetzt sollen mal all die vortreten, die nicht zur Jugendweihe gehen." Das war nur „meine" Rita B.

Können Sie sich das vorstellen, ein 14jähriges Mädchen so an den Pranger zu stellen! Und dann sagte der Direktor: „Guckt euch die an. Die ist gegen den Frieden." Und dieser Mann kriegt heute noch seine schöne Rente! Ja, und da ist sie natürlich zur Jugendweihe gegangen...

So war es eben. Aber so eine Situation verstärkt oft auch den Glauben. Wenn man einen Gegner hat, muss man sich ja entscheiden. Man muss Farbe bekennen. Ich habe viele Kontakte nach Polen. Und als dort mit Solidarnosc das System zusammen brach, fragten manche Katholiken spaßeshalber: „Gegen wen sollen wir denn jetzt glauben?" Als ob man gegen etwas glauben müsste...

Sie haben sich in Ziesar stark in der Jugendarbeit engagiert...

In Torgau hatte ich eine Methode christlicher Jugendarbeit kennen gelernt – der belgische Priester Joseph Cardijn[8] hatte sie entwickelt – die ich mit nach Ziesar genommen hatte und dort neben meiner Seelsorgearbeit anwendete. Joseph Cardijn beklagte, dass gerade die junge Arbeiterschaft der Kirche verloren gegangen ist und so gründete er die CAJ, die Christliche Arbeiter Jugend, die sich in einer weltweiten Bewegung besonders um junge Arbeiter kümmerte.

Seine Methode „Sehen, Urteilen, Handeln" gab meinem Denken in der Jugendarbeit ein klareres Ziel. Wir durften nichts von der CAJ sagen und haben unsere Zusammenkünfte dann „Junge Christliche Werktätige" genannt. Aber von der Methode her war es richtig Joseph Cardijn: Das Evangelium lesen, mit dem Leben vergleichen, dann aktiv werden in der Lehrlingsbrigade usw. Und alle, die sich dafür interessierten – sie kamen von Leipzig, Dresden, Mecklenburg etc. – die wollten wir mal zusammenfassen und haben dann in Mecklenburg am Großen Pälitzsee ein Sommerlager veranstaltet.

Und als wir dies das zweite Jahr durchgeführt haben, hatte ich gleich im Anschluss ein Ministrantenlager. Das hatte ich nicht angemeldet, und plötzlich waren es 70 Interessenten, auf die ich da traf. Ich hatte bei Lehnin – das ist vier Kilometer vor dem Berliner Ring – einen schönen See entdeckt und auch einen sympathischen Förster, der sagte: „Ich gucke mal weg." Und so konnten wir ein Zeltlager errichten.

Als ich vom Sommerlager zum Ministrantenlager unterwegs war, hörte ich schon: Die Mauer ist gebaut worden! Am Tag nach dem Mauerbau, nach dem 13. August 1961, es war ein Montag, stand in Lehnin an zwei Scheunen: „Ulbricht an den Galgen!" Und wir waren zwei Kilometer davon entfernt und hatten unser Lager nicht angemeldet. Und von Lehnin aus zogen sich um Berlin die ganzen russischen Panzer zusammen. Haben wir gezittert! Den Jungs hatten wir verboten, in den Ort zu gehen. Aber 70 kleine Schutzengel haben wohl verhindert, dass Unheil geschah. Es ist nichts passiert.

Gab es irgendwann ernsthafte Bedrohungen für Sie oder die Gläubigen Ihrer Gemeinde?

Nein, eigentlich nicht. Es gab innerhalb der Kirche eine Bewegung, die Liturgie zu reformieren. Und dazu haben wir Gemeindeabende veranstaltet, um darüber aufzuklären und mit den Leuten darüber zu sprechen. Da wir nicht in jedem Dorf einen Raum zur Verfügung hatten, haben wir uns bei einzelnen Familien getroffen. Es kamen so zwischen sechs und zwölf Leute zusammen. Und irgendjemand hatte das angezeigt. So wurde ich vorgeladen und musste eine Strafe bezahlen, weil wir gegen das Versammlungsverbot verstoßen hatten. Ich sagte: „Wir versammeln uns ja gar nicht, wir halten einen Gemeindeabend ab." Auf der Polizei hieß es: „Das hätten Sie anmelden müssen." Da dachte ich: Daran soll es nicht liegen und habe den nächsten Abend angemeldet, worauf ich zu hören bekam: „Das können wir Ihnen nicht genehmigen. Sie haben die Kirche für Ihren Gottesdienst." Also, es war ein Kleinkrieg. Oft genug wurde ich zur Polizei vorgeladen, wobei wir immer versuchten, zu zweit dahin zu gehen, damit einer im Vorraum saß, während ich drinnen verhört wurde. Da haben sie mich dann mit allen Mitteln der deutschen Bürokratie fertig gemacht... Wenn ich heute manchmal durch Brandenburg fahre und durch diese Ortschaften komme, ist das alles wieder da. Und trotzdem haben wir die Behörden immer wieder überlisten können und Wege gefunden, unsere Jugendlager – z. B. drei Mal 14 Tage mit bisweilen 70 Jugendlichen! – und anderes zu veranstalten.

Um die Jugendarbeit wirkungsvoller organisieren zu können, waren Sie auf der Suche nach Gleichgesinnten und sind deshalb einer brüderlichen Gemeinschaft beigetreten...

Es gibt die Gemeinschaft des Oratoriums – das „Oratorium des Heiligen Philipp Neri" – die so ähnlich wie ein Orden ist, nur ohne Gelübde. Die gab es in Leipzig und neu gegründet auch in Dresden, am Kapellknabeninstitut. Zu den Dresdnern hatte ich schon ein bisschen Kontakt. Die Gemeinschaft war sehr aufgeschlossen für die Jugendarbeit, wie ich sie organisieren wollte, und hat mir alle Freiheiten gelassen. Von dort aus hatte ich auch mehr Zeit für die Sommerlager. Als Pfarrer hätte ich nicht sechs Wochen lang weg sein können. Obwohl ich manches Mal vom Lager nach Hause gefahren bin, den Gottesdienst gehalten habe und abends wieder zurück war. Also, von 1963 bis 1982 war ich Mitglied des Oratoriums und habe mich verstärkt um junge Arbeiter gekümmert. Und wo konzentrieren die sich? In Schwedt, an der Oder, in „Schwarze Pumpe", in Leuna, Buna... Dorthin bin ich gefahren, in die Barackenlager, habe an die Türen geklopft. Die fragten mich: „Na, bist du von der Gewerkschaft?" Und ich: „Nein, von der Kirche. Habt Ihr Lust, mit uns ins Sommerlager zu fahren?" Entweder hat sich da was ergeben, oder es hat sich nichts ergeben. Jedenfalls haben wir auf diese Weise junge Montagearbeiter um uns geschart, aber auch welche, die nur noch in der Baracke lebten, gar kein Zuhause mehr hatten. Es kamen auch viele Nicht-Christen dazu. Ich wusste nie genau, wer nun ins Sommerlager kommen wird und wer nicht.

Mussten Sie die Werkleitung nicht um Erlaubnis fragen?

Frechheit siegt… Wenn ich da erst gefragt hätte… Die Arbeiter mussten auch in ihre Baracken 'rein, und ich hatte ja nicht die Soutane an und das Birrett auf dem Kopf. In Riesa habe ich mal Hausverbot gekriegt… Aber sonst ist nie 'was passiert.

Einmal hatten wir allerdings Pech. Da kam einer zu mir und fragte, was er für das Sommerlager mitbringen muss. Ich sagte ihm: „Eine Luftmatratze, einen Schlafsack, Badehose…" Ja, da fuhr der nach Buckow bei Berlin und hat sich dort erst einmal alle Utensilien zusammen geklaut. Und weil das so gut klappte, hat er gleich noch einen weißen Anzug und eine schicke Sonnenbrille mitgehen lassen, ging dann wie „Graf Koks" zum Bürgermeister und fragte nach dem Sommerlager von Herrn Kirch. Beim Bürgermeister hat er noch Zigarren und einen Fotoapparat „mitgenommen". Und durch den sind wir dann aufgeflogen und mussten den Zeltplatz von Schwarz in Mecklenburg innerhalb von 24 Stunden räumen. Machen Sie das 'mal: Ein Sommerlager mit 50 jungen Leuten einfach so auflösen. Viele hatten extra Urlaub genommen.

Zufällig waren drei junge Männer dabei, die früher Kapellknaben waren. Ich wohnte ja im Kapellknabeninstitut von Dresden. Ich habe mich also jenseits der Bezirksgrenze auf die Suche gemacht und fand einen anderen Pfarrer, der mit einer Studentengruppe zeltete. Und der hatte einen Trabant Kombi. Sie glauben gar nicht, was da alles 'rein ging: das ganze Lager, mit Küche, Zelten, Matratzen etc. haben wir dorthin transportiert. Ich habe ja diese ganzen Lager nur mit dem Moped „Schwalbe" gemacht: Rauf gefahren, runter gefahren… Also, die Jungs sind zu Fuß über die Bezirksgrenze in den Bezirk Potsdam gegangen. Ich habe das Lager dann offiziell angemeldet und gesagt: „Das sind Kapellknaben mit ihren Freunden. Wir machen ein Chorlager." Nun mussten wir natürlich Singestunden abhalten. Das haben wir dann auch gemacht, geleitet von den drei ehemaligen Kapellknaben. Und auf diese Weise ging noch einmal alles gut.

Wie ging es weiter, nachdem Sie aus der Gemeinschaft ausgetreten sind?

Ich habe 1976 die Nachbarpfarrei vom „Oratorium" übernommen, das war Dresden-Neustadt. 11 Jahre lang war ich Diözesan-Priester in Dresden-Meißen und damit dem Bischof unterstellt und nicht mehr der Gemeinschaft des Oratoriums. Die Dresdner Garnisonskirche war „meine" Kirche. Ich hatte eine hervorragende Gemeindereferentin, die auch mein Pfarrhaus sehr offen geführt hat. In meiner Küche saßen immer Leute aus der Dresdner Neustadt, die da eine „Heimat" gefunden haben. Nach diesen 11 Jahren bin ich noch einmal als Kaplan nach Zittau gegangen, habe in Hirschfelde gewohnt, war fünf Jahre lang zuständig für Zittau und die ganzen Ortschaften in der Umgebung. Das war eine schöne Stelle, weil ich da keine Pfarrverwaltung hatte und nur seelsorgerisch tätig war. Ich hatte z. B. fünf Pflegeheime zu betreuen und das Krankenhaus, hatte die Gottesdienste... Und jetzt bin ich schon wieder 15 Jahre lang in Langenweddingen, wenn Sie so wollen, in der Heimatdiözese, denn von hier komme ich ja.

Wie haben Sie mit Ihrer Kirche die Wende erlebt?

Ich habe die Wende in Zittau erlebt. Wir haben in der Arbeit mit Jugendlichen oder jungen Arbeitern und Arbeiterinnen viel über deren Alltag gesprochen und sie da sicher auch geprägt. Denn die Erziehungsarbeit ging ja genau dahin, dass sie ihre Umwelt sehen und christlich gestalten und sich diesbezüglich engagieren, auch wenn das vielleicht gegen den Meister, Brigadier oder die FDJ-Leitung gegangen wäre. Wir waren getroffen davon, dass sich das ganze öffentliche Leben so absolut atheistisch gestaltete. Und natürlich haben wir leidvoll miterlebt, wie die Leute die Neiße durchquerten, um nach Polen, nach Warschau zu kommen. Polen war erstrebenswert. Und wir haben mit der Kerze in der Hand mitverfolgt, wie es in Dresden zuging, wo ein katholischer Pfarrer zwischen den Demonstranten und der Polizei vermittelte und dadurch Blutvergießen verhinderte. Die Leute wussten, wo die Kirche steht. Sie haben sich in der Wendezeit in den Kirchen versammelt, in den beiden großen evangelischen wie in der katholischen Kirche von Zittau. Damit haben sie der Kirche das Vertrauen ausgesprochen. Sie haben eben nicht das Theater oder den Versammlungsraum im Betrieb angefragt. Nach der Wende sind ja außerordentlich viele Christen in die Politik gegangen und sind dort mit Vertrauen bedacht worden. Das hängt mit der Arbeit der Kirche vor der Wende zusammen. Da ist Vertrauen gewachsen.

Wenn Sie zurück blicken auf diese lange Zeit Ihres Priesterseins – welche Bilanz ziehen Sie?

Das lässt sich natürlich nicht mit einem Satz sagen. Ich habe letztes Jahr[9] den Jakobsweg „gemacht". Da kam im Gespräch mit den anderen Jakobspilgern manchmal `raus, dass ich Priester bin – ich bin nicht im Gewand gewandert, weil ich da mit jedem Gramm geize – und ich wurde manches Mal auch gefragt: „Hast du die Entscheidung irgendwann einmal bereut?" Und da kann ich ehrlich über die 50 Jahre sagen: Nein, bereut habe ich es nie. Bereut habe ich höchstens, dass ich nicht ein besserer, netterer, frommerer, hingebungsvollerer Priester gewesen bin. Gott gegenüber. Er wartet ja auch darauf. Es ist eine große Begnadung, Priester sein zu dürfen, der Gemeinde gegenüber, aber auch für einen selber. Ich kann das gar nicht so trennen. Es ist auch für mich persönlich wichtig, dass ich in der Gottesverehrung stehe und mich dem Herrgott Tag für Tag hingebe und hinweihe. So ähnlich wie bei einer Ehe, wo man auch nicht nur für die Kinder da sein sollte, sondern auch füreinander.

Ich kann mich als Priester nicht nur von meinen Aufgaben her, die ich für die Gemeinde habe, bestimmen. Das Eigentliche ist der Dienst an Gott. Da hat das katholische Priestertum meiner Überzeugung nach auch etwas Monastisches, etwas Mönchshaftes. Ich lebe für Gott. Ich bin ein Priester des Allmächtigen Gottes und ich gebe mich mit Christus dem Himmlischen Vater ständig dar. Das ist mein Leben. Zusätzlich habe ich natürlich auch die Aufgabe, das Wort zu verkünden, die Sakramente zu spenden und vieles andere im Dienste der Gemeinde zu tun.

Drückt sich dieses Verhältnis auch im Feiern der heiligen Messe aus?

Wenn ich die heilige Messe feiere, kann ich dies – obwohl es Ausnahmen gibt – sinnvollerweise nicht ganz alleine tun. Aber ich tue es auch nicht bloß für die Gemeinde, sondern ich bringe das Opfer Jesu Christi dar für den Himmlischen Vater. Und die Gemeinde beteiligt sich daran; die setzt sich ja nicht hin und sagt: Nun mach mir mal was vor, sondern sie ist aufgerufen, ihre Woche – „eine Woche Hammerschlag, eine Woche Häuser quadern"[10] – dem Himmlischen Vater darzubringen, mit dem Priester zusammen. Wir stehen also gemeinsam vor Gott.

4. BINDUNG AN GOTT – LEBEN IM ZÖLIBAT

Was bedeutet der Zölibat für Sie?

Der Dienst eines Priesters hat auch viel mit Gehorsam zu tun. Man muss sich gefallen lassen, gerade in den Dingen des Glaubens, dass da einer über uns steht, dem man gehorchen muss. Als Student habe ich öfter mal gedacht: Gehorsam kommt in der Heiligen Schrift nicht vor. Liebe gehört dazu. Aber Gehorsam? Es gibt da einen Psalm mit 178 Versen, den wir jeden Tag in unserem Brevier lesen[11], jeden Tag einen kleinen Abschnitt. Und in diesen 178 Versen wird immer das Gesetz Gottes gepriesen, die Verheißung Gottes, die Vorschriften Gottes, das Wort Gottes, die Äußerungen Gottes. Und all das wird gepriesen nach dem Motto: Gut, dass wir eine Weisung haben, nach der wir uns richten können. „Religion" heißt ja vom Wort her „Bindung an Gott". Und da muss ich mir auch gefallen lassen, dass Gott das ernst nimmt, dass er mich bindet. Das gilt für die Ehe, die eheliche Treue, es gilt auch für die Ehelosigkeit und die Treue in der Ehelosigkeit. „Ehelosigkeit" ist eigentlich kein schönes Wort, weil es negativ bestimmt ist. Zölibat meint: Alleine leben, um des Gottes Reiches willen. So wird es auch in der Heiligen Schrift formuliert. Jesus sagt: Es gibt Leute, die leben ehelos aus den und den Gründen; und es gibt Leute, die leben ehelos um des Gottes Reiches willen.[12] So ist das gemeint.

Haben Sie nicht im Laufe Ihres Priesterdaseins einen Menschen vermisst, der an Ihrer Seite lebt, den Sie lieben dürfen und der Sie liebt? Gab es nicht doch ab und an das Bedürfnis nach menschlicher Nähe?

Das Bedürfnis bleibt. Zu Anfang muss man sich von seiner Jugendfreundin losreißen... Es ist ja die Eigenart des zölibatären Lebens, dass man in einer ganz besonderen Weise immer offen ist. Und natürlich begegnet man diesem oder jenem Menschen... Aber das trifft auf jede Beziehung zu, die man als Priester eingeht: die zur Gemeinde als Ganzes, zu einzelnen Menschen im Besonderen. Das behält immer so etwas „Bräutliches"... Das Wort trifft es nicht so ganz, es meint absolutes inneres Freisein für Gott und für die Gemeinde. Das absolute Verfügbarsein ist gemeint, und das muss man sich die Einstellung dazu manches Mal auch wieder neu erkämpfen.

Weshalb dürfen Ihrer Meinung nach Frauen, die diese Berufung in sich spüren, nicht zu Priesterinnen geweiht werden?

Da müssen sie den Herren selber fragen. Jesus war ein Mann und hat 12 Apostel gehabt, die auch alle Männer waren. Seine Mutter, die er sicher über alles geliebt hat und die in unserem katholischen Glauben die verehrungswerteste Person ist, ist die Mutter der Priester – so sagen wir es – aber eben nicht Priesterin. Der Mensch ist zur Heiligkeit berufen, aber der Weg der Heiligkeit ist eine Sache Gottes. Das katholische Priestertum bedeutet, dass der Priester bei dem Opfervorgang der heiligen Messe „personam christi gerens" trägt, das heißt, er „zieht die Person Jesu Christi an". Keine Frau kann in die Spuren eines Mannes treten. Die größten Heiligen der Kirche sind sogar sicherlich die Frauen, aber in ihrer eigenen Art.

5. WITTERUNGEN DER SEELE – GOTTES ANWESENHEIT IM LEBEN

Was ist Gott für Sie?

Mein ALLES... Oder mein DU, und zwar ein Dreifaltiges DU: Vater DU, Christus DU, Heiliger Geist DU. Diesen Dreifaltigen Gott lebe ich auch.

Wie spüren Sie Gottes Nähe, die Anwesenheit Gottes in Ihrem Leben? In welchen Erfahrungen äußert sich das?

Irgendwie klärt sich dieser Beruf durch äußere und innere Ereignisse. Das „Wie" der inneren Ereignisse könnte ich Ihnen gar nicht beschreiben... Wenn ich Unruhe verspüre, dann kann das eine heilige Unruhe sein, die mir Auftrieb gibt, dass ich mich dahin ausstrecke. Wenn es eine „unheilige Unruhe" ist, dann merke ich, dass sie mich nicht zu Gott hin führt. Man muss also die Unruhe und die Ruhe, die Gelassenheit oder das Getriebensein lernen zu deuten... Im Idealfall geschieht das bei Exerzitien. Der Exerzitienmeister muss die Gabe der „Unterscheidung der Geister" haben. Ignatius von Loyola[13] sagt: Wenn ein ganz grob veranlagter Mensch unruhig ist, dann kann das etwas ganz anderes bedeuten, als wenn ein sensibles, feinfühliges Gemüt unruhig wird. Er hat ja seine eigenen Erfahrungen beschrieben: Auf dem Krankenlager hatte er Ritterromane gelesen, heute würden wir Krimis sagen, die ihm schnell „von der Hand gingen". Danach hat er Romane über Heilige gelesen, wo er sich von Seite zu Seite quälen musste. Aber er hat beobachtet, wie beides auf ihn gewirkt hat. Und er stellte fest, dass nach den Ritterromanen seine Seele leer war, während sich nach der anderen Lektüre die Seele angeregt fühlte. Er hat also die „Witterungen seiner Seele" beobachtet. Und auf dieser Ebene geschieht das, wenn man seine Berufung findet...

Wie würden Sie jemandem, der nicht an Gott glaubt, die Anwesenheit Gottes in Ihrem Leben nahe bringen?

Das liegt an demjenigen, den ich vor mir habe. Das Wichtigste wäre, dass er Interesse hat. Ich würde argumentieren, dass nichts, was wir kennen, ohne hinreichenden Grund ist. Auch wie sich alles vom Niederen zum Höheren entwickelt hat, soll das wirklich aus sich selbst heraus vor sich gegangen sein? Ansonsten kann ich nur Zeugnis geben, wie es bei mir ist. Der andere kann es mir dann glauben oder nicht glauben.

Haben Sie Gott in Ihrem Leben jemals gesucht oder suchen müssen? Oder haben Sie ihn schon immer, von der Kindheit an, gefunden?

Sie kennen ja als ehemalige Dresdnerin die Sächsische Schweiz... Wenn ich ein Mal in der Sächsischen Schweiz war, habe ich sie dann gefunden? Eigentlich nicht! Ich kann nur spüren: Hier ist es aber schön, doch das bezieht sich nur auf die Rauensteine. Da war ich noch nicht im Uttewalder Grund und schon gar nicht auf den Schrammsteinen... Und die Barbarine habe ich auch noch nie beklettert! Und dabei ist das Elbsandsteingebirge nur ein Gebilde von einigen Steinen. Und der Unendliche Gott? Da kann ich nicht sagen: Ich habe ihn gefunden. Sicher, ich habe in meiner Kindheit an Gott geglaubt, fast – wie Sie so sagen – von Anfang an, aber diese Unendlichkeit Gottes zu erfahren... Das wächst oder es nimmt ab. Das ist meine Erfahrung. Auch die, die ich mit vielen abfallenden Christen gemacht habe: Weil sie sich gar nicht mehr darum bemühen, gar nicht mehr suchen, den sie schon gefunden hatten. In den Dingen des Glaubens ist das kein Widerspruch: Ich glaube an Gott, aber ich suche ihn immer noch.

Gibt es bei Ihnen so etwas wie eine brennende Sehnsucht nach Gott?

Ja. Mutter Theresa z. B. lebte sehr aus dem Wort Jesu am Kreuz: „Sitio – Ich dürste." Darin sieht sie die unvorstellbare Sehnsucht Gottes nach dem Menschen: „Ich dürste" – nicht nur nach etwas zum Trinken, sondern mir fehlt eure Liebe… Und darauf zu reagieren, dass Gott uns Menschen, auch individuell, jeden Einzelnen, liebt und brauchen will – das sind Geheimnisse, die uns auftragen, dass wir uns nach Gott sehnen, die Gemeinschaft mit Gott suchen.

Haben Sie erlebt, dass sich diese Sehnsucht stillen lässt?

Ja, z. B. bei der Heiligen Kommunion[14], wenn ich sie empfange. Niklaus von Flüe[15] , hat – als er sich in seine Eremitage zurückgezogen hat – die letzten 20 Jahre seines Lebens nur von der Kommunion gelebt, also nichts mehr gegessen. Aber wenn ich von Kommunion spreche, dann gilt das ja nicht nur für Priester, sondern auch für die Gemeinde, für jeden Christen, nach dem Maß seiner inneren Bereitschaft.

Wann hat Gott Sie am meisten geprüft?

Ich kann gar nicht sagen, dass mich Gott sehr geprüft hätte… Es ging ja eigentlich immer alles gut. Das Schwerste für mich war, wenn Menschen, auf die ich sehr gebaut habe – ich meine in dem Sinn, dass wir aufeinander bauen konnten in der Überzeugung des Glaubens – wenn die aus diesem Vertrauen ausbrachen, das Vertrauen enttäuschten, indem sie sich abwandten vom Glauben… Aber das kann man eigentlich nicht als eine Prüfung bezeichnen.

6. Liebesgeschenk Jesu – Die Beichte

Was ist die Beichte aus Ihrer Sicht?

Die Beichte hat für mich eine sehr große Bedeutung. Sie ist für mich eine absolute Gnade. Ich sehe die Erlösungstat Jesu als eine, die die Menschen von der Sünde erlöst. Dafür gibt es innerhalb der katholischen Kirche das Sakrament, welches auf das Wort Jesu zurückgeht: „Er hauchte sie an und sagte zu ihnen: ,Empfangt den Heiligen Geist. Welchen ihr die Sünden nachlasst, denen sind sie nachgelassen und welchen ihr sie behaltet, denen sind sie behalten."[16] Das ist das Gründungswort des Bußsakramentes. Die Beichte ist wie eine Art Liebesgeschenk Jesu, der sich selbst – ganz auf der Seite der Menschheit stehend – mit dem Himmlischen Vater durch seinen Gehorsam verbunden hat und dadurch die Schuld der Welt auf sich geladen, getragen hat und deswegen gekreuzigt wurde. Es geht in der Beichte auch um den inneren Vollzug des Kreuzes… Ich kann also, wenn ich ehrlich bin vor meinem Herrgott und mich in Demut und Reue richtig einordne, etwas, was ich falsch gemacht habe, von Gott vergeben bekommen.

Ich kann mich noch an meine erste Beichte erinnern: Da war ich acht oder neun Jahre alt. Das war in Sankt-Sebastian in Magdeburg. Ich bin nach der Beichte richtig gehüpft vor lauter Freude. Auch heute noch gehe ich ungefähr aller vier Wochen zur Beichte. Je öfter ich das mache, desto feiner spüre ich mein Gewissen. Es ist wichtig für mein inneres Wachstum, wenn ich mal darüber sprechen muss, wie ich zu meinen Mitmenschen stehe, darüber nachdenken muss, was ich verkehrt gedacht, getan, gefühlt habe, also meine Schuld `raus löse und dies vor Gott und seinem Priester ausspreche. Und wenn mich dann der Beichtvater los spricht, dann ist das ein Neuanfang und ich bin einfach nur glücklich. Das setzt aber voraus, dass ein Mensch sich selbst erkennt. Wenn ich mich selbst nicht erkenne oder mich selber täusche, dann kann ich das Bußsakrament natürlich nicht achten. Es fällt jedem Menschen schwer, vor sich selber ehrlich zu sein. Wilhelm Busch sagt: „Ja, ja – du hast ganz recht: Der Mensch ist ganz erbärmlich schlecht, und jeder Mensch ein Bösewicht, nur du und ich natürlich nicht." Die meisten Menschen warten, bis sie in eine Krise oder eine schwere Schuld hinein „getappt" sind. Es geht aber darum, in einer ständigen Haltung der Selbstüberprüfung, der Reue, des Strebens nach Vervollkommnung – wir würden sagen: nach der Nachfolge Christi – zu leben. „Wer immer strebend sich bemüht, den können wir erlösen" schreibt Goethe im „Faust".

Die Worte „Schuld" und „Sünde" wiegen sehr schwer. Es ist sicher für viele Menschen entmutigend, egal, wie sie sich mühen, doch immer als Schuldiger oder Sünder dazustehen…

Gott ist an der Vervollkommnung des Menschen interessiert. Wenn der Mensch lügt, stiehlt, treulos ist, gleichgültig gegenüber seinem Mitmenschen, seine Gaben brach liegen lässt, vom Glauben abfällt, dann ist Gott in seinem Idealbild vom Menschen getroffen. Die Sünde ist also eine Verfehlung, mit der ich Gott treffe.

Vielleicht ist die gegenwärtige Versuchung die zur Oberflächlichkeit. Das ist die moderne Sünde. Dass man nichts mehr ernst nimmt, weder das Studium, noch die Arbeit, noch den nächsten Menschen, die Welt und den Herrgott schon gar nicht. Also Oberflächlichkeit und Zerstreuungssucht…

Augustinus fragte sich einmal: Hat Gott denn das Böse geschaffen? Es ist ja offensichtlich in der Welt. Und dann kam er nach längerem Überlegen zu dem Schluss: Eigentlich ist das Böse ein Fehlen des Guten. Insofern trifft das Wort „Fehler" noch am ehesten den Kern des Wortes „Sünde". In der Sünde ist ein Fehlen des Guten. Und da gibt es für jeden Menschen Anlass, sich zu überprüfen. Der Mensch ist ein Sünder. Aber er bekommt trotzdem bei Gott Gnade und Vergebung. Gott liebt uns trotzdem.

Wo lernt ein Priester, Menschen in der Beichte zu führen? Sie übernehmen ja große Verantwortung für die Geschicke derer, die sich Ihnen anvertrauen...

Die Not der Beichte ist oft eine Not des Beichtvaters. Das sage ich auch immer meinen Mitbrüdern. Es geht darum, einen guten Beichtvater zu finden. Sobald ich einen „geistlichen Geistlichen" gefunden habe, der mir Beichtvater ist, dann lasse ich mich von diesem auch führen und auf eine Spur bringen, die mich in meinem geistlichen Leben weiter bringt.

Die Ausbildung zum Beichtvater bekommt man im Beichtstuhl bzw. im Beichtgespräch. Dabei kommt es auf die Gabe der „Unterscheidung der Geister" an. Es ist dies eine Gabe, die wir dem Heiligen Geist zuschreiben. Das ist ein ganzer Komplex von Gedankengängen, die auf Ignatius von Loyola zurückgehen. Es geht um die Witterungen der Seele, auf die wir schon zu sprechen kamen. Natürlich gibt es im Studium eine Vorlesung über die Verwaltung des Bußsakraments. Aber diese geistliche Gabe kann man sich letztlich nicht anlernen. Was eigentlich bei der heiligen Beichte geschieht, ist Erkenntnis, Schuldempfinden, Reue, Demütigung vor dem Anderen, die Bitte um Vergebung und das vollkommene Bauen auf die Liebe und die Gnade Gottes und damit ein Neuanfang. Und diesen Prozess zu begleiten, kann man eigentlich nur bei vielen, vielen Beichten erlernen.

Haben Sie, wenn Sie zurück blicken, ein Ereignis oder eine Person in Erinnerung, wo die Beichte ganz besonders viel Gutes bewirkt hat? Falls Sie darüber reden mögen...

Auf jeden Fall habe ich das erlebt. Kinder sind oft ganz unbefangen. Und die Beichte ist für sie etwas ganz Normales, wenn sie von zu Hause dazu angehalten werden. Es gibt Beichten nach dem Motto: „Ich hab` genascht, ich hab` gelogen, ich hab` die Katz` am Schwanz gezogen..." Aber es gibt auch die Lebensbeichte, z. B. wenn jemand ernsthaft krank ist und merkt, dass er sich auf den letzten Weg macht und da noch einmal sein ganzes Leben überschaut. Und dann gibt es so intensive Beichten, dass der Beichtvater selber anfängt „zu heulen". Aber wir sind zum absoluten Schweigen verpflichtet. Ich muss mich eher erschießen lassen, als etwas aus der Beichte zu erzählen. Die Beichte ist ja eine Frage des absoluten Vertrauens. Das Beichtgeheimnis ist unantastbar.

7. Verehrung Gottes – Das Gebet

Was ist das Gebet für Sie? Was bewirkt es in Ihnen?

Das Gebet ist eine Verehrung, eine Anbetung Gottes. Darin liegt der Sinn. Ich selbst verschwinde dahinter. Das ist dasselbe, wozu ich auf der Erde bin: Ich bin hier, um Gott zu dienen, auf eine Weise, wie er das will. Und das spreche ich im Gebet aus: Ich gebe mich Gott hin. Tatjana Goritschewa beschreibt in ihrem

Buch[17] eine alte russische „Muttel", die im Ruf der Heiligkeit steht. Und diese hatte sie gebeten, über sich selbst und ihr Leben zu erzählen. Und das Mütterchen antwortete ihr: „Ich weiß über mich selbst gar nichts." Tatjana Goritschewa, die vom Kommunismus zum Glauben gekommen ist, empfindet das als das Wesen der Religion... Das entspricht jetzt nicht unbedingt meiner Meinung, aber es geht bei mir in die Richtung. Deswegen kann ich auf so eine Frage nicht so gut antworten.

Wie beten Sie?

Erst einmal habe ich meine „Pflichtgebete", die sind ganz reich, finden sich im „Brevier", dem Stundenbuch. Ich bete über den ganzen Tag verteilt: Ein Morgengebet, Mittags-, Nachmittags- und das Nachtgebet vor dem Schlafengehen. Die „Lesehore" – das sind viele schöne Texte zum Lesen aus der Heiligen Schrift – ist ein großer Schatz, den wir haben. Es sind Texte von Augustinus, Ambrosius, Atanasius darin... also von den alten Kirchenvätern ... Oder Texte aus der neueren Zeit, von Kirchenkonzilen usw. Alle Psalmen werden innerhalb von vier Wochen ein Mal gebetet. Dann feiere ich die heilige Messe, da lese ich vorher die Lesungen für mich durch, suche die entsprechenden Lieder 'raus. Dann habe ich es nicht gerne, wenn unmittelbar vor der Messe in der Sakristei noch Witze erzählt werden oder vom Wetter geredet wird ... Ich möchte doch, dass die Leute sich sammeln, dass auch ich das kann, weil es schwer ist zu beten, so ganz da zu sein!

Was ich gerne tue: Für eine halbe Stunde in Meditationshaltung sitzen und zu mir kommen. Da gehe ich eigentlich immer bereichert und fröhlich daraus hervor. Ich habe einen Meditationshocker, an dem ich sehr hänge, weil der von einer jungen Frau ist, die durch die Meditationsübungen den Weg zu den Karmelitinnen gefunden hat. Und da brauchte sie ihn nicht mehr ...

8. Das Spüren und Verkosten der Dinge – Auf dem Pilgerweg

Warum pilgern Sie, wo Sie doch als Priester eigentlich immer auf dem Pilgerweg sind?

Früher bin ich gewandert, und jetzt pilgere ich. Das ist wahr. Allerdings: Wenn man als Priester wandert, wandert man immer als Priester. Der Jakobsweg, den ich 2006 gegangen bin, war für mich ein Pilgerweg. Der war ganz anders motiviert. Das möchte ich auch so beibehalten, weil es schön ist, wenn man geistig ein Ziel hat, wenn es ein Weg der inneren Einkehr ist. So empfinden es auch die Leute auf dem Jakobsweg, selbst die, die nicht kirchlich oder religiös interessiert sind. Aber es rührt sie so an, dass sie sich die Existenzfrage stellen: Wozu bin ich eigentlich da? Das habe ich bei vielen festgestellt. Auf diesem Weg sind viele Suchende.

Warum ich pilgere? Man muss sich ja auch auf das Sterben vorbereiten, auf das letzte Ende. Es ist schon ein Symbol für den ganzen Lebensweg. Wir Priester sind es ja auch gewohnt, jedes Jahr Exerzitien zu machen. Ich habe auch einmal die 30tägigen Exerzitien gemacht, wie sie Ignatius von Loyola vorgeschlagen hat. Das war in Berlin-Biesdorf und ging schon an die Existenz. Ich war gerade sieben Jahre Priester. Das ist so, wie in der Ehe: Das siebte Jahr ist etwas kritisch ... Und ich war dort 30 Tage im Schweigen. Das ist schon sehr existenziell. Und eigentlich wiederholt man das jedes Jahr. Obwohl man als Priester ständig mit Gott beschäftigt ist, gibt es auch in unserem Beruf das Alltägliche, die Routine ... Es braucht also die Vertiefung.

Was passiert da, wenn Sie sagen, dass es an Ihre Existenz ging?

Morgens habe ich immer über die Heilsereignisse durch Jesus Christus, seine Menschwerdung, sein öffentliches Leben, Leiden am Kreuz, Auferstehung und das Leben der Kirche meditiert. Und all das kann man ja in verschiedenen Schichten betrachten. Man kann sich das vielleicht nicht vorstellen, wenn man soundso viele Male über die Geburt Christi, also Weihnachten, meditiert hat, dass man immer noch mehr in die Tiefe wachsen kann. Aber genau darum geht es. Ignatius von Loyola sagt: „Nicht das viele Wissen sättigt die Seele, sondern das Spüren und Verkosten der Dinge." Es ist wie Essen. Man muss ja auch immer wieder essen und sollte sich nicht überessen, sondern die Dinge verkosten. Im Spüren und Verkosten gibt es ein Wachstum.

Wohin pilgern Sie in diesem Jahr?

Ab dem 10. Juni 2007 bin ich wieder auf dem Pilgerweg. Ich habe neun Wochen Zeit. Es liegen dann 1.200 km vor mir. Diesmal will ich auf den Spuren von Niklaus von Flüe gehen. Ein interessanter Heiliger, eine ganz herbe Gestalt, zu dessen Einsiedelei in der Schweiz ich meine Wanderung mache. Von Paderborn/ Altenbeken aus laufe ich bis nach Schwyz in der Zentralschweiz auf dem Europäischen Fernwanderweg, der vom Hohen Norden kommt, durch Deutschland und die Schweiz bis nach Italien geht und besuche dann die Einsiedelei von Bruder Klaus am Sarner See. Ich habe wieder ein Zelt bei mir. Da kann ich wandern, so lange ich Lust habe. Wenn ich keine Lust mehr habe, höre ich mittags auf, ansonsten eben abends um 9.00 Uhr. Dadurch bin ich unabhängig und brauche nicht unbedingt eine Herberge, und es wird auch nicht so teuer.

9. Gott mit dem ganzen Körper anbeten – Das Hier und Heute

Wie sieht Ihr Alltag heute aus?

Eigentlich nicht viel anders als vorher. Ich stehe 6.30 Uhr auf, feiere 8.30 Uhr die heilige Messe in der Kirche. Meistens kommen ein paar Leute. Dann habe ich so meine Beschäftigungen: Ich gebe Blockflötenunterricht auf den Dörfern, gehe zum Chorsingen, musiziere mit anderen zusammen, habe meine Seniorentanzgruppen. Freitag und Samstag bereite ich den Gottesdienst für Sonntag vor. Alle 14 Tage predige ich, immer im Wechsel mit dem Diakon. Das braucht schon besondere innere Vorbereitung. Der Gemeinde das Evangelium, was 2.000 Jahre alt ist, nahe zu bringen, ohne es platt ins Heute zu übersetzen, es ihnen so nahe zu bringen, dass es ihnen etwas für ihr eigenes Leben bedeutet, das bedarf der Vorbereitung. Man ist da vielleicht wie ein „Erzieher", wie Vater oder Mutter: Die wissen auch nicht immer, ob es besser ist, den Kindern die lange Leine zu lassen oder ob sie sie strenger heran nehmen sollten. Das Evangelium ist ja eine ganz schöne Anforderung, wenn man es ernst nimmt. Und es erfüllt einen auch.

Und als ich jetzt in Rente ging, dachte ich: Jetzt müsstest du vielleicht ein bisschen gütiger werden... Aber ich leide auch manches Mal: Ich denke, dass ich auf der Seite Gottes stehe, der wie ein Liebhaber ist, dessen Liebe von den Menschen verschmäht wird. Und das spielt dann manchmal auch in die Predigt hinein.

Die Meditationsseminare, Zen-Kurse u. ä. sind voll, d. h. es gibt eine große Sehnsucht der Menschen nach dem inneren Weg... Gibt es Ihrer Meinung nach etwas, was die Kirche verändern sollte, um die Menschen da abzuholen, wo sie stehen?

Was sollte das sein? Technomusik in der Kirche...? Es gibt ja fast nichts, was nicht schon versucht wurde. Als ich noch in der Jugendarbeit tätig war, haben wir natürlich auch modernere Lieder zur Gitarre in der Kirche gespielt, weil es Ausdruck des Lebensgefühls der Jugendlichen war. Aber ich kann nicht künstlich mit diesem Ausdruck versuchen, andere zu beeindrucken und erhoffen, dass es zu etwas führt.

Ich sehe, dass Christus mit seiner Kirche leidet, wenn die Leute ihn ablehnen. Aber ich würde mir nicht viel davon versprechen, dass man noch strenger ist oder sich noch moderner gibt. Die Botschaft Jesu hat begonnen mit: „Bekehrt euch und glaubt an das Evangelium." Davon kann man doch nichts „abbeißen" und sagen: „Jetzt machen wir das anders." Für mich kommt es mehr auf das Wesentliche an. Erhoffen würde ich, dass wieder solche Bewegungen aufkommen, wie es sie in den 20er Jahren gab: Eine liturgische Bewegung, eine Bibel-Bewegung, Wander-Bewegung, Jugend-Bewegung und dass von solchen aktiven Christen dann etwas ausgeht – das kann ich mir eher vorstellen. Ich habe in Lourdes, auf meinem Pilgerpfad nach Santiago de Compostela einen jungen Mann getroffen, der auch pilgerte. Er gehörte zur „Jugend 2000" und zu „Totus Tuus" [18] , die sich u. a. auch auf Papst Johannes Paul II. beziehen und sehr intensiv mit der Kirche leben. Auf solchen jungen Leuten ruhen meine Hoffnungen.

Aber weil Sie die Meditation anführen... Ich habe vor Jahren Yogakurse besucht und körperbetonte Meditation mitgemacht. Das waren ganz starke Eindrücke, die ich da bekommen habe. Ich habe das dann für mich weiter entwickelt, habe auch unten in der Kapelle immer noch meine Decke liegen und von daher vielleicht auch eine Empfindsamkeit für alles Körperliche innerhalb der Religion entwickelt. Zum Beispiel in der Liturgie: Ich kann mich furchtbar aufregen und darf da gar nicht hingucken, wenn die Priester an den Altar „latschen". Ein von der körperlichen Meditation geprägter Mensch betet Gott mit seinem ganzen Körper an!

Vielleicht schaue ich da auch genauer hin, weil ich vom Tanzen komme. Im Tanz kann man **ausdrücken** und **eindrücken**. Tanzen ist für mich nicht nur so ein bisschen „Gehuppel", sondern ist Zuwendung, Verehrung, Referenz – z. B. vor dem anderen Menschen, der ja sein Geschick hat. Dem anderen die Hand geben… Das spielt ja im katholischen Gottesdienst eine große Rolle.

Ich bin da eigentlich über manches traurig, was so abgeschliffen wird oder nicht mehr praktiziert wird, weil es altmodisch erscheint. Wenn jemand schwer krank ist, bekommt er die Salbung. Und früher war die Salbung auf allen Sinnen: den Augen, der Nase, dem Mund, den Ohren, den Händen und den Füßen, früher sogar noch auf dem Oberschenkel. Und dabei wurde gesagt: „Durch seine große Barmherzigkeit verzeiht dir der Herr, was du in deinem Leben mit deinen Augen, mit deiner Nase, mit den Ohren, mit den Füßen, mit den Händen gesündigt hast." Das war ein so ein leiblicher Ausdruck! Ich hatte ein Mal eine ungarische Oma, die hat sofort die Füße unter der Bettdecke hervor gestreckt, damit ich die Füße salben konnte… Heute salbt man nur noch auf der Stirn und auf den Händen: das meint die Gedanken und die Taten…

Wenn der Priester für die ganze Gemeinde betet, breitet er die Arme aus. Was ist das für eine schöne Haltung! Die ist uralt, kommt von der Urkirche her. Früher hat die ganze Gemeinschaft so gebetet und stand so vor dem Herrn.

Wenn jetzt so ein Meditationskurs an der Volkshochschule angeboten wird, dann nehmen die, die da zusammen meditieren, auch eine meditative Körperhaltung ein. Am Ende ist es dasselbe, was im Gottesdienst passiert, und doch ist es nicht dasselbe… Ich könnte mich nicht so in mich hineinversenken, ohne dass ich auf dem inneren Grunde meiner Seele Gott fände… Wenn ich da bloß mich selber fände oder die absolute Leere wie die Buddhisten…?

Kann Tanz für Sie Gebet sein?

Ja, aber ich würde nicht in der Kirche tanzen wollen.

Sie leiten sieben Gruppen im Seniorentanz an. Wie sind Sie eigentlich zum Seniorentanz gekommen?

Eine Verbindung von Priester und Musik ist ja ohnehin gegeben. Und ich bewege mich gern. Ich stieß eines Tages – es war 1987 – auf ein Kursangebot der

Volkshochschule Bautzen, das hieß: „Tänze, die in die Mitte führen", durchgeführt von Christel Ulbrich – eine Legende in der Tanzbewegung. Ich habe mich da angemeldet. Und als ich nach Langenweddingen zog, lernte ich in Magdeburg den Seniorentanz kennen, und da war für mich klar: Das machst du weiter. Kreistänze, Squaretänze u. a. haben wir in der Kinder- und Jugendarbeit ohnehin immer dabei gehabt. Jedes Jahr gab es eine Reihe von neuen Tänzen für die religiöse Kinderwoche. Wenn wir z. B. das Thema „David" behandelten, haben wir eine Harfe selbst gebaut, zu diesem Instrument gesungen, dann israelische Tänze gemacht usw. Ja, so ist mir das Tanzen nach und nach „zugewachsen", so dass ich 1993 die Ausbildung in Seniorentanz begonnen habe, wobei ich vermutlich der einzige katholische Priester bin, der Seniorentanzleiter ist.

Was beschäftigt Sie im Hier und Heute?

Ich denke sehr viel über „den alten Priester" und den „sterbenden Priester" nach. Papst Johannes Paul II. hat einmal gesagt: „Ihr seid Priester bis zu eurem Lebensende." Ja, wie lebt denn nun ein alter Priester? Ich wünsche mir sehr, dass der alte Priester so viel Gemeinschaft um sich hat, dass er Menschen findet, mit denen zusammen er seinen Glauben leben kann. Ich wünsche mir sehr, dass der alternde Priester das Leiden des Alters annehmen kann wie das Kreuz Christi. Und darauf bereite ich mich vor. Ich weiß ja nicht, ob ich nicht vielleicht 20 Jahre lang pflegebedürftig sein werde… Ich bin sehr dankbar, dass ich so gesund bin. Ich bin so gesund, dass ich das ganze Jahr über keinen Arzt brauche. Aber ich erlebe natürlich Kranke, auch kranke Mitbrüder. Und es wäre mein Wunsch, dass in der Todesstunde mein Lebensmotto – nämlich mich in den Dienst Jesu Christi, in die Nachfolge Christi ganz hinein zu geben – seine Erfüllung findet, dass ich mein Leben hingebe für den Herrn. Und dass ich das in der Bewährung so durchhalte…

Was ist der Tod für Sie?

Der Übergang zum Ewigen Leben. Das, was man sein Leben lang wollte – Hingabe an den Herrn – dass sich das dann realisiert: Sein in Gott, Gottesschau…

Haben Sie ein Lebensmotto?

Das wechselt immer einmal, je nach Lebensphase. Für die jetzige möchte den Spruch meines goldenen Priesterjubiläums aus dem zweiten Hochgebet nennen: „Ich danke dir, dass du mich berufen hast, vor dir zu stehen und dir zu dienen."

Liebe… Was ist für Sie die Liebe?

Mutter Theresa hat in ihrer Gemeinschaft auch die Priester mit in ihre Verantwortung genommen in dem Sinn, dass sich die Gemeinschaft für die Priester verantwortlich fühlte. Das ist etwas ganz anderes als „Etwas-zu-sagen-haben", worum es ja vielfach in der Welt geht. Für den anderen verantwortlich sein, ist auch gemeint, wenn Eheleute „meine Frau", „mein Mann" sagen. Das klingt zunächst wie Besitz, aber es drückt aus, dass die beiden etwas ganz tief miteinander verbindet. Liebe kann für jeden christlichen Menschen, wenn er das Christentum konsequent lebt, eigentlich nur Liebe in der Hingabe bedeuten: Ich bin für jemanden da! Ich liebe ihn und bin deswegen für ihn da. Eben nicht: Ich liebe dich, also musst du für mich da sein. Das Missverständnis der Liebe besteht darin, nicht geben, sondern haben zu wollen. Nicht eigentlich lieben, sondern geliebt werden zu wollen…

Von Franz von Assisi[19] ist ein Gebet überliefert: „Gib mir die Gnade, mehr lieben zu dürfen als geliebt zu werden." Und für mich ist Liebe zu Gott: Ich bin für ihn da. Ich danke ihm, dass ich vor ihm stehen und ihm dienen darf.

Glauben heißt, das Herz geben

DR. JUR. CAN. HANS MÜLLEJANS/DOMPROPST EM. PRÄLAT, BAD AACHEN
Geboren am 12. März 1929, gestorben am 5. August 2009

Er hat die „Großen" dieser Welt durch den Aachener Dom geführt: Vaclav Havel, Königin Beatrix der Niederlande, Frère Roger, Helmut Kohl, König Juan Carlos von Spanien, Francois Mitterand, Roman Herzog, Bill Clinton und viele Andere. Doch auch Touristen aus aller Welt, Familien, Mitbrüder, Ordensmänner und -frauen oder Kinder kamen in den Genuss einer Führung durch den Hohen Dom zu Aachen, wenn es der enge Zeitplan von Dr. Hans Müllejans, der hier 27 Jahre als Dompropst wirkte, erlaubte. Auch mir wird die Ehre einer individuellen Führung durch das Marienmünster zuteil, als ich in Aachen eintraf. Natürlich ist der Aachener Dom – der Dom Karls des Großen – ein kunsthistorisch und geschichtlich bedeutendes Bauwerk von europäischem Rang. Aber der seit 2004 emeritierte Dompropst Dr. Hans Müllejans legte Wert darauf, mir den Dom aus theologischer Sicht zu erschließen und ihn als ein lebendiges Gotteshaus zu zeigen. Als er 1977 zum Dompropst gewählt wurde, wünschte er sich, den Dom einmal ohne Gerüst erleben zu dürfen. Dieser Wunsch ging 2006 in Erfüllung. In seiner Amtszeit wurde das 1.200 Jahre alte Bauwerk grundlegend saniert. Dieser kleine grazile Mann hat mit seiner bescheidenen, zurückhaltenden und gütigen Art schier Unmögliches möglich gemacht: 30 Millionen Euro wurden gebraucht, um alle Reparaturen am Gebäude und auch die denkmalpflegerische Aufarbeitung von Karlsschrein, Marienschrein und Barbarossa-Leuchter ausführen zu können. Diese Summe wurde aufgebracht! Beim Dompropst Dr. Hans Müllejans liefen für das „Jahrtausendvorhaben" alle Fäden zusammen. 27 Jahre lang war er der Spiritus Rector und der engagierte Hüter des Aachener Juwels und hat auf diese Weise nicht nur Kirchengeschichte, Kunstgeschichte, europäische Geschichte, sondern auch Aachener Stadtgeschichte mitgeschrieben.

Wir blicken gemeinsam von der Nordseite auf den Dom – die schönste Ansicht, wie er betont – und schauen damit gleichzeitig auf sein Lebenswerk, das die Stadt Aachen würdigte, indem sie ihm die Ehrenbürgerschaft verlieh. Auf diese Auszeichnung ist er stolz, denn Aachen hat bisher nur vier Ehrenbürger, und unter ihnen ist er der einzige Geistliche. Aber Dr. Hans Müllejans besitzt auch die rheinische Frohnatur, und so zeigt sich eine gehörige Portion Schalk in seinen Augen, als er mir im Verlaufe unseres Gespräches mitteilt, dass ihm viele Auszeichnungen zuteil geworden seien, nicht nur das Große Bundesverdienstkreuz und das Österreichische Verdienstkreuz für Wissenschaft und Kunst, sondern er sei auch Träger des Krüzzbrür–Ordens und der Ehrenperücke der „Lustigen Figaros". Die Bedeutung letzterer erschließt sich wohl nur dem Aachener selbst. So muss ich nachfragen und erfahre, dass es allein in Aachen 50 Karnevalsvereine gibt, wovon einer „Die lustigen Figaros" heißt, deren Spezialität es ist,

Honoratoren mit Humor und kahlem Kopf eine Ehrenperücke zu verleihen. Eine solche besitzt also Dr. Hans Müllejans wie auch andere karnevalistische Ehrungen. Ein Priester im Karnevalstreiben? Auch das ist nur aus der rheinischen Mentalität heraus zu verstehen. Oder wo gibt es sonst – wie in Aachen – einen ökumenischen Wortgottesdienst, zu dem alle Karnevalsgesellschaften vom neuen Prinz Karneval eingeladen werden? Am Aschermittwoch findet in Aachen ein Bußgottesdienst im Dialekt – dem Öscher Platt – statt. Bei all dem war und ist der Priester Hans Müllejans „mittendrin" gegenwärtig. Er ist der Mann für das „bunte Volkstreiben" und er ist jemand, der sich beim Wandern in der Stille der Natur – Gottes eigentlicher Kirche – wieder sammelt. Er hat mit den Einflussreichen und Mächtigen diniert und als Schiffsseelsorger unter Deck mit den Maschinisten an der Theke gesessen. Als Dompropst stand er dem Domkapitel vor, hatte den durchstrukturierten Alltag und die Aufgaben eines Managers. Als Personalreferent war er für die Belange der eintausend Priester und kirchlichen Mitarbeiter im Bistum zuständig. Und konnte doch von einer Minute zur anderen im Beichtstuhl sitzen: ganz zugewandt den Bedürfnissen und der Not eines einzelnen Menschen, der beim Beichtvater Trost, Vergebung und Geleit sucht. Trotz aller Erfolge bei der Sanierung und Wiederherstellung des Domes bleibt ihm doch das Wichtigste: als Priester am Dom zu wirken, die Heilige Messe zu feiern, zu predigen, zu taufen, zu trauen oder den Toten das letzte Geleit zu geben. Aus dem Glauben heraus wurde ihm möglich, was er möglich machte.

Von dem Journalisten und ehemaligen Chefredakteur der „Aachener Volkszeitung" Anton Sterzl liegt ein Buch[1] vor, das die Biografie Hans Müllejans nachzeichnet und dessen Lebensleistung würdigt und einbettet in die großen Zusammenhänge von Geschichte und Gegenwart. Es entwirft das Lebensbild eines Mannes, der ein Denkmal verdient und doch noch keines ist, denn für einen Priester und schon gar für Hans Müllejans gibt es keinen Ruhestand. So steht er mitten im Aachener Leben und kommt all den priesterlichen Aufgaben nach, die er immer erfüllt hat – wenn auch heute mit etwas mehr „Luft" zwischen den einzelnen Verpflichtungen.

August 2007

I. ICH BIN FROH, DASS ES MICH GIBT – KINDHEIT, JUGEND, KRIEG

Herr Dr. Müllejans, in welche Familie wurden Sie hineingeboren?

Ich bin aufgewachsen im katholischen Milieu. Sowohl väterlicher-, als auch mütterlicherseits waren es einfache, tiefgläubige Menschen. Meine beiden Großväter waren Handwerksmeister. Der eine war Glasbläser. Es gab hier mehrere Glashütten. Der Großvater väterlicherseits war in einem Betrieb tätig, wo Nadeln hergestellt wurden. Er war Nadlermeister. Meine Mutter stammte aus einer Familie mit 12 Kindern. Sie war von Zwölfen die Zehnte. Meine Mutter war tiefreligiös. Sie hat sich in Stolberg mit einer Handelsschulausbildung vom Lehrmädchen zur Prokuristin hochgearbeitet. Mein Vater hat an einem Polytechnicum in Bingen am Rhein Maschinenbau studiert, meldete sich 1914 freiwillig zum Kriegsdienst, wurde in Frankreich von Granatsplittern schwerstens verwundet. Er war 100% kriegsbeschädigt, hat sich aber beruflich „aufgerappelt" und war dann schließlich als Ingenieur in einem Lokomotivwerk in der alten Herzogstadt Jülich tätig. Mein Vater war 34 Jahre alt, als er geheiratet hat. Neun Monate nach der Hochzeit erlitt meine Mutter einen Schlaganfall. Sie war zunächst völlig gelähmt und wurde durch viele Kliniken geschickt. Zum Schluss war sie noch leicht gehbehindert. Zwei Jahre später bin ich geboren worden. Wahrscheinlich bin ich deshalb das einzige Kind geblieben. Nach heutigen Vorstellungen wäre ich vielleicht gar nicht geboren worden, weil es eine Risikoschwangerschaft war. Aber ich bin sehr froh, dass es mich gibt.

Geboren bin ich 1929 in Stolberg, habe dort vier Jahre gelebt. Dann wurde mein Vater in das Reichsbahnausbesserungswerk nach Jülich versetzt. Das war 1933. In Jülich bin ich aufgewachsen. Als ich zehn Jahre alt war, brach der Krieg aus. Bis zur Invasion der Amerikaner haben wir wenig mitbekommen vom Krieg. Dann rückte die Front sehr schnell näher. Als im September 1944 die ersten Bomben auf die Stadt fielen, habe ich meine Eltern „aufgepackt" – der Vater behindert, die Mutter behindert – und bin als 15jähriger mit ihnen auf die Flucht gegangen. Vorher habe ich noch als Schüler Panzergräben gebaut, an der Westgrenze. Wir sollten die amerikanischen Panzer aufhalten mit Schaufel und Hacke! Über verschiedene Stationen sind wir nach Bad Langensalza gekommen.

Als wir zurückkamen, war in Jülich alles zerstört. Wir sind dann in die Heimatstadt Stolberg gezogen. Dort habe ich Abitur gemacht und von dort aus Philosophie und Theologie in Bonn studiert.

Sie sagen, dass Sie in einem tief religiösen Elternhaus aufgewachsen sind. Wie haben Ihre Eltern, wie haben Sie als Kind den Glauben gelebt?

Bei meinen Eltern war das unterschiedlich. Mein Vater war liberaler eingestellt. Meine Mutter war tieffromm. Wir haben ganz selbstverständlich einen religiösen Alltag gelebt. Bei uns wurde gebetet. Meine Mutter ging jeden Tag in die Kirche zur Messe, und ich auch. Wir hatten 6.30 Uhr Messe, die ich vor der Schule besuchte. Außerdem war ich Messdiener, auch in der Kriegszeit. Politisch war es ja damals bereits die Zeit, wo die Kirche verfolgt wurde. Das haben wir aber nicht gemerkt. Ich wurde mit zehn Jahren zwangsverpflichtet in das Jungvolk, konnte aber gleichzeitig Ministrant sein. Sonntags hatten wir HJ-Appell mit Braunhemd, und über das Braunhemd habe ich dann für den Gottesdienst das Messdienergewand angezogen. Meinem Vater machte das schon ein paar Schwierigkeiten. Als es in der Schule keinen Religionsunterricht mehr gab, habe ich in der Gemeinde weiter Katechese bekommen. Nach dem Krieg habe ich dann in einer Pfarrjugendgruppe mitgemacht.

Ich hatte einen Vetter, der „jugendbewegt" von der Vornazizeit war. Er gehörte einem katholischen Jugendverband an und hat mich stark beeinflusst. Das führte dann dazu, dass ich vor dem Abitur nicht wusste, ob ich Arzt oder Priester werden sollte.

Sind Sie in der Schulzeit als Katholik Repressalien ausgesetzt gewesen?

Nein. Als ich eingeschult wurde, war meine Schule noch eine katholische Bekenntnisschule. Die wurde dann zur Gemeinschaftsschule umgestaltet. Wir hatten auf der einen Seite streng konservative katholische Lehrer, die im Dienst geblieben waren und mich stark beeinflusst haben. Der Schulleiter war gleichzeitig der Ortsgruppenleiter der NSDAP, der uns aber nicht bedrängte.

Ein Lehrer war der Kreispropagandaleiter der NSDAP. Der wollte uns zu Antisemiten machen und hetzte uns gegen die Juden auf. Zum Beispiel fragte er: „Wessen Eltern kaufen bei Juden?" Da habe ich mich gemeldet und habe gesagt: „Wir kaufen beim jüdischen Metzger, der hat die beste Leberwurst von ganz Jülich." Mir ist aber nichts passiert. Also, es war objektiv alles sehr schlimm, aber subjektiv bin ich davon gekommen. Jülich war meines Wissens zu 90% katholisch. Insofern gab es da auch eine Art Sozialkontrolle und klare moralische Auffassungen.

Hatten Sie jüdische Mitschüler?

Nein, das nicht. Aber ich werde nie vergessen: Ich war vom Kindergarten her mit einem Mädchen befreundet, und über diese Freundschaft waren sich auch unsere Eltern näher gekommen. Und ich höre noch heute, wie die Mutter meiner Freundin zu meiner Mutter sagte: „Die Familie…" – sie nannte den Namen – „ist heute abgeholt worden." Dann kam der Judenstern. Diese Dinge habe ich miterlebt, aber das Ausmaß all dessen nicht gekannt.

Die katholisch-konfessionellen Lehrer haben Sie sehr geprägt. Warum?

Weil es gute Pädagogen, aber auch überzeugte Christen waren, die ihren Glauben lebten, die mit uns beteten. Auch unser Kaplan gehört da hinein. Er sagte mir damals schon: „Vielleicht steckt ein Priester in dir."

Wie beurteilen Sie heute die Rolle des Vatikans und der katholischen Kirche in der Nazizeit?

Ebenjener Kaplan riet meinem Vater, der 1937 in einem Gewissenskonflikt stand, Mitglied der NSDAP zu werden. Für meinen Vater hingen berufliche

Weichenstellungen an dieser Mitgliedschaft, aber er zweifelte sehr, denn er hatte mit dem Regime eigentlich nichts am Hut. Und dieser Kaplan sagte meinem Vater, dass der Vatikan mit Hitler ein Konkordat abgeschlossen hat, worin die Kirche geschützt und Religionsfreiheit versprochen war. Und er meinte, dass einer Mitgliedschaft in der Partei nichts im Wege stünde.

Eigentlich hat er das nicht mit gutem Gewissen sagen können, denn wer Hitlers „Mein Kampf" gelesen hatte oder die Augen aufhielt, der hat ja mitbekommen, was das für eine Bande war. Aber als Kind habe ich das nicht durchschaut.

Wie sind Sie als Katholik in Bad Langensalza zurecht gekommen? Thüringen ist ja doch eher eine protestantische Gegend.

Ja, ich war ziemlich allein dort als Katholik. Ich habe mich bei der HJ nicht mehr gemeldet, obwohl dort noch alles mit Pauken und Trompeten lief. Aber ich habe mich beim katholischen Pfarrer vorgestellt. Ich war wieder Ministrant und habe dem Pfarrer im Lazarett geholfen, habe Verwundete gepflegt und tote Soldaten mit zu Grabe getragen… Am 30. März 1945, einem Karfreitag, habe ich sogar noch einen Einberufungsbefehl zur Waffen-SS bekommen. Aber ich bin nicht hingegangen. Einige meiner Mitschüler sind ihm gefolgt, und ich gehe davon aus, dass einige es nicht überlebt haben.

Obwohl es die letzten Kriegswochen waren, hieß Verweigern immer noch, sich in Lebensgefahr zu begeben. Was ging Ihnen durch den Kopf, als Sie diesen mutigen Entschluss fassten, dem Befehl nicht zu folgen?

Den Mut hatte nicht ich, sondern mein Vater. Er hat mich kurz entschlossen versteckt. Er hörte die ausländischen Sender. So wusste er, dass die Amerikaner nicht weit von uns entfernt waren. Es konnte sich nur noch um eine Woche handeln, bis die Amerikaner in Langensalza eintreffen würden. So war es dann auch. Karfreitag kam der Gestellungsbefehl, Ostermontag waren die Amerikaner da. Ein Glück. Wenn die Feldjäger mich gefasst hätten, die hätten mich aufgehängt.

Wie haben Sie aufgenommen, dass die Amerikaner Langensalza befreit haben?

Einerseits war ich natürlich froh. Ich habe KZ-Unterlager, habe in Langensalza Gruppen von KZ-Häftlingen gesehen, die zur Arbeit getrieben wurden, habe erlebt, wie Deserteure erschossen worden. Also „national" war bei mir ohnehin „der Ofen aus". Andererseits war ich traurig, dass wir als Deutsche den Krieg verloren hatten. Ich hätte damals nie gesagt, dass uns die Amerikaner befreit haben. Heute sehe ich das anders.

Als dann die ganzen Meldungen über die Vernichtungslager kamen, wurde mir langsam klar, dass das Hitlerregime ein verbrecherisches Regime war.

1945 sind Sie mit Ihrer Familie nach Stolberg zurückgekehrt.

In Stolberg gab es 1945 einen Sonderlehrgang, in den ich eingeschult worden bin. Ich hatte ja viele Monate keinen Schulunterricht gehabt. 1946 wurde daraus ein Abiturlehrgang, der 1947 zum Abitur führte. Danach ging ich nach Bonn, um Theologie zu studieren.

War Stolberg zerstört?

In Stolberg ist monatelang die Front durch die Stadt gelaufen. Im ersten Ansturm sind die Amerikaner da hängen geblieben. Aber die Stadt ist im Wesentlichen unberührt geblieben. Aber Jülich ist total zerbombt worden. In Langensalza wurden nach Beendigung des Krieges die Lebensmittellager der Wehrmacht für die Bevölkerung freigegeben. Da haben wir uns eingedeckt. Das habe ich alles als 16jähriger organisiert, weil die Eltern nicht so konnten. Mit mehreren Familien, die auch aus Jülich stammten, haben wir einen Lastwagen gechartert und sind zurück nach Jülich gefahren, kamen dort an: Es lag kein Stein mehr auf dem anderen. Dann haben wir den Lastwagenfahrer nochmals bezahlt, und so hat er uns nach Stolberg gebracht, in den Stadtteil, wo die Großeltern lebten: nach Vicht. Nun hatten wir zwar ein Dach über dem Kopf, es gab zwar fließendes Wasser, aber keinen Strom. Zur Schule musste ich fünf Kilometer zu Fuß laufen, bei Wind und Wetter, gekleidet in amerikanische Militärschuhe und einen Anzug, der aus amerikanischen Militärdecken genäht war. Den hatte mir die Schwester meines Vaters – sie war Weißnäherin – angefertigt. Ja, und dann kam die Katastrophe: Mein Vater wurde interniert. Er war im Dritten Reich Unfall- und Sicherheitsingenieur und Staatsbeamter gewesen. Daraus hatte man gemacht: Sicherheitsdienst der SS. Als solcher ist er von den Engländern verhaftet worden und eineinhalb Jahre in verschiedenen ehemaligen Konzentrationslagern gewesen, zum Beispiel in Neuengamme bei Hamburg. Unter dramatischen Umständen bin ich da hochgefahren und habe als 16jähriger versucht, ihn dort heraus zu bekommen.

Ist es gelungen?

Er ist eines Tages ohne Verfahren einfach entlassen worden. So, wie sie ihn interniert haben, so haben sie ihn auch wieder nach Hause geschickt.

Wie erging es der Familie weiterhin?

Es herrschte Hunger. Meine Mutter hatte keine Arbeit, kein Gehalt. Ich bin nach der Schule aufs Fahrrad gestiegen und hamstern gefahren. Meine Tante hatte noch Nähgarn und Stoffe. Die habe ich gegen Lebensmittel eingetauscht. Mein Vater ist dann entnazifiziert und als Mitläufer eingestuft worden. Er ist auch sofort wieder in den staatlichen Reichsbahndienst aufgenommen worden, wurde aber aufgrund seiner schweren Verletzungen sehr bald pensioniert und ist bereits mit 59 Jahren verstorben. Während ich studierte, hat meine Mutter bei den Schwestern meines Vaters im großelterlichen Haus gewohnt. Und als ich 1957 meinen Dienst als Kaplan in Stolberg antrat, übernahm meine Mutter die Führung meines Haushaltes. Sie ist bei mir geblieben und mit mir gezogen bis zu ihrem Tod.

2. Priester sein auf ewig – Wahl des Priesterberufes

Sie hatten ja schon angedeutet, in der Berufswahl zwischen Arzt und Priester gestanden zu haben? Was gab den Ausschlag für die Wahl des Priesterberufes?

Der ganze Zusammenbruch 1945… Wir kamen ja in eine „Stunde null" hinein. Der christliche Glaube hatte mir in all den zurück liegenden Jahren Halt gegeben. Es war auch das Bedürfnis da, in dieser Umbruchszeit anderen seelisch helfen zu können, dass es weiter geht. Die Begegnung mit meinem alten Pfarrer in Stolberg – ein alter, bärtiger, frommer Mann – die Prägung durch meinen Vetter spielten eine Rolle. Es war ja auch eine sechsjährige Prüfungszeit. Die Entscheidung ist gewachsen und fest geworden. Wir mussten als Priesteramtskandidaten in einem Konvikt leben. Dort haben wir eine angemessene und strenge geistliche Führung bekommen. Uns wurde nicht gesagt: Alles ist gut, sondern wir wurden dort auch mit den Problemen vertraut gemacht, die einem katholischen Priester erwachsen. Wir hatten täglich Meditation, die Bibellektüre, die geistigen Gespräche, ein Spiritual, der uns führte – all das hat mich geleitet. Der entscheidende Schritt jedoch war, als ich in das Priesterseminar eintrat. Auch die Professoren an der Universität haben mich in meinem Wollen bestärkt. Es waren aktive Christen, die in der Nazizeit einen inneren Widerstand geleistet hatten. Geprägt hat mich auch der frühe Tod meines Vaters. Ich war gerade zwei Wochen im Priesterseminar, als die Nachricht kam, dass er verstorben ist. Das war mit ein Anstoß, auf meinem Weg weiter zu gehen.

Gab es Momente, wo Sie gezweifelt haben, dass der Priesterberuf der richtige Beruf für Sie ist? Man weiß ja von vornherein, dass man auf Familie und Kinder, auf die Liebe zu einer Frau verzichten muss…

Wir sind ja im Konvikt bewusst und hart mit diesen Fragen konfrontiert worden. Es gab zum Beispiel schon wieder die Karnevalsfeiern. Und unser Direktor sagte: „Wenn Sie in den Semesterferien vorhaben, zu einem Tanzvergnügen zu gehen, brauchen Sie nicht wieder zu kommen." …

Also, ich glaube schon, dass ich ein halbwegs guter Ehepartner und Familienvater geworden wäre. Ich wäre am liebsten Priester und Familienvater geworden. Aber es gab nur diese eine Möglichkeit und dazu habe ich „ja" gesagt.

Warum war der Wunsch, Priester zu werden stärker als der, Familienvater zu sein? Es ist ja etwas Einzigartiges, einen Partner lieben zu dürfen und von ihm geliebt zu werden oder Kinder zu haben, sie heran wachsen zu sehen?

Ich hatte da jetzt keine mystischen Erlebnisse, aber in mir war der Wunsch, für viele Menschen da zu sein. Ich wusste, dass dann die Gemeinde meine Familie ist. Viele Menschen haben mich schon während meines Studiums bestärkt, indem sie mir gegenüber ausdrückten, wie wichtig so ein Beruf ist, in dem man für andere da sein kann.

Wie haben Ihre Eltern reagiert? Der Vater hat Ihre Entscheidung ja noch mitbekommen?

Meine Mutter war begeistert, der Vater eher skeptisch. Er sagte: „Das ist nichts für dich." Er kannte mein frohes Gemüt und hatte Angst, dass es mir abhanden kommt. Aber bis heute bin ich ein rheinischer Katholik, der Feste mitfeiern kann, etwas für Karneval übrig hat, mal ein Glas Wein trinkt…

Gab es eine Jugendliebe? Wenn ja, wie hat Sie Ihre Entscheidung aufgenommen?

Zwei Menschen haben da eine Rolle gespielt. Die Eine habe ich mehr bewundert. Die andere war meine Kindheitsfreundin. Die habe ich später auch getraut. Aber die Entscheidung war gefallen!

Was hat Sie im Studium am meisten beeinflusst?

Ich wuchs allmählich tiefer in das hinein, was Kirche eigentlich ist: die gläubige Gemeinde, die von Gott berufene Gemeinschaft. Und dazu zu gehören, ist ein wunderbares Gefühl. Schauen Sie, bei meiner Primiz, meiner ersten Messe, die ich in Stolberg, im Ortsteil Vicht gefeiert habe, waren die Straßen geschmückt. Der Platz vor der Kirche war mit Blumen und Girlanden ausgestaltet. Alle Vereine machten mit. Der Fußballclub stand in Sportmontur an der Kommunionbank. Es gab Böllerschüsse von den kleinen Hügeln. Also, Priester zu sein, heißt nicht nur, auf Verschiedenes verzichten zu müssen, sondern man bekommt auch unglaublich viel geschenkt.

Wann und wo sind Sie geweiht worden?

Die Priesterweihe war am 28. Februar 1953 im Hohen Dom zu Aachen. Es gab ja früher viele verschiedene Stufen: vier niedere Weihen und drei höhere Weihen. Man wuchs also allmählich hinein in das Priesterdasein. Erst kam die Tonsur. Das war die Aufnahme in den Klerus. Das war noch keine Weihe. Die ersten vier Weihen gibt es heute nicht mehr. Das sind heute Laiendienste: Türhüter, Kerzenträger, Lektor. Die drei höheren Weihen sind: Subdiakonat, Diakonat und Priester. Mit dem Subdiakonat wurde man schon „Ehrwürdig/Ehrwürden" genannt. Dann kam das Diakonat, das ist dann die sakramentale Weihestufe.

Vor der Diakonatsweihe kam der Zölibatseid. Ich habe keine Gelübde abgelegt wie Ordensleute, dass ich nach den „Evangelischen Räten" – Armut, Gehorsam, Keuschheit – lebe. Ich habe einen Zölibatseid geleistet, also ich habe Gott zum Zeugen angerufen, dass ich willens bin, mein Leben ehelos zu verbringen. Mit der Diakonatsweihe war man dann schon „Hochehrwürden". Mit der Priester-weihe wird man dann „Hochwürdig/Hochwürden".

Ich bekam vor 14 Tagen einen Brief, in dem wurde ich angeredet, wie ich früher noch meinen Amtsvorgänger angeredet und angeschrieben habe: „Seiner Gna-den, dem hochwürdigsten Herrn Dompropst Prälat Dr. Johannes Müllejans"… Wenn man Prälat ist, dann war man „Hochwürdigst" und dann ist die Anrede „Euer Gnaden". Ich habe einen Vetter, der redet mich scherzhaft mit „Euer Gna-den" an. Dann antworte ich ihm mit: „Ja, mein treuer Sohn"…

Aber zurück zur Priesterweihe. Das Sakrament der Priesterweihe wird in drei Stufen vergeben: Diakonat, Presbyterat, Episkopat, also Diakon, Priester, Bi-schof. Heute kann man ja Diakon werden, auch wenn man verheiratet ist. Aber wer bei der Diakonatsweihe nicht verheiratet ist, darf danach auch nicht mehr heiraten. Das ist reines Kirchenrecht. Der Papst könnte es mit einem Schriftzug ändern. In der Orthodoxen Kirche und in Teilen der mit Rom verbundenen ka-tholischen Ostkirche heiraten die Priester-Kandidaten vor der Diakonatsweihe. Danach dürfen sie allerdings nicht mehr heiraten. Also diesbezüglich war für mich der entscheidende Schritt die Diakonatsweihe. Und zur Priesterweihe heißt es: „Sacerdos in aeternum…" Priester sein auf ewig…

Aus meiner Gemeinde, aus der ich komme, ist damals schon über 40 Jahre lang kein Priester hervor gegangen. Und bis heute – nach über 90 Jahren – bin ich der Einzige geblieben. Es war natürlich auch für die ganze Familie ein großes Ereig-nis. Sich vor Gott niederwerfen, also sich auf den Boden legen… Dieses Ritual kann auch leicht missverstanden werden.

Inwiefern?

Das hat mit dem Priesterverständnis heute und früher zu tun und ist höchst aktuell. Es gab kürzlich zwei römische Rundschreiben mit erheblichen Ände-rungen. In diesem Zusammenhang ist das Wichtigste die Wiederzulassung der alten Form der Messfeier. Der Priester ist zwar geweiht, aber er ist kein Magier. Früher galt der Priester mit diesem „Hochwürden/Hochwürdigst" oft als aus den Menschen heraus genommen. Er war zwar für die Menschen bestellt, aber es war jemand, der mehr oder weniger schon im Jenseits lebte, der Gott näher war als andere Menschen. Und dieses mehr mythische Bild des Priesters blieb bestehen. Also, zu meiner Zeit nicht mehr in diesem Maße, das hätte ich auch abgelehnt und wäre niemals Priester geworden. Ich bin zwar durch die Weihe Gott ge-weiht, aber ich bleibe Mensch in der Welt.

Also mit der Wiederzulassung der alten Form der Liturgie geht es nicht nur um das Latein als Sprache der Messe, sondern auch um die Stellung des Priesters. Früher stand der Priester mit dem Rücken zum Volk, ganz Gott zugewandt, nach Osten blickend – die Kirchen sind nach Osten gebaut. Er und die Ministranten feierten die Eucharistie. Das Volk durfte dabei sein, betete den Rosenkranz… Ich vereinfache jetzt etwas. Aber es war keine Kommunikation zwischen Gemeinde und Priester. Der Priester steht vor Gott. Und sofern er Gott und Christus geweiht ist, ist das auch richtig, aber eben nur seine Funktion betreffend. Wenn die alte Liturgie wieder kommt, kann mehr dieser mythische, magische Aspekt betont werden. Das Gegenteil davon ist, wenn man überhaupt keine Weihe mehr braucht… Der katholische Priester kann ja in den Sakramenten die Wandlungsworte sprechen. Das Bußsakrament kann er spenden aufgrund seiner Weihe. Aufgrund seiner Weihe hat er die Vollmacht zu sagen: „Deine Sünden sind dir vergeben." Der evangelische Pfarrer ist getauft wie jeder andere Christ. Er braucht für die Ausübung seines Berufes keine Weihe. Deswegen sagt er: „Ich bitte mit dir darum, dass Gott dir deine Sünden vergibt." Der katholische Priester hat die Vollmacht, die Worte zu sprechen, die auch Jesus in der Bibel sagt: „Deine Sünden sind dir vergeben." Das ist katholisches Priesterverständnis. Aber der Priester ist eben nur geweihtes Werkzeug für Gott. In der Eucharistie sagt der Priester, indem er das Brot bricht, das, was Jesus im Abendmahl zu seinen Jüngern gesagt hat. Aber nicht als reine Erinnerung, sondern Christus spricht durch ihn und der Priester vergegenwärtigt das, was vor 2.000 Jahren im Abendmahl geschehen ist: „Das ist mein Leib für euch." Oder: „Das ist mein Blut."

Als ich Priester wurde, hieß es noch bei uns in der Gemeinde im rheinischen Platt, wenn ein Priester kam: „Do kütt de Herr." – Im Pfarrer sah man mehr den „Herrn" als den Diener Gottes. Diese Überhöhung, die ja auch in der Kleidung und in der ganzen Lebensweise zum Ausdruck kam, meine ich. Zivilkleidung war zum Beispiel undenkbar. In der alten Liturgie war das das Priesterbild, das Missverständnis des Priesterbildes: weltenthoben.

Ich habe mir gesagt, ich kann nur Priester werden, wenn ich der bleiben darf, der ich bin als ein Mensch. Ich bin mir bewusst, dass ich geweiht bin, aber ich bleibe doch der Mensch, der ich bin, ein sündiger Mensch, der der Buße bedarf, aber eben ein Mensch. Und vielleicht ist das gerade in meinem priesterlichen Wirken eine Gnade gewesen, dass ich menschlich gewirkt habe. Gott ist Mensch geworden in Jesus, uns allen gleich, außer der Sünde – wie es in der Bibel heißt.

Das Zweite Vatikanische Konzil hat mit der Liturgie auch das Priesterbild verändert…

Das Zweite Vatikanische Konzil, was von 1962 bis 1965 arbeitete, hat das Priesterbild wieder klar gestellt, so, wie ich mich immer verstanden habe. Man folgte dem Gedanken, dass Kirche in unserer Zeit anders ist als vor 2.000 Jahren.

Und wenn jetzt die Tridentinische Messe – nach dem Tridentinischen Konzil benannt, wo man als Reaktion auf die Reformation das Katholische zusammenfasste und die Liturgie neu ordnete – wieder zugelassen wird, erscheint mir das als bedenklich. Wenn der Priester heute in der Landessprache sagt: „Der Herr sei mit euch", da kann die Gemeinde antworten: „Und mit deinem Geiste". Ich finde es gut, wenn alle – Gemeinde wie Priester – die heilige Messe feiern und vor Gott stehen dürfen.

„Herr Kaplan, dürfen wir ‚Du' zu dir sagen?", haben mich viele aus Vicht gefragt, als ich nun geweihter Priester war. Oder: „Dürfen wir dich noch zu einem Bier einladen?" Und da habe ich immer gesagt: „Aber natürlich. Wenn ich in der Rolle Christi stehe am Altar, dann bin ich durch Christus gewürdigt, aber nicht, wenn ich mit euch an der Theke stehe und ein Bier trinke. Dann bin ich der Mensch Hans Müllejans."

Für mich ist die Kirche liebenswürdiger geworden durch das Zweite Vatikanische Konzil. Auf die Menschen zuzugehen, das ist betont worden. „Aggiornamento" – Öffnung – könnte man es nennen. Die Kirche in die heutige Welt hinein holen, ohne sie in ihrer Substanz zu verändern. Heute spricht man eben anders als vor 2.000 Jahren. Jesus lebte in einer Agrargesellschaft. Er sprach also vom guten Hirten. In unserer heutigen atomaren oder Computerwelt würde er sich sicherlich anders ausdrücken.

Selbstverständlich pflegen wir im Aachener Dom seit eh und je auch die lateinische Liturgie. Für die Weltkirche ist es wunderbar, dass sie durch das Lateinische verbunden ist. Ob ich in China oder Südafrika bin, wenn das „Credo in unum deum" gesprochen wird, dann bin ich zu Hause. Die Verfechter der Erneuerung der Liturgie lehnen zum Teil das Konzil, die Religionsfreiheit und die Ökumene ab und wollen die alten Traditionen unzutreffend interpretieren. Auch jetzt war es immer noch wünschenswert, dass die Messfeier der Weltkirche zumindest in Teilen lateinisch gehalten wird. Bei uns im Aachener Dom ist es üblich, dass sonntags, wenn das Hochamt gefeiert wird, Kyrie, Gloria, Credo, Sanctus, Agnus Dei lateinisch, mehrstimmig und als gregorianischer Choral gesungen werden. In Aachen treffen eben Katholiken aus aller Welt zusammen. Nur dass es jetzt ausschließlich die lateinische Messe sein soll, das kann ich nicht gut heißen.

Noch einmal zu Ihrer Primiz: Was hat Sie in Ihrer ersten eigenen Messe am Tiefsten berührt?

…die Wandlungsworte zu sprechen: „Ich sündiger Mensch bin berufen und geweiht, die Person Christi zu vertreten." Das ist katholisches Verständnis der Weihe. So weit geht Gott, dass er sich so einem sündigen Menschen anvertraut, sich in seine Hand gibt.

Was hat es mit dem Primiz-Segen auf sich?

Das ist ein alter Brauch. Es hieß früher bei uns in der Gegend, dass man ein Paar Schuhsohlen durchlaufen müsse, um den Primizsegen zu erhalten. Also, dass man alles daran setzen sollte, ihn zu bekommen, weil er als ein besonderer Segen galt. Ich kann das so nicht „unterschreiben". Es ist eine der schönsten Aufgaben des Priesters zu segnen, dass er Gottes Segen, Gottes Liebe, Gottes Hilfe durch ein Zeichen den Menschen gibt und sie spüren lässt. „Du sollst ein Segen sein", sagt Gott zu Abraham. Das wurde damals vielleicht auch wieder ein bisschen wundertätig verstanden. Als wäre der Priester ein Heiler. Es kann Heil sein, wenn Gott es will!

3. AUS DER BIBEL LEBEN – DAS WIRKEN ALS PRIESTER

3.1 DAS HEIL DER SEELEN IST DAS HÖCHSTE GEBOT – DIE ERSTEN BERUFSJAHRE

Nach dem Studium des Kirchenrechts kamen Sie als Kaplan in Ihre Heimatgemeinde Stolberg, wurden aber bereits zwei Jahre später Domvikar am Aachener Dom und Bistumssekretär…

Als ich 1959 nach Aachen kam, wurde ich in die Verwaltung berufen, weil ich Fachmann für kirchliches Recht war. Auch die Kirche braucht Verwaltung, auch Seelsorge muss organisiert werden. Was nicht organisiert ist, ist Chaos. So wurde ich dann Bistums-Sekretär, d. h. Sekretär des Generalvikars. Der Generalvikar ist der Leiter der bischöflichen Behörde, das Alter-Ego des Bischofs. Und als Priester wurde ich dann Domvikar, Mitglied des Domkapitels, einer Körperschaft, die einerseits dafür da ist, im Dom Gottesdienst zu halten, andererseits den Dom zu erhalten, die großen Feierlichkeiten zu gestalten. Die einzelnen Priester am Dom haben auch Leitungsfunktionen im Bistum, als Weihbischöfe, als Generalvikare, Personalchefs usw. Und weil ich keine schlechten Examenszeugnisse hatte, und weil es nur wenige Kirchenrechtler gibt, bot mir die Fakultät in München eine Diätendozentur an, eine bezahlte Dozentur mit der Möglichkeit, mich zu habilitieren und später einmal als Kirchenrecht Professor an einer Universität oder Hochschule zu wirken. Ja, und der Bischof hat es dann gut mit mir gemeint. Er fragte mich, wie ich mir meinen weiteren Weg vorstelle und sagte mir: „Ich bin überzeugt, dass Sie für das Bistum wichtige Dienste leisten können." So habe ich also keine Hochschullaufbahn eingeschlagen.

Sie haben dann im Bistum die Aufgabe des Personalreferenten für die Priester übernommen.

Ich wurde zuständig für das Leben und Wirken der eintausend Priester und der Frauen, die schon damals im kirchlichen Dienst als Seelsorgehelferinnen waren.

Heute sind sie Pastoral-Referentinnen mit akademischer Ausbildung. Früher waren das die frommen Frauen, die freiwillig auf Familie verzichtet haben, um für eine Gemeinde da zu sein, und die viel Gutes bewirkt haben. Und dann war ich einerseits für den Einsatz dieser Priester zuständig, andererseits aber auch für damit verbundene Probleme. 20 Jahre lang war ich tätig als Personalchef für das ganze Bistum, auch für die Laien im bischöflichen Dienst. Erst als Priesterreferent, dann Personalchef für das ganze Bistum, auch für die Laien im bistümlichen Dienst. Ich hatte also auch eine Dienstgeberfunktion. Und manchmal gab das auch Gewissenskonflikte zwischen dem Dienstgeber und dem Seelsorger in mir. Ich bin da auch mit vielen Problemen der Priester konfrontiert worden.

Welche Probleme gab es, falls Sie darüber sprechen möchten?

Zum Beispiel die Pädophilie. Aber da sind in unserem Bistum zum Glück nur ganz wenige Fälle gewesen, wo sich Priester an Kindern vergriffen haben und dann auch straffällig geworden sind. Oder Drogenprobleme, insbesondere Alkohol. Ich habe also Priester in den Gefängnissen und Krankenhäusern besucht, habe einige überzeugen können, eine Entziehungskur zu machen. Aber als Kirchenrechtler war ich auch Richter, und zwar nur in Eheprozessen. Ich bin also mit zerrütteten Ehen oder der Frage der Wiederverheiratung katholisch Getrauter konfrontiert worden. Manchmal gab es auch einen Streit zu schlichten zwischen Kirchenvorstand und Priester, zwischen Pfarrer und Kaplan oder zwischen Pfarrer und Gemeindereferentin und, und, und... Ich habe also nicht nur am Schreibtisch gesessen, sondern bin auch oft in die Gemeinden gefahren, um die Angelegenheiten vor Ort zu klären. Ich habe viele Priester begleitet, die den Beruf wegen des Zölibats oder aus anderen Gründen aufgegeben haben. Ich habe auch Kontakt zu deren Partnerinnen aufgenommen und den Priestern geholfen, dann doch in einem kirchlichen Beruf zu bleiben z. B. als Religionslehrer

Sind Sie bei der Lösung solcher Probleme nicht manchmal mit der Kirchengesetzgebung oder sogar den vatikanischen Verordnungen in Konflikt gekommen?

Wir haben einen uralten Grundsatz: Cura animarum supra lex – das Heil der Seelen ist das höchste Gebot. Über allem kirchlichen Recht steht also die Sorge für das Heil. Und dann muss man schon mal „alle Fünf gerade sein lassen können". Nicht weil ich gegen das Gesetz bin, sondern weil kein Gesetz immer alle Situationen und Einzelfälle erfasst. Ein Gesetz ist der Versuch, Ordnung zu schaffen. Aber mit Gesetzen allein kann man dem Leben nicht gerecht werden. Das ist auch eine Maxime meiner Seelsorge, und auch meiner Eheberatung. Ich bin kein Eheberater. Ein Priester ist kein Spezialist, sondern eher ein Generalist. Insofern habe ich mich immer bemüht, ein Generalist zu sein. Und in diesem Sinne hatte ich in der Beratung auch in bestimmten Einzelfällen den Mut mit zu verantworten, dass ein katholisch getrauter Mensch beim Eingehen einer zweiten bloßen Zivilehe zur Kommunion gehen kann, also nicht exkommuniziert wird. Nicht leichtfertig. Es hängt vom Einzelfall ab. Zum Beispiel musste eine Frau ertragen, dass ihr Mann seine Geliebte mit in die gemeinsame Wohnung brachte. Beide hatten katholisch geheiratet. Natürlich ist die biblische Grundlage: Was Gott verbunden hat, kann der Mensch nicht trennen. Aber wenn ein Partner durch das Verschulden des anderen „vor die Hunde geht"? Die Frau ist so krank geworden, dass sie dem Tode nahe war. Kann man es verantworten, eine solche Ehe zwanghaft aufrecht zu erhalten? Ich bin ein treuer Sohn der Kirche. Insofern stehe ich dahinter, dass – wenn bereits eine Ehe kirchlich geschlossen wurde – keine zweite kirchliche Trauung erfolgen kann. Aber ich kann in Bezug auf eine neue Partnerschaft mit den Beiden beten und den Segen Gottes erbitten. Das sehen die Leute, wenn sie katholisch sind, auch ein. Damit konnte ich manch einem helfen. Da hat sich – Gott sei Dank – die Kirche entwickelt.

3.2 DER AACHENER DOM BRAUCHT HILFE – DAS WIRKEN ALS DOMPROPST

Sie wurden 1977 zum Dompropst ernannt und damit zum Hüter eines 1.200 Jahre alten kirchlichen Bauwerkes, dem Hohen Dom zu Aachen.

Das Domkapitel ist eine Körperschaft des kirchlichen und staatlichen Rechtes, also ein selbstständiger Rechtsträger, der auch die Verantwortung für die Baumaßnahmen am Dom hat. Das Domkapitel besteht aus Domvikaren, Domkapitularen und einem Propst, ist also so etwas wie ein Kirchenvorstand, der auch Rechtsgeschäfte tätigen kann und muss. Ich war erst Domvikar, dann wurde ich ins Domkapitel berufen und bekam aus den Titulaturen den Monsignore-Titel. Später – 1978 – wurde ich Päpstlicher Ehrenprälat. Und weil ich Verwaltungserfahrung hatte, juristisch denken und mit Menschen umgehen konnte – das hatte ich ja als Personalchef 20 Jahre lang getan – wurde ich, als mein Vorgänger einen Schlaganfall bekam, für zwei Jahre sein Vertreter. Als dieser dann starb, bin ich zum Domkapitular gewählt worden. Das Primäre dieses Amtes ist die Sicherstellung der Gottesdienste und der Chorgebete, die ich jahrelang, bis heute, täglich mitgemacht habe. Jeden Morgen das Konventsamt, an jedem Sonntag das offizielle Stundengebet, vor dem Hochamt am Nachmittag die Vespern, die Vespern zu allen Festtagen, die Vespergebete – all das gehörte zu diesem Ganzen. Ein Schwerpunkt meiner Arbeit war z. B. auch die Förderung der geistlichen Musik, der Kirchenmusik. Wir haben hier in Aachen die Domsingschule, die eine private katholische, staatlich anerkannte Grundschule für Jungen ist. Aus ihr gehen dann die Domsingknaben und der Aachener Domchor hervor, der in seiner Tradition ein Männer- und Knabenchor ist und seit 1200 Jahren besteht. Ich habe den Domchor oft auf seinen Reisen begleitet. Einmal auch bei einer

Konzertreise nach Rom, wo der Domchor vor Papst Benedikt XVI. gesungen hat. Es war auch Teil meiner Tätigkeit, diese Schule zu fördern, wo Kinder noch im katholischen Sinne erzogen werden.

Als Dompropst war ich der Vorsitzende dieses Gremiums von Domvikaren und -kapitularen, ein „Primus inter pares", als „Erster unter Gleichen". Es heißt in den Statuten: Der Dompropst führt die Beschlüsse des Domkapitels durch und vertritt es nach außen, auch rechtlich, also Kauf-, Arbeitsverträge, Verträge über Bauleistungen – all das gehörte dazu. Natürlich hatte ich einen Verwaltungsleiter und verschiedene Mitarbeiter. Aber, wenn Sie so wollen, war ich der „Chef des Bodenpersonals".

Konnten Sie denn damit noch so nah am Menschen sein, wie Sie sich das immer gewünscht haben?

Ich habe schon darauf acht gegeben, dass diese Seite nicht zu kurz kommt. Deswegen waren mir immer auch die geistliche Besinnung, das persönliche Gebet wichtig, das Leben aus der Bibel... Die Bibel liegt nicht nur auf meinem Tisch. Ich schaue da auch jeden Tag hinein. Dass man „bei Gesinnung bleibt", nicht zum Manager wird. Die Gefahr ist natürlich da. Gerade in meinem Bemühen, zu viel Geld zu kommen, um den Dom erhalten zu können. Aber immer, wenn ich Leute gewinnen konnte, habe ich sie durch den Dom geführt und das nicht als Kunsthistoriker, sondern als Theologe und Priester. Ich war immer bemüht, den Dom als ein Gotteshaus zu zeigen. Der Dom ist zwar das erste deutsche Denkmal auf der Schutzliste des Weltkulturerbes der UNESCO gewesen, aber er ist kein Museum, sondern eine lebendige Kirche. Insofern habe ich versucht, über das Medium der Kunst die Menschen zum Staunen zu bringen, die Sinnfrage zu stellen, dass sie nach dem Sinn ihres Lebens fragen.

Nehmen Sie zum Beispiel das berühmte Lotharkreuz[2], das in der Schatzkammer des Domes zu bewundern ist. Warum ist dieses Kreuz mit Gold beschlagen und mit Edelsteinen verziert, wo es doch eines der schrecklichsten Hinrichtungsinstrumente gewesen ist? Da versuche ich immer klar zu machen: Für den gläubigen Christ bedeutet das, dass es mit der Kreuzigung Jesu nicht aus ist, sondern dass auf den Karfreitag der Ostermorgen und damit die Auferstehung kommt. Und somit wird dieses Kreuz zu einem Zeichen der Hoffnung. Und darüber kann man dann mit den Menschen ins Gespräch kommen. Und viele haben mir dankbar gesagt: „So habe ich den Dom oder eine Kirche noch nie gesehen." Für mich sind die Domführungen also auch eine Vorstufe der Seelsorge.

In welchem baulichen Zustand haben Sie den Dom übernommen?

Der Dom ist im Krieg schwer beschädigt worden. Die Dachstühle waren angebrannt. Einige Sprengbomben waren drauf gefallen. Durch die Straßenkämpfe war viel zerstört worden. Aber wir wussten auch, dass bereits in den vergangenen Jahrhunderten Schäden entstanden sind. Unter dem Dom fließen schwefelhaltige Wasser. In Bad Aachen gibt es 30 schwefelhaltige Quellen. Hier kurten die Kaiser und Könige, und auch heute ist Aachen noch Kurstadt. Der Untergrund ist also feucht und nachgiebig. Aachen ist auch Erdbebengebiet. Und dazu die drei Jahre Bombardierung der Stadt während des 2. Weltkrieges. Das alles hatte zu Rissen im Dom geführt und die Statik in Frage gestellt. Nach dem Krieg ist der Dom zunächst notdürftig geflickt worden. Es war ja weder genug Geld noch Material da. Ich bin in der Phase Dompropst geworden, wo die Grundsanierung des Domes begann. Es gab dann Überlegungen, die Schreine zu konservieren. Aber als Mitte der 80er Jahre der Dombaumeister zu mir sagte: „Wenn wir nicht grundlegend sanieren und vielleicht noch 10 Jahre warten, dann müssen wir damit rechnen, Teile des Doms zu schließen." Gerade in dieser zart gebauten Chorhalle, die ein Glashaus ist und kein Strebepfeilersystem hat, hält ein stählerner Ringanker alles zusammen, und der war stellenweise gerissen... Ja, und dann hat der Dombaumeister genauestens aufgelistet, was alles zu tun ist, in welchen Zeiträumen das geschehen sollte und wie dringlich es ist. Nach diesen Kriterien haben wir Pläne aufgestellt, und da hieß es: Wir brauchen 20 Millionen D-Mark. Und ich hatte nichts! Aus diesen 20 Millionen sind am Ende 30 Millionen Euro geworden.

Wie ist es Ihnen gelungen, so viel Geld zusammen zu bekommen?

Natürlich haben wir Darlehen aufgenommen, aber durch viele Spenden groß und klein haben wir das alles realisieren können. Wir hatten das Motto gewählt: „Der Aachener Dom braucht Hilfe." Das kennt in Aachen jedes Kind. Es sind Kontakte zu Banken und Unternehmen entstanden. Mir machte jemand den Vorschlag, den Präsidenten der Landeszentralbank anzusprechen. Ich schrieb ihm ganz unprätentiös: „Der Aachener Dom braucht Hilfe. Wären Sie bereit, mir zu helfen?" Postwendend kam die Antwort: „Mit mir können Sie rechnen." Und diese Hilfe war ein sechsstelliger Betrag. Dieser Kontakt hat wieder andere Kontakte gezeugt... Außerdem gab es ganz viele ehrenamtliche Helfer: Werbeagenturen, PR-Leute, Firmen... Und natürlich haben wir von der Domarmbanduhr über Krawattennadel alles, was anregt, sich mit dem Dom zu identifizieren: Domsekt, Domkuchen, Dombrot... So haben wir mit vereinten Kräften den Dom sanieren können. Wir haben danach die „Europäische Stiftung Aachener Dom" gegründet. Es ist jetzt mein Bestreben, Stiftungskapital anzusammeln, um aus den Erträgen ein 1200 Jahre altes Gebäude erhalten zu können. Das ist mein letztes Bestreben. Vom Staat oder vom Bistum ist nicht mehr viel zu bekommen. Ich habe ja nicht nur ein altehrwürdiges Bauwerk retten wollen, sondern eine lebendige Kirche, die an jedem Tag des Jahres 12 Stunden für Besucher und Beter offen steht.

Gibt es denn unter den zahllosen Spenden eine, die Ihnen in besonderer Erinnerung geblieben ist?

Ich erinnere mich an eine einfache, sich als arm bezeichnende Frau. Sie brachte mir ein silbernes Tablett. Sie sagte, sie habe kein Geld, aber dieses Tablett, ein Erbstück, soll ihr Beitrag für den Dom sein. Und ein Kind übergab mir einmal fünf Mark, sein Taschengeld. Eine junge Frau, sie ist kunsthistorisch ausgebildet und seit vielen Jahren Domführerin, hat mit meiner Unterstützung eine Gruppe von Kindern angelernt, Domführungen zu machen. Das Projekt gibt es jetzt schon seit fünf oder sechs Jahren. Es sind Kinder zwischen acht und vierzehn Jahren, die Kinder und Erwachsene auf ihre Art durch den Dom führen. Für die Kinder ist das eine Ehrensache. Das Geld, was sie dabei einnehmen, schenken sie für die Erhaltung des Domes. Das sind Erlebnisse, die mich sehr berührt haben.

Im Hohen Dom zu Aachen steht seit über 1.200 Jahren der Thron Karls des Großen, auf dem 600 Jahre lang die Krönungen der deutschen Könige stattfanden. Sie haben die Untersuchungen an diesem Thron in Auftrag gegeben. Welche Bedeutung hat für Sie der Kaiserstuhl?

Für mich ist der Thron Karls des Großen ein Symbol, ein Zeichen, eine Erinnerung an die ganze abendländische Geschichte. Ich begegne diesem Thron mit hohem Respekt, denn dahinter stehen 600 Jahre Kirchengeschichte, Reichs- und europäische Geschichte. Was sich hinter den Namen dieser 30 dort gekrönten Könige verbirgt, ist abendländische, christliche Geschichte mit allem Pro und Kontra. Das war der Thron für mich bislang. Seit Jahrzehnten wurde jedoch in Frage gestellt, ob dieser Thron wirklich der Karls des Großen ist. Mehrere wissenschaftliche Institute haben unabhängig voneinander den Thron untersucht. Das Ergebnis ist: Dieser Thron bzw. sein Kernstück und der Unterbau sind spätestens im Jahr 810 aufgestellt worden. Mit den modernsten physikalischen und chemischen Methoden wurde der Thron untersucht. Karl der Große ist 814 gestorben, also kann der Karl darauf gesessen haben. Auf der Rückseite dieses Stuhles ist der Stein unten abgeschnitten und davor ist ein Holzbrett. Aachen ist Krönungsstadt gewesen. Die Reichs- und Krönungsinsignien waren früher zum Teil in Nürnberg und zum Teil in Aachen. In den napoleonischen Kriegen sind sie nach Wien gekommen. Der letzte noch regierende Kaiser, ein Habsburger, hat als letzter abendländischer Kaiser die Insignien mit nach Wien genommen. Zu diesen Reichsinsignien (z. B. Reichsschwert, Reichslanze, Reichsevangeliar, Reichszepter, Reichsapfel etc.) gehörte auch ein kostbares Juwel, die Stephanusburse[3]. Hier geht es um den Erzmärtyrer Stephanus[4], der nach der Apostelgeschichte in Jerusalem gesteinigt worden ist. In dieser Burse befand oder befindet sich nach der Überlieferung die vom Blut des Heiligen Stephanus getränkte Erde von Jerusalem. Erwiesen ist, dass diese Burse jahrhunderte lang im Thron gelagert war. Der König des römisch-christlichen Abendlandes thronte also symbolisch auf der Erde des Heiligen Landes, die durch das Blut des Märtyrers zusätzlich geheiligt war. Der Beweis, dass die Burse im Thron gelegen hat ist folgender: Die Burse steht in der weltlichen Schatzkammer in Wien. Dieser Burse fehlen ein Holzsplint und ein Silbernagel. Die Forscher haben nun diesen Splint und diesen Silbernagel bei ihren Untersuchungen im Aachener Thron gefunden. Die Platten des Thrones sind aus Jerusalem. Man geht davon aus, dass sie aus der Grabes- und Auferstehungskirche Jesu stammen, die im 4. Jahrhundert von der Kaiserin Helena über dem Berg Golgatha gebaut wurde, wo das Kreuz gestanden hat. Wir haben also mit dem Stuhl das Heilige Land nicht nur in der Idee, in der Ikone, sondern ganz real vor uns. Insofern ist dieser Kaiserstuhl für mich vorrangig eine Reliquie und erst danach das Symbol der abendländischen Geschichte.

Sie haben sich bemüht, diese Stephanusburse wieder nach Aachen zurück zu holen. Ist es gelungen?

Nein. Wir halten den Rechtsanspruch auf Eigentum aufrecht, aber wir führen deswegen keinen „Krieg".

Was ist Ihr Lieblingsplatz im Dom?

Der wichtigste Ort ist für mich natürlich der Altar, aber die Seele des Aachener Domes ist der Kaiserstuhl.

1988 wurden die Gebeine Karls des Großen in den Schrein überführt. Das war sicher ein großer Moment Ihres Wirkens als Dompropst.

Zu Beginn der 80er Jahre, nach der Beseitigung der größten Kriegschäden, konnte man sich an die Kunst des Domes heran wagen. Der Karlsschrein und der Marienschrein waren schwer beschädigt, einmal durch die verschiedenen Auslagerungen, andererseits wurden sie früher auch in den Prozessionen mitgeführt, auf Holzkarren über die Pflastersteine durch die Stadt gefahren. Und natürlich hat auch der „Zahn der Zeit", also die Jahrhunderte, Spuren hinterlassen. Wir gingen also daran zu überlegen, wie man diese Schreine retten kann und haben uns entschieden – das entspricht den Vorstellungen der Denkmalpflege heute – nicht historisierend zu restaurieren, sondern das, was noch da ist, der Nachwelt zu erhalten, also zu konservieren. Der damalige Domkustos, der den Dom weit besser kannte als ich, berief eine Kommission von Wissenschaftlern, Museumsfachleuten, Gold- und Silberschmieden ein, um zu beraten, wie man vorgehen sollte. Er wurde jedoch schwer krank und konnte die Arbeit nicht weiterführen.

So habe ich mit diesen Fachleuten in mühsamer Arbeit Richtlinien entworfen, wie man mit solchen Kulturgütern und Schätzen umgeht. Ich bin also allmählich in diese Materie hineingewachsen. Man hatte aus Gründen der Referenz, der Ehrfurcht, die Gebeine Karls des Großen entnommen und in einen Ersatzschrein gelegt. Dann haben wir eine eigene Goldschmiedewerkstatt eingerichtet, weil die Denkmalpfleger sagten: Der Schrein darf den Dom nicht verlassen. 1988 jedenfalls war der Karlsschrein fertig. Bevor die Gebeine Karls des Großen wieder in den alten Schrein gelegt wurden, wurden sie noch wissenschaftlich untersucht. Das Ergebnis: Die Knochenbefunde entsprechen den Überlieferungen, d. h. es sind die Gebeine eines sehr großen Mannes aus dem 9. Jahrhundert. Der Karl überragte seine Zeitgenossen um Haupteslänge. Damit ist nicht bewiesen, dass es die Gebeine Karls sind, aber es ist bewiesen, dass es die Reste sind, die schon vor 1000 Jahren Otto III. bei der ersten Öffnung des Grabes gefunden hat. 1988 setzte man die Gebeine Karls des Großen also wieder bei im neu hergerichteten Schrein.

Wie fühlt man sich in so einem geschichtsträchtigen Moment?

Das war natürlich ein erhebender, festlicher Moment. Die Rückführung wurde feierlich begangen. Die Orgel erklang, der Domchor sang. „Gott und die Welt" war eingeladen, man traf „Gott und die Welt"…

Wie ging es weiter? Auch der Marienschrein wurde während Ihrer Amtszeit konserviert…

Nachdem der Karlsschrein fertig war, holten wir den Marienschrein in die Werkstatt. Drei Gold- und Silberschmiede haben 12 Jahre lang daran gearbeitet, um diesen Schrein der Nachwelt zu erhalten. Er spielt ja eine wichtige Rolle bei der Aachener Heiligtumsfahrt.

Der Dom ist in Ihrer Amtszeit in alter-neuer Schönheit wieder erstanden. Es gab und gibt also viel zu bewundern in dieser besonderen Kathedrale. Als Dompropst haben Sie viele hochrangige internationale Gäste durch den Dom geführt. Wer gehörte zu Ihren Gästen?

Erst einmal alle Karlspreisträger meiner Amtszeit. Ich kann jetzt nicht alle nennen: Vaclav Havel, Königin Beatrix der Niederlande, Frère Roger, Helmut Kohl, König Juan Carlos von Spanien, Francois Mitterand, Roman Herzog, Bill Clinton … Wenn sie nach Aachen kamen, habe ich Wert darauf gelegt – ich war ja Mitglied des Karls-Preis-Direktoriums – dass sie durch den Dom geführt werden. Es gehört zum offiziellen Ritus – das ist geschichtlich und nicht konfessionell bestimmt – dass zur Karls-Preis-Feier am Christi-Himmelfahrtstag ein Pontifikalamt im Dom mit Domchor und Orgel stattfindet. Ich habe die Karlspreisträger durch den Dom und die Schatzkammer geführt, auch vor die Büste Karls des Großen, den man als „Vater Europas" bezeichnen kann.

Gibt es besondere Erinnerungen an einzelne Karlspreisträger?

Als ich 1987 Henry Kissinger durch den Dom führte – er war ja sehr umstritten – gab es vor dem Dom Protestaktionen. Im Jahr 2000 bekam Bill Clinton den Karlspreis. Als ich ihn durch den Dom geführt habe, hat er gebetet! Er hat gegen das Protokoll protestiert und wollte verweilen. Er brachte dadurch die ganze Organisation durcheinander. Man kann über ihn denken, was man will: Im Dom war er ergriffen und hat gebetet!

Sie sprachen von Protestaktionen im Zusammenhang mit dem Besuch von Henry Kissinger in Aachen. War der Dom manchmal Austragungsort politischer Auseinandersetzungen?

Amerika wurde von den Linken politisch abgelehnt. In den 80er Jahren gab es diesbezüglich etliche Krawalle in Aachen. Da war ein Getöse und Geschrei. Ich möchte sagen, dass es mehr die fundamentalistischen Kräfte waren, die sich da Gehör zu verschaffen suchten, auch als Kissinger da war. Auch Atomkraftgegner haben mal den Dom besetzt, 1979 war das. Es gab aber auch im Stadtrat in den Parteien Auseinandersetzungen um die Karlspreisträger. Insofern gab es manchmal Proteste aus politischen Gründen. In den letzten Jahren aber nicht mehr.

Der Dom ist besetzt worden?

Aachen war Kohle-, Stahl- und Textilstadt. Früher gab es -zig Textilfabriken in Aachen, heute nur noch eine. Es gab im Umkreis von Aachen eine ganze Reihe Steinkohle- und auch Braunkohlebergwerke. Dann kam es zum Zechensterben. Es gibt heute nur noch ein Braunkohlebergwerk in der Nähe. Die Zeche „Sophia Jakoba" in Hückelhofen, hier in unserem Bistum Aachen, drohte 1991 geschlossen zu werden. Da haben die Bergarbeiter gestreikt und den Dom besetzt. Als Hausherr stand ich vor der Frage, ob ich Hausverbot erteilen oder das dulden sollte.

Ich habe mich entschieden, nicht die Polizei zu rufen und habe mit den Streikenden bestimmte Dinge vereinbart, die sie treulich eingehalten haben: Die Kumpels durften mit ihren Familien im Dom über Nacht kampieren, haben nichts in Unordnung gebracht, sind still gewesen und haben den Gottesdienst nicht gestört. Wir haben dann gemeinsam einen Bittgottesdienst, zu dem extra der Bischof gekommen ist, gefeiert.

Sie haben sehr viel ökumenisch gearbeitet. Was bedeutet Ihnen die Ökumene?

Sie ist mir ein Herzensanliegen, wie es für Jesus ein Anliegen war: „Vater, lass alle einig sein, wie wir eins sind, damit die Welt glauben kann."[5] Wie kann ich

Menschen, die dem christlichen Glauben fremd gegenüberstehen, wie kann ich diesen Menschen Glauben verkünden, wenn die christliche Kirche gespalten ist? Die ganzen geschichtlichen Entwicklungen, wo es Schuldige auf beiden Seiten gab – auch die Evangelischen haben Religionskriege geführt, Hexen verbrannt und die Inquisition gekannt – sind ein Skandal! Für ein Leben aus dem Glauben, aus der Heiligen Schrift gibt es keine wesentlichen Unterschiede zwischen den verschiedenen Christen.

Vieles ist Brauchtum, z. B. ob man Weihwasser nimmt oder nicht. Oder ob ich das Kreuz so zeichne wie die Katholiken oder so, wie die Orthodoxen... Sicher, in der katholischen Kirche verehren wir Heilige, wir beten sie nicht an. Wir verehren z. B. die Mutter Gottes. Weil sie in der Nähe des Auferstandenen und nach katholischem Glauben schon voll in der Heiligkeit Gottes ist, kann sie unsere Fürsprecherin sein. Aber ein Katholik ist nicht verpflichtet, einen Heiligen zu verehren. Es ist sinnvoll, aber es ist nicht das Entscheidende. Christus allein ist der Retter, und das für alle Christen.

3.3 Es ist Gott, der entscheidet, was geschieht – Seelsorge auf Wallfahrten

Sie haben als Priester immer wieder auch Wallfahrten begleitet...

Ich habe viele Fußwallfahrten mitgemacht, auch mit Jugendlichen. Auch Nachtwallfahrten, wo man nachts unterwegs ist und betend und nachdenkend geht. Außerdem habe ich mich sehr für Wallfahrten mit Kranken engagiert, z. B. Wallfahrten nach Lourdes begleitet, aber auch nach Rom, nach Fatima in Portugal und nach Jerusalem ins Heilige Land.

Die Wallfahrten nach Lourdes finden ein Mal im Jahr statt. Die Kranken fahren mit der Bahn in Lazarettwagen dahin. Zum Teil sind es Schwerstkranke, unheilbar Kranke, Gelähmte, Verkrüppelte, Amputierte. Schon im Zug versuche ich, mit möglichst vielen ein Gespräch zu führen und ihnen religiöse geistliche Begleitung zu geben. Das ist sehr schwierig, aber auch sehr ergreifend.

Haben Sie Heilungen erleben dürfen?

Ich sage den Pilgern immer: Jeder erlebt auf dieser Wallfahrt ein Wunder, denn wenn er in Lourdes die unendlichen Scharen der Schwerkranken sieht, wenn er meint, er habe ein Kreuz zu tragen: todsicher wird dieses Kreuz leichter werden. Das ist das Wunder. Aber letztlich ist es Gott, der entscheidet, was geschieht.

Eine Frau hatte z. B. ein todkrankes Kind dabei. Es ist kein Wunder geschehen. Wir haben keine Einsicht in Gottes Plan. Ich als Priester kann dann nur versuchen, das, was passiert oder nicht passiert, seelsorgerisch zu begleiten.

Woher nehmen Sie die Gabe, Menschen in so schwierigen existentiellen Situationen gelei-
ten zu können?

Ein bisschen ist das schon „Ingenium", wenn ich das so sagen darf. Es ist wohl eine meiner Stärken. Ich bin kein Theologieprofessor. Ich predige auch einfach. Es ist einfache Menschlichkeit. Ich gehe auf die Menschen zu.

Haben Sie – auch wenn Sie im Dienst waren – für sich persönlich von diesen Wallfahrten
etwas mitnehmen können?

Für mich ist das Wichtigste die Wirkungsgeschichte. Kein Mensch ist verpflichtet zu glauben, dass Maria, die Mutter Gottes, in Lourdes erschienen ist. Die kirchliche Prüfung hat ergeben, dass das Kind, das eine Erscheinung gehabt hat, glaubwürdig ist, dass es kein Betrüger und kein Lügner ist. Und es ist ein Faktum, dass medizinisch nicht erklärbare Heilungen erfolgten und erfolgen. Auch Atheisten waren, kirchlich beauftragt, in Kommissionen da und kamen zu dem Schluss, dass sie keine Erklärungen dafür haben. Während einer ihrer Marienvisionen wurde der 14jährigen Bernadette Soubirous in Lourdes 1858 nahe gelegt, eine Quelle frei zu legen, die bis heute sprudelt. Es ist erwiesen, dass Menschen, die in dem Quellwasser von Lourdes baden, Heilung finden. [6]

Für mich persönlich ist aber die Begegnung mit den Gläubigen am Wichtigsten gewesen, vor allem in Fatima in Portugal. In Lourdes sind mehr die Kranken, in Portugal die Armen zu finden. Da kommen die Leute mit nackten Füßen an, laufen manchmal vier–fünf Tage… Die Begegnung mit den betenden Menschen ist für mich eine Glaubensstärkung. Das ist für mich das Beeindruckendste gewesen.

Was verbinden Sie mit den Wallfahrten nach Rom?

Man sagt ja, Rom ist die heilige Stadt. Aber die heiligste Stadt ist für mich Jerusalem, weil dort für den gläubigen Christen das Entscheidende geschehen ist: Tod und Auferstehung Christi. Aber in Rom war Petrus der erste kirchliche Bischof und von dort aus hat sich dann die Weltkirche ausgebreitet und stabilisiert. In Rom war für mich die Begegnung mit Papst Johannes Paul II. entscheidend. Ich habe auch mit dem Domchor eine Wallfahrt nach Rom gemacht. Oder mit Studenten. Ich habe in Rom alle Wallfahrtskirchen aufgesucht und natürlich vor Ort Kirchengeschichte erleben können. Das sind bleibende Eindrücke.

Aachen selbst ist seit Jahrhunderten ein wichtiger Wallfahrtsort. Seit der Weihe des Do-
mes ist er das Ziel von Wallfahrten, zumal Karl der Große ihn mit wichtigen Reliquien
ausgestattet hat. In der Aachener Heiligtumsfahrt werden hier seit 1349 aller sieben Jahre
die vier kostbaren Reliquien gezeigt, die der Marienschrein beherbergt: die Windeln Jesu,
das Lendentuch Christi, das Kleid der Maria und das Enthauptungstuch Johannes des

Täufers. Was waren Ihre Aufgaben als Dompropst im Zusammenhang mit der Aachener Wallfahrt?

Aachen war im Mittelalter der bedeutendste deutsche Wallfahrtsort. Der 17. Juli war der Tag der Weihe des Domes. Seit ca. 1349 fand bis auf wenige Unterbrechungen aller sieben Jahre die Wallfahrt nach Aachen statt, immer zwei Mal sieben Tage: eine Woche vor und eine Woche nach dem 17. Juli. Ein „hohes" Erlebnis ist die Eröffnung der Wallfahrt mit der Eröffnung des Marienschreines. Es findet dazu ein feierlicher Wortgottesdienst, eine Art Vespergottesdienst statt.

Dahinter steht eine alte Geschichte. Es gibt ein sogenanntes Concustodienrecht des Stadtrates und des Domkapitels – ein gemeinsames Schutzrecht. Die Kirche ist aus religiösen Gründen daran interessiert, dass die Wallfahrt erhalten bleibt, die Stadt mehr aus wirtschaftlichen Gründen, denn so eine Wallfahrt ist ein Wirtschaftsfaktor. Wenn im Mittelalter, nachgewiesen etwa für das 14. Jahrhundert, über eine Million Menschen nach Aachen kam – in ein Städtchen von 10.000 Einwohnern – dann stelle man sich die logistischen Probleme vor, aber auch die wirtschaftliche Bedeutung des Ganzen! Reliquien wurden also verehrt und waren begehrt als Wirtschaftsfaktor, wurden deswegen auch oft gestohlen und mussten geschützt werden.

Der Schutz – heute nur noch symbolisch – erfolgt so, dass die Tür des Schreins nach der Wallfahrt verschlossen wird, dann wird das Schlüsselloch verbleit und der Schlüssel wird zersägt. Den Schlüsselkopf bekommt das Domkapitel, also der Dompropst und den Schlüsselbart der Oberbürgermeister als Repräsentant des Stadtrates. Das ist heute noch so. Das ist die einzige Gelegenheit, wo der ganze Stadtrat mit allen Parteien in den Dom kommt. Die Eröffnung wird natürlich mit prunkvollem Gottesdienst gefeiert. Es werden Protokolle verlesen. Alte Rituale, die man heute auch mit Humor nimmt. In der Schatzkammer des Domes liegen viele der kunstvoll gefertigten Schlüssel des Marienschreines aus. Und wenn er zur Eröffnung der Wallfahrt geöffnet werden soll, muss der Bügel des Schlosses zersägt werden. Das erfolgt wieder sehr feierlich in einem Gottesdienst, wo auch wieder die Vertreter der Stadt anwesend sind.

Nach den gesungenen Antiphonen treten Dompropst und Oberbürgermeister an den Schrein, um die Unversehrtheit des Schlosses zu überprüfen. Mit Hammerschlägen wird es dann geöffnet. Wenn die durch den Dom hallen… Dann sind die Goldschmiede dran, den Schrein kunstfertig aufzumachen. Nach uraltem Ritus bittet dann der Dompropst den Bischof, die „Heiligtümer erheben zu dürfen". Das war also meine Aufgabe. Fanfaren spielen den Hymnus „Urbsaquensis" und in einer kleinen Prozession werden die noch in bunte Seide verpackten Heiligtümer zur Sakristei gebracht. Wenn am Ende des Gottesdienstes die vielen Menschen das „Urbs aquensis" singen – dann sind das wirklich bewegende Momente des gefeierten Glaubens. Die Höhepunkte sind aber für mich die Pilgergottesdienste, wenn die betenden Pilger kommen.

Als Dompropst haben Sie selbst die Reliquien mit gezeigt. Was bewegt Sie, wenn Sie Heiligtümer in der Hand halten, die möglicherweise 2.000 Jahre alt und wichtige Symbole des christlichen Glaubens sind?

Textilfachleute haben die Stoffe untersucht, Sie halten es für wahrscheinlich, dass Teile davon aus dem ersten christlichen Jahrhundert stammen. Insofern könnte man wirklich von 2.000 Jahren sprechen. Damit ist nichts bewiesen. Keiner kann die Echtheit beweisen, keiner kann sie bestreiten. Aber wenn der oströmische Kaiser um 799 n. Chr. Reliquienschätze, die schon Jahrhunderte in Konstantinopel verehrt wurden, dem neuen abendländischen Kaiser Karl dem Großen schenkte, dann sind das keine Lumpen.

Aber für uns ist nicht entscheidend, dass diese Stoffe historisch echt sind, sondern dass es Symbole, Zeichen – Marienkleid und Windeln Jesu – für die Menschwerdung Gottes in Jesus von Nazareth sind. Die Windeln, die Krippe sind Zeichen der Armut und Erniedrigung Gottes, der das Menschentum bis zum Tod auf sich nimmt. Von daher auch das Lendentuch vom Kreuz. Früher haben wir die Heiligtümer von den Galerien des Domes zu den Plätzen rund um den Dom gezeigt, wo dann Tausende Leute standen, die in den Dom nicht hinein gingen. Heute feiern wir diese Pilgergottesdienste auf dem Katschhof, auf dem großen Hof zwischen Dom und Rathaus. Dort wird eine Bühne aufgestellt mit einem Schutzdach. Und im Wortgottesdienst wird das Weihnachtsevangelium vorgelesen, und dann wird das Marienkleid entfaltet. Die anderen Reliquien werden aus Schutzgründen nur gezeigt, nicht entfaltet. Wir zeigen die Reliquien nicht mehr separiert von den Türmen aus. Einerseits aus Schutzgründen. Andererseits sollen keine Reliquien „angebetet" werden. Wir zeigen die Reliquien zur Verehrung, weil dahinter Glaubensinhalte stehen. Das ist ein Unterschied.

Sind das bewegende Momente Ihres Wirkens als Dompropst gewesen?

Natürlich, aber den Glauben viel mehr herausfordernd und viel bewegender ist das, was ich in der Eucharistie tue: Wenn ich das verwandelte Brot hochhebe, und es ist der Leib Christi. Wer glaubt, wird leben. „Wer von diesem Brot isst, wird ewig leben. Das Brot, das ich euch geben werde, ist mein Leib. Das bin ich selbst."

Viele Jahre lang arbeiteten Sie als Schiffsseelsorger...

20 Jahre lang verband ich Urlaub und Arbeit, indem ich ein Mal im Jahr für
ein bis zwei Wochen als Schiffsseelsorger arbeitete. Das ist von der katholischen
wie von der evangelischen Kirche organisiert. Einige wenige Reedereien nehmen
Geistliche mit an Bord, weniger aus Liebe zur Kirche, sondern weil die Passagiere
das wünschen. Früher war das Gros der Passagiere älter. Das ist wahrscheinlich
auch heute noch so. Allein aus finanziellen Gründen. Und wenn ein Schiff mit
600 oder 800 älteren Leuten in See sticht, dann passiert oft Unangenehmes. Da
gibt es das Jubelpaar, das sich zur goldenen Hochzeit eine Schiffsreise schenkt.
Zu Hause geht man mit den Hühnern schlafen. Auf dem Schiff aber beginnt
die „Show-Time" erst 21.30 Uhr: Es kommt zum Herzinfarkt, oder es stirbt gar
jemand. Oder eine junge Frau bekommt auf dem Schiff die Nachricht, dass ihre Mutter gestorben ist. Oder ein Jubelpaar möchte einen Dank-Gottesdienst
halten. Auf dem Schiff ist auch ein Hospital. Da kann man Krankenbesuche
machen. Ich suche also immer den Schiffsarzt auf und sage ihm: „Wenn jemand
den Priester wünscht, ich stehe parat."

An den Seetagen, wenn das Schiff in keinen Hafen einläuft, findet immer
Gottesdienst statt. Einige Schiffe, gerade die alten, haben eine schöne Kapelle.
Ich habe auch Vorträge zu religiösen Themen gehalten, biete die Möglichkeit
des persönlichen Gespräches an. Ich bin als Priester erkennbar auf dem Schiff.
Man wird auch vorgestellt. Und ich sage dann immer: „Ich bin ansprechbar." Oft
kommt auch die Frage: Kann ich auf dem Schiff beichten? Natürlich kann man
das. Oder: Kann ich kirchlich heiraten? Das ist nicht so einfach. Aber wir haben
Ehejubiläen gefeiert. Ich habe Menschen bei fröhlichen und traurigen Anlässen begleitet. Und oft bin ich auch zu den Mannschaften gegangen. Auf einigen
deutschen Schiffen ging das. Dort habe ich dann zuerst einmal „Prügel" bekommen, mit anderen Worten: mich der Kritik an der Kirche gestellt.

Wie meinen Sie das?

Sie haben ihren Zorn, ihre Wut oder ihre Enttäuschung über die Kirche zum
Ausdruck gebracht. Und über ihre Lebensverhältnisse: „Wir schuften hier für
ein paar ‚Mark fuffzig', und oben sitzen die Bonzen und prassen." Ich könnte das
jetzt noch plastischer ausdrücken. Auch in die Kantinen bin ich gegangen. Die
Leute dort haben abends 1,5 Stunden frei, müssen aber ansonsten von früh bis
in die Nacht arbeiten. Natürlich bekommen sie, wenn sie an Land sind, ein paar
Wochen Urlaub. Aber so lange sie auf dem Schiff sind, ist es Knochenarbeit. Und
so habe ich mich an die Theke gesetzt und dann wurde gefragt: „Pastor, trinkst

du ein Bier mit mir?" „Ja", hab' ich gesagt, „wenn es sein muss, zwei." Und so kommt man natürlich ins Gespräch. „Du bist der Einzige, der mal zu uns `runter kommt", sagten sie dann. Manchmal habe ich auch das Mittagessen dort eingenommen, habe also die Seemannskost gegessen, die oft viel leckerer war als das Essen à la carte oben an Deck.

Haben Sie die Beschwerden der Schiffsmannschaften, deren Sorgen und Nöte an den Kapitän oder die Reedereien weiter geleitet?

Natürlich. Ein Mal im Jahr gibt es eine Konferenz – übrigens ökumenisch ausgerichtet –, wo sich evangelische und katholische Schiffsseelsorger über ihre Erfahrungen austauschen, um voneinander zu lernen. Ich habe mich auch an die Reedereien gewandt, wenn es für die Mannschaften etwas zu klären gab oder auf deutschen Schiffen an den Betriebsrat.

Sind Sie ein politischer Mensch? Sehen Sie es als Aufgabe des Priesters an, in der Gesellschaft Stellung zu beziehen, sich einzumischen, politisch wirksam zu werden?

Ich habe meine politischen Auffassungen, bin aber kein Mitglied einer Partei. Ich stimme mit ein, wenn es um die Schwachen, um die Armen geht. Ich bin kein Sozialist, aber vertrete die katholische Soziallehre und dass man helfen muss, wenn jemand auf Hilfe angewiesen ist.

3.5 DIE GNADE DES GLAUBENS MUSS TÄGLICH NEU ERBETEN WERDEN – REFLEKTIONEN ÜBER DAS PRIESTERLICHE WIRKEN

Wenn Sie auf Ihr langes priesterliches Wirken zurück schauen, gab es Momente, wo Sie gezweifelt haben, dass der Weg des Priesters der richtige Weg für Sie ist?

Natürlich gab es die. Es gab Glaubenszweifel. Ich bin ganz selbstverständlich ins katholische Milieu hinein gewachsen, war auf einer katholischen Schule, war nur umgeben von katholischen Familien. Die alte Herzogstadt Jülich war durch und durch katholisch. Mir ist als Kind nie ein protestantischer Christ begegnet. So habe ich meine Mutter einmal gefragt: „Kommen die Evangelen denn auch in den Himmel?" Aber das nur nebenbei. Je älter ich wurde, desto mehr musste der Glaube auch den Zweifeln des Verstandes standhalten. Der Glaube ist und bleibt ein Sprung ins kalte Wasser. Und jeder, ich eingeschlossen, hat Glaubensanfechtungen.

Oder was bedeutet es, wenn ich durch die Weihe im Gottesdienst „in persona Christi" handle? Wenn aus mir Christus spricht. Nicht aufgrund meiner Fähigkeiten, sondern aufgrund der Weihe. Ist das alles so? Oder wenn man die Kirchengeschichte sieht… Mit Kirche negative Erfahrungen macht, dann kommen einem Glaubenszweifel… Der Apostel sagt: „Herr, ich glaube, hilf meinem

Unglauben!"[7] Ich bitte also täglich um die Gnade des Glaubens und die Gabe des Geistes. Jesus sagt: „Niemand kann zu mir kommen, wenn der Vater, der mich gesandt hat, ihn nicht zu mir zieht."[8] Das Glauben-Können ist ein Geschenk. Das muss erbeten werden. Immer wieder neu. Und insofern gibt es Glaubensanfechtungen und Glaubenszweifel. Aber meinen Beruf habe ich nie in Frage gestellt.

Was waren für Sie die bewegendsten Momente Ihres Priesterdaseins?

… wenn ich erlebt habe, dass sich ein Sterbender zum Glauben bekehrt hat. Wenn jemand verzweifelt gerungen hat und dann sagte: „Ich ergebe mich in den Willen Gottes. Ich bin jetzt bereit zu sterben." Und auch: Christus zu begegnen in der Eucharistie. Das ist das Letzte und das Tiefste.

Wenn Sie Ihr priesterliches Wirken überdenken, welche Bilanz würden Sie ziehen?

Ich habe versucht, das zu realisieren, was ich mir als Ziel gesetzt hatte. Es gab Enttäuschungen, es gab Erfolge. Manches habe ich erreicht. Vieles hätte ich besser machen können. Manches habe ich versäumt. Ich bin kein Heiliger, kein vollkommener Christ.

Was meinen Sie, versäumt zu haben?

Ich hätte mich für manche Menschen noch mehr einsetzen sollen, noch mehr Gutes tun können, mehr oder tiefer beten, mehr geistliche Übungen machen sollen, mich stärker für Kirche und Gesellschaft einsetzen müssen, für Arme. Ich hätte mehr Kranke besuchen können. Wenn man Gott und den Menschen dient, gibt es da ein Genug?

Was betrachten Sie als gelungen?

Zum Beispiel mein Wirken für den Dom. Aber auch, dass ich manchen Menschen habe helfen können in schwieriger Situation. Dass ich zumindest meine Anteilnahme bekunden durfte, auch wenn ich nicht helfen konnte.

Würden Sie aus heutiger Sicht an der katholischen Kirche etwas ändern wollen? Sollte sie in der einen oder anderen Hinsicht reformiert werden?

Nein, wesentliche Veränderungen wünsche ich mir nicht. Wenn man das II. Vatikanische Konzil dem Wortlaut und seinem Geist nach wirklich realisieren würde, dann wäre ich glücklich. Ich bin traurig über eine zu starke Zentralisierung, die schon unter Papst Johannes Paul II. einsetzte. Das Konzil wollte die einzelnen Bischöfe stärken. Sie sind ja nach unserer Auffassung die Nachfolger der Apostel. Diese apostolische Sukzession ist es ja gerade, die uns z. B. von der evangelischen Kirche unterscheidet. Unsere Bischöfe gehen ohne Unterbrechung auf die Apostel zurück. In Rom ist zu viel Zentralisierung. Es müsste viel mehr Aggiornamento geschehen. Die Situation der einzelnen Teilkirchen müsste viel mehr berücksichtigt werden. Ich würde mir wünschen, dass Bischöfe vom Volk Gottes gewählt werden, wie es in der Urkirche der Fall war. Nur in Deutschland können zum Teil die Bischöfe die Domkapitel wählen. Ich bin z. B. gewählt worden. Mein Nachfolger ist vom Bischof ernannt worden nach Anhörung. In der weiten Welt werden Bischöfe einfach ernannt und versetzt. Das ist bei uns nicht möglich. Mehr Selbstständigkeit für die Teilkirchen, das würde ich mir wünschen.

Sie sagten am Beginn unseres Gespräches, dass Sie sicher ein guter Ehemann und Familienvater geworden wären. Könnten Sie sich denn die Vereinbarkeit von Priesterberuf und Familienleben vorstellen?

Ja. Das ist ja in der katholischen Ostkirche, z. B. in den orthodoxen Kirchen der Fall, dass der normale Pfarrer, der Pope, verheiratet ist. Ein Bischof darf auch dort nicht heiraten. Es gibt viele mit dem Papst verbundene Kirchen, wo die Priesteramtskandidaten, ehe sie geweiht werden, heiraten können. Warum sollte das bei uns nicht möglich sein? Bei den Mönchen ist das anders. Sie verlassen die Welt, um in absoluter Armut, in absolutem Gehorsam und absoluter Keuschheit zu leben – um des Himmelreiches willen. Jesus sagt: „Wer es fassen kann, der fasse es."[9] Das ist aber nicht jedem gegeben. Auch das sagte Jesus. Der Papst könnte morgen diese rein rechtliche Verpflichtung des Zölibats aufheben. Aber in der Weltkirche, wo großer Priestermangel ist, haben viele Bischöfe den Wunsch an den Papst herangetragen, dass bewährte gläubige, verheiratete Männer und Familienväter zu Priestern geweiht werden dürfen. Sehen Sie, wenn ein evangelischer Pfarrer aus Überzeugung katholisch wird und eine Familie hat, dann wird er geweiht, aber darf seine Familie „behalten" und darf als Priester arbeiten. In der katholischen Kirche sind etliche evangelische Pfarrer, die konvertiert sind und ihr Familienleben weiter führen dürfen. Das sind zwar Ausnahmen, aber die Ausnahmen nehmen zu. Es würde dem Priestertum gut tun, wenn Menschen, die mit Familie vertraut sind, Priester werden. Das kann ein Gewinn sein.

Wenn sich die katholische Kirche so weit öffnen würde, dann gäbe es auch kein Argument mehr gegen Frauen als geweihte Priesterinnen.

Nach meiner persönlichen Auffassung kann ich nicht einsehen, dass eine Frau nicht zur Priesterin geweiht werden kann, denn Mann und Frau sind vor Gott gleich und beide sind nach seinem Ebenbild geschaffen. Theologisch sehe ich keinen zwingenden Grund, warum eine Frau nicht geweiht werden sollte. Es sind Traditionsargumente, die aufrecht erhalten werden. Da komme ich wieder auf das Aggiornamento: In den damaligen orientalischen Gesellschaften hatte der Mann das Sagen. Das ist ja heute noch so. Wenn ein Mann eine Frau heiratete, wurde er zum Eigentümer der Frau. Das war bei den Juden ähnlich. Die Frau hatte zu tun, was der Mann bestimmt. Ich halte mich an die Disziplin in der Kirche und mache deswegen keinen Aufstand. Papst Johannes Paul II. hat erneut bekräftigt, dass es keine weiblichen Priesterinnen geben wird. Ob das so bleiben wird, weiß ich nicht. Der Heilige Geist wirkt auch über den Papst hinaus!

Haben Sie Visionen für die Zukunft der katholischen Kirche? Gibt es etwas, was Sie sich für die Kirche wünschen würden?

Ich wünsche mir für unseren Raum, dass die Kirche ihre Krise überwindet, dass in den Familien wieder gebetet wird, denn dann kommen auch wieder Priesterberufe hervor. Man muss in den Glauben initiiert werden. Ich hoffe sehr auf kleinere Glaubensgemeinschaften, wo Menschen zusammen kommen, aufrichtig und wahrhaftig ihren Glauben leben, dadurch überzeugend sind und der Kirche neue Impulse geben. Aus solchen Gemeinschaften ist einmal die Weltkirche entstanden. Prachtvolle Gottesdienste sind schön, aber Jesus hat keine Barockkleidung getragen. Er war ein Wanderprediger, hatte kein Dach über dem Kopf. Ich wünsche mir sehr, dass Erwachsene zum Glauben oder zurück zum Glauben finden. Glauben heißt ja nicht, dass ich den Wortlaut des Glaubensbekenntnisses kenne, sondern „Credo - core dare" – „das Herz geben": mich Gott anvertrauen, mich ganz seinem Willen unterstellen, auf ihn hoffen, auf ihn bauen und mich dann christlich taufen lassen. In den ersten Jahrhunderten war das so. Die Kindertaufe ist erst nach der Konstantinischen Wende gekommen, als aus der verfolgten Kirche die Staatskirche wurde. Ich bin für die Kindertaufe, wenn Paten da sind und die Eltern sich dazu verpflichten, das Kind christlich zu erziehen. Und heute werden ja noch sehr viele Kinder in diesem Sinne getauft. Insofern bin ich Optimist und glaube, dass es mit Gottes Hilfe weiter geht. Das Materielle ist es nicht allein. Das spüren viele Menschen. So ist auch kirchliche Seelsorge zu betreiben: Nicht den heiligen Rest zu pflegen, sondern missionarisch zu werden. Dies jedoch nicht mit Schwert und Kreuz, um die Heiden zu bekehren, sondern den Menschen Hilfen zu geben, wie ihre Sehnsucht eine Erfüllung finden kann.

4. UM DES HIMMELREICHES WILLEN – LEBEN IM ZÖLIBAT

Halten Sie es für notwendig, dass Priester unverheiratet bleiben und ohne Familie leben? Ist das besser für die Ausübung der Aufgaben des Priesters?

Der Zölibat hat, wenn er religiös aufgefasst wird, einen tiefen Sinn: Um des Himmelreiches willen, verzichte ich auf Familie. Es hat gewisse Vorteile: Der katholische Priester ist nicht in einer Familie gebunden. Er kann ganz für die Gemeinde da sein. Er hat keine eigenen Kinder, aber er hat die Kinder seiner Gemeinde, und wenn er sie tauft und mit ihnen umgeht, dann ist er verantwortlich für viele Kinder. Natürlich muss er verantwortungsvoll mit ihnen umgehen und sich nicht an ihnen vergreifen. So etwas ist furchtbar und muss geahndet werden.

Ist Ihnen nicht doch irgendwann einmal eine Frau begegnet, die Sie sich an Ihrer Seite gewünscht hätten?

Ich habe keine schweren Anfechtungen, Krisen oder Kämpfe erlebt. Natürlich gab es hie und da Gedanken in Richtung Familie. Aber das Rad zurück drehen kann man nicht. Und wenn ich noch einmal vor dieser Entscheidung stehen würde, würde ich mich wieder so entscheiden.

Sind Sie nie der Liebe begegnet?

Natürlich bin ich manchen liebwerten Menschenkindern weiblichen Geschlechtes begegnet, aber die Entscheidung zum Priester war gefallen, und dazu habe ich gestanden. Und ich habe so viel Positives in diesem Beruf, in den ich mich ganz hinein begeben konnte, erleben dürfen…

Sollte sich aus Ihrer Sicht für die zölibatär lebenden Priester etwas ändern?

Für die Zukunft könnte ich mir vorstellen, dass Priester in einem gemeinsamen Haus leben, nicht als Orden oder wie im Kloster, sondern jeder in seiner eigenen Wohnung, inklusive einer kleinen Kochnische, mit einer Wirtschafterin oder einem Wirtschafter für alle, die anständig bezahlt werden und einem Gemeinschaftsraum, wo man die Mahlzeiten zusammen einnehmen kann, gemeinsam beten, gemeinsam feiern kann, aber nicht muss, und wo die Alten mit aufgenommen werden. Junge Priester, die an verschiedenen Stellen einer Stadt wirken, wählen heute schon manchmal diese Lebensform. Der Zölibat wird für manche dennoch eine Belastung sein, wird aber dadurch erträglich werden.

5. Er ist für mich alles – Nachdenken über Gott

Was ist Gott für Sie?

Er ist für mich alles. Wie Christus ihn beschreibt: Ein Vater, der mich liebt, der mich kennt, der mein Bestes will, der mir einen Namen gegeben hat, der mich Anteil haben lässt an seinem göttlichen Leben. Er ist für mich Erfüllung des ganzen Lebens. Durch ihn, mit ihm und auf ihn hin – wie es in der Bibel heißt [10]. Er ist der Schöpfer, der Erlöser. Gott ist die Liebe. Und diese Liebe kann kein Geschöpf, keine Sache geben. Gott ist für mich die Lebensfülle, ewiges Leben.

Wie erfahren Sie Gott? Wie spüren Sie Gottes Anwesenheit in ihrem Leben?

Es gibt Momente, wo ich Gott in den ganz alltäglichen Dingen erfahre. Zum Beispiel folgende Situation: Ich hatte auf einer Schiffsreise nach Marokko einen

Ausflug nach Marrakesch mitgemacht, hatte dort fotografiert und plötzlich war die Gruppe weg. Ich hatte keinen Pass und nur ein paar Euros dabei, nur ein leichtes Hemd an und stand allein in diesem Menschentrubel, ohne die Sprache des Landes zu können. Bis zum Schiff waren es 300 km, und ich wusste, der Bus würde bald fahren, auch das Schiff würde abfahren. Ich irrte also durch dieses orientalische Menschengewimmel, versuchte, mich aus dem Basar wieder heraus zu finden. Die Situation erschien ziemlich hoffnungslos. Und da ging natürlich ein Stoßgebet zum Himmel. Und auf einmal sprach mich auf Englisch ein junger Mann an und fragte, ob er mir helfen könne. Ich schilderte ihm meine Situation, beschrieb ihm die Gruppe und er sagte: „Ich habe Ihre Gruppe gesehen. Wenn Sie wollen, kann ich Sie hinführen." Das war eine Gotteserfahrung. Ich habe keine himmlischen Heerscharen gesehen, aber ein tiefes Gefühl der Dankbarkeit durchströmte mich für diese unerwartete Hilfe in einer recht schwierigen Lage.

Die Begegnung mit der toten Mutter war eine Gotteserfahrung. Oder tiefe Erlebnisse am Krankenbett oder mit Sterbenden. Aber auch glückliche Menschen zu erleben, strahlende Kinder – in all dem zeigt sich mir Gott.

Mussten Sie Gott suchen oder hatten Sie ihn schon immer gefunden?

Ich bin ja im katholischen Milieu aufgewachsen. Gott war für mich selbstverständlich. Vom ersten Moment an, an den ich mich bewusst erinnern kann, haben wir gebetet und war Gott da.

Wie begegnen Sie Menschen, die überhaupt keinen Zugang zum Glauben finden, die dieses ganz natürliche Hineinwachsen in den Glauben nicht erfahren durften?

Ich bete für sie, dass der Geist Gottes sie erleuchten möge und ihnen die Gnade schenkt, Glauben zu können. Überredung oder Argumentationen nützen nichts. Glauben-Können ist ein Geschenk. Die Sehnsucht nach einem Gott, nach einem ewigen Leben steckt im Menschen drin. Der eine findet den Zugang, weil er sich dieser Sehnsucht bewusst wird, ein anderer nicht, weil er nicht in sich hinein horcht. Irgendeinen Glauben hat jeder Mensch. Und wenn er glaubt, dass es keinen Gott gibt. Beweisen können wir weder das eine, noch das andere. Auch der Atheist springt ins kalte Wasser.

Durften Sie erleben, einen Menschen vom Nicht-Glauben zum Glauben zu führen?

Zumindest von einem schwachen zu einem starken Glauben – das durfte ich erleben. Glaubensschwachen, Zweifelnden konnte ich helfen. Manchmal auch denen, die mit ihrem Schicksal haderten: Warum habe ich den Krebs? Warum ist mein Kind überfahren worden? Einem 100%-igen Atheisten bin ich persönlich nie begegnet. Ich denke auch nicht, dass man in so einem Fall eine Wirkung erzielen würde.

Spüren Sie an der Ausstrahlung oder dem Auftreten eines Menschen, ob er gläubig ist oder nicht?

Es bedarf schon der Äußerung. Glauben kommt vom Hören. Und hören kann man nur, wenn etwas gesagt wird. Natürlich habe ich auch Strahlend-Gläubige gesehen. Deswegen ist Kirche so wichtig und die Gemeinschaft in der Kirche, dass sich da Menschen begegnen, die auch glauben und beten und zeigen: Du bist nicht allein. „Man kann nicht allein glauben." – hat Papst Benedikt XVI. gesagt. Wenn ich mich um den Glauben bemühe, muss ich auch etwas dafür tun, mich mit Inhalten auseinander setzen, mich mit Theologie, Philosophie beschäftigen, Sinnfragen nachgehen, mir einen Gesprächspartner suchen, vielleicht auch mal in die Stille oder in ein Kloster gehen. Es gibt ja nicht nur buddhistische Meditationskurse, sondern auch christliche Exerzitien. Einem ringenden Menschen zu helfen, einen „Ungläubigen" anzusprechen und ihn zu veranlassen, über sein Leben nachzudenken – auch das kann Aufgabe eines Christen sein.

6. BEGEGNUNG MIT DEM LEBENDIGEN CHRISTUS – DIE BEICHTE

Welche Bedeutung hat die Beichte für Sie?

Sünden vergeben kann nur Gott. Aber der Beichtvater handelt in der Rolle Christi. Die Beichte ist eine Begegnung mit dem in dieser sakramentalen Handlung real lebendigen Christus. Der katholische Priester kann als „alter Christus", als auf Christus hin geweihter Priester, sagen: „Ich spreche dich los." Wenn man daran glaubt und wenn man weiß, dass Christus der gute Hirte ist – „Ich bin nicht gekommen, um zu richten, sondern um zu retten." [11] – dann kann einem wahrhaft geholfen werden.

Können Sie sich noch an Ihre erste Beichte erinnern?

Die erste Beichte gab es bei uns immer vor der ersten Heiligen Kommunion, weil man davon ausgeht, dass mit etwa sieben Jahren ein Kind religiös schuldfähig werden kann. Ein Säugling kann dies nicht. Etwa in der 3. Klasse ging man zur ersten Heiligen Kommunion, und die Voraussetzung dafür war, dass man mit reinem Herzen den Leib des Herrn empfängt. Insofern der Empfang des Bußsakramentes. An meine ersten kindlichen Beichten kann ich mich sehr wohl erinnern: Das war befreiend! In dem Sinn: Jetzt war der Brocken weg!

Wissen Sie noch, wie viele Beichten Sie in Ihrem Leben abgenommen haben und wo überall?

Als ich Kaplan war, haben wir an jedem Samstag von 15.00 bis 19.00 Uhr Beichtgelegenheit angeboten. Im Dienst waren wir alle: der Pfarrer und zwei Kapläne. Wir saßen an jedem Samstag im Beichtstuhl. Als ich 1959 in Aachen anfing, standen die Leute vor Weihnachten und in der österlichen Bußzeit vor sechs Beichtstühlen in Zweierreihen an, nicht nur im Dom, sondern bis in den ganzen Domhof hinein. Der Dom war eine Beichtkirche, weil schon aus Gründen der Diskretion viele Gläubige nicht ihrem Pfarrer beichten wollen, dem sie im Alltag begegnen. Ich glaube, ich habe Tausende Beichten entgegen genommen. Im Dom ging das in der Osterwoche von Montag bis Samstagabend, manchmal bis 24.00 Uhr.

Können Sie sich noch an die erste Beichte erinnern, die Sie als Priester entgegen genommen haben?

Ja, ich war zur Mithilfe für den kranken Kaplan in einer Stadtgemeinde von Aachen, im Ortsteil Brandt eingesetzt worden. Dort war es üblich, dass Frauen-, Männer und Kinderbeichten getrennt abgenommen wurden. Vor Ostern war angesetzt worden: Männerbeichte. Meine ersten Erfahrungen im Beichtstuhl waren also Männerbeichten. An diesem Nachmittag waren vielleicht 100 Beichtende da. Da kann wirklich nur noch die Beichte entgegen genommen werden. Vielleicht kann noch kurz nachgefragt werden, wenn es nötig ist oder ein Zuspruch in einigen wenigen Sätzen gegeben werden: „Heute ist Karfreitag. Schau einmal auf das Kreuz. Auch für dich ist Christus den Weg des Kreuzes gegangen. Danke ihm dafür und bete." Ein so genanntes Bußgebet. Jedenfalls weiß ich noch, dass ich sehr mitgenommen war. Ich hatte gerade das Rauchen aufgegeben, aber an jenem Abend habe ich wieder angefangen.

Waren Sie nicht manches Mal nach der Abnahme der Beichte verzagt oder niedergedrückt angesichts der menschlichen Schwächen, der Irrungen und Wirren der menschlichen Seele?

Ja doch, manches Mal schon. Manchmal war es erschütternd, dass ein Mensch so in eine Sackgasse laufen kann. Aber genau wie ein Arzt auf der Intensivstation, der, wenn er helfen will, einen gewissen Abstand wahren muss, um handeln zu können, so darf sich auch der Priester nicht ganz hinein begeben in die Situation.

Wo holen Sie die Kraft her, zu entscheiden, zu handeln und sich zu regenerieren?

Aus dem Gebet. Nicht wir Menschen heilen die Menschen, sondern Gott! Nicht wir retten die Menschen vor dem ewigen Tod, sondern Gott. Wenn wir mit unserem Latein am Ende sind, weiß Gott andere Wege. Eine Gefahr im Klerikalismus ist, dass der Priester sich selbst als denjenigen ansieht, der das Heil bewirkt.

Hat sich die Praxis der Beichte heute verändert?

Das Praktizieren des Glaubens, zum Gottesdienst, zur Beichte gehen... hat – auch bei den Katholiken – rapide abgenommen. In unserem Bistum sind es höchstens noch 15 % der verpflichteten Katholiken, die regelmäßig zum Gottesdienst kommen. Heute gehen auch viel weniger Menschen zur Beichte. An sich ist man zur Beichte verpflichtet, wenn man schwere Schuld auf sich geladen hat. Wenn früher Bagatellen als sündhaft angesehen wurden, sind heute schwere Sünden Bagatellen. In jeder Talkshow oder Fernsehsendung hört man ein paar Mal von Ehebruch. Wenn früher jemand mit dem Bekenntnis kam: „Ich habe die Ehe gebrochen" – dann war das doch ein dicker Brocken. Das führt dazu, dass heute der Beichtende oft auch ein Beichtgespräch wünscht und Zuspruch oder Hilfe erwartet. Allerdings muss man unterscheiden zwischen Beichtgespräch und Beratung. Wir Priester sind keine Berater und keine Psychologen. Wir begegnen in der Beichte auch verschiedenen Geisteskrankheiten, psychisch Gestörten, Psychopathen, Suizidgefährdeten... Da muss man natürlich sehr behutsam sein und sofort auf Fachleute verweisen und auf fachgerechte Lebenshilfe.

Wie gehen Sie damit um, wenn jemand beichtet, der schwere Schuld auf sich geladen hat?

Bei schwerer Schuld sprechen wir von den Todsünden - Sünden, die den ewigen Tod bedeuten. Es gibt Menschen, die kommen nur zur Beichte, wenn sie in dieser wirklichen Not sind. Und auch hier spricht der Priester: „Im Namen Christi, deine Schuld ist dir erlassen." Und das ist so! Da derjenige die richtige Gesinnung hat, wenn er zur Beichte geht, da er Reue zeigt und wenigstens jetzt bereit ist, sein Leben zu ändern, ist die Situation gegeben, dass Gott ihm vergibt. Und der Beichtvater muss sich diesbezüglich ein Urteil bilden. Wenn der Beichtende nicht bereit ist zur Umkehr, dann kann ich als Priester auch nicht die Lossprechung erteilen. Dann ist die richtige Disposition nicht gegeben. Und Disposition heißt: Ich bekenne meine Sünden, ich bitte um Vergebung, ich setze alles daran, dass ich mich ändere. Es ist biblisches Zeugnis: Gute Werke tilgen die Sünde. Zu all dem muss der Beichtende bereit sein, dann kann er das Bußsakrament empfangen.

Haben Sie erleben dürfen, dass die Abnahme der Beichte seelische Heilung bewirkt hat?

...dass Menschen sich geändert haben: Ja. Dass es, nachdem der Brocken weg war, einen neuen Anfang gab: Ja! Gott sei Dank! Aber ich habe auch das Gegenteil erlebt: Dass alles Bemühen ohne Erfolg ist. Da hilft nur noch Beten.

Gehen Sie selbst auch zur Beichte?

Ja, wenn ich das Bußsakrament empfangen möchte, dann gehe ich zu den Jesuiten. Ich bin ja auch ein sündiger Mensch, mache auch Fehler. Es ist Aufgabe des

Christen, jeden Tag sein Gewissen zu erforschen: Wie war der Tag heute? Was ist gut gelaufen? Was ging schief, weil ich nicht liebevoll, sorgsam, hingebungsvoll genug geredet oder gehandelt habe? Und dann das Gebet: „Herr, vergib mir!" Und hin und wieder die sakramentale Begegnung suchen…

7. SOHN DES LEBENDIGEN GOTTES ERBARME DICH – DAS GEBET

Was ist das Gebet für Sie?

Eine persönliche Begegnung mit Gott, aus der ich lebe.

Wie beten Sie?

Jeder Priester ist verpflichtet, neben dem persönlichen das Stundengebet zu sprechen. Wir nennen es das Brevier. Es ist die Kurzfassung des mönchischen Gebetes. Die Mönche beten in Tag- und Nachtschicht die biblischen sieben Mal am Tag gemeinsam. Und wir „Weltgeistlichen" können das so nicht realisieren. Im Dom haben wir früh täglich das Chorgebet, in der Karwoche auch mehrfach täglich das ganze Offizium von morgens bis abends. Das Chorgebet in seiner verkürzten Form ist das Stundengebet, und das beten alle Priester und Ordensleute jeden Tag, also auch ich. Ich bete das Morgengebet, ein Lobgebet, dann eines in der Mitte des Tages, dann das Vespergebet, und abends die Complet, die Vollendung. Daneben ist für mich auch Schriftlesung Gebet. Aus der Bibel leben, aus dem Wort Gottes leben… Den Text des Stundengebetes muss man ja persönlich auch vollziehen und nachvollziehen. Ein Psalm kann zum Beispiel Gebet sein. Es gibt Lob-, Dank- oder Klagepsalmen. Ich setze mich also auch mit den Klagen auseinander. Aus diesen vorgegebenen formulierten Gebeten lernen… Wenn ich eine Predigt vorbereite, dann beginne ich mit einem Gebet, dass nicht ich mich „produziere", sondern dass der Geist Gottes mir helfen möge, so zu sprechen, wie es in seinem Sinn ist. Ich bete auch sehr persönlich, in meinen eigenen Worten. Ich halte viel von einem kurzen Gebetsgedanken. Zum Beispiel das Jesus-Gebet, es ist ein Gebet der Ostkirche, wo ich nur sage: „Herr Jesus Christus, Sohn des lebendigen Gottes, erbarme dich." Es ist so etwas Ähnliches wie ein Mantra. Still werden und diese Worte in mich einsinken lassen. So ein Gebets-Gedanke begleitet mich auch, wenn ich wandere, manchmal ist es auch ein Kirchenlied. Manchmal gibt es ein Stoßgebet: „Hilf mir Gott!" Drei Worte, die aus dem Glauben kommen.

Pflegen Sie Exerzitien?

Das sollte ich wohl öfter tun, aber in meinem dichten Alltag sind Auszeiten für Exerzitien kaum möglich gewesen. Ich habe Glaubenshilfe in einem Familienkreis, der seit fast 50 Jahren besteht. Er ist aus studentischen Freundeskreisen erwachsen. Wir treffen uns vier- bis sechswöchentlich und setzen uns nicht nur intellektuell mit theologischen Themen auseinander, sondern versuchen, in ein Glaubensgespräch zu kommen und auch Glaubensschwierigkeiten zu benennen. *„Wie hältst du das damit?"* Das ist mir Glaubenshilfe: Mit anderen, die glauben und um den Glauben ringen, die aber aus dem Glauben leben und glaubwürdig sind, in ein Gespräch kommen. Auch das sind meine geistlichen Übungen.

Außerdem habe ich meinen Priesterkreis. Mit den Mitbrüdern treffe ich mich regelmäßig. Es ist ein Kreis, wo man miteinander betet, aber auch miteinander feiert, Freud und Leid miteinander teilt, Erfahrungen austauscht, sich vergewissert, sich Rat holt...

8. Es gibt viel zu tun – Das Hier und Heute

Im Jahr 2004 sind Sie vom Amt des Dompropstes emeritiert worden. Wie kommen Sie als tätiger, rastloser Mensch mit der neuen Lebensphase zurecht?

Ich bleibe Mitglied des Domkapitels, habe aber nur noch beratende Stimme, kann also nicht mehr mit entscheiden. Natürlich verhallt mein Wort aufgrund meiner Erfahrung nicht einfach so, aber wenn eine andere Entscheidung getroffen wird, akzeptiere ich es. Ich bin der Vorsitzende des Kuratoriums der „Europäischen Stiftung Aachener Dom". Außerdem stehe ich in der Messordnung des Domes, bin also immer noch im priesterlichen Dienst, z. B. wenn Beichtzeiten angesetzt sind. Ich feiere in der Regel täglich die heilige Messe im Dom oder halte Touristengottesdienste in der Eifel. Für einen Priester gibt es keinen Ruhestand.

Wie sieht Ihr Alltag heute aus?

Heute kommen viele Anrufe, die so beginnen: „Sie haben doch jetzt mehr Zeit..." Doch wie ich schon sagte, habe ich viel zu tun. Ich taufe die Enkel meiner Studienfreunde, trage die Großmütter zu Grabe, komme zu goldenen Hochzeiten. Ich bin nach wie vor in Verbänden tätig. Ich bin ein alter „Kolping-Mann" und heute Ehrenpräsis der Aachener Kolpingfamilie. Kolping war ein christlicher Sozialreformer, vergleichbar mit Marx, nur auf einer christlichen Basis, der so genannte „Gesellenvater". Er war Schuhmachermeister, ist spät Priester geworden. Und um den wandernden Gesellen eine Hilfe, ein Haus zu geben – Kolpinghäuser – sie zu unterstützen, auch auf ihrem Weg als Christen, Familienväter, Bürger ist weltweit das Kolping-Werk entstanden. Früher war es eine Jugendbewegung, heute eine soziale Weltbewegung. Ich bin Präsis von Schützenvereinen, Mitglied von Sportverbänden, Arbeitervereinen gewesen. Da bestehen heute noch viele Kontakte. Und als Dompropst, als Hüter und Retter des Domes, habe ich mich ja weit aus dem Fenster gelehnt und auch in eine nicht-kirchliche Welt hinein begeben mit dem Ziel, Helfer und Unterstützer für den Dom zu finden: Die ihn vielleicht nicht als Gotteshaus sehen, sondern als geschichtlich und künstlerisch erhabenes Bauwerk, das erhalten werden muss. So bin ich in die verschiedensten Gruppierungen hinein gekommen. Ich bin zum Beispiel Feldkaplan der „Öscher Pen", das sind die alten Aachener Stadtsoldaten. Ich habe Kontakt zu Karnevalsvereinen. Dann betreue ich seit 45 Jahren im Auftrag des Bischofs den ältesten Aachener Frauenorden, die Christenserinnen, die nach den Regeln des Heiligen Augustinus leben. Sie heißen manchmal auch Augustinerinnen. Leider haben sie keinen Nachwuchs. Als ich anfing waren es noch 200 Schwestern, heute sind es 20. Seit 30 Jahren gibt es keinen Nachwuchs. Sie leben nicht nur arm, sondern nehmen sich jeden Tag auch der Ärmsten der Armen an. Täglich kommen bis zu 80 Obdachlose, die hier essen oder mal duschen können. Bei den Franziskanerinnen halte ich Gottesdienst. Ja, dann betreue ich Wallfahrten. Es gibt viel zu tun.

Gibt es etwas, das Sie noch erreichen möchten?

Ich möchte die Zeit nutzen und mich auf das Ende des irdischen Lebens vorbereiten, in der Hoffnung, dass es seine Vollendung im Himmel findet.

Worin sehen Sie den Sinn Ihres Lebens?

Mein Leben hat ein Ziel und der Sinn ist, dass ich dieses Ziel erreiche. Man kann es Gott nennen, ewiges Leben… Erfüllung der letzten und tiefsten Sehnsucht in Gott, der mich liebt.

Was ist die Liebe für Sie?

Mein eigenes Ich zu überspringen und mich selbst zu geben: Gott, einem Menschen, einer Sache. Liebe heißt für mich, den Egoismus zu überwinden. Liebe ist ja ein Beziehungsverhältnis: Du sollst deinen Nächsten lieben wie dich selbst. Das zu leben in jeder Situation, das will schon etwas heißen! Liebe bedeutet auch die Bereitschaft zu verzeihen, wenn man mir Unrecht getan hat. Im Extrem geht es in der Bergpredigt bis zur Feindesliebe. „Herr vergib ihnen", bittet Stephanus, als er gesteinigt wird, „denn sie wissen nicht, was sie tun." Und Jesus spricht Ähnliches. Er bittet am Kreuz um Vergebung. Das sind für mich Formen und Verhaltensweisen, die man mit dem Wort „Liebe" umschreiben kann. Liebe ist: Die Schöpfung lieben… Friedensdienst… Versöhnungsdienst… Zuhören kann Liebe sein. Und Gott ist selbst die Liebe. Das Christentum ist eine monotheistische Religion. Es gibt nur einen einzigen Gott, aber dieser einzige Gott ist nicht ein in sich ruhender toter Klotz. Dieser Gott lebt in einer dreifaltigen Liebesbeziehung zwischen Vater, Sohn und Heiligem Geist. Alles, was wir über Gott aussagen, sind nur Ahnungen – dessen müssen wir Menschen uns bewusst sein. Gott bleibt ein tiefes, unbegreifliches Geheimnis. Wir können uns nur heran tasten. Aber die Liebe Gottes ist so groß, dass er eine Schöpfung macht aus Liebe, und unter den Geschöpfen seine Ebenbilder schafft, die Menschen, die er liebt bis zur Hingabe seines eigenen Sohnes. Und dieser Sohn sagt beim Abendmahl und bei der Fußwaschung, als er den Jüngern die Füße wäscht: „Ich habe euch ein Beispiel gegeben, damit auch ihr so handelt, wie ich an euch gehandelt habe. So ihr meine Gebote haltet, so bleibet ihr in meiner Liebe, gleichwie ich meines Vaters Gebote halte und bleibe in seiner Liebe. Und mein Gebot ist: Liebt einander, gleichwie ich euch liebe."[12] Das ist das ganze Christentum.

Gott ist für mich keine Erfindung, sondern eine Erfahrung

Pfarrer Uwe Wulsche, Berlin

Geboren am 2. März 1954

Pfarrer Uwe Wulsche wohnt in Berlin, ganz in der Nähe des St. Hedwig-Krankenhauses - seiner Arbeitsstätte. Als ich vor seiner Wohnung stehe und läute, öffnet sich die Tür schnell. Obwohl wir uns bisher nur telefonisch kannten, begrüßt er mich freudig und sehr herzlich. Im Rollstuhl geleitet er mich in seine Küche, kocht einen Kaffee. Und während ich die gefüllte Kanne ins Wohnzimmer balanciere, rollt er lautlos hinter mir her und lädt mich an den Tisch ein: „Dort könnten Sie sitzen. Ich werde gegenüber einparken." Einparken? Ach ja, der Rollstuhl. Schon nach wenigen Minuten hatte ich ihn vergessen, habe ich gar nicht mehr wahrgenommen, dass Pfarrer Wulsche keine Beine mehr hat, so präsent ist er als Persönlichkeit. Er spricht manchmal verhalten, manchmal mit kräftiger Stimme, immer aber im urigen Berliner Dialekt, den ich in der schriftlichen Fassung unseres Gespräches nicht wiedergeben kann. Die Berliner Färbung in der Sprache ist ein Teil seines Wesens und legt nahe, dass er das Herz auf dem rechten Fleck – nämlich der Zunge – trägt, dass man mit ihm Pferde stehlen könnte und dass er den Menschen, die ihn brauchen in jeder Hinsicht tatkräftig zur Seite steht.

Wenn er auf seine Behinderung zu sprechen kommt, dann sagt er schon einmal, dass Gott ihm Zumutungen mit auf den Weg gegeben hat. Zwei „abbe Beene" sind eine Zumutung, aber mehr eben auch nicht. Pfarrer Wulsche definiert sich nicht darüber, sondern über seine Aufgaben als Priester, die er mit Leib und Seele und einem großen Herzen für alle, die den Pfarrer rufen und brauchen, ausfüllt. Mitten in unserem Gespräch läutet es. Ein Arzt von der Krebsstation steht vor der Tür. Er hat Dienstschluss und möchte sich am Tisch von Pfarrer Wulsche noch die Anspannungen von der Seele reden, die ein Tag mit Schwer-, manchmal unheilbar Kranken mit sich bringt. Macht und Ohnmacht des Arztes, der alltägliche Kampf gegen eine heimtückische Krankheit und die kraftzehrenden langen Dienste sind dem Arzt ins Gesicht geschrieben. Oft schauen Klinikangehörige nach ihrem Dienst noch bei Pfarrer Wulsche vorbei. So ein Gespräch ist wie eine Brücke zwischen dem Krankenhaus und dem eigenen privaten Alltag. Da kann man einiges aufarbeiten oder hinter sich lassen und damit wieder Kraft schöpfen. Beim Pfarrer sind diese Lasten gut untergebracht. Es ist seine Mission, den Menschen beim Tragen ihrer Bürde Unterstützung zu geben, Mut zu machen, manche Last abzunehmen und – wenn sie gar zu schwer wird – Gott um Beistand und Geleit zu bitten.

Wenn Pfarrer Wulsche als Krankenhausseelsorger durch die Gänge der Stationen rollt, die Patienten am Bett aufsucht, ihnen Zuspruch gibt, sie segnet oder mit ihnen betet, dann weiß er, wovon er spricht. Er selbst hat den Krankenhausalltag aus mehreren Perspektiven kennen gelernt. Zunächst als Krankenpfleger, dann zwei Jahre lang als Patient während seiner schweren Krankheit und nun als Priester und Seelsorger. Wo nimmt er die Kraft her, sich zu regenerieren? „Von Gott" – lautet die Antwort. Aber er schreibt auch Gedichte und bearbeitet manches vielleicht auf diese Weise mit den Mitteln der Poesie. So bitte ich ihn am Ende unseres Gespräches noch um ein Gedicht aus seiner Feder. Dieser Wunsch wird mir erfüllt.

Dezember 2007

I. WIR HATTEN TOLLE PRIESTER – KINDHEIT UND JUGEND IN DER DDR

Herr Pfarrer Wulsche, in welche Familie wurden Sie hinein geboren?

In eine ganz „normale" Diaspora-Familie in der DDR. Ich bin 1954 geboren, mein Vater war damals schon beim Rat des Kreises von Nauen beschäftigt als Sozialarbeiter – so würde man das heute nennen. Er war im Bereich Jugendhilfe, Heimerziehung tätig. Als er 1947 aus der Gefangenschaft zurückkam, wurde er in einer Art „Crash-Kurs" zum Neulehrer ausgebildet, hat dann aber darauf aufbauend weitere Ausbildungen gemacht – welche, weiß ich gar nicht, ich kann ihn auch nicht mehr fragen, er lebt nicht mehr... Jedenfalls landete er beim Rat des Kreises in Nauen, wurde dann auch irgendwann Parteimitglied, also Mitglied der SED. Meine Mutter hat nachts in einer Bäckerei gearbeitet. Sie war von Haus aus katholisch, hat den Glauben – durch die Ehe mit Vater – sehr zurückhaltend gelebt. Sie war so drei bis vier Mal im Jahr in der Messe, an den Hochfesten, war dann auch beichten. Aber wir strotzten jetzt nicht vor Frömmigkeit. Ich habe noch einen jüngeren Bruder. Wir sind beide getauft worden. Und jeweils in der ersten Klasse sind wir im Religionsunterricht „gelandet". Das lief sehr unkompliziert, auch von Vaters Seite her. Das hat Mutter einfach durchgesetzt. Ich bin dann praktisch in der Gemeinde mit aufgewachsen und in die Gemeinde hineingewachsen.

Ihr Vater hat all das einfach toleriert?

Die Liebe zwischen meinen Eltern war groß. Irgendwie haben sie das hinbekommen. Aber als sich mein Engagement in der Gemeinde immer mehr erweiterte, gab es vonseiten meines Vaters schon ein paar Fragen. Wir sind uns sehr ähnlich und hatten von daher ohnehin öfter Zoff. Wir haben es irgendwann unterlassen, uns über dieses Thema zu unterhalten. Es kam später erst, nach der Wende, dass wir da eine größere Leichtigkeit gefunden haben und diese Dinge gesprächsweise ein bisschen aufarbeiten konnten.

Haben Sie auch ministriert?

Ja, natürlich. Es fing an mit Religionsunterricht, dann kam die Erstkommunion, dann die verschiedenen Aufgaben als Ministrant. Es wurde immer mehr. Wir hatten tolle Priester. Unser Pfarrer Rudolf Josef Klein war eine väterliche Gestalt mit einer großen Gabe, Religion zu unterrichten und den Glauben in Worte zu fassen. Er hat uns von Anfang an gefordert: Fünf Minuten vor Schluss der Religionsstunde hat er uns Lebenssituationen geschildert und gefragt, wie wir aus dem Glauben heraus entscheiden würden. Dann hatten wir zwei Kapläne. Wir waren also personell reich ausgestattet. Das gibt es heute gar nicht mehr. Heute ist dort ein Pfarrer tätig mit vielen Filialgemeinden.

Waren Sie in Ihrer Klasse der einzige Katholik?

Auf der EOS, also dem Gymnasium, gab es noch einen Mitschüler, der auch christlich gesinnt war. Aber ich war schon ein bisschen heftiger veranlagt als dieser.

Das heißt, Sie haben in der Schule mit den Lehrern diskutiert und um Ihren Glauben gekämpft?

Ja natürlich. Aber Sie wissen ja selbst um die Aussichtslosigkeit eines solchen Unterfangens. Die DDR war alles andere als eine demokratische Gesellschaft, die „Diktatur des Proletariats" eben. Wenn man so eine Idee von Freiheit mitbekommt und diese in der Gesellschaft, in der man lebt, so gar nicht wieder findet, dann wird's halt schwierig…

Haben Sie die Jugendweihe mitgemacht?

Ja. Das hätte ich meinem Vater nicht antun können, da nicht dabei zu sein, auch wenn ich das „Ich gelobe…" dann nicht mitgesprochen habe. Die Jugendweihe – das war auch so eine Veranstaltung… Wir bekamen damals noch das Buch „Weltall, Erde, Mensch" geschenkt. Es war so ein Widerspruch zwischen dem Anspruch des Systems und der Realität. Ich glaube, man kann Menschen nicht so binden, wie es die DDR versucht hat: mit Worthülsen und mit einem Heilsversprechen, das so gar nicht zu decken ist. Die taten immer so groß, aber es war nicht wirklich groß. Auf der anderen Seite war da schon eine Hoffnung drin, aber die hat man im Lauf der Jahre einfach „verbummelt", so dass es am Schluss nur noch um das Bedienen von Strukturen ging. Und das ist immer und überall gefährlich.

Hatten Sie als Katholik Schwierigkeiten in der Schule?

Ja, die fingen so richtig an, als es um unsere Berufswünsche ging. Ich hatte es irgendwann satt, in die entsprechenden Listen als Studienwunsch Kunstgeschichte hinein zu schreiben und dachte in der 11. Klasse: Jetzt musst du mal Farbe bekennen. Also schrieb ich als Studienwunsch: Theologie. Da ging dann buchstäblich die Hölle los. Bis dahin, dass der Kreisschulrat und der Parteisekretär meines Vaters bei uns zu Hause waren. Ich war bei dem Gespräch dabei und hörte, wie sie zu meiner Mutter sagten: „Wenn Ihr Sohn wirklich Theologie studiert, muss Ihr Mann natürlich die Konsequenzen tragen." Das ganze Referat „Heimerziehung, Jugendhilfe", wo mein Vater arbeitete, war der Volksbildung unterstellt und das war ja die entscheidende Stelle für die ideologische Formung der Bevölkerung. Mein Vater kriegte also ein Parteiverfahren, wurde beruflich versetzt, musste für drei Jahre als Heimerzieher in einem Kinderheim in Finkenkrug arbeiten. Das hieß: Schichtdienst, weniger Geld und natürlich berufliche Degradierung. Es war ein unglaublicher Druck, der damals auf ihn ausgeübt wurde.

Wie hat Ihre Familie diese Situation bewältigt?

Es war eine sehr schwere Zeit für uns alle. Wir haben kaum miteinander reden können. Meine Mutter stand zwischen „Baum und Borke". Es muss ganz furchtbar für sie gewesen sein. Es gab ja auch nichts, was auszugleichen gewesen wäre: Mein Berufswunsch stand fest, die Meinung meines Vaters auch. Mein Vater hat sich dann irgendwie arrangiert mit der neuen beruflichen Situation. Er liebte „seine" Kinder im Heim. Überhaupt war er ein Mensch, der sich „mit Herzenlust" um andere Menschen kümmern konnte. Insofern sind wir uns sehr ähnlich. Er hat dann auch aufgehört, mir die Situation nachzutragen. Auch das mit dem wenigeren Geld spielte in der DDR ja nicht wirklich eine Rolle. Nach drei Jahren ist mein Vater leidlich rehabilitiert worden, aber auf seiner Stelle in Nauen saß natürlich ein anderer. Mein Vater kam zurück, aber war nicht mehr der Leiter. Auch das hat er irgendwie weggesteckt.

Wie ging es für Sie weiter? Konnten Sie trotzdem Abitur machen?

Ja, aber aufgrund dieser ganzen Vorgeschichte wurde mir bescheinigt, dass mir „die hohe politische und moralische Reife", die man mit dem Abitur nachweisen sollte, fehle und so habe ich mein Abitur statt mit Zwei, wie es meine Noten nahe gelegt hätten, mit Vier gemacht, das heißt, sie haben mir die Abschlussnote des Gesamtprädikates willkürlich um zwei Noten herunter gesetzt, um mich noch einmal ordentlich zu bestrafen.

2. WENN DU BLOSS LEBST UND GLÜCKLICH BIST – WAHL DES PRIESTERBERUFES

Haben Sie im Anschluss an das Abitur gleich Theologie studiert?

Nein, ich wollte erst etwas Gras über die Sache wachsen lassen. Ich habe mich mit dem Weihbischof zusammengesetzt, und irgendwie kam ich dann auf das St. Hedwig-Krankenhaus. Ich hatte damals von diesem katholischen Krankenhaus in Berlin gehört, das seit 1846 bestand und in der DDR ziemlich bekannt war. Und dort machte ich ab 1972 eine Ausbildung zum Krankenpfleger.

Damit haben Sie den Krankenhausalltag „von der Pike auf" kennen gelernt. Hat Ihnen diese Ausbildung für den späteren Weg als Priester und Krankenhaus-Seelsorger genutzt?

Ich habe das Krankenhaus natürlich aus jeder Perspektive kennen gelernt. Ich kenne die Sicht der Pflege und war lange genug selbst Patient. Dazu die priesterliche Seite als Krankenhaus-Seelsorger. Also, aufgrund meines Lebens bin ich schon ziemlich gut ausgebildet für das, was ich tue.

Sie sind dann doch noch der Berufung gefolgt und haben katholische Theologie studiert. Wann war das? Wo war das?

Nach der Lehre habe ich im Krankenhaus noch einen Monat lang als Pfleger gearbeitet. Danach habe ich für ein Jahr einen richtig anstrengenden Intensivkurs in Griechisch und Latein belegt. 1975 ging ich nach Erfurt, das war die einzige kirchliche Hochschule für Katholiken in der DDR. Dort begann ich Theologie zu studieren, bis ich im Sommer 1979 erkrankt bin. Und da war ich dann erst einmal 'raus aus allem.

Wie kam es zu dem Wunsch, Priester zu werden?

Eigentlich habe ich das schon sehr früh gespürt. Mir ist da jetzt kein Engel erschienen. Ich hatte auch keine Visionen. Es war eher eine ganz „banale" Situation. Ich stand am Fenster im Zimmer unserer Wohnung. Ich muss sechs gewesen sein und dachte: Entweder du gehst jetzt da hin, oder du lässt es. Und „da hin" hieß: Gemeinde, Gottesdienst, alles, was damit zusammen hing. Und irgendwie hatte ich das Gefühl, als ich mich dafür entschied, dass es wie eine Lebensentscheidung war. Wir glauben immer, in allem eine unheimliche Freiheit zu haben. Aber wenn man so angezogen wird, wie ich es war von Glauben und Religion, hat man keine Wahl. Ich hatte keine Wahl. Es war das Bedürfnis, eine Fülle zu leben, die mir woanders nicht möglich gewesen wäre. Ich wollte den Weg des Glaubens gehen, mit Gott leben, und der Priesterberuf war nur eine Folge dessen.

Gab es irgendwann berufliche Alternativen?

Nein.

Wie hat Ihre Familie reagiert? Wenn der Sohn diesen Berufswunsch hat, wissen die Eltern ja von vornherein, dass keine Schwiegertochter ins Haus kommen wird, dass es keine Enkel geben wird...

Für meine Mutter war das überhaupt kein Problem. Sie hat immer mal wieder behauptet, dass sie mir das schon im Kinderwagen angesehen hat. Mein Vater hat „den Braten auch immer gerochen". Es gab ja auch noch meinen Bruder, der ein Enkelkind in die Familie brachte. Wissen Sie, als ich 1979 amputiert werden sollte, hatte ich nicht den Mut, meinen Eltern das zu sagen. Am Abend vorher riefen die Ärzte meine Eltern an und teilten ihnen das mit. Meine Eltern kamen ins Krankenhaus, mein Vater umarmte mich und sagte: „Wenn du bloß lebst und glücklich bist!" Und das kann die Überschrift für das Ganze sein. Mein Bruder und ich sind in großer Freiheit erzogen worden und konnten unseren Weg selbstbestimmt wählen.

Und es gab keine Jugendliebe, der Sie Ihre Entscheidung erklären mussten?

Ich musste jetzt von niemandem schweren Herzens Abschied nehmen. Eigentlich war es immer klar gewesen: Ich wollte Priester werden. Das war den anderen letztlich auch immer klar.

Was hat Sie in Ihrer Ausbildung am meisten geprägt?

Eigentlich nichts. Es war für mich die Schule, um Priester zu werden. Dieses merkwürdige theologische Gebäude, was da vor uns entwickelt wurde, hat mich nur peripher erreicht. Da lag so eine komische Verteidigungshaltung drin, nach dem Motto: Wir glauben, aber wir sind trotzdem nicht blöd. Dann hatten wir zum Beispiel ein ganzes Semester „Gnadenlehre", wo ich mich immer fragte: Was soll ich denn damit anfangen? Es war mir völlig klar, dass sich Gott in vielfältiger Hinsicht schenkt, aber aus meiner Sicht hätte die Essenz dessen auf eine Spruchkarte gepasst. Hinzu kam, dass uns der Lehrkörper immer wieder klar machte: „So, wie Sie jetzt sind, können Sie nicht bleiben, wenn Sie Priester werden wollen." Wo ich mich immer fragte: Wenn Gott uns alle berufen hat, muss er doch an uns auch etwas haben, was ganz in seinem Sinn ist. Es konnte doch nicht darum gehen, sich im Sinne dieses Seminars zu verbiegen, sondern zu wachsen im Kontakt mit Gott. Also, mein Herz hat das Studium nicht erreicht. Mein größtes Interesse war eigentlich, ein spirituelles Fundament zu finden. Und heute würde ich sagen: Das Studium hat zumindest nicht verhindert, dass das geschehen ist.

Gab es Lehrkräfte, die Sie beeinflusst haben?

Ein paar von den Dozenten und Professoren schon, weil sie uns denken gelehrt bzw. ermutigt haben, weiter zu denken. Es gab zum Beispiel den Siegfried Hübner, der nie Professor wurde, weil es schon einen Professor für Dogmatik gab. Er hat uns in „Sakramentenlehre" unterrichtet. Das Fach erschien zunächst ganz unspektakulär. Er hat viel über die Entwicklung der Sakramente im Verlaufe der Kirchengeschichte erzählt. Das ist für mich ein dickes Polster geworden, von dem ich heute noch zehren kann. Das geschichtliche Werden und Vergehen, aber auch, die Relativität all dessen zu sehen – das hilft natürlich in Zeiten wie dieser, wo manche so ängstlich sind.

Hat die DDR-Wirklichkeit hinein gespielt in Ihr Studium?

Mit der DDR-Wirklichkeit hatten wir nicht viel zu tun. Das fing bei mir schon an mit meinem Eintritt in das St. Hedwig-Krankenhaus. Ab da bewegte ich mich auf kirchlichem Boden und war damit diesem gesellschaftlichen System entzogen. Die DDR kam einfach nicht mehr vor. Natürlich sah man „draußen" die Transparente hängen, aber all das spielte für mein Leben keine Rolle mehr. Wir hatten die Insel auf der Insel. Im Studium haben uns die Lehrkräfte oft eingeschärft: „Passen Sie bloß auf, was Sie in der Kneipe reden." Aber was sollte das! Die Stasi wusste eh, was sie wissen wollte, und insgesamt lebten wir doch recht unangefochten. Eigentlich bin ich aus der Diaspora in eine heile katholische Welt gekommen. Nach dem ersten „Schreck" darüber konnte ich das durchaus genießen. Unsere Studienräume waren das Nebengelass vom Erfurter Dom – also das reine Mittelalter. Unser Schulhof war der Kreuzgang des Domes. Das hatte schon was.

Sie haben Ihr Studium unterbrechen müssen…

Ich bin 1979, während des Studiums, erkrankt und musste für zwei Jahre pausieren. Ich war in mehreren Krankenhäusern, bin dann in ein Pflegeheim in Weißensee gezogen, weil ich die verschiedensten Dinge regeln musste. Und überhaupt erst einmal wieder lernen musste zu leben. Wie lebt man, wenn man „halb" ist, keine Beine mehr hat? Wer bin ich jetzt? Diese Fragen zu klären, darum ging es erst einmal.

Nach zwei Jahren habe ich weiter studiert, zunächst mit einer völlig offenen Perspektive. Es hieß: „Nach Ihrem Studium, Herr Wulsche, können Sie Buchhalter im Ordinariat werden." Ich wollte aber Priester werden. Also, es war eine heftige Zeit. Und natürlich muss ich aus heutiger Sicht sagen, dass ich nach den zwei Jahren Krankenhaus und Pflegeheim völlig gestört und verstört war. Ich war überempfindlich wie ein rohes Ei.

1982 war ich fertig mit dem Studium und bin im Januar 1983 erst einmal ins St. Hedwig-Krankenhaus gezogen, habe dort für eineinhalb Jahre ein Praktikum gemacht. Einfach deshalb, weil sich der damalige Bischof Meisner überhaupt nicht zu einer Entscheidung durchringen konnte, ob er mich nun weiht oder nicht.

Noch einmal zu Ihrer Krankheit: Wie kam es zu dieser Lähmung? Was war das für eine Krankheit?

Ein Virus hatte sich in meinem Rückenmark festgesetzt. Ich hatte vorher irgendwann einmal eine Angina gehabt, vielleicht rührte das daher. Konkret sah es so aus, dass ich über Nacht bis zur Brust gelähmt war. Das war 1979. Die DDR-Medizin hatte noch so etwas von Albert Schweitzer und Lambarene. Man hatte mich zunächst in Nauen ins Krankenhaus eingeliefert. Die wussten gar nichts mit mir anzufangen.

Am nächsten Tag wurde ich nach Brandenburg in die Bezirksklinik für Neurologie und Psychiatrie gebracht. Dort wusste man auch nicht viel mehr, und so hat man mich erst einmal liegen lassen. Das klingt jetzt hart. Aber eigentlich hätte man mich aller paar Stunden umbetten müssen, damit ich mich nicht durchliege. Und so habe ich mich natürlich durchgelegen. Es guckten dann die blanken Hüftknochen raus. Was tun? So hieß es: Oberschenkelknochen raus, das Gewebe nach hinten klappen und ein „neues" Gesäß anfertigen und mal gucken, ob der Mann dabei überlebt. Aus unerfindlichen Gründen habe ich überlebt.

Haben Sie mit Gott gehadert?

Nein, da noch nicht. Es gibt einen Psalm, da heißt es: „Meine Seele hängt an Dir, Deine rechte Hand hält mich fest." [1] Dieser Vers hat mich so etwas von getragen, das kann man sich gar nicht vorstellen. Dieses Ringen mit Gott kam erst viel später, und das habe ich zum Teil heute noch oder immer mal wieder, wenn es mir schlecht geht. Aber das ist ja eine ganz biblische Art, mit Gott umzugehen.

Haben Sie für sich einen Grund gefunden, warum Ihnen Gott dieses schwere Schicksal aufgebürdet hat?

Nein. Das geht wohl auch gar nicht. Das kriegt man nicht raus. Von Romano Guardini [2] ist überliefert, dass er sagte: Wenn ich da oben angekommen bin, wird es die erste Frage sein, die ich stelle: Was soll das mit dem Leid? – Also, bis dahin werde wohl auch ich warten müssen.

Gibt es irgendetwas, was Sie dieser Situation entnehmen können? Was Sie nicht hätten, wenn Sie die Krankheit und die Behinderung nicht hätten?

Natürlich könnte ich jetzt sagen, dass ich eine besondere Stellung im Umgang mit meinen Patienten habe. Ich komme nicht erhaben daher, einen Meter höher neben ihrem Bett stehend, sondern bin mit meinem Rollstuhl fast auf gleicher Höhe wie sie. Aber ich denke, dass ich auch ein guter Seelsorger wäre, wenn ich meine Beine noch hätte.

Ich muss mit mir leben können, und so lange ich das kann, ist alles okay. Damit bin ich auf derselben Ebene mit allen anderen Menschen, die auch „mit sich" leben können müssen. Hat es jemand mit einer Depression oder Schizophrenie leichter? Auch für einen gesunden Menschen ist es ein langer Weg, mit sich leben zu können.

In der Priesterausbildung war damals auch Klaus Weyers, ein Pfarrer, der hier fürs Kirchenblatt schreibt. Der bezeichnete sich mit seinen 1,50 m Körpergröße immer als „KPD" – kleinster Priester Deutschlands. Und als ich dann geweiht war, konnte ich zu ihm sagen: „Also, pass mal auf, der kleinste Priester Deutschlands bin jetzt ich."

Was will ich damit sagen: Manchmal bekomme ich durch meine Situation sehr leicht einen Zugang zum Patienten. Manchmal denke ich aber auch, dass es fast zu machtvoll ist. Also, es hat Positives, es hat Negatives. Es ist so, wie es ist.

Wann sind Sie geweiht worden?

Am 29.6.1985 bin ich in der Kathedrale von Berlin geweiht worden, als einziger – weil jeder in seinem Bistum geweiht wurde, und ich war der einzige, der in Berlin übrig geblieben war. Das hat dann noch einmal richtig Wellen geschlagen. Ich bin offenbar der Erste gewesen, der „in so einem Zustand" geweiht worden ist.

Bezogen auf die DDR oder auf Gesamtdeutschland?

Wahrscheinlich sogar weltweit. Bis 1983 galt das alte Kirchenrecht. Da war „so etwas wie ich" als Priester gar nicht möglich. Wobei ein Bischof dispensieren durfte, und wenn nicht der Bischof, dann Rom. Der damalige Bischof Joachim Meisner hatte sich an Rom gewandt und gefragt, ob er mich denn weihen dürfe. Als Antwort kam zurück: Die Entscheidung liege bei ihm; es gäbe ein neues Kirchenrecht. Nach diesem dürfen nur Personen mit psychischen Beeinträchtigungen nicht geweiht werden.

So wurde ich also 1985 geweiht, und seitdem arbeite ich hier im St. Hedwig-Krankenhaus als Seelsorger.

Mussten Sie darum kämpfen, geweiht zu werden?

Eigentlich war die Situation klar: Mit dem Studium war ich angenommen worden als Theologiestudent für das Bistum. Damit hatte der Berliner Kardinal Alfred Bengsch, der leider 1979 verstarb, die Verantwortung für mich übernommen. Das Studium hatte ich ordnungsgemäß abgeschlossen. Die Weihe wäre also ein folgerichtiger Schritt gewesen. Dann kam meine Krankheit dazwischen, der Bischofswechsel. Und nun stand Bischof Meisner in der Pflicht und ließ sich Zeit mit der Entscheidung und geriet wahrscheinlich auch in eine gewisse Bedrängnis: Es gab eine kirchliche Behindertenszene.

Da zum Bistum Berlin Westberlin mit dazu gehörte, hatte der Bischof auch jenseits der Grenze zu tun und dort begegnete er immer wieder Frau Portner, die damals die Leiterin der „Fraternität der Langzeitkranken und Körperbehinderten" war. Und die fragte ihn – selbst im Rollstuhl sitzend – regelmäßig: „Wann weihen Sie denn unseren Uwe?" Ich kannte die Dame gar nicht persönlich, nur aus dem Fernsehen.

Sie war damals ziemlich prominent, weil sie mit markigen Sprüchen wie „Eher komme ich in ein Kaufhaus als in eine katholische Kirche!" dafür sorgte, dass in Westberlin für Rollstuhlfahrer ein paar Rampen gebaut wurden. So wurde er von verschiedenen Seiten bedrängt, bis er mich dann schließlich weihte. Warum er mich geweiht hat, hat er nie gesagt.

Hätten Sie es gern gewusst?

Heute würde ich gern einmal mit ihm darüber sprechen. Aber ich weiß nicht, ob er offen dafür wäre. Das ernsthafte Gespräch mit mir hat er nie gesucht, also: Was traue ich mir zu, wie belastbar bin ich – all das hat er nie gefragt. Stattdessen wurde über mich verfügt in einer ziemlich ignoranten Weise. Es war kirchenrechtlich etwas ganz und gar Neues, dass ein derart versehrter Mensch wie ich geweiht wurde.

Es gibt in der Weiheliturgie eine Stelle, wo man seinem Bischof und den Nachfolgern Ehrfurcht und Gehorsam versprechen soll. An dem Punkt hatte ich schon ein Problem, nach dem, was ich alles durch ihn erlitten hatte.

Hatten Sie selbst zwischendurch Zweifel, ob Sie den Priesterberuf ausüben können? Es ist ja nicht nur ein seelisch, sondern auch körperlich fordernder Beruf...

Nein, ich hatte keine Zweifel. Ich mache keine Kniebeugen, bis zum heutigen Tag. Ich kann mich aber verneigen. Ich laufe nicht mit dem Weihrauchfass um den Altar. Das ist aber auch nicht Bedingung. Bei jedem Priester „fasst sich die Liturgie anders an". Mit einer gewissen Großzügigkeit kann man darüber hinweg sehen, dass ich bestimmte Handlungen an meine Möglichkeiten angepasst habe.

Noch einmal zurück zu Ihrer Weihe: Wie haben Sie dieses Ereignis erlebt?

Es gibt in der Weiheliturgie eine Formulierung, dass man sein Leben unter das Zeichen des Kreuzes stellen solle. Just dieses Thema hatte sich Kardinal Meisner dann auch noch für die Predigt ausgewählt. Und ich fand mich gekreuzigt genug! Das führte dazu, dass ich nicht mehr richtig zuhören konnte. Es haben sich ansonsten alle unglaubliche Mühe gegeben, dass es eine festliche Messe wird. Mein Heimatpfarrer war da, mein ehemaliger Religionslehrer, meine Eltern... Aber ich war an einem Punkt angekommen, der lautete: Nun wurde es aber Zeit.

Und Ihre Primiz?

In Nauen war am nächsten Tag die Primiz. Daran schloss sich ein unglaublich schönes Gemeindefest. Alle möglichen Gruppen haben sich da etwas einfallen lassen, um das Fest mitzugestalten. Es war wunderbar.

Hat das Krankenhaus Ihnen in diesen schwierigen Anfangsjahren zur Seite gestanden? Wollten die Sie haben?

Wir hatten in den 80er Jahren noch vier alte Jesuiten im Ruhestand, die für die Seelsorge zuständig waren und einen Diözesanpriester, der auch in der Krankenpflege-Schule als Religionslehrer arbeitete. Ich bekam dann zunächst eine Zwischenposition, wurde angestellt zur Mithilfe in der Seelsorge und zur Mithilfe in der Schule, habe also die Hälfte der Klassen unterrichtet. Fast alle, die Krankenschwester oder -pfleger bei uns werden wollten, waren katholisch. Es war also eine heile katholische Welt wie damals auch in der Priesterausbildung, die es sonst so in der DDR nirgendwo gab.

Es war dann bald klar, dass die Jesuiten aufgrund ihres Alters nicht mehr ewig hier sein würden, so wuchs ich nach und nach hinein in die Seelsorge-Arbeit im Krankenhaus. Und dann kam langsam die Frage auf, ob sie mich hier als Hausgeistlichen behalten wollen oder nicht. Vom Haus her wollten sie mich, wobei sie auch wussten, worauf sie sich mit mir einlassen: Ich bin nicht unbedingt der Leiseste, wenn es um Ungerechtigkeiten oder Missstände geht. Dann kann es schon einmal eine flammende Rede des Herrn Pfarrers geben.

Aber sie wollten mich trotzdem oder vielleicht deshalb, und nun bin ich hier am St. Hedwig-Krankenhaus mittlerweile der einzige Seelsorger, bin also mein eigener Chef.

Wie sieht Ihr Alltag im Krankenhaus aus?

Das kann ich immer nur schwer beantworten, weil jeder Tag anders ist. Der einzige Fixpunkt am Tag ist der Gottesdienst. Alles andere variiert: Patientenbesuche, Kontakt zu Angehörigen, Beichtgespräche, auch für Leute, die von „draußen" kommen und ein Gespräch wünschen, Arbeit im Ethik-Komitee, Sitzungen. Vor kurzem hatten wir ein Jubiläum: 100 Jahre Krankenpflege-Schule – das musste vorbereitet werden. Kurz davor war die Einweihung der neuen Psychiatrie. Spezielle Gottesdienste zu solchen Anlässen sind dann in ihrer Vorbereitung im Büro des Kardinals zu hinterlegen…

Ein Mal im Jahr mache ich für das Radio eine Woche lang „Das Wort zum Tag". Fast 20 Jahre lang habe ich den Krankenbrief für den Benno-Verlag geschrieben. Dann bin ich mit drei anderen in einer Gruppe, die sich um die geistliche Begleitung von Pastoral- und Gemeindereferenten kümmert.

Ich begleite ein Mal im Jahr Menschen bei Exerzitien, begleite als Priester ein Mal im Jahr Kranke und Behinderte nach Lourdes, taufe, traue und, und, und…

Was ist Ihnen die liebste Seite Ihrer Priester-Tätigkeit?

Der Gottesdienst. Das ist auch das, wo ich meine Nahrung herbekomme, wo ich immer wieder „erfrischt" werde durch die Bibeltexte, obwohl ich sie zum Teil auswendig kenne, immer wieder „dran bleibe" an Gott, seine Nähe suche…

Wenn Sie als Priester für die Menschen da sind, was ist Ihnen dabei wichtig? Was ist Seelsorge für Sie?

Eine Pastoraltheologin hielt einmal einen Vortrag über die „Absichtslosigkeit in der Arbeit mit Jugendlichen". Und ich glaube, darum geht es generell: Absichtslosigkeit. Ich will nichts Besonderes mit den Menschen „machen", vor allem nichts, was sie nicht selber wollen. Ich will nur für sie da sein, ihnen das Gefühl geben, dass es gut ist, dass sie da sind, dass sie leben.

Wenn Sie zurück blicken, was sind für Sie die bewegendsten Momente Ihres Priesterdaseins gewesen?

Ich könnte Ihnen „Momente" ohne Zahl nennen.

Bitte tun Sie es!

Kürzlich: Es ist 21.00 Uhr. Ich werde auf die Station gerufen. Eine alte Frau liegt im Sterben. Sie quält sich schon eine ganze Weile. Keiner weiß, ob sie konfessionell gebunden ist. Es ist total still! Nur ein einziges entsetzlich lautes rauschendes Geräusch. Es kommt von einer Maschine, die Schleim absaugt, an der diese Frau hängt. Ich rolle neben das Bett, stelle mich vor. Sie ist nicht mehr ansprechbar. Ich sitze ca. eine halbe Stunde neben ihr und sage dann: „Ich gebe Ihnen den Segen, dass Gott Ihnen beisteht.", segne sie, sage „Amen" und in diesem Moment stirbt sie.

Oder: Der Mann einer krebskranken Patientin ruft an und fragt, ob ich sie beide kirchlich trauen kann. Die beiden waren seit 13 Jahren verheiratet, beide nicht konfessionell, aber sie wollten das mit Gott für sich regeln. Ich sagte ihnen, dass ich ihre Ehe in einem Gottesdienst segnen könne. Die Zwei hatten sich total festlich als Braut und Bräutigam gekleidet. Es kam zu einem ganz kuriosen Gottesdienst, in dem keiner der Anwesenden irgendwie religiös sozialisiert schien. Ich erinnere mich, wie ich zwischendurch einmal fragte, ob jemand das Vaterunser könne. Die Antwort war „nein". Also habe ich das auch noch alleine gesprochen.

Die Frau ist ein Vierteljahr später gestorben. Ich habe auf ihrer Beerdigung gesprochen. Und bei der Beerdigung traf ich die Mutter, die in Dresden wohnte, – sie war an und für sich total „rot", stellte jedes Mal das „Wort zum Tag" im Radio aus – und sagte: „Aus unerfindlichen Gründen habe ich heute das ‚Wort zum Tag' nicht ausgestellt, und da habe ich dich sprechen gehört. Das hat mir so gut getan"

Ich wäre nie darauf gekommen, dass ich in Dresden zu hören bin und dann noch in dieser Situation. Jedenfalls habe ich dem Zwillingsbruder des Bräutigams, der mit einer Polin verheiratet ist und dessen Sohn dann noch für ein Jahr Religionsunterricht gegeben und beide getauft. Dann habe ich den Zwillingsbruder und seine Frau kirchlich getraut. In dieser Geschichte griff alles ineinander.

Hatten Sie manchmal Zweifel, dass der Beruf des Priesters der richtige für Sie ist?

Nein, nie. Hier bin ich richtig. Das ist mein Platz im Leben. So empfinde ich es. Wie das andere empfinden, sei dahin gestellt.

4. Es ist wie ein Ruhen in IHM – Nachdenken über Gott

Was ist Gott für Sie?

Mein Leben, mein Lebensgefährte, eine unglaubliche Lebenskraft, die ich nur bei ihm finde, eine „Instanz", die mir immer wieder zeigt, dass das „kleine Süppchen", das ich koche, nicht alles ist, sondern dass es da noch unfassbar viel mehr gibt. Gott ist eigentlich alles: Schönheit, Wahrheit, Liebe... Gott liebt mich bedingungslos. Ich muss dafür gar nichts machen, er liebt mich so, wie ich bin. Gott: Der mich „einbaut" in seine „Geschichte", die „seine Leute" seit tausenden von Jahren erleben, und jeder darin ist einzigartig und wichtig, und die „Geschichte" ist immer wieder spannend.

Wenn ich nur darauf angewiesen wäre, mit dem zu leben, was mir die Nachrichten oder das Fernsehen bieten, dann müsste ich aus dem Fenster springen. Gut, dass es da mehr gibt.

Gott ist für mich keine Erfindung, sondern eine Erfahrung – die Erfahrung, dass da etwas ist, was alles verantwortet. Heinrich Spaemann hat mal gesagt: „Gottes Liebe verantwortet alles, was uns begegnet."[3] Auch das Leid? Auch den Tod? Den Krieg? Ja, auch das, da war sich Spaemann ganz sicher, und er war von seiner Biografie her nicht gerade leidfrei. Wenn so jemand einen solchen Satz sagt, glaube ich ihm, dass da eine Erfahrung dahinter steht. Ich kannte ihn, und als er 87 war, kam er, um sich – kurz vor seinem Tod, wie er meinte – zu verabschieden. Da hat er diesen Satz gesagt, und da bat ich: „Also den Satz schreibst du mir jetzt mal auf." Seitdem begleitet mich dieser Satz. Spaemann ist dann schließlich 97 geworden.

Sie sagten, Gott ist keine Erfindung, sondern eine Erfahrung für Sie? Was ist eine Gotteserfahrung für Sie?

Zum Beispiel, dass mich immer wieder etwas überrascht an Gottes Wort, an seiner Botschaft. Selbst Sätze aus der Bibel, die ich auswendig kenne, erschließen sich mir manchmal so, als hätte ich sie nie gehört oder sie erschließen mir plötzlich einen Zusammenhang, den ich so noch nie gesehen habe, einen Aspekt, an den ich noch nie gedacht habe. Eine Gotteserfahrung ist auch: Seine Gegenwart spüren. Es ist wie ein „Ruhen in IHM", so ein selbstverständliches Getragen- und Geborgensein. Immer wieder angefochten, natürlich. Auch die Funkstille, die „Sendepause" gehören dazu, aber meistens ist es dieses Gefühl der Geborgen- heit, das ich empfinde.

Wo hat Gott Sie am meisten geprüft?

Gott hat mich gefördert und heraus gefordert und mir Zumutungen mit auf den Weg gegeben. Also zwei „abbe Beene" – das ist ja schon eine Zumutung. Prüfen würde ich das nicht nennen, das klingt so nach Oberlehrer, der mein kirchliches Abitur kontrolliert.

Und seine Liebe schließt auch Ihre Behinderung und die Zumutungen mit ein?

Das muss ich IHM überlassen. Das frage ich, wenn es soweit ist. Aber es ist nicht wirklich wichtig.

Mussten Sie Gott irgendwann suchen oder hatten sie ihn schon immer gefunden?

Er hat mich immer gefunden. So herum ist es richtig.

Haben Sie manchmal Glaubenszweifel?

Nein, eigentlich nicht. Glaubenszweifel heißt ja bei vielen Menschen: Warum reagiert Gott jetzt nicht so, wie ich das gerade brauche? Und dann zweifeln sie die Existenz Gottes an. Aber es ist so wie mit dem Leid: Wir werden vieles nicht er- gründen können. Wir können nur sagen: Ich verstehe das jetzt nicht. Wenn dem so ist, kann ich es Gott dann aber auch mit klaren Worten deutlich machen.

5. Manchmal fehlt mir ein Korrektiv – Visionen für die Kirche und Leben im Zölibat

Gibt es aus Ihrer Sicht etwas, was die Kirche ändern sollte, um die Menschen besser zu erreichen?

Die Kirche – das sind erst einmal wir, wir Menschen, die wir durch die Taufe dazu gehören. Was müsste sich ändern? Das hierarchische Modell, das die Ka- tholiken von Kirche haben, hat sich für meine Begriffe etwas überlebt. Der „nor- male" Mensch in der Kirche müsste genau so viel Stimme haben wie ein Bischof. Es darf nicht darum gehen, Strukturen, die keiner mehr braucht, mit aller Macht retten zu wollen. Wir haben als Kirche in der Welt doch wohl etwas anderes zu tun, als uns selber zu bewahren! Wir haben für die Menschen da zu sein! Es gibt in Frankreich den Bischof Jaques Gaillot [4] der einmal in einem Interview gesagt hat: „Ich bin Bischof für alle Menschen in meiner Diözese, nicht nur für die Katholiken." Und das hat er gelebt, was hieß, dass seine Türen immer offen standen und jeder „von der Straße" vor den Bischof treten und sein Anliegen äußern konnte. So gehört sich das! Und wir haben dicke Bollwerke! Wir brauchen Identifikationsfiguren. Davon haben wir zu wenig.

Wissen Sie, viele Menschen treten vor einen Priester und entschuldigen sich erst einmal mit den Worten: „Sie haben doch so viel zu tun, und jetzt komme ich noch mit meinem Anliegen!" Das kann es doch eigentlich nicht sein. Der Priester hat das Image, dass er sich Tag und Nacht für das Heil seiner Seelen verzehrt. Es ist zwar richtig, dass wir alle sehr, sehr viel zu tun haben, dass ein Pfarrer heute oft für viele Pfarreien zuständig ist, aber letztlich muss der Herr Pfarrer nicht noch für das Gemeindefest die Würstchen kaufen gehen. Zwischendurch muss man sich immer einmal wieder fragen, wo denn die Prioritäten liegen.

Sollte die Kirche das Zölibat aufrecht erhalten?

Das ist aus meiner Sicht nicht eine der wichtigsten Fragen. Viel wichtiger ist: Wie geht die Kirche mit wiederverheirateten Geschiedenen um? Oder mit all denen, die wir ausgrenzen? Da sollten wir uns wieder an Jesus orientieren, der anders mit den Menschen umging. Ich lebe hier in Berlin Mitte. Wissen Sie, wie viele gut verdienende Singles es hier gibt? Das Zölibat scheint sich gerade zur vorherrschenden Lebensform zu entwickeln.

Nur, dass die zahlreichen Singles an diesem Zustand zumindest potentiell etwas ändern könnten...

Das ist richtig.

Intensiviert das Leben im Zölibat Ihre Arbeit als Priester?

Das weiß ich nicht, ich habe keinen Vergleich – ich habe immer im Zölibat gelebt. Schwierig mag sein, dass ich ohne Korrektiv lebe. In einer Partnerschaft muss man sich abstimmen, Entscheidungen gemeinsam treffen, das eigene Verhalten findet ein Echo beim Partner, während ich ja alle Entscheidungen allein treffe. Und vielleicht entsteht dann auch so etwas wie Egoismus oder Eigenbrötlertum? Natürlich muss ich mich auf all die Menschen einstellen, denen ich begegne. Und ich habe so unglaublich intensive Begegnungen, weil die Menschen ja mit dem Existentiellsten an mich heran treten. Aber manchmal fehlt mir ein Korrektiv oder vielleicht das „Zwischending" zwischen diesen Ebenen...

Wenn Sie Familientrubel um sich hätten, würde vielleicht ein Zurückziehen und Regenerieren viel schwieriger sein? Man braucht ja auch Stille und Zeit für Besinnung, um den „Draht" zu Gott halten zu können, oder?

Wenn meine These stimmt, dass Gott für den „Draht" sorgt, dann wäre es ja egal… Und wenn es so wäre, wie Sie sagen, würde das ja bedeuten, dass ein „Familienmensch" keinen Draht zu Gott finden könnte…

6. Nichts ist heiler als ein zerbrochenes Herz – Die Beichte

Herr Pfarrer Wulsche, was ist für Sie die Beichte?

…einen „fruchtbaren" Realismus für sein Leben zu entwickeln. Wenn ich mich mit mir auseinander setzen muss und mich nicht an der Wirklichkeit, die auch heißen kann, dass ich schuldig werde, dass ich den Anforderungen des Lebens nicht genüge, vorbei mogeln kann, dann komme ich ein Stück mehr bei mir an. Ich weiß, dass ich eine Erlösung für mich selber nicht „hinkriege". Das muss ein anderer an mir tun.

Leider ist die Beichte gegenwärtig ein bisschen als Sakrament in der Gefahr, aus dem Gebrauch zu kommen. Zwar bekommen die Kinder vor der Erstkommunion kindgerecht ihren Beichtunterricht, aber das passt dann nicht mehr zu einem 18jährigen. Leider gibt es da bei vielen keine Weiterentwicklung und damit verlieren viele den Zugang.

Ich hatte mal eine über 80jährige Frau hier zur Beichte, die wirklich gebeichtet hat wie ein Kind, wo ich dachte: Sie hat zeitlebens mit der Beichte nichts dazugelernt. Das spricht zwar für ihre unendliche Treue im katholischen Glauben, aber das eigentlich Therapeutische, das, was an der Beichte heilt, kam nicht zum Tragen. Oder vielleicht doch. Ich weiß es nicht. Gott ist groß.

In Lourdes – ich begleite seit Jahren die Wallfahrt, die vom Malteserorden aus für Kranke und Behinderte organisiert wird – ist Thema dieses Jahres[5] „die Beichte". Und da habe ich „meinen Wallfahrern" eine Geschichte von Mark Rasumny vorgelesen, einem Juden aus Riga, der zu DDR-Zeiten im St. Benno-Verlag verlegt wurde und so kleine Weisheitsgeschichten geschrieben hat. In der einen erzählt er, wie er als Junge hörte, dass sein Vater zu seinem Onkel sagte: „Nichts ist heiler als ein zerbrochenes Herz." Irgendwann fiel dem Jungen ein Glas herunter, zerbrach in tausend Stücke. Und als der Vater schimpfen wollte, konterte der Junge: „Du hast doch gesagt, nichts ist heiler als ein zerbrochenes Herz. Das kann doch auch für das Glas gelten." Da klärt ihn der Vater auf, dass das nun ganz etwas anderes ist.

Wenn man Schuld erlebt, seine Begrenztheit erlebt, dann bricht das Herz ein Stück weit. Aber nur dadurch hat es die Möglichkeit, heil zu werden. Das ist es! Darum geht es in der Beichte: Ich darf so, wie ich bin, zu Gott kommen. Das ist ja erst einmal Beichte. Und dann sitzt da noch so ein „Ohr", das heißt „Priester". Und der hat nichts weiter zu tun, als mir zu vermitteln, dass ich aus der Liebe

Gottes eigentlich nicht heraus fallen kann, dass ich das, wo ich gefehlt habe, zu ihm hinbringen darf, dass ich vor ihm eingestehen darf, dass ich etwas falsch gemacht habe und um Hilfe bei der Wiedergutmachung bitten darf. Und dann erlange ich ein Stück Freiheit, wieder neu anfangen zu dürfen.

Haben Sie die heilende Kraft der Beichte erleben dürfen?

Ja und nein. Ich habe die heilende Kraft der Beichte sowohl selber als auch bei anderen erlebt. Aber es gibt auch Menschen, die sind in ihrer Kindheit so verletzt worden durch Forderungen, die sie vom Glauben her gespürt oder übergeholfen bekommen haben, dass sie sich nie wieder davon erholen. Ich hatte zum Beispiel eine ältere Frau im Beichtgespräch, für die war ihr Krebs und das Sterben ihrer Angehörigen und all das Schlimme, was sie in letzter Zeit erlebt hatte, nur eine Strafe Gottes dafür, dass sie irgendwann in jungen Jahren einmal trotzig aus der Kirche ausgetreten war. Der Grund war ein Priester, der irgendetwas Schlimmes gesagt oder getan hatte. Darüber hat sie mir nichts erzählt. Mein ganzes Reden hat ihr nicht geholfen. Sie kam aus diesem Käfig nicht 'raus und war darin wie eingesperrt. Aber zum Glück wird solch ein Verhalten seltener. Da hat sich doch die Souveränität der Gläubigen in ihrer Kirche entwickelt.

Können Sie sich noch an Ihre erste eigene Beichte erinnern?

Das war ein „hochnotspannendes" Unternehmen. Da musste man in so einen Kleiderschrank, Beichtstuhl genannt. In der Mitte saß der Pfarrer. Und natürlich war man da total aufgeregt und hinterher völlig aufgelöst vor lauter Glück. Das wird natürlich anders im Lauf der Jahre, wenn man die Gelegenheit hat, daran zu wachsen. Ich habe einen Freund, auch Priester. Und wir treffen uns aller vier Wochen, weil es dringend ist, eben auch mal mit jemand Kompetenten über das Eigene zu reden. Und das kann dann nur ein Priester sein.

Da sieht dann eine Beichte natürlich anders aus. Da gehen wir nicht in den Beichtstuhl, sondern das findet dann hier in meinem Wohnzimmer statt. Erstens passe ich mit dem Rollstuhl nicht in den Beichtstuhl hinein und dann ist es m. E. auch gar nicht nötig. Ja, und dann kann eine Beichte bzw. ein Beichtgespräch schon mal zwei Stunden dauern.

7. In der Gegenwart Gottes leben – Das Gebet

Was ist das Gebet für Sie?

Eine Möglichkeit, in der Gegenwart Gottes zu leben. Und die sieht jedes Mal anders aus. Manchmal sind es vorgeformte Worte, zum Beispiel wenn ich mit „meinen Schwestern" eine Vesper bete oder wenn ich einen Gottesdienst halte. Das ist dann eine Sprache, die ich nicht erfunden habe, und das kann wohltuend und anregend sein, wenn man nicht immer selber produziert. Für mich sind aber auch Bilder eine ganz wichtige Qualität. Wenn ich so eine Christusikone anschaue, dann schaue ich da durch in die Wirklichkeit Gottes. Irgendwo habe ich einmal gelesen: Christus schaut ja auch aus dem Bild heraus und sieht mich als sein Abbild. Na ja, wenn er mich sieht, hat er einen „Schaden" – damit muss er nun leben lernen. Und obwohl der „Partner" schweigt, ist das für mich etwas Dialogisches. Es kommt etwas ganz Intensives `rüber. Das Gebet ist eigentlich das, worauf mein Leben steht. Es ist wie ein Nachhause-Kommen, letztendlich. Es ist auch die Gewissheit, dass mir mein Leben nicht genug ist, dass ich auf die Liebe Gottes angewiesen bin. Gebet ist immer wieder auch Öffnung in die Weite, in die Freiheit... Immer wieder in diese Liebe Gottes eintauchen zu dürfen, sich darüber neu zu vergewissern – das ist Gebet für mich.

Wann beten Sie und wie beten Sie?

Es gibt das offizielle Gebet, das mit dem Gottesdienst verbunden ist. Und dann ist es viele Male tagsüber so ein „Schauen". Ich habe zum Beispiel irgendwann einmal dieses Christusbild erworben[6], ein Bild zwischen naiver Malerei und Ikone. Auch im Schlafzimmer gibt es eine Christusikone. Die sehr gelitten hat. Da war irgendwann einmal ein Oklad drauf – eine oft wertvolle Metallverkleidung. Das sieht man daran, dass da noch überall Nägel eingeschlagen sind. Diese Ikone sieht also total versehrt aus. Aber er sieht mich tief an, der Christus. Diese Ikone ist für mich ein Sinnbild dafür, dass Gott das kennt: dieses Zerfetzte am Menschsein, dieses Angegriffensein, dieses vom Leben Verwundetsein. Ja, und da schaue ich immer wieder drauf und lasse Ihn sprechen...

Würden Sie sagen, dass das Gebet etwas bewirkt? Und wenn ja, was?

Es schenkt Kraft. Es gibt ein Tagebuch von Etty Hillesum – einer sehr lebenslustigen Jüdin aus Holland, die im Konzentrationslager Auschwitz umgekommen ist. Sie schreibt in ihrem Buch „Das denkende Herz. Die Tagebücher von Etty Hillesum 1941–1943"[7]: „Wenn ich für jemanden bete, gebe ich nicht meine Verantwortung ab, in dem Sinn, dass ich sage: Gott, jetzt mach du mal. Sondern ich sende ihm einen Teil meiner Kraft." Das funktioniert tatsächlich. Und ich denke, dass ich lebendig durch meine ganze Krankheit gekommen bin, hat auch damit zu tun, dass ganz viele Leute für mich darum gebetet haben, dass es weiter geht.

Genauso ist es, wenn ich die Krankensalbung spende und für denjenigen bete, dann spüre ich immer wieder, dass die Menschen – zumindest für einen Augenblick – wieder ein Stück Kraft bekommen. Es ist eine Dimension der Hilfe, wo man mal nicht ins Portemonnaie greift und sagte, jetzt spende ich für dieses und jenes. Wir machen das im Gottesdienst auch sehr bewusst, dass wir in jedem

Gottesdienst für Patienten und Mitarbeiter beten. Das hier ist ein Krankenhaus, und da haben wir dafür einzustehen.

8. ICH WILL KEIN ANDERES LEBEN – DAS HIER UND HEUTE

Haben Sie ein Lebensmotto?

Man sucht sich eins, wenn man Priester wird. Das lässt man dann als ein kleines Kärtchen drucken mit einem Bild vorn und dem Spruch hinten, was die Leute für ihr Gesangsbuch bekommen in der Hoffnung, dass sie der Spruch zu ein paar Gedanken anregt. Ich habe kein Bild genommen, obwohl ich es ja so mit Bildern habe, stattdessen ein Zitat von Charles de Foucauld[8]: „Ich habe unbedingtes Vertrauen, dass sich der Wille Gottes erfüllen wird, wenn ich treu bin, nicht nur trotz der Hindernisse, sondern dank der Hindernisse. Die Hindernisse sind ein Zeichen, dass die Sache Gott gefällt. Die Schwäche der menschlichen Mittel wird zu einer Quelle der Kraft. Gott bedient sich der Gegenwinde, um uns in den Hafen zu führen." Heute würde ich dazu sagen, dass sich der Wille Gottes auch erfüllt, wenn ich nicht treu bin. Auf der Rückseite dieses Kärtchens ist ein Bibelspruch aus dem Matthäus-Evangelium, wo Jesus zu seinen Jüngern sagt: „Steht auf, habt keine Angst." [9]

Irgendwann einmal kam im Bibelkreis das Gespräch auf diesen Satz und wir kamen zu dem Schluss, dass Sterben vielleicht so sein wird: Der Tod kommt, nimmt dich bei der Hand und du musst keine Angst mehr davor haben. Aber dann fiel mir auf: Das ist nicht nur Sterben, das ist auch Leben, dass man immer wieder von Gott, von Jesus, bei der Hand genommen wird, um Angst zu überwinden.

Was ist Ihr Lebensziel?

Ein Leben mit Gott und den Menschen, so gut es geht und so viele Fragen ich auch dabei habe... Ziel ist, einfach nur leben, in dieser Fülle und in allen Dimensionen. Ich will keinen Nobelpreis haben. Gut, ich könnte noch Papst werden. Ich liebäugle immer mal wieder mit diesem Gedanken. Nein, Spaß beiseite, das Leben ist so überraschend, so vielfältig und spannend. Ich will kein anderes Leben. Nur, dass es immer intensiver, immer wahrer wird, dass ich an dieses Ziel so nah wie möglich heran komme.

Als ich hier anfing, sagte mir eine Kleine Schwester Jesu mal: „Du musst gar nichts anderes machen, Du musst nur da sein." Das klingt simpel. Aber es ist gar nicht so einfach, wirklich anwesend zu sein in dem, was man tut. Da sind wir auch wieder bei der Absichtslosigkeit. Ja, und was Gott dann daraus macht, das werden wir sehen!

Sie haben vorhin den Tod, das Sterben erwähnt: Was ist der Tod für Sie? Einerseits für Sie persönlich, andererseits in Ihrer Arbeit im Krankenhaus, wo Sie dem Tod ja oft begegnen?

Was der Tod für mich ist? Das wird sich zeigen, wenn es so weit ist. Jetzt kann ich nur sagen, dass ich noch keine Lust darauf habe.

Im Krankenhaus ist der Tod schon etwas anderes. Die meisten Menschen sterben bewusst ganz für sich allein. Das ist so meine Erfahrung. Ich bin also selten wirklich in diesem Moment dabei gewesen, sondern meistens vorher. Also so, wie man es aus Filmen kennt, dass da jemand am Bett sitzt und die Hand hält, so ist es in der Realität nicht. Den allermeisten Sterbenden ist das unangenehm. Der Tod ist etwas ganz Intimes.

Wir haben seit ein paar Jahren jedes Jahr einen Gottesdienst für all die, die im Vorjahr verstorben sind. Das wird von den Hinterbliebenen sehr gut angenommen, für die das ja auch ein schwerer Schritt ist, noch einmal in das Haus zurück zu kommen, in dem der Angehörige verstorben ist und dann alles noch einmal Revue passieren zu lassen. Auf der anderen Seite sind uns die Hinterbliebenen dafür sehr dankbar, es ist eine Möglichkeit, Trauer zu leben und die Ereignisse ein bisschen aufzuarbeiten.

Der Tod ist alles Mögliche: ein Freund, ein Feind, manchmal eine furchtbar anstrengende Sache, manchmal etwas ganz Einfaches, Leichtes.

Sie sprachen im Zusammenhang mit dem Gebet davon, immer wieder in die Liebe Gottes eintauchen zu dürfen. Was ist die Liebe für Sie? Und wie spüren Sie die Liebe Gottes?

Die Liebe... etwas, was mich „unkaputtbar" macht. Ich habe irgendwann einmal gemerkt, dass meine Eltern so viel Liebe in mich und meinen Bruder hinein gegeben haben, dass ich heute noch davon lebe. Und so ist es mit Gott wohl auch. Wenn man auf einmal behindert ist, tauchen tausend Fragen auf, und ich kann dann ja auch richtig „brutal" fragen.

Zum Beispiel?

Darf sich ein Behinderter fühlen wie ein Mensch? Bin ich noch ein Mensch? Das ist ja wohl die härteste Frage. Und dann zu entdecken, dass ich mir meine Würde nicht verdienen muss, sondern dass ich sie „eingebaut bekommen" habe per Schöpfung. Das ist malerisch! Ich muss nicht mit Ellenbogen um mich stoßen, um zu betonen: Ich bin ja auch noch wer. Ich bin sowieso wer! Durch Gottes Liebe! Das gilt für jeden. Und manchmal muss man den anderen helfen, das zu entdecken, wenn man selbst darum weiß. Das ist die Liebe, die auch in den Grenzen, in denen ich stecke, eine Kreativität entfaltet, dass ich mir manchmal sage: Das hätte ich nicht geglaubt, dass so etwas möglich ist!

Manch einer ist dann auch ein bisschen erschrocken: Ich bin nicht jemand, der die ganze Zeit in der Haltung „Ach, ich bin ja so dankbar, dass ich hier sein darf!" verharrt. Und ich mach' nicht auf „Musterkrüppelchen". So nach dem Motto: Ich find's schön, dass ihr euch alle so liebevoll um mich kümmert. Manche Sachen finde ich einfach selbstverständlich. Also, wenn ich Hilfe brauche, dass die mir dann auch gegeben wird. Das ist ja nie eine Einbahnstraße. Leben ist immer Geben und Nehmen. Ich darf dankbar annehmen und mit der Kraft, die ich habe, anderen beistehen.

Das Leben mit Gott hilft dabei, in einer „vernünftigeren" Art und Weise auf das Leben zu schauen. Man bekommt einen realistischeren Blick. Wahrscheinlich schon deshalb, weil man nicht auf sich selbst geworfen bleibt, sondern um seine Quelle und seinen Ursprung in Gott weiß.

Legt Ihnen Ihre Behinderung Beschränkungen auf für die Ausübung des Priesterberufes?

Ein Hausbesuch im 5. Stock ohne Fahrstuhl ist schwierig. Im Gottesdienst kann ich mich ganz normal bewegen. Wenn ich in einer anderen Kirche bin, ist es auch manchmal schwierig, weil die Altäre in der Regel Kinnhöhe haben. Aber dann stellen wir irgendeinen Tisch auf, und schon geht es. Ich bin da im Lauf der Jahre sicher sehr flexibel geworden, um zu schauen, wie etwas realisiert werden kann.

Reagieren die Menschen verunsichert, wenn Sie sich als Priester vorstellen? Oder entsteht vielleicht sogar eine besondere Nähe?

Das kann ich ganz schwer sagen. Das weiß ich nicht. Ich denke, die Leute reagieren ganz normal auf mich, hier am Ort sowieso. Die Patienten kann man damit auch nicht erschrecken. Wir haben eine Videoanlage, wo die Gottesdienste ans Krankenbett übertragen werden. Die kennen mich also vom Anschauen her, und wenn ich dann auf Station komme, ist es nichts Besonderes mehr. Dann heißt es nur: „Tach, Herr Pfarrer!" Und natürlich spielt eine Rolle, wie ich auf die Leute zugehe. Ich denke nicht daran, dass ich anders bin, sondern dass wir jetzt ein Miteinander haben, wo beide profitieren. Und das ist ja immer wieder ein Geschenk.

Sie sagten, dass Sie die jährlich vom Malteserorden organisierte Wallfahrt nach Lourdes als Priester begleiten. Wie kamen Sie dazu?

Ich bin 1983 das erste Mal als „unberechtigter Ostrentner" nach Lourdes gefahren. Das war also noch in der „tiefsten" DDR-Zeit. Ich war Rentner, bin zu Freunden nach drüben gefahren, und die haben mich zu einer Wallfahrt nach Lourdes eingeladen. Ein Freund von mir – ein Baptistenpfarrer, auch im Rollstuhl – war noch mit dabei.

Wir sind mit dem Trabi unterwegs gewesen, zunächst von Berlin nach Freiburg gefahren. Kurz vorher war im Westfernsehen ein Trabitest gezeigt worden, so dass die Leute regelrecht begeistert waren, einen Trabi live zu sehen. In Freiburg sind wir dann in den Zug gestiegen. Ich wusste nicht, was mich erwartet, dachte, dass mir in Lourdes überall von der Schranktür bis zur Badausstattung eine Maria entgegen lächelt. Und dann war ich tief beeindruckt von dieser tiefen, ganz natürlichen Religiosität der Leute dort.

Was passiert da in Lourdes? Wie geht so eine Wallfahrt vor sich?

Leidende Menschen stehen dort im Vordergrund. Wenn man mit dem Rollstuhl oder irgendwie versehrt, jedenfalls „angebissen", kommt, steht man vorn, dichter am Geschehen. Dort ist die Welt noch in Ordnung. Das, was die Christen immer behaupten, das tun sie dort tatsächlich. Dann ist dort eine Frömmigkeit – die ist so etwas von christlich. Das hat mich sehr berührt. Es gibt jeden Tag eine Messe. Nachmittags gibt es eine Sakramentsprozession. Da ziehen die Wallfahrer die Prozessionsstraße entlang. Das ist die für mich bedeutsamste Veranstaltung. Da ist ein ganzes Volk Gottes unterwegs und hat alles mit, was wichtig ist: das Evangelium, das Kreuz, Taufwasser, das eucharistische Brot. Dahinter all die leidenden Menschen, die am Ende der Prozession gesegnet werden in der Hoffnung, dass sie in diesem Moment gesund werden. Ich erlebe mich dort ganz leibhaftig als der Gesegnete Gottes. Das ist ein ganz starkes Erlebnis. Abends gibt es dann noch eine Marienprozession mit Kerzen, Fackelzug und Rosenkranz. Und man empfindet: Das ist ein Ort, wo man wirklich heil wird in der Seele.

Ja, und 1983 dachte ich so: Sollte es mir je vergönnt sein, würde ich hierhin noch einmal mitfahren. Dann kam die Wende. 1990 bin ich das erste Mal wieder nach Lourdes geflogen. Seitdem bin ich fast jedes Jahr dort. Begleite so ca. 50 Leute. Eine Hälfte davon sind Helfer, die den Kranken, Behinderten zur Seite stehen.

Wie haben Sie selbst Ihre eigene Wallfahrt erlebt? Was ist mit Ihnen geschehen, durften Sie Veränderungen erleben?

Ich kam aus diesem grauen DDR-Dasein und dachte zunächst einmal, als ich über die Grenze war: Hier ist der Rasen grüner, die Bäume sind gepflegter und überhaupt war alles farbenfroher. Zwischendurch hat mich dieses Schreiend-Bunte auch richtig verletzt, wo ich dachte: Ich will meine „graue Zone" wieder haben, so anstrengend war das. Ja, und in Lourdes habe ich ein Stück meinen Frieden machen können mit meiner Situation.

Durften Sie als begleitender Priester Heilungen oder Wunder erleben?

Wir haben jetzt gerade ein Wunder erlebt. Ein altes Ehepaar: Er war restlos überfordert mit der Pflege seiner Frau. Sie lag in ihrem Rollstuhl, vermummt –

wie in einen Kokon eingewickelt, sprach nicht mehr, aß nicht allein. Und die drei Tage in Lourdes haben bewirkt, dass er seine Resignation überwinden konnte. Sie begann wieder zu sprechen, hat mit eigener Kraft gegessen. Natürlich ging sie keinen Tango tanzen, aber es regte sich wieder Leben in ihr. Sehr oft erlebe ich einen Zugewinn an Freiheit und ein Zu-sich-selbst-stehen-können, dass die Leute ihre Situation annehmen können.

Sie selbst verarbeiten Lebenserfahrungen, und -situationen, Gedanken, Gefühle oft auch auf „poetische Art", das heißt Sie schreiben Gedichte. Würden Sie mir zum Abschluss eines vorlesen?

Ja, vielleicht dieses:

sixtina

da hat ein papst sich
die decke
seiner kapelle bemalen lassen

dort oben fliegen die zwei
gottvater höchstselbst mit adam
fast berühren sich
die zwei jedoch nur fast

was aber wäre
wenn

adam seinen schöpfer
erreichte wenn der schöpfer
sein geschöpf an den finger
bekäme

die geschichte wäre
anders gelaufen adam
wäre zu asche verbrannt

ich stelle mir vor
mein name sei adam
selbst auf die gefahr hin
ich würde zugreifen

Wer glaubt, hat keine Angst

MONSIGNORE GÜNTHER MANDL/STADTPFARRER UND STIFTSPROPST, ALTÖTTING

Geboren am 17. Februar 1946

Altötting – der Name dieser Stadt hat für die Christen aus Europa und aller Welt einen besonderen Klang. Hier befindet sich der bedeutendste Marienwallfahrtsort Deutschlands. Als „das Herz Bayerns" bezeichnete Papst Benedikt XVI. diesen Ort und als seine geistliche Heimat. Er wurde in Marktl, 10 km von Altötting entfernt, geboren und kommt seit frühester Kindheit regelmäßig hierher, um hier zu beten und sich in Andacht und Stille zu begeben. Seit über 1.250 Jahren ist Altötting geistliches Zentrum Bayerns. Ziel der jährlich mehr als eine Million Pilger und Besucher ist die „Schwarze Madonna", die sich in dem vermutlich um 700 als Taufhaus errichteten Oktogon der Gnadenkapelle befindet. Für die Stadt mit ihren rund 12.700 Einwohnern ist es eine logistische Meisterleistung, täglich so viele Pilger aufzunehmen, zu beköstigen und ihnen Unterkunft zu bieten. An vielen Tagen des Jahres sind oft mehr als drei oder vier Mal so viel Pilger wie Einwohner in Altötting anwesend.

Ich habe den Stadtpfarrer von Altötting, Monsignore Günther Mandl, um ein Interview gebeten und erhielt nach mehreren Korrespondenzen und Telefonaten eine freundliche Einladung. In Altötting angekommen, folge ich der Straße ins Zentrum des Ortes. Ganz unverhofft öffnet sich vor mir das Rund des Kapellplatzes. Was für ein Anblick: Prächtige Barock-Bauten säumen fast „trutzig" diesen runden Platz, der zugleich der Marktplatz, die Mitte des Ortes und sein heiliger Bezirk ist. Staunend stehe ich vor diesem Ensemble und lasse die ganz besondere Atmosphäre auf mich wirken. Erst auf den zweiten Blick nehme ich die kleine, unscheinbar wirkende Gnadenkapelle mit dem prägnanten Oktogon wahr. Sie steht im Zentrum des Platzes und ist das Ziel aller Pilger.

Auch ich fühle mich im Moment als Pilgerin, stelle meinen Rucksack am Eingang ab und betrete die Kapelle. Eine Atmosphäre der Andacht und des Gebets umfängt mich. Der kleine dunkle Innenraum der Kapelle wird erleuchtet vom warmen Licht zahlreicher Kerzen, die auf dem aus Gold und Silber gefertigten Gnadenaltar erstrahlen. In dessen Zentrum, klein und zierlich, wie eine Puppe wirkend: die festlich geschmückte Statue der Mutter Gottes mit dem Jesuskind auf dem Arm. Sie ist um 1300 n. Chr. von einem unbekannten Meister aus Lindenholz geschaffen worden und soll aus dem Burgundischen stammen. Ihre Haltung drückt Milde und Güte aus. Doch am Beeindruckendsten ist die besondere energetische Atmosphäre in der Kapelle. Monsignore Mandl wird im Interview von einer „gebetdurchwirkten Atmosphäre der Kapelle" sprechen. Sie ist wirklich spürbar. Dieser Ort ist ein Kraftplatz, ein heiliger Ort. Seiner Aura kann ich mich nicht entziehen und sitze lange still da.

Als ich die Kapelle verlasse, bemerke ich eine Frau, die ein Holzkreuz auf dem Rücken trägt und betend im Umgang der Kapelle wandelt. Immer wieder umrundet sie in sich gekehrt das Heiligtum. Holzkreuze verschiedener Größe liegen oder hängen im Umgang der Kapelle. Manche sind aus dem 19. Jahrhundert und schon recht verwittert. Es ist ein ergreifender Brauch, dass Pilger ihre Fürbitte oder ihren Dank an die Muttergottes ausdrücken, indem sie oft von weither ein Holzkreuz nach Altötting tragen, um es hier abzulegen. Fast 2000 Votivtafeln, die im Inneren der Kapelle und im Umgang hängen, künden von der Erhörung der Betenden, von ihrem Dank für große und kleine Wunder. Ja, das Wunder ist hier Wirklichkeit und Gegenwart.

Ein Wunder löste auch den Pilgerstrom nach Altötting zur Gnadenkapelle aus: Im Jahr 1489 soll ein dreijähriger Knabe in den Mörnbach gefallen sein. Er wurde von der Strömung mitgerissen und nach der Bergung für tot gehalten. Die verzweifelte Mutter brachte das leblose Kind in die Kapelle und legte es auf den Altar. Dort begann sie mit anderen Gläubigen für die Rettung ihres Kindes zu beten. Nach kurzer Zeit kehrte das Leben in den Körper des Kindes zurück. Seit diesem so genannten Urwunder von 1489 sind der Gnadenstrom und der Pilgerstrom nach Altötting nicht abgerissen. Jedes Jahr bringen dankbare Pilger dem Wallfahrtsrektor neue Votivtafeln – das erzählt mir Monsignore Mandl, der Stadtpfarrer von Altötting, in unserem Gespräch, für das er mich im Pfarrhaus in Empfang genommen hat.

Trotzdem das Telefon unaufhörlich läutet, er gerade noch einen Artikel fertig machen musste und mit der Sekretärin die nachmittäglichen Verpflichtungen abspricht, wirkt er sehr ausgeglichen. Obwohl er das Wort „Termin-Tsunami" in den Mund nimmt, sitzt er mir mit in sich ruhender Präsenz gegenüber, ganz konzentriert auf unser Gespräch. Monsignore Mandl spricht druckreif. Manchmal geht sein Blick nach draußen auf den Kapellplatz und die Gnadenkapelle, die man vom Pfarrhaus aus sieht, so als würde er sich von dort Inspiration und seine Worte holen.

Es ist ein klarer, kalter, aber sonniger Februarmorgen. „Bald kommen die Pilger wieder in großer Zahl. Dann läuten die Glocken fast den ganzen Tag. Ich höre vom Fenster aus das Stimmengewirr der Pilger in allen Sprachen der Welt. Von allen Seiten ziehen die Gläubigen sternförmig zur Marienkapelle und umrunden sie. Was für eine Gnade, hier arbeiten zu dürfen" – sagt er.

Januar 2008

I. Durch sie kam Jesus zu uns – Kindheit und Jugend

Monsignore Mandl, in welche Familie wurden Sie hinein geboren?

Ich wurde 1946, ein Jahr nach dem Ende des 2. Weltkrieges, in Osterhofen in Niederbayern geboren, in eine Familie mit zehn Geschwistern. Ich bin der

Drittälteste. Der Vater war Eisenbahner im mittleren Dienst, in der Verwaltung. Die Mutter war Hausfrau, eine sehr begabte, fröhliche, gesprächsfähige, gläubige Frau. Sie sagte immer: „Mein Traum wäre gewesen, Nonne zu werden im Schuldienst." Mein heutiger Beruf ist sicherlich in meinem Elternhaus gereift. Er ist von der Mutter und vom Vater wesentlich beeinflusst.

Ich bin in Armut aufgewachsen, in bescheidenen Verhältnissen, wo man sehr zufrieden und dankbar für jede Kleinigkeit war und wo man keine höheren Ansprüche stellte. Man war zufrieden, wenn man Essen hatte, wenn man lernen konnte. Alle zehn Geschwister haben einen Mittelschulabschluss oder Abitur. Es sind fast alle Akademiker geworden. Wie die Eltern das geschafft haben bei dem geringen Einkommen, das da war, denen, die studieren wollten, das Studium zu ermöglichen, ist für mich im Nachhinein immer noch ein Wunder. Es war Verzichten und Aufopfern der Eltern für uns Kinder.

Sie sagten, dass die Eltern sehr gläubig waren. Wie wurde der Glaube bei Ihnen zu Hause gelebt?

Durch die Sonntagsheiligung. Der Sonntag war ein ganz besonderer Tag. Wenn die Mutter von der Frühmesse kam, dann war sie voll mit einer Aura, die man nicht beschreiben kann. Sie strahlte förmlich und sie sang noch die Lieder, die im Gottesdienst gesungen worden waren. Und sie sagte gerne: „Jetzt bin ich wieder für eine Woche gerüstet. Ich schaffe alles, weil Christus in mir ist!" Dann frühstückten wir, und dann gingen wir Kinder mit dem Papa in die nächste Messe. Und diese Sonntagsheiligung war sehr stark bindend, auch durch das gemeinsame Mittagessen, durch nachmittägliche Spaziergänge. Der Tag des Herrn war schon sehr prägend.

Dann auch das Familiengebet: morgens, mittags, abends. Und die geprägten Zeiten Advent, Weihnachten, Fastenzeit, Ostern waren voll mit religiösen Geschichten, mit dem Vorlesen der Mutter aus schönen Büchern, mit Basteln und Backen. Also ein am Kirchenjahr orientiertes Familienleben, das so beglückend war, dass es für mich wie ein Lebenselixier war. Ich kann mir bis heute keine andere Welt vorstellen als die Welt des Glaubens. Zu dieser beglückenden familiären Situation kam eine unwahrscheinlich schöne Stadtpfarrei in Osterhofen mit einem Stadtpfarrer und Kaplan, die mich beide faszinierten. Der Stadtpfarrer war eher streng und autoritätsbetont, der Kaplan volksnah und liebenswürdig. Ich hatte ganz früh den Wunsch: So wie die beiden – oder wie die Summe aus den beiden – möchte ich werden. Und wer mich kennt, der sagt: Er ist der Stadtpfarrer und Kaplan von damals. Und als Drittes kam bei mir seit der Erstkommunion der Ministrantendienst dazu. Vom 9. Lebensjahr an war ich bis zur Priesterweihe im Grunde jeden Tag Ministrant. Diese Nähe zu den Priestern, zum Altar, zur Eucharistie ist für jeden jungen Menschen eine Voraussetzung, wenn er Priester werden will. Alle Priester waren Ministranten. Diese drei Säulen würde ich nennen.

Mein Priestertum ruht in der Familie, in der Ministrantentätigkeit und in dieser modernen schönen Pfarrei, die schon vor dem Konzil in Aufbruchstimmung war. Es gab bei uns schon viel Laienmitarbeit, es gab schon vor dem Konzil moderne Liturgieformen, deutsche Sprache. Das war so prägend für mich, dass auch ich versuche, am Puls der Zeit zu sein, ohne modisch erscheinen zu wollen. Ich möchte kein Modefritze sein. Mode vergeht und passt sich jede Saison neu an. Modern heißt: Ich bin bei den Menschen, ihren Fragen und Grundbedürfnissen, ohne am Substantiellen der Bibel auch nur ein Jota zu verändern. Das Recht habe ich nicht. Ich habe die Botschaft der Bibel von den Eltern bekommen, von meinen Priestern und Lehrern, und die werde ich unversehrt und unverwässert weiter geben an die nächste Generation. Denn wenn wir sie dem Zeitgeist anpassen, dann braucht die Welt die Kirche nicht, weil ihre Botschaft dann beliebig ist. Dann ist die Bildzeitung auch ausreichend. Die schreibt, was die Leute gerne lesen. Die Bibel sagt, was wir brauchen. Das ist eine ganz andere Ebene.

Sie haben jeden Tag ministriert. Wie haben Sie das mit der Schule vereinbart?

In meiner Kindheit war die tägliche Schulmesse selbstverständlich. Vor der Schule gab es einen Gottesdienst. Dann war ich ja vom 10. Lebensjahr bis zum Abitur ein Internatsschüler. Auch dort war der tägliche Gottes- und Ministrantendienst vorgesehen. Das setzte sich fort im Studium in Rom, wo ich als Ministrant ebenfalls täglich am Altar war.

Noch einmal zurück zum Elternhaus: Warum ist Ihre Mutter nicht Nonne geworden?

In ihrer Familie fehlte das Geld, um ihr eine Ausbildung zukommen zu lassen. So hat sie sich sehr gewünscht, dass wenigstens eines ihrer Kinder einen geistlichen Beruf findet. Das ist dann auf mich übergegangen. Ich habe auch sehr viel von meiner Mutter, nämlich die Kunst des Erzählens. Frei nach Goethe könnte ich sagen: Vom Vater habe ich die Statur, des Lebens ernstes Führen, vom Mütterchen die Frohnatur und Lust zum Fabulieren.

Gab es bei so vielen Geschwistern nicht manchmal auch Turbulenzen oder Streit?

Es gab durchaus Konflikte, Streit oder Eifersucht. Es gibt in jeder Geschwisterreihe Unterschiede. Es gibt welche, die passen besser zusammen als andere. Die letzte meiner Geschwister ist schwerstbehindert: Down-Syndrom. Meine Mutter war 46, als das letzte Geschwisterkind kam. Warum muss das sein, dass uns Gott so ein Kind schickt? – fragten wir uns. Und auch die Nachbarn reagierten teilweise sehr ungut mit Bemerkungen wie: „Die haben einen Trottel bekommen." Aber genau dieses Kind, die Brigitte, wurde dann der Mittelpunkt der Familie und hielt alle zusammen. Sie ist einfach immer auf Schutz angewiesen.

Sie ist nicht eigenständig, braucht eine Führung und Betreuung. Und die Mutter, die noch lebt, sagte immer: „Ich bin nur so lange gesund geblieben, weil jemand schwächer war als ich." Durch diese Verantwortung ist sie jung geblieben. Und wir alle kommen regelmäßig und schauen nach: Wie geht es der Mutter? Wie geht es der Brigitte? Und Mutter sagte wörtlich immer: „Durch sie kam Jesus zu uns." Denn die Geringsten der Brüder und Schwestern, heißt es in der Bibel, sind Christus und wenn wir ihnen dienen, dienen wir dem Herrn.[1] Brigitte ist jetzt in einem Heim, wo sie sehr viel Liebe bekommt und sich gut entfaltet. Jetzt zu Fasching macht sie im Heim einen arabischen Bauchtanz und ist die Attraktion der „Truppe".

Haben Sie 1946 die Folgen des Krieges gespürt? Musste jemand von Ihren älteren Geschwistern in den Krieg ziehen?

Nein, wir Geschwister nicht. Aber der Vater war natürlich Kriegsteilnehmer und kam mit schwerem Lungendurchschuss und einer gelähmten linken Hand zurück. Wir haben keinen Hunger mehr spüren müssen, zumindest kann ich mich nicht erinnern. Ich bin in einem Bauerndorf aufgewachsen. Und da gab es Milch und Butter bei den Nachbarn. Der Bruder meines Vaters war Bauer. In einer Bierflasche hat man die Milch für mich hinein getan, weil nichts anderes da war und mich so gefüttert. Aber sobald meine Erinnerung einsetzt, geht das Wirtschaftswunder los. Ich denke an diese „Packerlsuppen" mit Nudeln. Davon haben wir ganze Berge gegessen. Oder Knödel. Die Mutter machte am Sonntag schon mal 30 Knödel. Dazu gab es viel Soße und jeder bekam ein Streifchen „Wammerl", Bauchfleisch, wie man in Bayern sagt. Nein, gehungert haben wir nicht.

2. GÜNTHER, ICH MÖCHTE DICH ALS PRIESTER – DIE BERUFUNG ZUM PRIESTER UND DAS STUDIUM DER THEOLOGIE

Wann haben Sie das erste Mal den Wunsch verspürt, Priester zu werden? Können Sie sich daran noch erinnern?

Meine Mutter sagt, schon vor der Volksschule hätte ich nach Gottesdiensten gesagt: „Das wäre schön für mich." In der Volksschule wurde der Wunsch dann sehr stark. Bei der Erstkommunion war die Entscheidung gefallen. Bei der Firmung hat mich der Pfarrer dem Bischof als einen möglichen Priesterkandidaten vorgestellt. Und ein Erlebnis hatte ich mit meiner Schwester Gertrud. Ich war neun Jahre alt. Wir gingen immer zusammen den Schulweg, und der führte an einem Feldkreuz vorbei. Und sie war damals sehr fromm, frömmer als ich und hat dort immer eine kleine Andacht gehalten. Wir beteten also vor dem Feldkreuz und einmal meinte ich innerlich zu hören: „Günther, ich möchte dich als

Priester." Von da ab war es ziemlich sicher. Dies habe ich nicht bloß gehört, sondern existentiell gespürt. Das Kreuz gibt es noch. Ich habe es bei meinem Priesterjubiläum erworben als den Beginn meiner Beziehung zu Jesus, die ja die Voraussetzung jedes Priestertums sein muss.

Es kam demzufolge nie ein anderer Berufswunsch in Frage?

Doch schon. Ich war ein sehr guter Cellist. Es gab durchaus Überlegungen, dass ich Berufsmusiker werde. Das hätte ich mir auch gut vorstellen können: In einer Beethoven-Sinfonie mitzuspielen und vielleicht in New York zu gastieren. Ich war auch sehr gut in Sprachen, besonders in den alten, Latein und Griechisch. Es wäre also auch möglich gewesen, Latein- und Griechischlehrer am Gymnasium zu werden. Aber das andere war immer stärker. Und so wurde ich Priester mit starker musischer und sprachlicher Prägung.

Ich war ja 24 Jahre Religionslehrer am Gymnasium, bevor ich hierher kam. In meinem Unterricht waren immer sehr viel Latein drin, sehr viel Musik und viele musische Themen, die zur Religion passen. Ich sehe in meinem Leben eine Fügung und Führung. Ich glaube sehr stark an Vorsehung. Man plant, und ein anderer plant noch besser. Und irgendwann sagt er einem schon deutlich: Hier geht's lang. Und wenn wir uns Gott in den Weg stellen und gegen seinen Plan handeln, bringt uns das nur Unglück. Seinen Willen erkennen, annehmen und tun – ist meine Lebensphilosophie. „Dein Wille geschehe wie im Himmel, so auf Erden. Was willst du von mir, heute, jetzt, morgen?" – das frage ich mich jeden Tag. Und wenn ich seinen Willen tue, kann es nur gut sein, denn ER ist summum bonum, das höchste Gut.

ER kann nur Gutes wollen, weil er die Liebe ist. Also IHN suchen und erfüllen, ist Gutes tun für sich und die Umgebung. Im Willen Gottes beheimatet sein, mit IHM eins zu sein, ist der Friede, ist Sinn, ist Halt, ist Erfüllung, ist Freude. Und von IHM getrennt zu sein und gegen seinen Willen zu leben, ist die Hölle auf Erden, ist innerer Unfriede, ist Unsicherheit, Angst. Der verlorene Sohn landet letztlich am Schweinetrog. So geht es uns auch. Aber das Schöne ist: Ich darf zurück. ER lässt mich nie fallen und umarmt mich bei der Rückkehr, gibt mir den Erbring und das beste Kleid und vergibt mir meine Schuld. Und nur wer auch diese Hölle kennt, die Hölle der Gottferne, der weiß, was Glaube ist. Und ich kenne sie durchaus auch. Jeder Mensch kennt sie.

Wo haben Sie diese Gottferne kennen gelernt?

Eigentlich am Stärksten im Theologiestudium. Dieses Studium ist eine Zerlegung der Glaubensinhalte, ist der Versuch der Verifizierung und wissenschaftlichen Durchdringung mit der Folge, dass sich vieles auflöst und in Bruchstücken herumliegt. Besonders die Bibel. Diese ganze historisch-kritische Methode – da ist alles, was einem in der Bibel wichtig ist, plötzlich so belanglos: Das hat der von dem abgeschrieben, und das war Gemeindetheologie, und wenn es den gegeben hat, dann hat er vielleicht Paulus begleitet... Das sind alles Hypothesen. Und nach dem Studium sitzt man vor einem Trümmerhaufen.

Irgendwann muss man diese Dinge wieder zusammen bauen, auf einem höheren Niveau. Aber im Grunde muss man seinen Kinderglauben wieder finden, der nicht so sehr rational ist, sondern ein existentielles Erlebnis: Ich liebe Gott. Ich bin Freund Christi. Diese rationale Schiene ist wichtig, gerade für den Prediger und Schulmann. Aber ich habe in meinem Unterricht und meinen Predigten immer versucht, nicht diese theologische Feinstarbeit, sondern die Zuversicht, die der Glaube schenkt, zu vermitteln. Das andere ist etwas für Universitätsprofessoren. Das war im Grunde die größte Krise für mich, dass ich im Theologiestudium vor einem Scherbenhaufen saß und mich fragte: Was soll ich denn jetzt predigen?

Damit sind wir schon bei Ihrem Studium. Haben Sie sofort nach dem Abitur studiert?

Ich habe in Passau mit 19 maturiert, Abitur gemacht. Ich hatte das drittbeste Abitur meines Jahrgangs und war dann ein Jahr im Priesterseminar Passau an der damaligen Philosophisch-Theologischen Hochschule. Und in diesem Jahr hat mir der damalige Bischof einen Studienplatz in Rom angeboten, im Germanicum, einem deutschsprachigen Seminar, wo für jede deutsche Diözese Freiplätze sind.

Damals war ein Platz frei, und so konnte ich ohne finanzielle Belastungen studieren: Sieben Jahre in der ewigen Stadt, an der päpstlichen Universität Gregoriana, wo die Unterrichtssprache Latein war und die Studenten – etwa 3000 – aus allen Ländern rund um den Erdball kommen, die alle Priester werden wollten. Das war schon sehr prägend, nach dem Konzil, in dieser Aufbruchstimmung studieren zu dürfen. Die Katholizität, diese weltumspannende Ausrichtung der Kirchen zu erleben, in einer ansprechenden, modernen Form, mit Brasilianern, Franzosen, Afrikanern, Indern, Österreichern... gemeinsam zu studieren und die Kirchensprache Latein als verbindendes Element, das war sehr beeindruckend. In der Mitte meines Studiums wurde die Sprache auf Italienisch umgestellt, so dass ich auch diese Sprache sehr gut gelernt habe. Das kommt mir jetzt zugute, wenn die Pilger aus Italien kommen, wenn ich dann hier italienisch zelebrieren und predigen kann. Da freuen sie sich.

Sie sprachen im Zusammenhang mit dem Konzil von Aufbruchsstimmung. Worin bestand Ihrer Meinung nach der Aufbruch?

Die Kirche vor dem Konzil war eine klerikale Kirche. Die Hauptrolle spielte der Klerus, der Priester. Er war ein Solist in der Liturgie, stand mit dem Rücken zum Volk, am Hochaltar. Das Volk hat still, meist rosenkranzbetend, teilgenommen und gehört, gestaunt... Durch das Konzil kam die Wende: Der Priester drehte sich um und wendete sich der Gemeinde zu. Nicht, um Gott den Rücken zu kehren, sondern um Gott und das Volk zu verbinden. Liturgie ist nach meinem Verständnis immer wieder der Vorgang der Brücke: Wie kann Gott zu den Menschen kommen und wie können die Menschen zu Gott kommen und sich – Kommunion! – mit ihm verbinden?

Ich als Priester stehe im Dienst dieser Kommunikation. Ich bin ein Vermittler, ein Kommunikator. Ich stehe vorne und habe, Gott sei Dank, eine Mimik und Gestik und Sprachbegabung, die mir hilft, die Leute, besonders auch die Jugendlichen und Kinder, anzusprechen. Es geht nicht darum, dass sie mich als Animator lieben. Ich bin völlig unwichtig: Durch mich den unsichtbaren Herrn ausdrücken! Wenn ich das schaffe, Brücken zu bauen – Pontifex! – dann mache ich meine Aufgabe gut. Wenn ich mich selbst verkünden würde, wäre das ein Skandal. Aber wenn ich vorn stehen würde ohne Liebe zu den Menschen, dann würde ich meine Rolle auch nicht gut ausfüllen.

Also, das Konzil war für mich der Aufbruch hin zur Menschlichkeit, zu der dem Menschen zugewandten göttlichen Liebe. Wir haben heute diese vielen Laiendienste: Lektoren, Kantoren, Ministranten, Kommunionhelfer oder Vorbereitungsteams für die Firmung, die Kindergottesdienste. Was wären wir ohne diese 200-300 ehrenamtlichen Laien, die unseren Dienst verstärken und vernetzen?

Das ist für mich das Konzil: Weg vom Klerikalismus, hin zu einem Kirchenverständnis, wo die Laien wichtig sind, aber eben auch der Klerus, wo im Miteinander die Wahrheit geschieht. Klerikalismus ist falsch und „Laienzismus" ist falsch. Jeder „-ismus" ist falsch. Das Miteinander ist wichtig. Der Priester repräsentiert Christus, das Haupt der Kirche, und die Laien die Glieder, den Leib der Kirche. Haupt, Leib und Glieder gehören zusammen. Die heilige Messe ist das Herz der Kirche, die Mitte, um die sich alles Andere gruppiert. Der Heilige Geist ist die Seele der Kirche, der uns animiert und das Ganze am Leben erhält.

Haben Sie heute noch Kontakt zu ehemaligen Studenten der Gregoriana? Sind einige der internationalen Verbindungen, die im Studium entstanden sind, erhalten geblieben?

Ich bekomme zwei Mal im Jahr den „Schematismus" des Germanicums, wo alle meine Studienfreunde mit Adresse und Telefonnummer verzeichnet sind und wo man auch sieht, was die schon alles geworden sind. Da gibt es auch Bischöfe drunter. Also, man hat einen regen Kontakt.

Zum Beispiel waren der Kardinal Lehmann und Kardinal Wetter von München „Germanicer". Das Germanicum in Rom ist eine Bischofsschmiede. Auch der kritische Professor Hans Küng war „Germanicer". Ich habe natürlich Kontakt.

Aber wenn Sie mich jetzt nach Südamerika oder anderen entfernten Ländern fragen, dahin habe ich keine Kontakte mehr.

Erhielten Sie Ihre Priesterweihe auch in Rom?

Ja, am 10. Oktober 1972 in der der Kirche St. Ignazio in der Nähe vom Pantheon bin ich in Rom geweiht worden. Der weihende Bischof war Kardinal König von Wien, weil zwei meiner Kollegen Wiener waren.

Woran erinnern Sie sich besonders, wenn Sie an Ihre Priesterweihe denken?

Ich habe noch in Erinnerung, dass ich eine Stunde vor der Priesterweihe in einem Park auf und ab ging und mir noch einmal die Frage stellte: Bin ich geeignet? Bin ich der Richtige? Jetzt könnte ich noch zurück. Es kamen Zweifel. Ich habe mich gequält. Ich meinte dann, ich wäre doch nicht der Richtige. Bis dann wieder eine innere Stimme sagte: „Trau dich! Eine 100%ige Sicherheit gibt es nicht, aber im 90er Bereich bist du allemal und den Rest wird Gott ergänzen. Es ist ja sein Werk, du bist nur sein Werkzeug. Trau dich." Und als wir so lagen, bei der Allerheiligenlitanei, wo der Priesterkandidat auf dem Boden ausgestreckt ist, kam noch einmal der Anflug eines kleinen Zweifels und ich dachte: Jetzt ist die letzte Möglichkeit, weg zu gehen. Und dann war es wieder so, als ob mir jemand die Hand auf die Schulter legte und sagte: „Bleib. Es ist alles richtig." Und nach der Weihe habe ich nie wieder solche Zweifel gehabt. Ich war immer sehr sicher und sehr beruhigt.

Wo haben Sie Ihre Primiz gefeiert?

In Rom, am 11.10.1972 Da war natürlich ein „Sonderzug" mit Verwandten und Freunden in Rom. Meine erste Messe war in der Kirche Santa Maria di Galeria am Braggianer See, wo ich ein Jahr lang Pfarrpraktikant war. Dann musste ich in Rom noch mein Studium abschließen. Meine Heimatprimiz fand dann am 1. Adventssonntag 1972 in Osterhofen statt. Es schneite. Es war also nicht diese typische Primizstimmung wie sonst, denn die meisten Primiz-Messen werden im Juni/Juli gefeiert. Aber es war alles, was meine Heimat liebenswert macht, vertreten: meine Lieblingslieder wurden gesungen, meine Lieblingsmesse von Franz Schubert aufgeführt.

Wie haben Ihre Eltern aufgenommen, dass Sie Priester werden möchten?

Die Mutter begeistert, der Vater sehr stolz. Meine Geschwister haben ein inniges Verhältnis zu mir. Meine 27 Neffen und Nichten sehen im Onkel Günther ihr Vorbild. Ich habe sie alle 27 getauft und alle Geschwister getraut, soweit sie verheiratet sind. Ich bin im Grunde auch Familienkaplan. Da war nie ein Hauch von Ablehnung. Es gab natürlich auch kritische Fragen und Hinterfragungen. Aber sie sind schon mächtig stolz auf mich und stehen zu mir.

3. Es ist der schönste Beruf, den ich kenne – Die Arbeit als Priester

Wie ging es nach dem Studium weiter?

Ich wurde Kaplan im bayerischen Wald und dann Kaplan in Vilshofen. Und danach kam ein „Block" von 24 Jahren Gymnasiallehrer in Passau an dem Gymnasium, wo ich selbst Schüler war. Dort wurde ich Religionslehrer. Viele meiner Lehrer waren noch da und wurden meine Kollegen. Und ich lernte ganz andere Menschen kennen, als ich sie als Schüler erlebt habe. Es waren sehr glückliche Jahre. Ich war gern Lehrer und ein begabter Lehrer, wenn ich das so sagen darf. Das Fach Religion ist schwierig. Ist man zu streng, stürzt man ab. Ist man zu nachgiebig oder biedert man sich an, ist man nicht glaubhaft. Man muss ganz klar seinen Weg gehen, authentisch, in Liebe zu den Schülern, aber konsequent. Und dann kann es das Lieblingsfach auch ganz kritischer Geister werden oder sogar von Atheisten. Die wollen dann genau hören, was ein überzeugter Priester zu sagen hat. Ohne dass sie planen, Christ zu werden, aber den Dialog lieben sie.

Ich war in diesen Jahren auch Seminarlehrer, das heißt Ausbilder von jungen Religionslehrern aus ganz Bayern und habe etwa 150 bayerische Gymnasiallehrer durch die jeweils zwei Jahre dauernde Seminarzeit geprägt. „Nebenher" hatte ich immer noch eine Pfarrei am Stadtrand von Passau zu betreuen, ehrenamtlich und ohne Bezahlung: St. Ägidius in Straßkirchen.

Durften Sie erleben, dass ein atheistisch gesinnter Schüler durch Ihren Unterricht offener für Fragen der Religion wurde?

Ich habe erlebt, dass viele, viele Schüler durch den Religionsunterricht zumindest nachdenklich geworden sind. Was ich angestrebt habe: Dass sie die Möglichkeit des Glaubens nicht vollkommen ausschließen. Es gibt ja in jeder Klasse ein Drittel Hochgläubiger, die wollte ich natürlich vor allem erreichen, dass sie durch meinen Unterricht im Glauben gefestigt und bestätigt werden. Dann gibt es ein Mittelfeld von eigentlich Gläubigen, die den Glauben aber eher lau leben. Und ein Drittel, die kaum gläubig sind, mit Interesse oder Ablehnung.

Der Religionsunterricht muss alle drei Gruppen erreichen: die Gläubigen, die Suchenden und die Ablehnenden, wobei man sich nicht an der letzten Gruppe orientieren sollte, sondern man sollte den „vollen Anspruch" haben. Also ich habe über die Eucharistie in ihrem tiefsten Sinn geredet, so dass sich der Ungläubige vielleicht fragt: Warum ist das für mich nicht wichtig? Andere gehen weltweit jeden Tag zur Eucharistie und finden darin die Mitte ihres Lebens. Was ist mit mir los, dass ich das gar nicht brauche? So wollte ich zumindest Nachdenklichkeit erzeugen. Auf keinen Fall wollte ich das Bild entwerfen: Hier steht ein verschrobener Spinner, der in einer Scheinwelt lebt, weil er für die normale Welt zu blöd ist.

Gibt es ein Erlebnis in der Begegnung mit den Schülern, an das Sie sich besonders erinnern?

Es gibt hunderte von Storys. In Erinnerung geblieben ist mir zum Beispiel ein Erlebnis aus meiner Anfangszeit als Lehrer: Am Anfang hatte ich manches Mal mit Disziplin- und Motivationsproblemen zu kämpfen. 1978, als ich als Lehrer anfing, war eine sehr kritische Zeit, was Kirche und Glaube betraf. In Bayern wurde damals der Ethikunterricht eingeführt, und es war „in", in den Ethikunterricht zu gehen, weg vom altmodischen Religionsunterricht. Wir waren in einer schweren Konkurrenzsituation. Wenn man den Kindern nicht nachgab, dann hatten sie immer die Möglichkeit, in den Ethikunterricht auszuweichen, aus Gewissensgründen, wie es dann hieß. Hinzu kam eine starke Feminismusbewegung. Es gab keine Religionsstunde, wo nicht die Mädchen deutlich sagten: „Scheiß-Glaube, Scheiß-katholische Kirche! Warum können wir nicht Priesterin werden?" Ich war praktisch immer in der Defensive.

In dieser Zeit hatte ich eine 11. Klasse, die mich so richtig auflaufen ließ, jede Stunde. Ich war unerfahren, war noch nicht sehr firm im Stoff, auch in der Methode nicht. Es war im Grunde ein Martyrium. Wenn ich die Klasse hatte, konnte ich nicht schlafen. Ich hatte Alpträume, bin schweißgebadet wach geworden: Ich muss jetzt zu diesen Schülern hinein! Die wollen mich nicht! Die hassen mich! Und ich wusste gar nicht mehr, was ich durchnehmen sollte. Jedes Thema würden sie als blöd empfinden.

Aber ich habe mir vorgenommen: Ich werde sie nie hassen, sondern die Schuld immer auch bei mir suchen. Vor jeder Stunde habe ich für die Klasse gebetet, mir jeden Einzelnen vorgestellt und gesagt: „Ich hab dich gern, auch wenn du hundsgemein zu mir bist." Ich habe richtig um Liebe gerungen und kann mit ganzem Herzen sagen, dass ich sie gern hatte trotz dieser schwierigen Situation. Und dann ging das Jahr zu Ende, und ich machte das „Kreuz": finito – die werde ich nie mehr sehen! Und dann Kollegstufe. Es gab drei Religionskurse in K 12. Die Schüler hatten freie Wahl, zu welchem der drei Religionslehrer sie gehen wollten. Ich war mir sicher von meinen „Ganoven" aus der 11. ist niemand bei mir.

Komme ich in die erste Stunde: Sitzen alle drin! „Was, Ihr?" „Ja", haben sie gesagt, „weil Sie uns, obwohl wir so frech zu Ihnen waren, nicht gehasst haben." Das war für mich der Anfang, dass ich ein guter Lehrer wurde und nie mehr Disziplinprobleme hatte. Und von daher weiß ich auch: Du musst durch die Hölle gehen, wenn du den Himmel erreichen willst. Das sage ich auch allen jungen Kaplänen: „Du brauchst die Ablehnung. Du brauchst die Grenze. Wenn du diese Phase durchlebt hast, wirst du ein guter Priester und authentisch sein und niemals wieder jemanden fürchten!" Das habe ich immer auch meinen Referendaren gesagt, die alle diese Phase hatten: „Dies ist jetzt deine Gnadenzeit, wo du geschliffen wirst vor Gott zum guten Lehrer!"

3.I. MARIA IST HIER WIRKLICH PHYSISCH PRÄSENT – STIFTSPROPST UND STADTPFARRER IN ALTÖTTING

Wie sind Sie nach Altötting gekommen? Wurden Sie abberufen? Haben Sie sich dahin beworben?

Meine Lebensplanung war: Bis zum 65. Lebensjahr im Gymnasialdienst zu bleiben und dann noch irgendwo in einer Pfarrei, so lange ich Kraft habe, mit zu wirken. Aber dann kam der 24. April 2002. Ich hatte mir eben die Tagesschau angesehen. Nach dem Wetterbericht kam ein Anruf: „Hier ist Bischof Schrammel von Passau." Und ohne Umschweife sagte er: „Ich möchte Sie zum Stiftspropst von Altötting ernennen!" Ich war völlig verblüfft und fragte: „Wie bitte?" Er: „Ja, Sie haben richtig gehört." „Warum ich?" Er: „Weil Sie der Richtige sind!"

Und dann ging es bei mir: Einen Tag „Nein", einen Tag „Ja". Vierter Tag war „Ja". Ich fuhr dann hinauf nach Altötting, um meine Entscheidung vor Ort zu prüfen. Ich war ja oft hier, eigentlich jede Woche am freien Tag. Ja, und dann kam ich in eine ganz neue Welt, die mich bis aufs Äußerste gefordert hat.

Was ist so anders in Ihrer jetzigen Tätigkeit?

Plötzlich war ich ein Verwaltungsmann, hatte ein Büro mit zwei Sekretärinnen, wo rund um die Uhr Anrufe, Briefe, Faxe, E-Mails aus aller Welt ein- und ausgingen, wo unzählige Konten verwaltet sein wollten, wo 10–15 Immobilien dazu gehören, 20 Angestellte, die geführt, aber auch bezahlt werden müssen. Es gehört eine Kirchenstiftung dazu. Ich hatte dem Bischof vorher gesagt, dass ich auf diesem Gebiet nur geringe Erfahrungen habe. Aber er hat es mir zugetraut, dass ich mich da einarbeite. Und so war es auch. Nach drei Monaten war alles ganz normal für mich geworden.

Altötting ist einmalig in Europa, was die kirchliche Struktur angeht. Wir haben hier 30 Priester, 150 Nonnen, an jedem Tag 24 Werktagsmessen, an jedem Sonntag 28 Sonntagsmessen und alle sind voll. Alles, was es gibt, ist in kirchlicher Trägerschaft, und ich bin in jeder Vorstandschaft, muss in alle Sitzungen und Entscheidungsgremien. Ich war es nicht gewohnt, „nein" zu sagen. Am Anfang war das dann so schlimm, dass ich bald krank wurde. Ich bekam einen Drehschwindel, konnte nicht mehr gerade stehen, schwankte vom Altar zum Ambo und zurück. Ich kam ins Krankenhaus, wurde sechs Wochen raus genommen. Aber man kann da nicht viel machen. Organisch war alles gesund. Die Ärzte rieten mir: „Sie müssen halt ‚nein' sagen lernen und eine Strategie entwickeln, Stress abzubauen." Und das versuche ich seitdem.

Was ist das Besondere an Ihrer Tätigkeit als Stiftspropst und Stadtpfarrer von Altötting?

Stadtpfarrer in Altötting zu sein, ist eine beglückende, eine großartige Arbeit. Wir haben in den Wallfahrtsmonaten oft 30 000 Gäste täglich aus aller Welt am Kapellplatz. Es ist ein Kommen und Gehen wie am Petersplatz in Rom. Alle Sprachen der Welt hört man. Es kommen Kardinäle, Bischöfe, Äbte, ganze Kloster und Konvente und Politiker. Es kamen schon drei Päpste hierher, wofür immer große Vorbereitungen nötig waren. Also, es ist schon eine exponierte Stellung. Man wird oft interviewt, kommt im Fernsehen, im Rundfunk.

Haben Sie auch mit den Pilgern zu tun?

Der Wallfahrtsrektor ist Prälat Alois Furtner, auch die Kapuziner betreuen die Pilger. Ich habe insofern mit den Pilgern zu tun, als in meinen Pfarrgottesdiensten die Hälfte der Gottesdienstbesucher Pilger sind. Manchmal halte ich auch großen Gottesdienst in der Basilika, wo die Wallfahrer vor allem sind. Und die Pilger haben natürlich Wünsche. Es werden ganz viele Tauf- und Hochzeitsanträge gestellt. Die italienischen Pilger suchen meine Sprachkenntnis, weil ich die Messen dann für sie in italienisch halte. Außerdem bin ich der Stellvertretende Wallfahrtsrektor. Ich genieße vor allem die Jugendwallfahrten, wenn 7000 jugendliche Fußpilger kommen. Es kommen die Regensburger mit 10 000, die Münchner mit 6000, die Deggendorfer mit 7000 Pilgern. Sie kommen zu Fuß und sind drei Tage unterwegs, können dann – wenn sie hier einziehen – kaum noch laufen.

Es läuten alle Glocken, wenn die Pilger auf dem Kapellplatz eintreffen. Zu Pfingsten, der Hauptwallfahrtszeit, läuten die Glocken eigentlich rund um die Uhr. Von allen sieben Zufahrtsstraßen kommen Pilgerströme. Die Menschen singen, jubilieren, freuen sich, weinen – wie, als wenn sie nach Hause kommen, ankommen. Und Maria ist hier wirklich physisch präsent. Der Kapellplatz und die Gnadenkapelle werden auch als die „Gute Stube der Mutter Gottes" bezeichnet. Und das ist die Wahrheit. Sie ist da. Man fühlt ihre Nähe. In der Gnadenkapelle sind radiästhetische Messungen gemacht worden, mit Wünschelruten, aber auch mit technischen Geräten. An diesem Ort kreuzen sich mehrere Erdstrahlen. Da ist eine Erdstrahlung – stärker als in allen anderen Wallfahrtsorten und stärker als am Petersplatz in Rom.

Die Menschen spüren diese starke Energie, es ist eine mütterliche Energie. Und wo die Mutter ist, da ist zu Hause, da ist Heimat. Altötting ist Heimat, Nach-Hause-Kommen. Das spüren alle Gläubigen. Das spüren auch Nicht-Katholiken, andere Konfessionen, ja sogar Ungläubige. Hier ist Heimat, Wohlwollen, Gnade, Segen... Was hier gebetet wird! Man spürt auch diese „durchbetete Atmosphäre". Altötting ist durchwirkt vom Gebet.

Schon in vorchristlicher Zeit war der heutige Kapellplatz ja ein kultischer Platz der Germanen. Auch sie haben die Aura dieses besonderen Kraftplatzes offenbar gespürt...

Vermutlich stand ein Lindenheiligtum oder ein heidnischer Tempel an dem Ort, wo heute die Gnadenkapelle ist. Und Rupert, der Missionar der Gegend, hat den Wodan heraus genommen und die Maria hinein gestellt. Das nennt man Taufe des Heidentums. Alle, Heiden wie Christen, haben gespürt: Hier ist ein wirklicher Gnadenort. Man verlässt diesen Ort anders, als man ihn betreten hat. Man ist hernach freundlich, friedlich, hat eine Idee, wie man ein Problem lösen kann. Maria wird ja auch als die Knotenlöserin bezeichnet. Es gibt ein Bild, wo sie einen riesengroßen Knoten geduldig, liebevoll auflöst. Die Pilger kommen nach Altötting, und wenn sie nach Hause fahren, wissen sie, wie es weiter geht. Sie haben eine Lösung. Das habe ich unzählige Male erlebt. Das ist für mich Altötting: Lösung für viele Probleme.

Wie sieht es aus mit den evangelischen Christen in Altötting? Wie integrieren sich die evangelischen Christen in einem Ort, der durch und durch vom katholischen Glauben geprägt ist?

Es gibt ca. 3000 Spätaussiedler, die aus Weißrussland, Kasachstan und anderen Ländern kommen. Die sind gut integriert. Unter ihnen sind viele evangelisch. Wir haben eine starke evangelische Kirche hier und ein sehr gutes Verhältnis zueinander. Wissen Sie, je mehr jemand evangelisch oder katholisch ist, umso besser kann er einen Dialog führen. Nur wer keinen Standpunkt hat, diskutiert oberflächlich oder intolerant. Wer tief eingedrungen ist in eine Sache, wer eine Konfession hat – das kommt von confessio, das Bekenntnis – wird kenntnisreich Dialog führen und Achtung vor dem Anderen haben. Wir haben viele ökumenische Gottesdienste hier in Altötting und verschiedene gemeinsame Veranstaltungen, z. B. Ausstellungen. Oder wir weihen gemeinsam eine Krankenhaus- oder eine Schulerweiterung ein. Und dann hält immer der evangelische Pfarrer die Predigt.

Natürlich könnte man jetzt sagen: Die Katholiken haben in Altötting eine Position der Stärke, da ist es leicht, die andere Seite so ein bisschen „gönnerhaft" mit einzubeziehen. Natürlich sind wir hier in einer gewissen privilegierten Position. Es gibt auch ein ständiges Medieninteresse. Aber ich hoffe, dass mein Mitbruder von der evangelischen Kirche das nicht als herablassend empfindet, wenn wir etwas gemeinsam machen. Wir begegnen uns auf Augenhöhe. Das ist mein Empfinden.

Das Wallfahren und Pilgern ist ja eine eher katholische Tradition. Luther mochte das Pilgern nicht. Er bezeichnete es als „das Geläuf" und lehnte es ab. Pilgern auch evangelische Christen nach Altötting?

Sicher sind evangelische Christen mit dabei. Der neue Ministerpräsident Dr. Günther Beckstein war nach seiner Amtseinführung als Erstes in Altötting und hat sich hier bekannt als evangelischer Christ. Und als solcher sieht er im Wallfahren ein Abbild des Lebens: „Wir sind nur Gast auf Erden und wandern ohne Ruh', mit mancherlei Beschwerden der ewigen Heimat zu."[2] Wir sind also zwischen Geburt und Tod auf der Pilgerschaft: Sie, z. B. von Dresden nach Braunschweig. Ich z. B. von Osterhofen, Rom, Passau nach Altötting. Wir sind alle Lebensabschnitte woanders.

Es ist ein Pilgerweg mit furchtbar schweren, aber auch mit wunderbaren Etappen. Und so eine kleine Wallfahrt nach Altötting ist im Grunde im Zeitraffer ein Bild des Lebens. Natürlich gab es in der Lutherzeit Übertreibungen. Es gab einen Reliquienkult, der falsch war und den berüchtigten Ablasshandel. Aber heute kommen beim Wallfahren wieder die tieferen Aspekte zum Tragen. Und das entdecken auch die evangelischen Christen neu, wie sie auch die Beichte für sich wieder entdecken. So geben sich die Kirchen gegenseitig Impulse. Wir merken, wie gut sie in der Bibelarbeit sind, was sie für tolle Bibelpredigten halten. Jede Kirche hat ihre Stärken, die nicht trennen, sondern den Glauben lebendig halten und verbinden

3.2. Der Himmel riss auf – Papstbesuche in Altötting

Wie haben Sie den Papstbesuch im September 2006 erlebt?

Ich habe sowohl Johannes Paul II. als auch Benedikt XVI. in Altötting erlebt. Johannes Paul war am 19./20. November 1980 hier. Ich war damals Studienrat in Passau und Pfarrer in Straßkirchen. Ich war hier mit einem Bus voller Pilger: Ministranten, Frauen, Männer… Wir waren etwa 20 Meter von meiner jetzigen Wohnung entfernt und haben ein schreckliches Wetter erlebt. Es war kalt und nass.

Und als der Papst kam, riss der Himmel auf. Es hörte auf zu regnen, und der Hubschrauber kam durch diese Öffnung herunter und flog hinaus auf's Sportplatzgelände. Der Papst fuhr ein mit dem Papamobil. Ich habe Johannes Paul II. über alles geliebt. Er hatte absolute Vorbildfunktion für mich: klare Inhalte, ganz modern. Er hat alle Fußballstadien der Welt für Jugendgottesdienste genutzt, hat alle Länder besucht, so viele Sprachen gesprochen. Wenn er in ein Land fuhr, dessen Sprache er nicht konnte, lernte er sie noch, als Respekt vor den Menschen. Er hat hier gepredigt und seine Deutung vom Bruder Konrad[3] gegeben, dem

Franziskanerbruder aus Altötting, der schon zu Lebzeiten den Blick in den Himmel hatte und dennoch in vollkommener Hingabe und Liebe für die Menschen, die ein Anliegen hatten, da war.

Konrad war ein Dauerbeter, hat Nächte durchgebetet, nur geschaut, ohne die Lippen zu bewegen. Und wenn man ihn fragte: „Was betest du eigentlich so lang?" Dann sagte er im Dialekt: „Ich schau IHN aa, un ER schaut mi aa, und des is so schee." Das ist die beglückende Schau Gottes, die visio beatifica. Und der Papst sagte damals: „Euer Bruder Konrad war ein Vorkoster dessen, was wir erwarten." Und so wie er sollten wir beten, nicht leistungsmäßig: den Rosenkranz so und so viele Male herunter rattern. Sondern verweilen, hinknien und wortlos schauen, bis man ihn spürt, den Ruf Gottes.

Papst Benedikt XVI. war ebenfalls in Altötting...

Ja, er war am 11. September 2006 hier. Die Vorbereitung dieses Besuches war ungeheuer aufwendig. Es gab insgesamt 110 vorbereitende Sitzungen, davon 36 Liturgiesitzungen, wo ich Mitglied war. 36 halbe Nächte! Jedes Komma musste abgestimmt sein mit Rom. Wer wann warum wohin geht, war bis auf die Sekunde festgelegt, schon allein wegen des Fernsehens. Der Papst kam dann in mein Haus. Ich habe ihn begrüßt. Am Tag zuvor haben sie mir noch eine Hundestaffel durchs Haus geschickt auf der Suche nach Sprengstoff. Wir hatten auch die Toilette modernisiert, sozusagen „papstfähig" gemacht.

Ich kann mir nicht vorstellen, dass er selbst das so will!

Er ist die Demut in Person. Aber man ist es dem Amt schuldig.

Wie ging es weiter?

Nach der Vorliturgie musste ich 'rüber ins Nachbarhaus. Da war die Ankleidung der Konzelebranten, lauter Bischöfe und Kardinäle. Dann mussten wir Aufstellung nehmen: Einzug zum Gottesdienst. Es war phantastisches Wetter, ein blauer Himmel wie in Italien. Der Papst fühlte sich hier zu Hause. Er war ja schon als Vierjähriger hier mit den Eltern, 1934, bei der Heiligsprechung von Bruder Konrad. Er war regelmäßig hier, als Student, als Professor, als Erzbischof, als Kardinal.

Im Grunde war er jedes Jahr hier. Altötting ist seine geistig prägende Heimat. In Marktl, 10 km von hier, ist er ja geboren. Sein Besuch war ein „Jubeltag" für Altötting. 60.000 Menschen waren hier. Viele Fernsehanstalten. Ich musste viele Interviews geben, für das deutsche, das italienische, polnische Fernsehen. Seit dem Papstbesuch hat die Wallfahrt noch mehr zugenommen: Japaner kommen, Vietnamesen, Chinesen, sehr viele Polen, Slowaken, Kroaten, Ungarn. Altötting ist eines der wichtigsten Wallfahrts- und Gnadenzentren Europas geworden: 1,5 Millionen Pilger pro Jahr! Da muss auch die Logistik im Hinterland stimmen.

Und das tut sie. Wir haben gute, auch preiswerte Hotels, vorzügliche Gaststätten und Cafés. Also, Altötting ist ein besonderer Wallfahrtsort, ein guter Ort zum Leben und der beste Ort, um Priester zu sein – für mich jedenfalls.

Haben Sie irgendwann einmal diese Lebensentscheidung, Priester geworden zu sein, bereut?

Das werde ich öfter gefragt. Ich kann aus ganzem Herzen sagen: „Nein, im Grunde nicht." Es ist der schönste Beruf, den ich kenne. Kein Arzt, kein Richter, kein Lehrer oder Pfleger kommt so nah an die Menschen. Wir haben diese Vielfalt von der Taufe, Schule, Erstkommunion, Firmung, Jugendarbeit, die jungen Erwachsenen, die im Beruf stehen, die Trauungen. Wir haben die Frauen-, die Männerarbeit, die Vereine wie z. B. das Kolpingwerk, die Seniorenarbeit, die Kranken, die Behinderten, die Sterbenden. Die kranken Menschen sind so unglaublich dankbar, wenn sie ein Priester begleitet in ihren existentiell anrührenden Lebenssituationen. Ich leide nur darunter, dass ich so viele enttäuschen muss, weil ich nicht die Zeit habe, zu jedem 70. oder 75. Geburtstag hinzugehen.

Ich schicke dann immer jemanden zum Gratulieren, und auch da kommen immer noch Dankesbriefe zurück. Also, die Akzeptanz ist riesig, wenn die Leute spüren: Der ist authentisch, der lebt seinen Beruf. Das Schlimmste wäre, wenn man ein Doppelleben führen würde. So tun würde, „als ob", wenn man eine Maske tragen würde nach dem Motto: „Ich bin der gute Hirte." Aber sein Herz hat man woanders. Es gibt Priester, die sind in so einem Zwiespalt, und die Leute sehen ihnen das an. Es gibt Priester, die das Heilige beschmutzen und mit unreiner Seele am Altar stehen. Viele zerbrechen daran.

Ich bemühe mich immer, Tag und Nacht, Dienst und Freizeit, Arbeitszeit und Urlaub, Priester zu sein, ohne Abstriche. Bis hin zur Kleidung zu bekennen: Der bin ich, dazu stehe ich. Natürlich gehe ich auch einmal in ein Thermalbad oder in einer kurzen Hose den Berg herauf. Das Menschliche werde ich nie verlieren, denn ich bin ein Mensch, und die Menschen sind meine Adressaten.

Was ist die schönste Seite Ihrer Priestertätigkeit?

Die Kinder, Jugendlichen, jungen Erwachsenen… Der Umgang mit ihnen ist meine Stärke und meine Freude. Das Schönste in Altötting neben Maria, den Wallfahrern und Bruder Konrad ist der 10-Uhr-Gottesdienst am Sonntag. Da kommen ca. 100 Kinder mit ihren Eltern, natürlich auch Gäste und andere Gemeindemitglieder. Aber da spiele ich am Altar sogar Gitarre. Wir singen die modernen Lieder aus dem Buch „Effata". Die Kinder klatschen mit, dürfen beim „Vaterunser" zum Altar kommen. Und beim Friedensgruß gebe ich allen Kindern die Hände. Ihr Strahlen ist für mich das Schönste, Nachhaltigste, Zukunftsträchtigste. Die Alten kommen, die Frommen kommen, die Pilger kommen. Die

Kinder und Jugendlichen sind unsere Aufgabe! Und so lange ich die Kraft habe, werde ich besonders ihnen meine Talente zur Verfügung stellen, sie ermutigen, ihr Leben anzunehmen, im Glauben keine Last zu sehen, sondern den Aufwind, auf dem sie sich aufwärts schwingen können: „Erhebet eure Herzen", heißt es.

4. ICH WERDE REICH ENTLOHNT – LEBEN IM ZÖLIBAT

Haben Sie sich vor der beruflichen Entscheidung, Priester zu werden, auch die Frage „Familie – ja oder nein?" gestellt? Waren Sie sich sicher, ohne Familie leben zu können, wo Sie doch aus einer Großfamilie kommen und davon geprägt wurden?

Natürlich ist diese Frage immer präsent gewesen. Aber ich war immer der Meinung, dass ich durch den Beruf eine Familie habe, nämlich die Großfamilie Pfarrgemeinde. Ich habe viele Kinder, nämlich die Täuflinge, meine Erstkommunionkinder und Firmlinge, wobei natürlich eigene Kinder wunderbar wären.

Da bin ich manchmal schon sehr neidisch, wenn Eltern zur Taufe kommen und das eigene Baby bringen. Aber ich werde reich entlohnt durch die Liebe der Kinder, die spüren, dass ich sie mag. Gestern habe ich in unserer Grundschule 350 Kindern den Blasiussegen[4] gegeben. Die leuchtenden Augen der Kinder sind mein Lohn. Ich sage oft bei Elternabenden: „Es sind Eure Kinder, im geistlichen Bereich meine Kinder, aber letztlich sind es Gottes Kinder. Er hat sie Euch auch nur geliehen, bis sie ihr eigenes Leben führen werden, damit Ihr sie durch Liebe prägt und stärkt."

Hätten Sie sich die Vereinbarkeit von Familie und Priesterberuf vorstellen können?

Auch in der Beziehung bin ich ein überzeugter Katholik: Ich meine, dass der Zölibat sehr sinnvoll ist. Jesus war zölibatär. Er lebte ganz in dem Willen des Vaters: „Meine Speise ist es, den Willen dessen zu tun, der mich gesandt hat." Er betete nächtelang zum Vater. Und er hat seine Jünger, die ja teils verheiratet waren, herausgerufen, alles zu verlassen und damit diese neue Lebensform des Apostolates, mit Jesus ganz frei zu sein für Gott und die Menschen, begründet. Ich weiß, dass das aus der Sicht der evangelischen Christen sicher ganz anders beurteilt wird, auch aus der Sicht vieler Laien, die dafür kein Verständnis haben. Aber ich bin da sehr auf der Linie unserer letzten Päpste und unseres Bischofs, die sagen: Diese Ganzhingabe, diese absolute Verfügbarkeit kann ich nur haben, wenn ich nicht an eine Kleinfamilie gebunden bin.

Schauen Sie, wenn Johannes Paul II. vor Millionen predigte, dann spürte jeder Einzelne, dass der Papst ihn liebt, dass er der Heilige Vater ist, der für alle diese große Liebe empfindet. Und genau das ist ja der Zölibat: Diese Liebeskraft zu sublimieren, erstarken zu lassen und in einer geistigen Form auszuleben! Die Menschen spüren: das ist ein Vater. Er gibt uns diese Liebe. Sie ist an keine Bedingungen geknüpft. Nach dieser Form der Liebe hungern die Menschen. „Als er die vielen Menschen sah", heißt es in der Bibel über Jesus, „hatte er Mitleid mit ihnen, denn sie waren müde und erschöpft wie Schafe, die keinen Hirten haben."[5] Es geht um die Liebe im Sinn von Caritas, von Agape, nicht von körperlicher Erotik. Beide Formen der Liebe hat Gott geschaffen. Beide sind heilig. Das eine ist die Ehe, das andere der geistliche Stand. Beide Stände sind sakramentale Stände, gottgewollt und ein Instrument zur Heilung und Heiligung der Welt und zur Herbeiführung des Reiches Gottes.

5. ANGST UND GLAUBE SCHLIESSEN EINANDER AUS – NACHDENKEN ÜBER GOTT

Gab es Phasen in Ihrem Leben, wo Sie Gott suchen mussten, wo Sie Gott verloren hatten?

Die schlimmste Zeit war das Theologiestudium. Da kann man den Glauben schon verlieren. Das sagte ich ja bereits. So lange ich Priester bin, war ich gut in der Lage, den „Draht" zu Gott zu halten. Die heilige Messe war und ist für mich das wesentliche, tragende Substrat meines Glaubens. Als ich noch in der Schule arbeitete, gab es Zeiten, z. B. wenn ich den ganzen Tag Prüfungen abgenommen hatte, da war ich abends völlig ausgelaugt. Und dann hatte ich noch eine Messe zu halten, wo ich dachte: Wie soll ich das hinkriegen? Ich kann nicht mehr! Aber kaum stand ich am Altar, kam die Kraft zurück.

Die heilige Messe ist Leben pur. Bei der Wandlung: „Das ist mein Leib. Das ist mein Blut" – ist für mich die Gegenwart Christi physisch objektiv real präsent. Und immer wieder auch: Ich werde verwandelt. Das spüre ich. Christus, Du machst aus Brot Deinen Leib! Du machst aus diesem müden Menschen Günther Mandl einen österlichen Menschen, der aufersteht und mit neuer Kraft am Altar steht und aufblüht. Und so ging ich aus jeder Messe gestärkt hervor.

Ich würde mich schon als sehr sensibel und dadurch auch angreifbar bezeichnen. Vielleicht würde ich zu Depressionen neigen. Aber im Glauben liegt eine Stärke, dass ich Anwandlungen dieser Art bisher immer überwinden konnte. Die Angst wird ja in der Bibel immer wieder angesprochen. Und dann heißt es: „Habt keine Angst! Ich bin es! Ich bin bei euch!" Also, Angst und Glaube schließen einander aus. Wer wirklich glaubt, hat keine Angst. Das hat ja auch der Papst als Leitwort seiner Bayernreise formuliert: „Wer glaubt, ist nie allein." Wer glaubt, braucht nicht zweifeln. Wer glaubt, darf hoffen. Seine neueste Enzyklika heißt: „Spe salvi – Wir sind durch die Hoffnung gerettet". Glaube, Hoffnung, Liebe sind für mich die göttlichen Grundtugenden, die die drei Zeitphasen abdecken: Glaube – das ist die Vergangenheit, die Gott gegeben hat, den wir im Credo bekennen. Hoffnung schaut in die Zukunft. Wir haben das Beste vor uns. Wir haben eine begründete Hoffnung, die in der Auferstehung Christi ihre Legitimität hat. Und die Liebe lebt nur in der Gegenwart. Gott ist die Liebe, und er hat uns die Liebe geschenkt. Lieben kann ich nicht gestern oder morgen, sondern nur im Jetzt, und zwar den Menschen, der mir gerade nahe ist, die Aufgabe, die es jetzt gerade zu tun gilt.

Viele Menschen beklagen, dass Gott heute nicht mehr zu uns spricht, während der Gott des Alten Testamentes sich den Menschen so deutlich gezeigt hat und das Neue Testament von Jesus als Gottes Sohn berichtet. Sie aber sagen, dass Sie Gottes Stimme mehrfach in Ihrem Leben deutlich gehört haben.

Immer an entscheidenden Wegkreuzungen hat Gott mir seinen Willen deutlich kundgetan. Ich hatte ja einige Beispiele genannt.

Wie kommt es aber, dass viele Menschen Gottes Stimme nicht mehr hören?

Ich glaube, dass die Banalität der Hauptfeind des Glaubens ist. Nicht der theoretische Atheismus, sondern der „Atheismus der Banalität", wie es Josef Ratzinger einmal in einem seiner Bücher formuliert hat. Ich sag's mal schön bayrisch: Dass man sich zufrieden gibt, mit „oan Maß Bier, mit a bisserl Aufschnitt aufm Brot, oaner Fußballübertragung und Sex". Mehr brauche ich nicht – ich lebe in der Banalität des Alltags, wo Gott nicht vorkommt.

Viele Menschen leben in einer kleinen Welt und haben die große, für die sie berufen sind, abgeschrieben. Sie begnügen sich mit Blech und wären für Gold berufen. Ich mag auch ein Maß Bier und schaue manchmal Fußball. Aber für mich ist das nicht alles. Das sind die berühmten Götzen, die Gott verdrängen, das goldene Kalb aus dem Alten Testament. Wenn ich bestimmte Dinge so hochstilisiere, dass sie zum Absoluten werden: Die Aktien oder die Schönheit, die Reisetätigkeit, Luxus, das Essen…

Das alles können in der Verabsolutierung Versuchungen werden, Gott zu verlieren. Das Bibelwort: „Du kannst nicht Gott und den Mammon anbeten", ist die Wahrheit. „Eher geht ein Kamel durch ein Nadelöhr als ein Reicher in den Himmel kommt." Die Bibel ist voller Aussagen darüber. Die Geldjäger werden irgendwann vom Geld gejagt. Das Geld überholt dich und jagt dann dich! Und Gott kommt in diesem Jagen nicht mehr vor. Je reicher ein Volk, je materieller – desto ärmer im Glauben. Nach dem Krieg, in dieser Zeit der Not, gab es in Osterhofen, wo ich aufwuchs, vier Messen am Sonntag und die Kirche war jedes Mal so voll, dass das Kondenswasser an den Wänden herunter lief, von der Atemluft der Leute. Es gab einen 90%igen Gottesdienstbesuch.

Niemand dachte daran, für Gott etwas anderes an die Spitze seines Lebens zu setzen. Dann kam das Wirtschaftswunder und damit die Flaute des Glaubens. Trotzdem können wir hochzufrieden sein, dass in diesem reichen Land noch so viele glauben. Aber es ist schon so: In der Armut ist es leichter zu glauben als im Wohlstand.

Was ist Gott für Sie?

Da möchte ich wieder die Bibel sprechen lassen. Jesus als Sohn Gottes sagt – und Jesus und Gott sind eins: Ich bin das lebendige Wasser. Wer davon trinkt, findet Genugtuung seiner tiefsten Sehnsucht.[6] Ich bin das Brot vom Himmel, der das ewige Leben gibt.[7] Ich bin der Weinstock der Fruchtbarkeit.[8] Ich bin der gute Hirte. Ich kenne die meinen.[9] Ich bin das Licht der Welt. Wer mir nachfolgt, geht nicht in der Finsternis.[10] Ich bin der Weg, die Wahrheit und das Leben.[11]

Wenn man all diese Bilder betrachtet, ist Gott: Brot, Weinstock, Leben, Licht. Dann ist im Grunde alles Wichtige Gott – die unsichtbare Substanz der Dinge und doch wesentlich. So wie die Luft, die nicht sichtbar ist und die wir doch so dringend zum Atmen brauchen. So ist Gott da und das Wesentliche aller Dinge. Er ist die Essenz meines Lebens. In IHM bewegen wir uns, in IHM sind wir. Er ist Orientierung und Sinngebung. Sinn heißt: Ich weiß, wofür es sich lohnt zu leben und meine Kraft einzusetzen.

Sollte die katholische Kirche irgendetwas ändern, um die Menschen da abzuholen, wo sie sich befinden?

Auf keinen Fall sich „billig" machen. Indem man die Ware zum Ramsch macht, würdigt man sie herab. Gottes Wort ist immer noch so teuer wie zu Jesus' Zeiten, und nur so können wir es anbieten. Im Johannesevangelium heißt es: „Von da an verließen ihn viele Jünger. Seine Lehre ist hart. Wer kann sie hören?"[12] Und dann fragte Jesus seine Jünger: „Wollt auch ihr gehen? Ich halte euch nicht." Und dann antwortet Simon Petrus, der ja immer auch für die anderen spricht: „Wohin sollten wir gehen? Du hast Worte des ewigen Lebens." Drunter können wir nicht gehen.

6. ES IST WIE EINE AUFERSTEHUNG – DIE BEICHTE

Sie haben eine Vielzahl an Aufgaben als Stadtpfarrer von Altötting. Sind Sie auch Beichtvater?

Heutzutage bin ich wenig im Beichtstuhl. Den Erstkommunionkindern nehme ich die Beichte ab. Aber ich habe sehr viel Beichterfahrung. Bei der Beichte ist die Seelsorge am dichtesten, weil Leute, die beichten, ihr Leben ändern, neu anfangen wollen. Sie sind der „verlorene Sohn", der vorm himmlischen Vater kniet und sagt: „Ich bin es nicht mehr wert, dein Kind zu sein!"

Und wenn dann der Beichtvater sagen kann: „Du bist es sehr wohl wert! Du warst in der Hölle, du warst verloren. Aber jetzt kannst du alles ändern!" – dann ist das wie eine Auferstehung für die Menschen. Es geht nicht darum, die Sünde zu verharmlosen! Es ist schrecklich, wenn jemand die Ehe bricht, Geld unterschlägt usw. Aber viel schrecklicher wäre es, wenn diejenigen nicht bereuen würden, wenn sie nicht zur Beichte kommen würden mit dem Wunsch eines Neuanfangs. Die Vergebung ist ihnen zugesagt, weil sie die Reue so deutlich empfinden und schon durch die Reue geheilt sind.

Haben Sie diese Art der Heilung erleben dürfen?

Ja. Natürlich. Ich habe Unglaubliches erlebt, was durch die Beichte möglich wurde. Ich wüsste kein Verbrechen, das ich nicht schon gehört hätte, von Abtreibungen, Mord, Diebstahl, Ehebruch, Unterschlagung bis zu Verleumdung und mehr. Ich denke an eine Frau, die abgetrieben hat. Sie kam zur Beichte und sagte, dass sie jede Nacht von ihrem Baby träumt, es neben ihrem Bett sieht. Es sagt „Mama" und wenn sie hingreifen will, ist es weg. Sie hatte unglaubliche Schuldgefühle und fragte: „Kann ich je Gnade finden?" Und wenn man dann sagen darf: „Natürlich kannst du das, natürlich vergibt dir Gott!" – dann ist das wie eine Erlösung.

Sie ist ja schon durch die Hölle gegangen. Sie trägt die Hölle in sich. Was kann ich tun? – war ihre Frage. Ein Waisenkind adoptieren, im Kinderheim helfen, eine Kinderpatenschaft in den Entwicklungsländern übernehmen – das wären Zeichen der Wiedergutmachung, wobei das Wiedergutmachen Jesus für uns getan hat. Er ist gestorben, damit wir erlöst sind.

Erlösung heißt, er hat die Schuld für uns auf sich genommen. Man kann jeden frei sprechen und erlösen, wenn die Reue da ist. Wenn die Reue allerdings fehlt, ist die Beichte eine Farce.

Verzagen Sie nicht manchmal, wenn Sie in der Beichte oder Ihrer priesterlichen Tätigkeit den menschlichen Irrungen und Wirrungen so konzentriert begegnen?

Nein. Das Drama des Lebens und dieser Welt ist ja Schuld und Sühne. So lange die Welt besteht, werden diese Kräfte nebeneinander wirken. Ich versuche, an der Baustelle des Guten zu wirken, kann helfen, dass das Gute stärker ist. Das ist auch stärker – auch ohne mich! „Das ist der Sieg, der die Welt besiegt hat, unser Glaube" – heißt es in einem Paulusbrief. Die Liebe ist stärker, die Hoffnung ist stärker, Gott ist stärker.

Sind Sie manchmal mit dem Beichtgeheimnis in Konflikt gekommen, wenn Sie in der Beichte mit Verbrechen konfrontiert wurden?

Nein, niemals! Niemals würde ich das Beichtgeheimnis verletzen.

Monsignore Mandl, wenn Sie beten, wie tun Sie es und was ist das Gebet für Sie?

Beten ist – verbal und nonverbal – sich wohl fühlen in der Nähe Gottes. Ein Kind sitzt im Sandkasten und spielt, und am Rand sitzt die Mama und schaut zu. Das Kind weiß sich behütet, die Mama ist voller Freude und Stolz. Wie es in der Bibel heißt: Du bist mein geliebtes Kind, an dir habe ich Wohlgefallen.[13] Gott ist ein liebender Vater, der sich freut, dass es mich gibt, und der meinen Spielen im Sandkasten des Lebens zuschaut. Und somit ist alles Gebet. Alles, was ich in der Gegenwart Gottes tue, ist Gebet.

Ich habe vorhin einen Artikel geschrieben für unseren Pfarrbrief. Jeden Mittwoch muss dieser fertig werden, damit die Sekretärin ihn am Nachmittag drucken kann. In dieser Stunde, wo ich das schreibe, bitte ich Gott immer: Gib mir die Gedanken „in die Finger", die meine Pfarrei die Woche über gebrauchen kann. Nicht die, die mich heraus stellen als klugen Mann, sondern die, die den Leuten Nahrung sind. Und so kann alles Gebet sein: Jede Busfahrt, jede Wartezeit beim Arzt, das Wandern in der Natur, wo ich diese wunderbare Landschaft sehe und die kleine Blume am Weg als Ausdruck all der Schönheit der Schöpfung. Ich kann im Bett beten. Ich kann hinknien in der Kirche, vor dem Tabernakel und eine halbe Stunde verweilen.

Expressis verbis bete ich natürlich auch das Brevier, was alle Priester – rund um die Welt – zur gleichen Zeit beten. Gebet ist aber nicht nur das Sprechen von Worten. Wenn man einen Menschen liebt, sucht man seine Nähe, hat das Bedürfnis, mit ihm zu sprechen, sich auszutauschen, aber man fühlt sich auch wortlos wohl in seiner Nähe, in stiller Zweisamkeit. So ist es auch mit meiner Liebe zu Gott und meiner Sehnsucht nach ihm. Es ist das Bedürfnis, mich ihm mitzuteilen, aber auch still in seiner Anwesenheit zu verweilen. Gebet ist die Freude an der Gegenwart Gottes, an seiner Liebe, die er mir deutlich zu spüren gibt.

Sie sprachen vorhin in Bezug auf Altötting von einer vom „Gebet durchwirkten Atmosphäre", d. h. seit Jahrhunderten kommen die Menschen hierher und beten vor der Gottesmutter. Sie beten und bitten um Erfüllung eines Wunsches, um Heilung, um Erlösung von Leid. Sie beten in Dankbarkeit für die Erhörung ihrer Bitten. Durften Sie selbst erleben, dass Gebete erhört wurden, Heilung geschah?

Es kommen zu den 2.000 Votivtafeln, die im Kreuzgang der Gnadenkapelle hängen, jedes Jahr ca. 30 dazu. Das heißt, Altötting ist nach wie vor voller Wunder. Leute bringen auch heute noch dem Wallfahrtsrektor ihre Tafeln: Unser Kind war krebskrank und nach einem Altötting-Besuch hat sich die Leukämie zurück gebildet. Und dann heißt es „Maria hat geholfen. Danke!"

Oder im Tsunami von Indonesien hat eine Gruppe Deutscher mitten in der Sturmwelle die Gnadenmutter von Altötting angerufen und wurde gerettet, während alle anderen um sie herum ertranken. Die haben hier eine Tafel angebracht. Da sieht man den Tsunami. Es sind alles ähnliche Situationen aus fünf Jahrhunderten bis in die Gegenwart.

Der Gnadenstrom ist nicht abgeebbt. Auch die Gegenwart ist voller Wunder. Schauen Sie, auch ich wundere mich jeden Tag darüber, dass ich hier sein darf!

8. Sieh dich so, wie Gott dich gemeint hat – Das Hier und Heute

Haben Sie ein Lebensmotto und wenn ja, wie lautet es?

„Es gibt für jedes Problem eine Lösung, und wenn nicht direkt, dann auf jeden Fall eine Notlösung." Also, Verzweiflung, Mutlosigkeit, Angst – gibt es nicht. Sie kennen die Geschichte mit den beiden Fröschen? Der optimistische und der pessimistische Frosch fallen in die Sahne… Strampeln, strampeln! Aufgeben tue ich nicht, auch wenn ich keine Lösung sehe. Irgendwann wird unerwartet etwas eintreten, wo ich wieder Boden unter den Füßen habe. Wobei ich zugebe, dass auch ich Krisen habe, dass ich mitunter völlig erschöpft bin. Und dann habe ich zum Beispiel eine Beerdigung und kann die Leute das ja nicht spüren lassen. Und dann sage ich: „Lieber Gott, ich kann heute nichts bewirken. Mach du es! Mein Beitrag ist 1,3%. Du musst 98,7% übernehmen!" Manchmal teilen wir uns die Last, aber ich kenne es gut: diese Durchhänger, die Gebetsarmut, die Gottesferne…

Sie haben als Priester ja mit allen Belangen des Lebens zu tun, zu denen auch das Sterben gehört. Sie gaben gerade das Stichwort „Begräbnis". Wie denken Sie über den Tod?

Zeit ist eine ganz kostbare Gabe. Man weiß ja nie, wie viele Jahre man noch hat. Mit Zeit gehe ich also sehr achtsam und sehr bewusst um. Jede Stunde ist eine Gnadenstunde. Jedes Erwachen am Morgen ist eine Auferstehung. Es heißt ja „aufstehen". Ostern ist nur ein „bisschen" mehr: Auf–er–stehung. Der Schlaf ist also ein Bruder des Todes. Aufwachen heißt: Ich bin noch im Leben. Und irgendwann kommt der Todesschlaf, aus dem wir ewig auferstehen.

Wie sieht Ihr Alltag heute aus?

Momentan beschäftigt mich gerade, ob ich dem „Termin-Tsunami" noch gewachsen bin, denn ich muss demnächst noch die Süd-Pfarrei St. Josef übernehmen. Dann habe ich 10.000 Gemeindemitglieder und damit so viel an Aktualien, dass ich nicht weiß, ob ich noch hinterher komme! Die Personaldecke ist dünn. Das macht wir ein wenig Sorge: Dass es so wenig Priesternachwuchs gibt und dass einige junge Priester nicht sehr belastbar sind.

Sie formulierten vorhin, „die Liebe ist stärker..." Was ist die Liebe für Sie? Was heißt es, aus Ihrer Sicht zu lieben?

Lieben heißt, einen anderen oder etwas anderes zu einem Teil von mir selbst zu machen und sich aus dieser Innerlichkeit heraus dem anderen gegenüber zu verhalten.

Das setzt aber die Selbstliebe voraus...

Ja natürlich. Das Wichtigste, aber auch vielleicht das Schwierigste ist die Selbstliebe. Denn wer ist schon zufrieden mit sich? Sich selbst zu lieben, heißt: Nimm dich an, wie du bist – mit deinen Möglichkeiten und Grenzen. Sieh dich so, wie Gott dich gemeint hat. Dann kann man auch die anderen annehmen mit ihren Möglichkeiten und Grenzen. Ich kann den anderen nur annehmen, wenn ich mich liebe. Ich werde alle ablehnen, wenn ich mich ablehne. Das „Nein" zu sich spüren die anderen Menschen. Man merkt: Da ist jemand uneins mit sich. So jemand ist dann auch nicht zu Partnerschaft, Ehe oder Freundschaft in der Lage, zumindest wird all das sich schwierig gestalten.

Das predige ich immer auch „meinen" Kindern und Jugendlichen: „Sag ‚ja' zu dir! In dir steckt ein göttlicher Plan. Du bist unwahrscheinlich begabt. Vielleicht nicht als Mathematiker, aber möglicherweise steckt in dir ein Kabarettist! Freu dich, dass es dich gibt! Gott wollte dich so! Er hat dich geschaffen. Nimm dich an, suche in dir den göttlichen Plan und vervollkomme ihn. Momentan magst du eine Baustelle sein. Vollende das Gebäude! Du bist mit 90 noch nicht fertig, wenn dir Gott 100 Jahre gibt!"

Das gilt auch für mich. Jeder Tag ist ein neues Abenteuer. Ich kann ein Stück weiter bauen an mir und damit auch an der Welt. Wenn ich zu mir „ja" sage, sage ich automatisch auch „ja" zu Gott, der mich so gemacht hat und zu den Mitmenschen, die in mein Leben treten, die er auch so gemacht hat. Dann ist der andere oder das andere nicht etwas, was getrennt von mir existiert, sondern wie ich ein Teil von Gottes Plan.

Die Menschen brauchen den Priester – das spüre ich täglich

PFARRER CLEMENS REHOR/CLEMENS HRJEHOR, CROSTWITZ

Geboren am 7. Mai 1953

Als langjähriger Dresdnerin ist mir die Lausitz räumlich wie mental immer sehr nahe gewesen. 30 Autominuten von Dresden entfernt, konnte man in eine scheinbar ganz andere Welt eintauchen. Diese slawische Insel in Sachsen mit ihren zweisprachigen Ortsschildern und den christlichen Wegkreuzen am Straßen- oder Feldrand hat mich immer fasziniert. Im Heimatkunde-Unterricht erfuhren wir von der Existenz der Sorben und der Domowina. Im Schullehrbuch waren Fotos und Zeichnungen ihrer Trachten abgedruckt. Was nicht zur Sprache kam: dass der katholische Glaube auf ganz besondere und sehr innige Weise gelebt wurde, auch zu DDR-Zeiten. Die Sorben haben sich eigenständige Bräuche erhalten, mit denen sie die verschiedenen Höhepunkte des Kirchenjahres feiern. Manche dieser Bräuche, wie das Osterreiten, haben wahrscheinlich Wurzeln aus vorchristlicher Zeit, sind also sehr alt.

Für dieses Buchprojekt wollte ich also unbedingt auch einen Lausitzer Pfarrer dabei haben. Doch wie sollte ich einen Gesprächspartner finden? Natürlich recherchierte ich im Internet und stieß auf verschiedene Namen und Pfarreien. Aber wen sollte ich auswählen und aus welchen Gründen? Ich konnte zu keiner Entscheidung kommen, und so lag das Lausitz-Vorhaben „auf Eis". Ich kam nicht weiter.

Im Dezember 2007 wurde mein Schwiegersohn in einen kleinen Ort nahe Hannover zum Vorstellungsgespräch eingeladen. Wir begleiteten ihn, und während er mit seinem künftigen Arbeitgeber sprach, machte der Rest der Familie einen Spaziergang, der auch an der örtlichen katholischen Kirche vorbei führte. Dort blieben wir stehen, betrachteten die Kirche, redeten, blickten auf die Aushänge im Schaukasten, begannen zu lesen… Und da sah ich einen Brief, den ein Pfarrer an diese, seine Heimatgemeinde geschrieben hatte, in welchem er die Zeit, die er bei Pfarrer Rehor in Crostwitz in der Lausitz verbracht hatte, beschrieb. Es war vom tief empfundenen Glauben der Sorben die Rede, von ihren kirchlichen Festen und Bräuchen. Was für eine Fügung! Da hatte ich offenbar im fernen Hannover einen Fingerzeig bekommen auf meinen künftigen Gesprächspartner. Zu Hause suchte ich die Telefonnummer von Pfarrer Rehor heraus, rief an, schilderte ihm mein Anliegen. Und wurde natürlich mit einiger Skepsis im Unterton gefragt: „Warum ich? Wie kommen Sie auf mich?" Ich beschrieb ihm den Hergang und erhielt eine Einladung nach Crostwitz.

Crostwitz ist ein kleiner Ort mit einer großen Kirche. In den zur bürgerlichen Gemeinde gehörenden fünf weiteren Ortschaften leben ca. 1.200 Sorben. Amtssprachen sind deutsch und sorbisch. Unser Gespräch fand am Aschermittwoch statt, der kein Feiertag ist. Dennoch war die Kirche um 9.00 Uhr zur heiligen Messe voll besetzt bis hinauf in die Ränge. Manche ältere Frauen trugen Tracht und eine schwarze Haube mit der für die Sorben typischen großen Schleife am Hinterkopf. Ansonsten fiel auf, dass Jung und Alt erschienen waren, Familien mit Kindern, Jugendliche, Männer, Frauen. Die Messe fand in sorbischer Sprache statt. Die Orgel schwieg. Der unbegleitete Gesang der Gemeinde beeindruckte mich tief, so stark, so inbrünstig wurde gesungen.

Nach der Messe läutete ich am Pfarrhaus. Pfarrer Rehor, sorbisch: Hrjehor, ist ein großer, hoch gewachsener Mann, bei dem mitunter der Schalk eines Jungen hervorblitzt. Ab und zu fragte ich mich in unserem Gespräch, ob diese oder jene Äußerung ironisch gemeint sein könnte und ob er mich vielleicht auf den Arm nimmt. Nicht immer war ich mir ganz sicher. Auch ist er ein begnadeter Erzähler. Ich ertappte mich mehrfach, wie ich mit offenem Mund da saß und auf die Pointe seiner Geschichte wartete. Gerade weil ich von seiner Predigt nur drei Worte verstanden habe, nämlich Albert Schweitzer, Seele und Gott, erfasste ich das konzentrierte Lauschen der Gemeinde im Gottesdienst. Ich kann mir vorstellen, dass er seine Zuhörer bannen kann. Später skizzierte er mir die Grundgedanken seiner Predigt: dass Albert Schweitzer die Schlafkrankheit beschrieben hat, aber dass es auch eine Schlafkrankheit der Seele gibt, dass die Fastenzeit eine gute Gelegenheit ist, die Seele aufzuwecken und Gott erfahren zu lassen. Und er schlug den Gläubigen vor, in der Fastenzeit drei Dinge zu tun: auf etwas zu verzichten, was einem wichtig ist, wöchentlich ein zusätzliches Werk der Andacht zu tun und in der österlichen Bußzeit ein christliches Buch zu lesen. Praktische Ratschläge, den Glauben zu leben, liegen ihm am Herzen.

Pfarrer Rehor ist Hobby-Flieger. Er hat sich mit 50 einen alten Jugendtraum erfüllt und die Pilotenprüfung für kleine Motorflugzeuge für vier Personen abgelegt. Manchmal kann er auf diese Weise seinen dichten Arbeitsalltag hinter sich lassen und einfach abheben.

Aschermittwoch, Februar 2008.

I. Hier gingen alle in die Kirche – Kindheit und Jugend in der Lausitz

Herr Pfarrer Rehor, in welche Familie wurden Sie hinein geboren?

Was soll ich sagen? Ein kleines Dorf in der Nähe von Crostwitz, es heißt Höflein. Dort bin ich 1953 als zweites von vier Kindern geboren worden. Beide Eltern sind Katholiken gewesen. Meine Mutter, Jahrgang 1928, hat als Kind alles erlebt, was man sich nicht wünschen würde. Nach dem Krieg ist sie Lehrerin geworden. Mein Vater war im Krieg und als er wieder kam, wurde er ebenfalls Lehrer. 1950 haben sie geheiratet. Meine Eltern zogen dann nach Bautzen, so dass ich dort aufgewachsen bin. Mitten unter Deutschen. Es gab damals nur eine von zehn Schulen, die sorbischsprachigen Unterricht anbot. Mein Schulweg führte an drei deutschen Schulen vorbei, aber ich besuchte die sorbische Schule. Aufgewachsen bin ich also zweisprachig.

Das heißt, Ihre Muttersprache und die Sprache zu Hause waren sorbisch?

Ja natürlich. Beide Eltern waren Sorben. Wir haben zu Hause nur sorbisch gesprochen. Meine Mutter war ein sorbisches Mädchen, das mit 13 Jahren in der Schule nur noch deutsch schreiben durfte. Die sorbische Sprache war in der Nazizeit verboten. Die sorbischen Lehrer wurden 1937 abgezogen, die Priester 1940 weggeschickt. Jedes sorbische Wort wurde bestraft. Man wurde geschlagen oder man musste Strafarbeiten schreiben, wenn man sorbisch gesprochen hatte: „Ich darf nicht wendisch sprechen." usw. Das heißt, meine Eltern haben eine Kindheit gehabt, in der versucht wurde, die sorbische Sprache auszumerzen. Nach dem Krieg fing ein neues Kapitel an. Da wurden sorbische Lehrer gesucht, die dann alles in sorbisch unterrichten konnten. Die neu entstandene SED hat sich in unserer Gegend stark für die Sorben eingesetzt, so dass fast alle Sorben, die diese Unterdrückungserfahrung gemacht hatten, der Partei beitraten. Es wurden vollmundige Gesetze für die Sorben geschaffen, sorbische Institutionen gegründet. Jedes Kind auf unseren Dörfern lernte sorbisch und deutsch. Es sah aus wie eine neue Zeit, wie eine neue Chance für die Sorben. Auch meine Mutter trat in die SED ein. Aber sie war nur ganz kurz Mitglied. Sie hat sehr schnell, wie viele andere auch, die wieder austraten, gemerkt, dass mit dieser Partei der Atheismus verbunden war. Glaube und Partei gingen nicht zusammen.

Durfte der Glaube in der DDR denn gelebt werden? Der katholische Glauben ist ja bei den Sorben ganz stark verwurzelt. Konnte der Sozialismus diese tiefe Religiosität ausmerzen?

Natürlich sind die Leute in die Kirche gegangen! Die konnten in Crostwitz nicht einfach sagen: Die Kirche gibt's nicht mehr. Das können Sie sich ja vorstellen. Aber es wurde im Laufe der Zeit auf sehr differenzierte Weise versucht, das Praktizieren des Glaubens schwerer zu machen, z. B. durch die Forcierung der Jugendweihe oder dass man einzelne Lehrer, die meistens Mitglied der SED waren, an die sorbischen Schulen schickte. 1964 kam dann eine Reform, mit der zwei verschiedene Klassentypen eingeführt wurden. Vorher lernten alle Schüler gleich Sorbisch und Deutsch. Mit der Reform wurden die Klassen getrennt in Muttersprachler und sorbisch Lernende. Aber in diesem zweiten Typ spielte die sorbische Sprache sehr bald eine untergeordnete Rolle – bis dahin, dass in den Klassen fast ausschließlich deutsch gesprochen wurde. Haben noch vor der Reform alle so gut Sorbisch gelernt, dass sie die Sprache auch sehr gut anwenden konnten, so wurde Sorbisch für die meisten Schüler des zweiten Typs zur ungeliebten Fremdsprache. Gegen diese Reform hat meine Mutter sehr gekämpft.

Sie ist dann auch aus der Domowina[1] ausgetreten, vor allem deswegen, weil die sich in ihrer Satzung zum Ziel gesetzt hatte, den Sozialismus zu fördern und somit auch den Atheismus. Wir sind ja als Kinder alle automatisch Mitglied in der Domowina geworden. Ich habe mich vor der Wende allerdings nicht in der Domowina engagiert.

Wie haben Sie in Ihrer Familie zu DDR-Zeiten den Glauben gelebt?

Wir sind alle zusammen jeden Sonntag und an Feiertagen zur heiligen Messe in sorbischer Sprache gegangen. Also, das sozialistische Regime hat hier, im sorbischen Kerngebiet, den Glauben nicht tot gekriegt, obwohl sie sich sehr darum bemühten. Ich kann mich erinnern, wie meine Mutter oft erzählte, dass es in den Schulen auf den sorbischen Dörfern strenge Anweisungen gab, dass die Lehrer und Schüler an Fronleichnam nicht in die Kirche gehen durften. Einmal haben die Genossen vom oberen Schulamt des Rates des Kreises aus Kamenz an diesem Tag in der Schule in Crostwitz angerufen und gefragt, ob alles in Ordnung wäre. Der Direktor sagte: „Nein, es sind keine Kinder in der Schule." Die Lehrer sind zwar da geblieben, aber die Kinder waren in der Kirche. Die Kamenzer Genossen wollten das nicht glauben und haben sich furchtbar aufgespielt, wieso die Lehrer zugelassen haben, dass die Kinder in die Kirche gegangen sind. Der Direktor sagte schließlich: „Kommen Sie doch her und überzeugen Sie sich selbst!" Und sie sind wirklich aus Kamenz mit dem Auto gekommen. Vor dem Dorf stand schon die Polizei, hielt sie an und sagte: „Bitte rechts ran, hier ist Fronleichnams-Prozession!" Stellen Sie sich vor: das zu DDR-Zeiten! Das haben die dann erleben müssen. Das konnten die sich in Kamenz nicht vorstellen, was hier in Crostwitz zu Fronleichnam los war.

Haben Sie selbst in der Schule Schwierigkeiten bekommen, weil Sie katholisch waren?

Natürlich. Ich bin in Bautzen in die sorbische Schule gegangen. Das war genauso eine sozialistische Schule wie alle anderen. Ich war kein Musterknabe …

Nicht?

Wir hatten neulich Klassentreffen, nach 40 Jahren das erste Mal. Meine ehemaligen Mitschüler wussten heute noch die Dummheiten, die ich damals gemacht habe.

Zum Beispiel?

Eins vielleicht: Meine Aufgabe war es immer, für den Geographieunterricht diese großen Karten zu besorgen, die man dann an einem Ständer aufhängen konnte. Zum Aufhängen brauchte man einen Stift, der da rein geschoben werden musste. Dieser Stift war aber weg. Da ich dafür nicht meine Bleistifte nehmen wollte, habe ich die Karte selbst gehalten. Ich stand also als lebender Kartenständer da, als der Lehrer herein kam. Ich stand hinter der Karte und man sah nur meine Schuhe. Er gab mir dann einen Bleistift von sich und sagte, ich solle mir nun mal etwas anderes einfallen lassen. Und das habe ich auch gemacht. In der nächsten Geographiestunde versteckten mich meine Mitschüler im Wandschrank, aber wir hatten unter die aufgehängte Karte meine Stiefel gestellt. Bei der Meldung am Anfang der Stunde, meldeten mich meine Mitschüler als abwesend. Der Lehrer sah aber meine Stiefel unter der Karte und kam auf die Idee, mich anzuschreien, dass ich nach vorn kommen solle. Es kam aber keiner. Er hat sich dann in Rage geschrien und dachte sich, das werde ich doch wohl schaffen, dass der nach vorn kommt. Irgendwann hat er hinter die Karte geschaut und einen solchen Lachanfall bekommen, dass die Stunde ausfallen musste.

Noch einmal zurück: Sie hatten erwähnt, dass Sie in der DDR Schwierigkeiten wegen des Glaubens hatten ...

Ja, zum Beispiel ging ein richtiger Kampf los, als es um die Jugendweihe ging. Wir hatten einen Lehrer, der auch Parteisekretär an unserer Schule war. Vor dem hatten wir alle Angst. Und eines Tages kam dieser Lehrer auf mich zu und fragte scharf: „Willst du nicht oder darfst du nicht zur Jugendweihe gehen?" Gemeine Frage, nicht? Ich dachte, wenn ich jetzt sage, ich will nicht, werde ich in der folgenden Diskussion mit diesem Lehrer nicht bestehen. Wenn ich aber sage, ich darf nicht, ist meine Mutter dran.

Ich muss dazu sagen, dass meine Mutter eine zeitlang stellvertretende Direktorin ihrer Schule war. Von diesem Posten ist sie irgendwann zurück getreten, weil sie wusste, dass sie dies nicht bleiben kann, wenn ihre Kinder an der Jugendweihe nicht teilnehmen würden. So war es ja letztlich auch. Also, ich habe dann, als der Lehrer mich fragte, kurz überlegt und gesagt: „Ich gehe nicht." Er hat uns alle in die Mangel genommen. Wir haben uns dann an diesem Lehrer gerächt. Am Tag der Jugendweihe fand gerade eine Straßensammlung für die Caritas statt. Wir haben uns vom Kaplan eine Sammelbüchse geben lassen – der hat sich gewundert und gefreut, weil das sonst niemand gerne machen wollte – und stellten uns vor der „Krone" in Bautzen, wo die Feier stattfand, auf und haben gesammelt. Bei den Lehrern und Gästen der Jugendweihefeier. Ich bin dann zu diesem Lehrer hin, habe ihm die Büchse hingehalten und gesagt: „Bitte eine Spende für Kindergärten, Altenheime und Krankenhäuser." Er hat ziemlich verdattert geguckt, aber hat etwas rein getan.

Wie ging es weiter nach der 8. Klasse?

Ich habe zugesehen, dass ich diese rote Schule verlassen konnte. Ich wusste, was ich machen wollte. Ich hatte eine Berufung erlebt. Habe das meiner Mutter gesagt. Sie hat sich furchtbar erschrocken.

Wie sah die Berufung aus? In welche Richtung ging der Ruf, dass sich Ihre Mutter so erschrocken hat?

Ich war am Vormittag dieses Tages in der heiligen Messe gewesen, habe am Nachmittag eine Westzeitschrift gelesen – es war eine Missionszeitschrift – breitete die Weltkarte vor mir aus, wählte mit meinem Finger ein ganz bestimmtes Land aus und wusste: Ich will dort Missionar werden. Ich habe dann meine Mutter gebeten, mir bei der Verwirklichung dieses Zieles zu helfen. Sie hat ein kirchliches Gymnasium gefunden, auf das man ab der 9. Klasse gehen und Abitur machen konnte. Es gab nur eine einzige dieser Art in der DDR. Sie war am Stadtrand von Berlin in Schöneiche. Das nannte sich damals bischöfliches Vorseminar. Man musste aus der 8. Klasse vom Staat entlassen werden.

Das war gar nicht so einfach. Die Kreisschulrätin wollte mich nicht entlassen. Meine Mutter ist bis nach Berlin gegangen: „Wenn die Schule erlaubt ist, dann müssen auch die Kinder da hin gehen können", sagte sie. Und so hat sie sich durchgesetzt. Ich bin dann also in diese kirchliche Schule gegangen, wo man keine Staatsbürgerkunde mehr hatte, stattdessen Religion, Griechisch und Latein. Das war natürlich toll. Früh gingen wir zur heiligen Messe. Wir hatten pro Tag drei Stunden Selbststudienzeit, die selten gereicht haben. Nebenbei haben wir eine Blaskapelle gehabt.

Viele haben ein Instrument gespielt. Es war eine richtig gute Zeit. Ich habe ein kirchliches Abitur gemacht, von 1967 bis 1972, was erst nach der Wende vom Staat anerkannt wurde. Aber das Abitur dort war so schwierig, wer das bestanden hatte, der war fürs Leben gerüstet. Es war eine Schule für junge Männer, die Priester werden wollten.

Es war eine Schule ausschließlich für Jungen?

Ja, allerdings gab es in Berlin auch ein kirchliches Mädchengymnasium.

Mit dem Besuch dieser Schule war für Sie also klar, dass Sie die kirchliche Laufbahn einschlagen werden, dass Sie Priester werden würden?

Ja und nein. Ich wusste, dass ich das möchte, aber mit 14 ist man sich auch nicht sicher, ob es dann so kommt. Es gab genügend Zweifel, aber die kleine Liebe zu diesem Beruf wuchs heran. Viele sind nicht Priester, sondern Ärzte oder anderes geworden.

Auf jeden Fall war es eine phantastische Zeit. Wir haben gepaukt ohne Ende. Aber an unseren freien Tagen sind wir nach Berlin gefahren und konnten uns zum Beispiel in 40 Kinos, die es damals in Ostberlin gab, einen Film aussuchen.

Wie ging es weiter?

Nach dem Abitur bin ich nach Erfurt zum Studium der Philosophie und Theologie gegangen.

Wann hat sich entschieden, dass es der Priesterberuf sein wird?

Das hat sich erst ganz am Schluss entschieden. Erst nach dem Studium. Der Beruf des Arztes war mal anfangs mit in der Wahl. Als Kind wollte ich auch mal Pilot werden. Aber dafür hätte man Offizier werden müssen. Das kam für mich überhaupt nicht in Frage. Als Pfarrer habe ich Jugendlichen immer abgeraten, Offizier zu werden. Und den Mädchen nahe gelegt, sich nicht mit Offiziersbewerbern einzulassen.

Warum? Aus pazifistischen Gründen? Oder weil der Glaube dann nicht mehr gelebt werden konnte?

Wenn zwei Menschen entgegen gesetzte Weltanschauungen haben, kann meiner Meinung nach eine Ehe nur schwer gelingen. Schließlich war ja eine Offizierslaufbahn in der DDR mit einem eindeutigen Bekenntnis zum atheistischen Staat verbunden.

Wie hat Ihre Familie den Priesterwunsch aufgenommen? Sie sagten vorhin, dass die Mutter sehr erschrocken reagierte. Es heißt ja immer auch, dass der Sohn keine Familie haben wird, dass es keine Kinder geben wird …

Als Kind von 14 Jahren denkt man nicht an alles. Man verspürt einen starken Wunsch, diesen Weg zu gehen, und die Kräfte dafür bekommst du dann schon. Ich habe natürlich noch lange gezweifelt. Der Wunsch war immer da, aber ich habe mich auch drei Mal verliebt, vor und während des Studiums. Aber es war nie so, dass diese Liebe das Stärkere gewesen wäre. Das habe ich dann als Fügung angesehen. Ich merke das heute auch in der Praxis, wenn ich Paare traue: Es gibt ganz große Lieben und weniger große.

Sehr interessanter Aspekt. Und das spüren Sie?

Ja, ich habe ein feines Gespür dafür. Ich habe Paare, da weiß ich von vornherein: Das geht nicht schief.

Denken Sie, dass man das so sagen kann: Eine ganz große Liebe – das geht nicht schief? Können die Liebe und das Glück nicht auch wachsen? Viele Paare raufen sich zusammen, fangen vielleicht mit einer kleineren Liebe an und „enden" bei einer ganz großen?

Sehr wohl. Das ist ganz richtig. Vielleicht so: Es gibt Paare, die sind füreinander bestimmt, und die durchstehen alle Schwierigkeiten, und die Liebe wächst daran. Ein Beispiel: Eine junge Christin, hat sich zu DDR-Zeiten in einen Offizier verliebt. Es war eine so starke Liebe, dass sie alle bisherigen Prüfungen bestanden hat. Diese Liebe ist unzerstörbar. Trotzdem haben beide sehr gelitten und mussten Kompromisse eingehen. Sie hat zu DDR-Zeiten ihre Kinder nicht taufen lassen. Er konnte als Offizier keine Karriere machen, weil seine Frau nicht aus der Kirche ausgetreten ist.

Und die Ehe existiert noch?

Natürlich. Die ist nicht kaputt zu machen. Nach der Wende wurden die Kinder getauft. Er arbeitet heute in einem anderen Beruf. Nach der politischen Wende hat sich für beide vieles zum Besseren gewandelt. Aber ich spüre bei den beiden auch heute noch eine ganz starke Liebe. So eine starke Liebe zu einer Frau habe ich nie gespürt. Die Liebe zu Gott und die Berufung zum Priestertum waren stärker. Das habe ich dann als Fügung angesehen. Je näher der Weihetermin kommt, desto klarer muss die Entscheidung sein.

Ich habe aber auch gezweifelt, ob ich für diesen Beruf geeignet bin. Ich bin davon ausgegangen, dass man als Priester drei Dinge besonders gut können muss: predigen, singen und mit Kindern arbeiten. Und ob ich es mit dem Predigen und einer guten Kinderpastoral klappen wird, wusste ich vorher nicht. Aber ich wusste schon damals, dass ich nicht gut singen kann.

Ich habe als Schulkind in der Kirche gern und laut mitgesungen, dass man es bis vorn hörte. Aber eines Tages hat mir ein Mann aus der Gemeinde gesagt: „Sing mal nicht mehr mit. Du singst total schief." Seitdem war es aus. Ich habe nicht mehr mitgesungen.

Das ist aber auch gemein. Das ist ja ein richtiger Schnitt in die Seele. Allerdings habe ich nicht gemerkt, dass Sie nicht singen können. Die Stimme wird ja auch durch die viele Übung geschult und verändert sich positiv.

Das stimmt natürlich. Aber um das abzuschließen, was Sie vorhin fragten: Als ich zum Priester geweiht wurde, am 24. Juni 1978 in der Hofkirche in Dresden, da ist meine letzte Berliner Freundin mit einem großen Blumenstrauß gekommen, als erste Gratulantin. Ich habe sie seitdem nicht wieder gesehen. Aber das fand ich damals ganz toll. Die damaligen Zweifel wegen des Predigens und der Arbeit mit Kindern haben sich auch gelegt.

Es hätte ja auch die Möglichkeit gegeben, in der Verwaltung tätig zu sein oder als Religionslehrer ...

Ich wollte Gemeindepfarrer sein. Ich wollte mit den Leuten leben, für sie da sein. Die Menschen brauchen den Priester. Das spüre ich täglich.

Sind Sie nach dem Studium gleich als Pfarrer nach Crostwitz gekommen?

Es gab manche von uns, die aufgehört haben und erst einmal einen Beruf ge-
lernt haben in der Zeit des Fragens und Zweifelns. Bei mir war das so nicht der
Fall. Mein Weg verlief am Schluss relativ geradlinig: Ich habe studiert, dann gab
es das Pastoralseminar, dann bin ich zum Priester geweiht und mit 25 Kaplan in
Crostwitz geworden. Weil es schon damals wenig sorbische Priester gab, wurden
Sorben hier eingesetzt. Nach vier Jahren bin ich versetzt worden nach Radibor.
Dort war ich 15 Jahre Pfarrer. Danach bin ich als Pfarrer nach Crostwitz zurück-
gekommen. Ich kenne die Leute hier zum großen Teil von früher: Die Eltern der
Ministranten heute sind meine Ministranten von damals.

Wie groß ist Ihre Pfarrei?

Wir haben ca. 4.000 Gläubige in über 30 Dörfern. Von denen kommen etwa
2.000 am Sonntag zur Kirche. An jedem Sonntag! In der Pfarrkirche in Crostwitz haben wir sonntags vier heilige Messen, wovon eine in deutscher Sprache
ist. Ein weiteres Zentrum der Pfarrgemeinde ist das Kloster St. Marienstern in
Panschwitz-Kuckau mit drei und das Malteserstift in Räckelwitz mit zwei Sonntagsmessen. In der Regel feiere ich die heilige Messe auch an Wochentagen mindestens ein Mal am Tag, leider oft auch mehr.

Warum leider?

Die Gefahr ist groß, in Routine zu verfallen. Wir haben nicht selten die zweite
oder dritte heilige Messe auch am Wochentag, weil wir außer in der Pfarrkirche auch auf den Dörfern Gottesdienste feiern – und das auf sorbisch wie auf
deutsch. Zusätzlich kommen Beerdigungen mit Requiem, Brautmessen, Messen
bei Hochzeitsjubiläen und ab und zu noch Vertretungen dazu. Man möchte ja
auch nicht, dass die Leute sich abgewöhnen zur heiligen Messe zu gehen. Sie ist
das tägliche Brot, das die Leute durch ihr Leben begleitet.

Wer steht Ihnen personell zur Seite?

Es sind neun Sonntagsgottesdienste zu halten. In Panschwitz-Kuckau ist ein
Pfarrvikar und in Räckelwitz ein Rentner-Priester. Weiterhin helfen mir Pfarrer
der kleineren Nachbarpfarrgemeinden und weitere Ruhestandspriester.

Was ist für Sie das Schönste an Ihrem Beruf?

Das Schönste? Superlative sind immer so schwierig zu bedienen. Verwenden Sie
doch bitte den Elativ. Wissen Sie, was der Elativ ist?

Nein.

Sehen Sie, der wird in der Schule nicht mehr gelehrt. Die ganze Welt besteht nur noch aus Superlativen. Die Frage würde mit Elativ lauten: Was sind die sehr schönen Seiten Ihres Berufes? Also, sehr gerne mache ich Kinderarbeit. Kindergottesdienste habe ich jede Woche am Donnerstag, einen in Crostwitz und am Mittwoch einen in Räckelwitz. Das macht mir unheimlich viel Freude. Den Sakramentenunterricht bei den Kindern und Jugendlichen mache ich auch sehr gern: Ich gehe in die Schulen und halte den Erstkommunionsunterricht. Oder der Firmunterricht: Mit den Jugendlichen arbeiten, das macht mir ganz großen Spaß. Das erfüllt mich richtig. Ich muss sehr viel predigen. Eigentlich gibt es kaum etwas, was mir überhaupt keine Freude macht.

Haben Sie die Berufswahl irgendwann einmal bereut?

Niemals. Ich kann mir gar nichts anderes vorstellen.

Sie haben die Zweifel, die Sie während des Studiums hatten, erwähnt. Kamen die Zweifel noch einmal wieder? Gab es Anfechtungen? Es ist menschlich, vielleicht sogar göttlich, „in die Liebe zu fallen"?

Niemals sollte jemand hochmütig von sich behaupten, dass ihm so etwas nicht passieren könnte. Ich will aber alles dafür tun, dass ich meiner Berufung treu bleibe. Natürlich gab es etwas, was man als „midlife-crisis" bezeichnen könnte. Da war ich Anfang 40. Jetzt bin ich 55. Damals bin ich in eine Situation hinein gekommen, wo ich noch einmal alles in Frage gestellt habe, wo ich mir sagte: Du lebst nur einmal. Du hast diese Lebensform gewählt – und mich fragte: Ist das die richtige für dich auf alle Zeit?

4. Vater zu sein, hätte ich mir vorstellen können – Leben im Zölibat, Visionen für die Kirche

Könnten Sie sich denn vorstellen, den Beruf des Priesters mit einem Familienleben vereinen zu können?

Sicherlich wird auch das möglich sein. Ich kann es mir heute für mich nicht mehr vorstellen. Es gibt ja seit Jahrhunderten nur das Entweder–Oder. Als ich jünger war, haben mir Kinder gefehlt. Dass ich kein Vater werden konnte... Vater zu sein, hätte ich mir vorstellen können.

Wäre es für Sie ein Zukunftswunsch, den Priestern Familienleben zu erlauben?

Ich weiß nicht, was die Zukunft bringt. Ich denke doch, dass in Zukunft in dieser Hinsicht irgendetwas geschehen wird.

Wir haben schon vor 30 Jahren, als wir noch Studenten waren, darüber diskutiert. Damals haben die sehr konservativen Leute in der katholischen Kirche gefordert, dass man viri probati, das heißt im Leben erprobte Familienväter, zum

Priester weihen sollte. Dieser Wunsch wird immer mal wieder aktualisiert und an den Papst heran getragen. Von zwei Bischöfen ist mir konkret bekannt, dass sie diesbezüglich an den Heiligen Vater heran getreten sind. Wenn es einmal eine Änderung geben sollte, wird das der erste Schritt sein. Und vielleicht wird beides nebeneinander bestehen: das zölibatäre und das familiäre Priestermodell. In der orthodoxen Kirche geht es ja auch.

Schenkt Ihnen der Zölibat auch Freiheiten für die Ausübung des Berufes, die Sie sonst vielleicht nicht hätten?

Das könnte man so sehen. Wir waren zum Beispiel den gesamten Januar zur Hausweihe unterwegs. Da muss man sich immer ganz hinschenken. Ich fahre jede Woche Freitag nach Kamenz ins Krankenhaus, besuche die Kranken aus der Pfarrgemeinde. Da eise ich mich aus allen Verpflichtungen los und sage mir: Du musst Zeit haben, die Kranken brauchen dich. Und sie wissen: Der Pfarrer kommt am Freitag und warten schon auf mich. Wir haben 4.000 Gläubige in der Pfarrei. Es wäre für mich schwer vorstellbar, an eine einzelne Person gebunden zu sein und dennoch dieses Arbeitspensum leisten zu können.

5. CROSTWITZ – BESONDERER ORT DES GELEBTEN GLAUBENS

Auf dem Friedhof von Crostwitz sind Grabsteine zu sehen, die 1.000 Jahre alt sind. Sie tragen das christliche Kreuz. Wo und wie hat man diese gefunden?

Wir haben 2004 am Friedhof ein altes Gebäude aus dem Jahr 1836 weggerissen. Und in den Fundamenten haben Archäologen Grabsteine gefunden, die wahrscheinlich älter als 900 Jahre sind. Es sind sehr alte Zeugnisse des christlichen Glaubens. Insgesamt gibt es aus dieser Zeit drei Fundstätten, neben Crostwitz noch Sobrigau und Brießnitz. Hier wurden die ältesten Zeugnisse des christlichen Glaubens in Sachsen gefunden.

Aus anderen Quellen wissen wir, dass da, wo heute die Kirche steht, früher ein vorchristlicher Tempel stand. Im 11. Jahrhundert hat Bischof Benno von Meißen in dieser Gegend den christlichen Glauben verbreitet. Er war besonders erfolgreich, weil er in der sorbischen Sprache gepredigt hat. Sowohl die erste Kapelle aus jener Zeit als auch die spätere Pfarrkirche wurden unter das Patronat der beiden Apostel Simon und Judas Thaddäus gestellt. Auch dies weist auf Bischof Benno hin, der dieses Patronat aus Goslar mitgebracht hat.

Die Sorben sind ja bekannt dafür, dass sie eigene Bräuche haben, mit denen sie den Lauf des Kirchenjahres feiern. Dabei ist das Osterfest sicher der Höhepunkt, mit der Messe am Gründonnerstag, der Sterbeliturgie Jesu am Karfreitag, der Lichtermesse am Samstag Abend, wo auch die Erst-Osterreiter und die Jubilare gesegnet werden und dem Ausritt der Reiter am Ostersonntag, um die Auferstehungsbotschaft zu verkünden. Der

Ort Crostwitz hat dieses Jahr ca. 130 Reiterpaare gestellt. Insgesamt sind in allen Prozessionen ca. 1.700 Reiter unterwegs. Die Pferde sind geschmückt. Die Reiter zeigen sich in Gehrock und Zylinder und ziehen singend und betend in die Nachbarpfarrgemeinde. Das alles ist sehr festlich und sehr beeindruckend. Weiß man, wie lange es das Osterreiten schon gibt?

Genau kann man den Beginn nicht datieren. Es ist auf jeden Fall sehr alt. Nachweislich gab es diese Prozessionen bereits im 15. Jahrhundert. Wahrscheinlich wurde einem vorchristlichen Frühlingsbrauch ein christlicher Sinn gegeben. Heute tragen die Reiter die wichtigste Botschaft des christlichen Glaubens, dass Jesus auferstanden ist, in die Welt hinaus. Weihnachten und Ostern gehören untrennbar zusammen.

Menschwerdung und Auferstehung sind die beiden großen Geheimnisse des christlichen Glaubens. Wir würden Weihnachten nicht feiern, wenn es Ostern nicht gäbe. Obwohl es in Deutschland den Anschein hat, als ob Weihnachten wichtiger wäre, gehört dem Osterfest die Krone. Durch diesen schönen Brauch wird genau das zum Ausdruck gebracht.

Was ist Ihre Aufgabe als Priester im Zusammenhang mit dem Osterreiten?

Es handelt sich um eine kirchliche Prozession. Daran nehmen gläubige Männer teil. Die Priester können mit reiten. Ich selbst war 25 Mal Osterreiter. Natürlich feiere ich als Pfarrer die Osternacht, an der auch die Osterreiter teilnehmen. Die Reiter sammeln sich dann am Ostersonntag am Friedhof, umreiten die Kirche. Als Priester segne ich die Reiter, nachdem ihnen die Kirchenfahnen, die Figur des Auferstandenen und das Kreuz übergeben wurden. Dann setzt sich die Prozession in Bewegung.

Gibt es noch andere, für die Gegend typische Prozessionen oder Bräuche?

Sieben Kilometer von Crostwitz entfernt, befindet sich in Rosenthal unsere Wallfahrtskirche. Dorthin pilgern wir im Laufe des Jahres mehrmals hin. Der größte Wallfahrtsgottesdienst der katholischen Sorben in Rosenthal ist jährlich am Pfingstmontag. Weitere Wallfahrten sind jeweils am 2. Juli und 8. September, sowie jährlich eine Familien- und eine Kinderwallfahrt.

Dazu kommen noch im zweijährigen Wechsel eine Jugendwallfahrt der Sorben bzw. des ganzen Bistums. Zu den drei Gemeindewallfahrten tragen Druschki, junge Mädchen in einer besonderen Festtracht, in jeder Prozession eine Marienfigur. Viele Gemeinden haben auch andere Traditionen, bei uns zum Beispiel eine Wallfahrt in der Karwoche und am Markusfest.

6. Zeichen der Liebe Gottes zu uns Menschen – Die Beichte

Jeder Beruf beinhaltet schöne Seiten, aber auch schwierige Herausforderungen. Gibt es für Sie schwierige Seiten des Priesterberufes?

Wenn ich fremde Jugendliche durch die Kirche führe, sage ich, wenn wir am Beichtstuhl vorbei kommen: „Manchmal ist Beichte hören und einen guten Zuspruch zu finden, sehr schwierig." Für mich ist es das Zweitschwierigste am Priesterberuf.

Schlagen Sie Lösungen vor oder muss der/die Beichtende seinen/ihren Weg selbst finden?

Der Gläubige beichtet vor Gott. Als Priester gibt man einen Zuspruch, vielleicht wie ein liebender Vater. Und man bestärkt ihn im Weg des Glaubens, macht ihm Mut für die Zukunft.

Wenn Sie mit so viel Schuld konfrontiert werden, bedrückt Sie das nicht manchmal auch selbst?

Nein. Schließlich ist es Gott, der dem Menschen vergibt. Vermittler dieser Vergebung zu sein, ist eine große Freude.

Wo nehmen Sie die Gabe her, Menschen in so schwierigen Situationen zu begleiten und zu geleiten?

In solchen Augenblicken hilft mir der Heilige Geist.

Wenn Sie in wenigen Worten zusammenfassen müssten, was die Beichte ist, wie würden Sie es formulieren?

Die Beichte ist ein Sakrament, ein Zeichen der Liebe Gottes, eine Begegnung mit Christus. Alle Sakramente sind besondere Zeichen der Liebe Gottes zu uns Menschen. Gerade in der vergebenden und verzeihenden Liebe wird Liebe am deutlichsten, auch zwischen Menschen.

7. Nahrung wie Essen und Trinken – Das Gebet

Was ist das Gebet für Sie?

Es ist Nahrung wie Essen und Trinken. Den Arbeitsalltag eines Pfarrers kann man nicht so „greifbar" machen. Man muss immer bereit sein, sofort alles geben zu können. Und irgendwoher muss die Kraft dafür kommen. Dazu gehört das Stundengebet, der Rosenkranz sowie Stille und Meditation. Das Gebet ist meine Kraftquelle.

Wie beten Sie?

Zu den Gebeten, zu denen man als Priester verpflichtet ist, gehört das Stundengebet. Dies ist das Gebet der Kirche, an dem viele teilhaben. Andererseits heißt

Gebet für mich: Mein Leben vor Gott zur Sprache zu bringen. Ich spreche aus, was mich betrifft, was mich bewegt, was mich froh oder traurig macht, was mich glücklich macht und erfüllt. Manchmal muss ich auch Leere, die gerade da ist, zum Ausdruck bringen. Also, sein eigenes Leben vor Gott zur Sprache bringen, das ist Gebet.

8. Der Glaube wächst heran wie eine Frucht – Nachdenken über Gott und die Welt

Sie sprachen vorhin vom Zweitschwierigsten des Priesterberufes? Worin besteht für Sie das Schwierigste?

Wenn ich im Krankenhaus einen Menschen auf das ewige Leben vorbereiten muss – das ist das Schwierigste. Da kommt das Innerste zum Ausdruck, wenn ein Mensch weiß: „Ich muss jetzt sterben." Da interessieren ihn weltliche Dinge nicht mehr. Vieles, was vorher ganz wichtig war, ist jetzt völlig unwichtig. Wichtig ist nur noch: Glaubst du an Gott oder glaubst du nicht? Und am Schwierigsten ist, wenn solch ein Mensch sagt: „Ich kann an Gott nicht glauben." Oft erlebe ich aber auch das Gegenteil: Dass Menschen, die in dieser Situation um den Glauben gerungen haben, erst hier Gott finden. Solche Gespräche haben mich oft bereichert und beschenkt.

Durften Sie erleben, dass ein Mensch durch Ihr Geleit seinen Glauben wieder fand?

Ich bin ja nur Werkzeug. Martin Buber schrieb einmal: „Erfolg gehört nicht zum Wortschatz der Bibel." Wenn jemand von Erfolg redet, meint er seine eigene Leistung. Ich spreche lieber von Früchten, die heran wachsen. Der Glaube wächst heran wie eine Frucht. Und wenn man von Früchten spricht, so sind es viele, die mitwirken, Gott zu allererst. Wenn in einem Menschen der Samen des Glaubens aufgegangen ist, dürfte niemand sagen: „Das ist mein Werk." In diesem Sinne kann es schon sein, dass ich nicht selten Mitwirkender war, wenn Früchte des Glaubens reiften.

Was ist Gott für Sie?

Schöne Frage! Als ich noch Kaplan war, kamen einmal Jugendliche zu mir und erzählten: „Unser Staatsbürgerkundelehrer hat uns heute gefragt: Ist Gott Materie oder Idee?" Der damals herrschende marxistische Materialismus kannte ja nur diese beiden Seiten der Wirklichkeit. Meine Antwort lautete: „Gott ist Geist". Gerade von Jugendlichen werde ich oft gefragt, was Gott ist und wie man den Zugang zum Glauben finden kann. Dann erzähle ich manchmal ein Beispiel: „Stellt euch vor, zwei kleine Jungs, die noch nicht viel von der Welt wissen, spielen im Sand und finden eine schöne goldene Taschenuhr. Sie öffnen den Deckel, sehen, wie ein Rad ins andere greift. Und nun fangen sie an zu diskutieren. Der eine sagt: ‚Ich glaube, dass dieser Gegenstand durch Zufall und Entwicklung entstanden ist.' Der andere vertritt die Meinung: ‚So etwas Wunderbares, was so präzise funktioniert, muss jemand geschaffen haben. Ich kann mir nicht vorstellen, dass so etwas durch blanken Zufall entsteht. Da steckt ein Uhrmacher dahinter, der einen Plan hatte und danach die Uhr gebaut hat.'" Jeder von den beiden kann Recht haben. Man kann beide Meinungen vertreten. Es gibt viele Hinweise darauf, dass hinter der Schöpfung eine unheimliche große, unser menschliches Denken übersteigende Intelligenz steckt, die wir Gott nennen. Kurz gesagt: Unsere Welt ist kein Haus, das niemand gebaut hat. Derjenige, der sagt, dass es Gott nicht gibt, hat es viel schwerer, seine Meinung zu begründen.

Wir können Gott nicht sehen, aber wir können die Spuren seiner Gegenwart finden. Das ist möglich! Und das ist etwas, was ich den Jugendlichen auf ihrem Weg anrate: Empfindsam zu werden und solche Spuren lesen zu lernen.

Könnten Sie einige Hinweise geben, wie sich diese Spuren zeigen?

Das Gewissen, das jedem Menschen innewohnt, ist ein solcher Hinweis auf Gott. Es ist die Stimme Gottes, die in jedem Menschen spricht. In der Liebe kann man Gott finden! Ich bin überzeugt davon, dass man in einer echten Liebeserfahrung Gott so nahe kommt wie sonst kaum, denn Gott ist die Liebe. Man kann auf die Spuren Gottes in der Schöpfung stoßen. Nehmen Sie zum Beispiel das menschliche Auge. Es entwickelt sich in der Dunkelheit des Mutterleibes, um nach der Geburt sehen zu können: Es ist für ein Ziel geformt worden. Der Zufall kann kein Ziel setzen. In der Schöpfung ist alles zielgerichtet. Auch die Sehnsucht des Menschen nach dem Unendlichen ist so ein Hinweis, so eine Spur. Wenn ich diese Aufmerksamkeit für die Spuren von Gottes Wirken habe, dann stellen sich Erfahrungen ein, die das Ganze zu einer erfahrbaren Gewissheit werden lassen. Oft meinen Menschen, es sei Zufall, was in Wirklichkeit Gottes Fügung ist. Ich erlebe immer wieder, dass ich auf wunderbare Weise geführt werde.

Könnten Sie ein Beispiel bringen?

Ich hatte ein Schlüsselerlebnis. Es war am Anfang des Studiums. Wir waren zu einer Tagung in Berlin. Ich hatte mich mit einem Berliner Freund verabredet, wartete also, stand an der Weltuhr am Alexanderplatz. Und der Freund kam nicht. Ich fragte mich: Was jetzt? Ich hatte drei Stunden Zeit. Da erinnerte ich mich daran, dass in der Nähe das St. Hedwig-Krankenhaus ist. Dort arbeitete ein früherer Mitstudent als Krankenpfleger. Ich spürte eindeutig, dass ich ihn besuchen sollte. Ich lief hin. Als er mir öffnete, fiel mir sofort auf, dass er sehr blass war. Auf dem Tisch lagen viele Tabletten. Er wollte sich gerade das Leben nehmen. Wir führten dann ein langes Gespräch. Er lebt heute noch. Ich bin mir sicher, dass mich der Heilige Geist dorthin geschickt hat.

Oder: Da ich als sorbischer Priester in der Lausitz gebraucht werde, habe ich meinen Traum, Missionar zu werden, nicht verwirklicht. Aber einmal im Jahr fahre ich im Urlaub nach Asien, meistens in ein armes Land. Gläubige aus meiner Gemeinde geben mir manchmal Geld mit und sagen: „Herr Pfarrer, das ist für eine warme Hand." Durch Fügung begegnete ich 2006 auf der Insel Bohol auf den Philippinen einer katholischen Frau, deren Mann im Gefängnis saß. Sie konnte ihre Kinder nicht mehr ernähren. Ich hatte sehr wenig Zeit, gab ihr deshalb kurz einen Teil des Geldes und sagte: „Ich bin ein Pfarrer aus Deutschland. Ich werde Ihnen jetzt Geld geben, welches ich von meinen Gemeindemitgliedern für eine bedürftige Familie bekommen habe. Wenn es zu viel ist, geben Sie davon Leuten etwas weiter, die es auch brauchen können." Die Frau war völlig fassungslos. Ihren dankbaren Blick werde ich nie vergessen. Mir hat der Taxifahrer hinterher gesagt, dass sie immer gebetet hat, dass Gott ihr helfen möge.

Die Frage nach dem Leid beschäftigt alle Menschen. So möchte auch ich sie Ihnen stellen: Warum lässt Gott zu, dass die Geschöpfe, die er liebt, die er aus Liebe geschaffen hat, so leiden müssen? Warum muss manchmal ein siebenjähriges Kind an Krebs sterben, von dem man nicht sagen kann, dass es gesündigt oder seinen Tod absichtlich verschuldet hat?

Ja, das ist eines der schwierigsten Themen der Theologie, die so genannte Theodizee-Frage. Ich wehre mich dagegen, für alles, was auf der Welt passiert, Gott verantwortlich zu machen. Gottes Liebe ist so groß, dass er dem Menschen die Freiheit lässt, sich für oder gegen ihn zu entscheiden. Der Mensch hat auch die Freiheit, sich sowohl für das Gute als auch für das Böse zu entscheiden, also auch zu sündigen. Vieles, was zu schlimmen Krankheiten führt, ist die Folge menschlichen Handelns. Denken Sie nur an die Umweltverschmutzung oder an unverantwortliches Handeln im Straßenverkehr. Aber ich gebe zu, das ganze Leid kann so nicht erklärt werden. Bei dieser großen Frage der Theologie haben wir nur einzelne Puzzlesteine in der Hand. Das ganze Bild können wir nicht zusammenfügen.

Ich habe sehr viele Menschen leiden sehen. Manchmal fehlen da auch mir die Worte. Und trotzdem erwarten die Menschen bei der Beerdigung vom Pfarrer einen Zuspruch. Dann sage ich im Gottesdienst zur Gemeinde: „Angesichts des Leides können wir Menschen nur schweigen. Der einzige Grund zu sprechen, ist der Glaube an ein Leben in Gottes Herrlichkeit." Oft habe ich erfahren, dass Leiderfahrungen viel später Früchte getragen haben, die sonst nicht gewachsen wären.

Manchmal müssen auch Eltern, obwohl sie ihr Kind sehr lieben, Dinge tun, die das Kind als Leid empfindet, wenn es im Sinne seiner Entwicklung ist. Die größte Liebe kann mit Leid verbunden sein. Wissen wir, ob Gott leidet? Letztlich wissen wir nichts.

Sie sprachen vorhin auch davon, dass Gott die Liebe ist. Was ist die Liebe für Sie persönlich?

Meiner Berufung folgend habe ich auf die eheliche Liebe verzichtet, erfahre aber in der Ausübung des priesterlichen Dienstes eine sehr große Erfüllung, Zufriedenheit und Freude. Im Allgemeinen ist aber die Liebe die größte Gabe, die Gott für uns bereithält. Sie hat die Kraft, den Menschen und die Welt völlig zu verändern.

Herr Pfarrer Rehor, haben Sie ein Lebensmotto, das Sie begleitet?

Mich begleitet ein Satz aus dem Johannesevangelium, in dem Jesus sagt: „Ich bin das Licht der Welt. Wer mir nachfolgt, wird nicht in Finsternis wandeln, sondern das Licht des Lebens haben."[2]

Der Glaube macht frei

Pfarrer Bernhard Kerkhoff, Köln

Geboren am 2. September 1952

Meinen Personalausweis gab ich an der Pforte ab. Zwei Türen öffneten sich daraufhin für mich und schlossen sich sogleich wieder hinter mir. Noch nie in meinem Leben hatte ich ein Gefängnis betreten. Jetzt war ich also drin, in der JVA Remscheid und erwartete Pfarrer Kerkhoff, der mich in Empfang nehmen wollte. Mit mir saßen auf der Bank des Vorraumes zwei Frauen, die vielleicht Angehörige besuchen wollten. Die JVA Remscheid ist ein Männerknast mit 560 Insassen: „Eine der besten ‚Herbergen' in der ich gewesen bin", schrieb ein Gefangener in einem Blog, den ich mir vor Antritt meiner Reise durchgelesen hatte. Seit 1994 ist Bernhard Kerkhoff hier und in der JVA Wuppertal als Gefängnisseelsorger tätig. Insgesamt betreut er ca. 1.400 Inhaftierte. Den Kontakt zu ihm habe ich über das Internet hergestellt. Ich schilderte ihm mein Anliegen, wir schrieben uns mehrere E-Mails, in denen wir unsere Fragen austauschten. Dann bekam ich eine Einladung.

„Kerkhoff - nomen ist omen", sinniere ich, da kommt Pfarrer Kerkhoff auf mich zu, mit dem sprichwörtlichen großen Schlüsselbund in der Hand und geleitet mich durch zahlreiche Gänge des neuen Verwaltungstraktes in sein Büro. Jede Tür, die wir passieren, wird auf- und wieder zugeschlossen. Das Fenster seines Büros: vergittert. „Hier sind alle Räume vergittert, mit einer Ausnahme: der Kirche", erzählt er mir. Ich sage ihm, dass es programmatisch ist, wenn jemand Kerkhoff heißt und dann auch noch im Gefängnis arbeitet. Er antwortet: „Ja, ‚Kerk' heißt im Niederdeutschen/Niederländischen ‚Kirche' und ‚Hoff' ist der ‚Hof' – also Kerkhoff würde ‚Kirchhof' bedeuten." Ich hatte eine andere Assoziation gehabt: „Kerker" und „Hoffnung". So hat Pfarrer Kerkhoff seinen Namen noch nicht gesehen. Schnell sind wir im Gespräch.

Nach unseren Gesprächen bekomme ich eine Führung durch den Ort seines Wirkens. Der Verwaltungstrakt ist ein freundlicher Neubau und steht etwas abseits. Nur die Gitter vor den Fenstern erinnern daran, dass es kein ganz alltäglicher Ort ist. Wir gehen über den Hof. Gefangene, die in der Küche arbeiten, tragen Kübel hin und her. Ein großer Schlüssel öffnet die Tür zu dem Gebäude, in dem sich die Zellen befinden – alles Einzelzellen. Tür an Tür, wie man es aus Filmen kennt. Das Gebäude hat wie die meisten Gefängnisse die Form eines gleichschenkligen Kreuzes: Alle Gebäudeteile laufen in der Mitte zusammen, wo sich eine große Glaskuppel befindet, aus der der diensthabende Beamte alle Stockwerke und Gänge überblicken kann. Personal steht in den Gängen, auch Frauen gehören zum Wachpersonal. Auf unserem Weg zur Kirche wird Pfarrer Kerkhoff freundlich gegrüßt, bleibt hier und da stehen und führt ein kurzes Gespräch. Er erzählt mir, dass es noch gar nicht so lange her ist, seit Frauen in der JVA Remscheid arbeiten, dass sich aber seitdem das Klima im Knast positiv verändert habe. Es sei viel wärmer, friedvoller und freundlicher geworden. „Das Einzige, was passieren kann, ist", sagt er „dass sich ein Gefangener in eine Wärterin verliebt und umgekehrt." Es sei vorgekommen und würde natürlich Probleme schaffen. Eigentlich schön, denke ich, dass sich die Liebe nicht aussperren lässt. „Alles Gute im Leben gibt die Liebe", wird er am Ende unseres Gespräches sagen. Wenn dem so ist, und das bezweifle ich nicht, dann wird es auch an diesem Ort gelten.

Die Kirche, die von den evangelischen und katholischen Christen gleichermaßen genutzt wird, ist Teil des Gefängnisgebäudes: ein großer heller Raum, mit Deckenelementen im Stil der 60er Jahre. Ein Mauerdurchbruch, der vor noch nicht allzu langer Zeit über dem Altar vorgenommen wurde, hat ein Fenster mit älteren Bleiverglasungen freigelegt. Durch dieses Fenster fällt ein sehr schönes Licht herab in den Kirchenraum und gibt ihm eine sakrale Stimmung. Hier also feiert Pfarrer Kerkhoff die Messe. Gefangene sind seine Ministranten. Ich frage, wie die Gefangenen vom Gottesdienst erfahren. „Die Messe wird ausgerufen", sagt er. Wer sie von den Gefangenen besuchen will, gibt Lichtzeichen. Über der Zellentür leuchtet eine Lampe auf und die Bediensteten schließen die betreffende Tür auf. In der JVA Remscheid dürfen sich die Inhaftierten selbstständig zur Kirche begeben. Nichts signalisiert in diesem Raum, dass es die Kirche eines Gefängnisses ist. „Wenn man hier täglich ein- und ausgeht, wenn man an einem solchen Ort arbeitet, stellt sich natürlich im Lauf der Zeit eine gewisse Normalität ein", sagt Pfarrer Kerkhoff. „Trotzdem vergesse ich nie, wo ich mich hier befinde", fügt er an.

Als sich am späten Nachmittag die zwei Türen der JVA Remscheid wieder für mich öffnen und ich nach draußen trete, spüre ich körperlich, wie sich die Freiheit anfühlt. Was für ein unsagbares Glück, einfach überall hingehen zu können und sei es zum Bahnhof, um nach Hause zu fahren!

März 2008

I. Ergriffen von der mystischen Atmosphäre des Gottesdienstes – Kindheit und Jugend

Herr Pfarrer Kerkhoff, in welche Familie wurden Sie hinein geboren?

In eine katholische Familie, Mittelstand… Mein Vater war Maler und Anstreicher, meine Mutter Hausfrau. Meine Eltern waren gute Katholiken, aber nicht übertrieben. Praktizierend, aber keineswegs so, dass sie mich zu meinem Beruf gedrängt hätten. Ich bin Einzelkind. Meine Mutter sagte immer: „Ich bin mit beiden Entscheidungen einverstanden. Ob du Priester wirst oder einen anderen Beruf ergreifst – Hauptsache, du bist glücklich!" Bei mir gab es immer nur zwei berufliche Wünsche: Entweder wollte ich Lehrer werden, in Richtung Theologie, Geschichte, Philosophie oder eben Priester. Aber dazu haben mich meine Eltern nicht gedrängt. Ich bin 1952 in Gronau geboren worden, ein Ort an der niederländischen Grenze im westlichen Münsterland – ein ganz katholisches Gebiet in Nordrhein-Westfalen. Groß geworden bin ich aber in Remscheid, wobei das nicht der Grund ist, dass ich hier Pfarrer bin.

Wie würden Sie Ihre Kindheit beschreiben? Welche Atmosphäre haben Sie in den 50er Jahren im Nachkriegsdeutschland erlebt?

Ich habe eine unbeschwerte Kindheit und Jugend erlebt. Wir hatten unseren Spielplatz vor der Haustür, in den Trümmern und Bunkern der Umgebung. Insofern war der Krieg noch erinnerlich. Es war eine bescheidene Familiensituation. Wir lebten nicht im Wohlstand, aber es war immer alles da, was wir brauchten, vor allem viel Zuwendung. Dafür bin ich meinen Eltern heute noch dankbar.

Wie wurde der Glaube in Ihrer Familie gelebt? Sie sagten: praktizierend, aber nicht übertrieben...

Selbstverständlich haben wir vor und nach dem Essen gebetet. Ich habe ein Abendgebet gesprochen, habe mit dem Gebet den Tag begonnen. An den Sonn- und Feiertagen sind wir in die katholische Messfeier gegangen, aber nicht jeden Tag. Gediegen katholisch, würde ich sagen, aber mit eigenem klarem Blick. Die Westfalen gelten ja auch als nüchtern. Es gab also durchaus Bereiche, da hatten meine Eltern eigene Vorstellungen, wie sie den katholischen Glauben leben.

Wann hat sich für Sie das erste Mal gezeigt, dass die Berufswahl in Richtung Priester gehen wird?

Ich habe kein Berufungserlebnis gehabt, wie man das manchmal in den Heiligengeschichten liest. Es hat sich so ergeben. Ich bin ganz unspektakulär in die Gemeinde hinein gewachsen. Meinen Eltern bin ich sehr dankbar, dass sie mich bereits sehr früh in die Kirche mitgenommen haben, so dass ich von kleinauf den katholischen Gottesdienst miterlebte. Man kann noch so viel über den Glauben reden, man muss ihn auch praktizieren. Ich kann mich sehr gut daran erinnern, dass ich ergriffen, gepackt war von dieser „mystischen Atmosphäre" des Gottesdienstes. In den 50er Jahren wurde die Messe ja noch auf Lateinisch gehalten. Der Priester trug ein goldenes Gewand... Das waren so die ersten Eindrücke. Nach meiner Erstkommunion bin ich Messdiener geworden, habe dadurch sehr schöne Liturgiefeiern mitfeiern dürfen: die Osternacht, nachts um vier Uhr oder die Weihnacht. Ich bin also als Kind in den Glauben hinein gewachsen und habe erlebt, dass es verschiedene Zeiten gibt. Es gibt nicht nur die Zeit des Alltags, sondern auch die des Kirchenjahres mit ihren unterschiedlichen „Färbungen". Weihnachten hat eine ganz andere Färbung als Ostern, wo alles blüht, wo wir eine ganz andere Stimmung auch in der Natur erleben. Und irgendwann stand fest: Das kann ein Beruf für dich sein. Wichtig für mich waren Vorbilder. Ich habe viel von älteren Priestern gelernt, aber auch von glaubwürdigen Christen viel erfahren. Ich wollte dann so sein wie der eine oder andere Kaplan, den ich hatte.

2. Vielleicht war der Ruf des Herrgotts stärker – Der Weg zum Priester

Wie haben die Eltern reagiert, als Sie entschieden hatten, Priester zu werden? Die Eltern wissen ja in dem Moment: Es wird keine Schwiegertochter, keine Enkel geben und für Sie kein Familienleben?

Meine Eltern sagten: „Wenn das dein Weg ist, dann geh ihn." Wobei es nicht so war, dass ich völlig unberührt ins Theologenseminar ging. Ich hatte Tanzstundenkurse, habe Feten mitgemacht, Freundinnen gehabt, kannte also das Verliebtsein – alles, was man in der Jugend erleben will und muss, war mir bekannt. Ich bin also – Gott sei Dank – einen ganz normalen Weg gegangen und nicht keusch und engelrein ins Seminar gekommen.

Wenn es die Liebe gab und eine Freundin, ist es dann nicht besonders schwer mit dieser Endgültigkeit des zölibatären Lebens konfrontiert zu sein?

Ohne Tränen ist das auch nicht abgegangen, von beiden Seiten. Das war schon sehr kummervoll und tränenreich. Sehr schmerzhaft. Das war ein Opfer – für mich und auch für das Mädchen.

Warum haben Sie sich dennoch für das Leben des Priesters entschieden?

Das mag jetzt sehr abgehoben klingen: Aber vielleicht war der Ruf des Herrgotts stärker. Ich fühlte mich doch eher zum Priestertum berufen. Ich habe es seitdem keine Sekunde bereut, dass ich Priester geworden bin. Also, es war wohl mein Weg. Wobei ich sagen muss, ich war 30, als ich zum Priester geweiht worden bin. Ich habe mir ganz bewusst Zeit genommen und Zeit gelassen für diese existentielle Entscheidung.

Wo haben Sie studiert?

In Bonn, Freiburg und Köln, vor allem Theologie – 10 Semester – aber auch Pädagogik, Geschichte und Philosophie, wobei ich diese Fächer nicht abgeschlossen habe. Ich war dann im Collegium Albertinum in Bonn. Das ist das Theologenkonvikt des Erzbistums Köln. Ich habe von 1973 bis 1980 studiert. Sie merken schon, ich habe länger studiert. Ich habe mir Freisemester genommen, die ich in Freiburg verbracht habe. Ich habe weiter studiert, aber in einem anderen Kontext, konnte auch am Wochenende mal in den Schwarzwald oder nach Kolmar oder Basel fahren. Freisemester sind im Theologiestudium durchaus vorgesehen, damit man noch einmal überprüfen kann, ob man wirklich für diesen

Weg geeignet ist. 1980 bin ich ins Priesterseminar in Köln aufgenommen worden von Kardinal Höffner, dem damaligen Erzbischof von Köln. 1981 wurde ich zum Diakon geweiht, 1982 zum Priester.

Was hat Sie im Studium am meisten geprägt oder beeindruckt?

Wenn ich darüber nachdenke, haben mich am meisten die Begegnungen mit Menschen beeindruckt. Den Stoff als solchen kann man nachlesen. Und bestimmte Lektüre hat mich natürlich auch gepackt. Schon allein zu lesen, dass man nicht der Einzige ist, der Zweifel hatte, ist interessant und tröstlich. Zu wissen: Es gab vor dir Menschen, die in dieser Lage waren und nach dir wird es auch welche geben. Und man selbst fügt sich ein in diesen großen Strom der Kirchengeschichte. Ich fühlte mich dann auch ein Stück weit aufgehoben. Manches im Studium war natürlich sterbenslangweilig oder einfach nur öde. Aber wer mich als Mensch sehr beeindruckt hat, war Kardinal Lehmann, den ich als Professor in Freiburg erleben durfte. Auch der Religionsphilosoph Bernhard Welte, ein ziemlich bedeutender Mann, Heidegger-Schüler, hat mich tief beeindruckt.

Sie sprachen die Zweifel während des Studiums an...

Ja natürlich war immer wieder die Frage da: Soll ich das wirklich machen oder ist es ein Irrweg?

Und woher wussten Sie, dass es Ihr Weg ist?

Das ist wohl ein Geheimnis. Es war irgendwo im Inneren so eine Kraft, eine innere Stärke spürbar. Das ist nicht kommunizierbar. Ich fühlte mich ergriffen. Aber es liegt auf derselben Ebene, wie wenn ich Sie fragen würde, warum Sie gerade **den** Mann geheiratet haben und keinen anderen... Und natürlich hat die Ergriffenheit der Kindheit eine Wissensbasis bekommen und sich auf einer ganz anderen Ebene fortgesetzt.

Haben Sie im Studium Wege gelernt, Menschen zu einer Gotteserfahrung führen zu können? Sie zu so einem Ergriffen-Sein zu geleiten?

Wenn ich ehrlich bin: Im Studium weniger. Im Priesterseminar habe ich diesbezüglich viel gelernt durch einen meiner Lehrer: Paul Adenauer – der Sohn von Konrad Adenauer. Er hatte eine Ausbildung in partnerzentrierter Gesprächsführung nach Rogers: einfühlendes Verstehen, Annahme des anderen, Echtheit im Reagieren... Er war für mich als Mensch und Priester sehr wichtig. Später habe ich noch eine Ausbildung zum Supervisor gemacht und dabei noch einmal gemerkt, dass die reine Theologie als solche wenig bewegt. Sie ist intellektuell interessant und spannend. Manch einer mag ja davon betroffen sein. Entscheidender finde ich aber die Art und Weise des Zuhörens: Wie gehe ich auf die Menschen zu, wie nehme ich sie an? Und das dann auf einem theologisch-christlichen Fundament abzusichern – das ist es eigentlich. Wenn ich hier durch den Knast mit der Bibel wandern und die Leute bekehren würde, würden die sagen: „Der hat sie ja nicht alle…" – salopp gesagt. Mir geht es darum, die Menschen so anzunehmen, wie sie sind und darauf aufzubauen.

Ich habe immer, auch während des Studiums, gearbeitet: bei Thyssen, bei Mannesmann, bei der Post, am Stadttheater. Meine Eltern waren nicht so betucht; ich musste also ein stückweit selber für meine Bedürfnisse tätig sein. Das betrachte ich im Nachhinein als Fügung, weil ich dadurch die Arbeitswelt kennen gelernt habe. Ich musste also auch Schichtarbeit am Ofen machen und richtig „schwer malochen", wie man so sagt. Und das hat mir immer geholfen, den Kontakt zu den Menschen zu finden, die aus dieser Arbeitswelt kommen. Als ich das erste Mal bei Mannesmann im Röhrenwerk arbeitete, fragten die Arbeiter: „Was will denn dieser Pastor hier?" Insgesamt war ich sechs Mal dort und am Ende auch eine Art Vorarbeiter, d. h. ich gehörte dann irgendwann zu denen. Das rechne ich mir als eine große Ehre an.

Sie wurden 1982 zum Priester geweiht. Wie haben Sie die Weihe erlebt?

Das Priesterseminar war – rückblickend gesehen – eine Hoch-Zeit. Wir hatten alle noch keine großen Verpflichtungen, waren aber eingebunden in priesterliche Aufgaben. Die Diakon- und Priesterweihe waren in diesem Zusammenhang existentielle Höhepunkte. Auch die Primiz. Es gab auch keine Zweifel mehr, nur noch die reine Freude. Höchstens die Frage, wie es werden wird, wenn der Alltag beginnt. Man wird ja nicht immer in so einer spirituellen Hochstimmung leben können. Also, es war eine Kette von Feiern und Mittelpunktserlebnissen. Wenn jemand Narzisst ist, dann kann er in so einer Lebensphase seiner Selbstgefälligkeit die höheren Weihen verleihen. Das sage ich ganz kritisch. Aber ich war durch meine Eltern, durch meine Arbeit in der Industrie gut geerdet und bin auf dem Boden der Tatsachen geblieben.

3. DER SPUR DER LIEBE FOLGEN – DIE ARBEIT ALS PRIESTER

3.1 MANCHES AUCH IM GEBET VOR DEN HERRN TRAGEN – DER BEGINN DES PRIESTERLICHEN WIRKENS

Wo sind Sie eingesetzt worden nach der Weihe? Was war Ihre erste Stelle?

Wir wurden nicht groß gefragt. Ich kam nach Solingen, war dort von 1982 bis 1986, bin zum Kaplan ernannt worden bei einem älteren Geistlichen. Er war Ende 60, hieß Joseph Schmatz. Vor diesem habe ich eine große Achtung. Er wurde mir ein väterlicher Freund, ein milder, gütiger, liebevoller Pfarrer, der meine Arbeit geschätzt hat. Ich muss dazu sagen, dass mein Vater relativ früh gestorben ist.

Wenn ich diesen Pfarrer fragte: „Wie ist das mit der Arbeit mit Jugendlichen?" Dann sagte er: „Ach, machen Sie mal." Ich hatte absolut freie Hand. Wenn dieser ältere Pfarrer jemand gewesen wäre, der einen Kaplan nur schlecht macht – man nennt die im Jargon schon mal „Kaplanstöter" – dann wäre mein beruflicher Einstieg sicher schwieriger gewesen. Ich denke also mit großer Anhänglichkeit an diesen Menschen, aber auch an die Gemeinde, die mich liebevoll aufgenommen und angenommen hat.

Es gab noch zwei weitere ältere Pfarrer. Und alle drei scharten sie sich um mich als jungen Kaplan. Die Gemeinde hatte 7500 Mitglieder. Es gab also gut zu tun. Ich habe dann auch gepredigt, als mein Mentor sein 50jähriges Priesterjubiläum hatte, habe ihn in den Ruhestand verabschiedet. Und danach wurde ich versetzt. Zu meiner Zeit musste man zwei – drei Kaplanstellen gehabt haben, um Pfarrer werden zu können.

Hatten Sie Mitspracherecht?

Nein, man wurde nicht gefragt. Ich wurde nach Köln-Chorweiler versetzt. Das ist eine Trabantenstadt am Fühlinger See – ein riesiges soziales Brennpunktgebiet im Kölner Norden, eine Plattenbausiedlung, 14 Kilometer von der Innenstadt entfernt. Ich war dort einmal als Seminarist und weiß noch, dass ich zu meinem Freund sagte: „Hier möchte ich aber nicht abgestellt sein." So deprimierend wirkten die Verhältnisse. Ich weiß noch, dass sich der Personalchef gar nicht traute mir zu sagen, wohin ich kommen sollte. Na ja, ich habe mich darauf eingelassen. Wir hatten kein Pfarrhaus. Ich wohnte im 8. Stock eines Hochhauses von insgesamt 15 Stockwerken. Es war die größte Gemeinde im Erzbistum Köln mit über 11.000 Katholiken: Ein Pfarrer, ein Kaplan und eine Gemeindereferentin waren dafür da und ein großer Stamm von Ehrenamtlichen.

War das für Sie ein Aufbruch oder ein Einbruch?

Für mich war das ein Aufbruch in jeder Hinsicht. Bevor man überhaupt von rundem Tisch redete, hatten wir ihn schon: Sozialamt, Jugendamt, Wohnungsamt, Polizei, die evangelische, die katholische Kirche – alle saßen wir an einem Tisch und versuchten, den Stadtteil nach vorn zu bringen. Dort habe ich enorm viel gelernt und die soziale Frage hautnah erlebt. Früh, wenn ich aus dem Haus ging, lagen die Betrunkenen vor meiner Tür. Im Winter lagen sie im Flur und nüchterten da aus. Und wenn sie nüchtern waren, hielten sie die Hand auf. Ich habe begonnen, Besuche im Gefängnis Köln-Ostendorf zu machen. Ich hatte immer genügend Gemeindemitglieder, die wegen aller möglichen Delikte da einfuhren. Und wenn sie draußen waren, standen sie bei mir vor der Tür. Ich habe begonnen, die seelsorgerische Arbeit ganz besonders in den sozialen Randgruppen zu machen.

Kommt man da nicht auch selbst an seelische Grenzen?

Ich habe erfahren: Es geht nicht immer alles auf, was ich mir vornehme. Ich muss auch Ohnmacht aushalten können. Ich musste erleben, dass man Leuten goldene Brücken baut, dass sie aber über diese Brücken nicht gehen wollen oder können. Das war für mich eine ganz bittere, aber wichtige Erfahrung, die mir auch im jetzigen Dienst hilft: Manches auch im Gebet vor den Herrn zu tragen, ohne zu wissen, wie sich die Angelegenheiten entwickeln werden...

Gibt es Ereignisse, an die Sie sich besonders erinnern?

Ja, ein besonders schmerzliches. Mir ist eine Familie vor Augen: Der Sohn wurde am Fühlinger See erstochen. Den habe ich beerdigt. Die Mutter ist vor lauter Kummer zerbrochen. Sie hat sich das Leben genommen. Sie habe ich beerdigt. Der Vater soff bei uns am Pariser Platz und die Tochter ... Na ja, Sie wissen schon! Also eine vollkommen kaputte Familie, sehr tragisch, diese Ohnmacht zu erleben. Aber ich kann mich auch an tolle Karnevalsfeiern erinnern, wo ein einziges „Kölle alaf" reichte, um die Leute in Euphorie zu bringen.

Sie waren mit dabei?

Natürlich! Es gab auch den Pfarrkarneval. Jede Gemeinde hat in Köln einen eigenen Pfarrkarneval. Wir haben richtig gefeiert mit 500-600 Leuten. Rauschende Feste waren das...

Und Sie haben sich da auch verkleidet?

Ja natürlich, ohne Verkleidung kommt man da gar nicht rein, obwohl mir von der Mentalität her der Karneval nicht so liegt.

Um noch einmal auf diese Familie zurück zu kommen, von der Sie erzählten: Werden Sie nicht manchmal gefragt, warum manchen Menschen ein so tragisches Schicksal aufgebürdet wird und andere ein Leben auf der Sonnenseite führen?

Natürlich werde ich das oft gefragt, gerade auch hier im Knast. Und ich frage es mich selbst. Da rühren wir an die extremen Menschheitsfragen: nach dem Grund des Bösen, nach dem Grund von Krankheit und Tod. Ich weiß es nicht. Ich kann es nicht begründen. Ich kann mich der Frage stellen, anwesend sein, mitfühlen, ringen, kämpfen – mehr nicht.

Haben Sie für sich eine Antwort gefunden? Warum sind Mord und Totschlag in der Welt Gottes?

Salopp gesagt: Man muss die Menschen nehmen, wie sie sind – es gibt keine anderen. Der Mensch ist, wie er ist. Denken Sie an den Brudermord von Kain und Abel. Im Letzten läuft es immer auf Liebe und Liebesverlust hinaus. Wir sind alle sehr liebesbedürftig. Viele Menschen, die schwere Straftaten begangen haben, können sich selbst nicht lieben, weil sie Liebe nie erlebt haben. Über Gefühle zu reden, ist das eine. Gefühle zu leben und zu ihnen zu stehen, etwas ganz anderes. Es geht um die Spur der Liebe in unserem Leben. Wenn wir ihr folgen, gibt es keinen Mord und Totschlag. Wenn wir sie außer Acht lassen, kommen wir auf die schiefe Bahn. Aber das ist unsere Entscheidung. Was hat das mit Gott zu tun?

Ich habe einen schönen Satz gelesen: „Das Dunkle kommt allein über uns, das Helle muss man suchen"…

Ja, da ist etwas dran.

3.2 Ich bin jemand, der für die Sinnfragen da ist – Die Arbeit als Gefängnispfarrer

Wie ging es nach Köln-Chorweiler weiter?

In Köln kam dann schon langsam die Nähe zum Gefängnis, was ich auch als Fügung betrachte, denn man sucht sich das ja nicht aus oder plant, Gefängnispfarrer zu werden. Dazu wird man auch nicht verpflichtet, weil dazu nicht jeder geeignet ist. Jedenfalls war ich von 1990 bis 1994 in der JVA Siegburg. Sie haben sicher von diesem Foltermord von Siegburg gehört. In dieser Anstalt war ich Gefängnispfarrer. Wie ich zu dieser Tätigkeit kam, ist eine eigene Geschichte.

Wollen Sie sie erzählen?

Als ich noch Kaplan in Solingen war, stand an einem nebligen Novemberabend ein mir unbekannter Mensch vor meiner Tür. Es war der damalige Gefängnispfarrer der JVA Wuppertal. Er hatte gerade einem Elternpaar die Nachricht überbracht, dass sich ihr Junge in der JVA Wuppertal das Leben genommen hat. Die Eltern wohnten in meiner Gemeinde, bürgerliches Milieu, Eigenheim… Und sie hatten den Pfarrer offenbar gebeten, dass nicht er die Beerdigung vornimmt, sondern der Kaplan vor Ort, und das war ich. Sie wollten nicht, dass bekannt würde, dass ihr Junge im Gefängnis war.

Dieser Gefängnispfarrer war sehr angegriffen, was ich nachvollziehen kann, denn es ist sehr schlimm, eine Suizidnachricht überbringen zu müssen. Ich war also in diesem Moment sein Seelsorger. Er hat sich alles von der Seele geredet. Ich habe ihm zugehört und nach und nach ein paar Fragen zum Gefängnis gestellt. All die Fragen, die ein Laie so hat: Ist das nicht gefährlich, dort zu arbeiten? Und, und, und… Er sagte nur – und das werde ich nie vergessen: „Wenn dich das wirklich interessiert, dann komm vorbei."

Eigentlich wollte ich das nicht, aber er war etwas hartnäckig, und so ging ich ca. vier Monate später in die JVA Wuppertal und habe dort einen Gottesdienst mitgemacht. Und diesen Gottesdienst und auch die Predigt werde ich nie vergessen. Mein Mitbruder predigte über die Wahrnehmung. Zu der Zeit gab es noch keine Computer. So wurde jeder Gefangene auf einem so genannten Wahrnehmungsbogen erfasst. Das waren Formblätter, auf denen die Justiz die Daten des Gefangenen notierte, die Straftat und verschiedenes andere. Und aufgrund dieser Bögen nahm man den anderen wahr, und darüber predigte mein Kollege: Wie nimmt man den anderen wahr? Welche Vorurteile hat man? Durch welche Brille schaut man auf andere Menschen? Und ich werde bis heute nicht vergessen: Die Gefangenen gingen total mit. Die warfen mal ein „Genau" oder „Richtig" ein. Die äußerten sich im Gottesdienst! Wie in Köln-Chorweiler waren sie auch hier ziemlich unorthodox im Auftreten und nicht so formvollendet, wie wir sonst so meinen, sein zu müssen.

Mein Kollege hatte mich mitten unter die Gefangenen gesetzt, und ich begriff: Das sind keine Monster, das sind Menschen wie du und ich. Das hat mich sehr fasziniert. Da war ich schon „an der Angel", ohne dass ich das in dem Moment gemerkt habe. Ich habe dann regelmäßig am Jugend- und Erwachsenengottesdienst teilgenommen und die Messe mitgefeiert. Das war der erste Teil meiner „praktischen Ausbildung". Die nächste Stufe war, dass ich selbst einen Gottesdienst gehalten habe. Klappte wunderbar, meine Kollege war ja auch dabei. Dann kam es dazu, dass er mich um eine Vertretung bat. Ich habe eine Messe gefeiert, ohne dass mein Mitbruder dabei war.

Wie ist der Gottesdienst verlaufen?

Tja, die haben mich durch den Wolf gedreht! 80 Gefangene in der Kirche, und die haben mich nach allen Regeln der Kunst auseinander genommen. Ich kam da kaum zu Wort. Sie müssen sich vorstellen: Ich stand im Messgewand vor dem Altar. Links von mir saßen die Jugendlichen, in der Mitte die Erwachsenen und rechts von mir die Ausländer, die in ihren Heimatsprachen palaverten. Hinten standen ein paar Beamte, die aber nur eingegriffen hätten, wenn ich das angeordnet hätte. Das habe ich ein paar Mal überlegt, aber dann dachte ich: Du gibst nicht aus der Hand, was du angefangen hast.

Ist es Ihnen gelungen, die Aufmerksamkeit auf den Gottesdienst zu lenken?

Genau vor mir saß der Rädelsführer der Mannschaft, und ab einem bestimmten Punkt platzte mir der Kragen. Ich habe ihn vor versammelter Kirchengemeinde zusammen gestaucht und raus geworfen. Er ging. Es war ein Hüne von Mann. Die Kirche war mucksmäuschenstill. Danach gab es frenetischen Beifall. Und ich hatte die Autorität. Und ich dachte: Was ist das denn? Erst führen sie dich vor und dann beklatschen sie dich! Und mir wurde klar: Wenn du in diesem Milieu bestehen willst, kannst du nur bedingt auf die Solidarität der anderen warten, du musst für dich selber sorgen. Das nimmt dir keiner ab. „Hilf dir selbst, dann hilft dir Gott" – heißt ja auch ein Sprichwort, und im Knast hat das volle Gültigkeit. Das war ein Durchbruch. Seitdem hat es so etwas nie wieder gegeben.

Ja, das war die Vorgeschichte. Ich habe also jahrelang in Köln Gefangene besucht und in Wuppertal Gottesdienste gefeiert, und dann fragten mich die Gefängnisseelsorger des Erzbistums Köln, ob ich bereit wäre, Gefängnispfarrer zu werden. Ich besprach das mit meinem Pfarrer in Köln. Der wollte mich gern noch zwei Jahre behalten. So blieb ich noch zwei Jahre in Köln und kümmerte mich in dieser Zeit verstärkt um die sozial Benachteiligten und Randgruppen. Das war meine Vorbereitung auf die Arbeit als Gefängnispfarrer.

Um noch einmal auf den Gottesdienst im Knast zu kommen: War es für Sie nicht deprimierend zu erleben, dass Sie so gereizt wurden, dass Sie aus der Haut gefahren sind?

Wenn etwas, was mir heilig ist, beschmutzt wird, dann kann ich auch schon mal laut werden und dafür kämpfen. Außerdem: Dass ich Pfarrer bin, heißt nicht, dass ich keine Gefühle haben darf. Wenn ich zornig bin, dann bin ich zornig und drücke das auch aus. Ich bin so, wie ich bin. Besser: Ich will so sein, wie ich bin. Ich will authentisch sein. Mir ist jeder suspekt, der mit dem Vorwand des Glaubens lebendige Gefühle abwürgt. Wenn ich an Jesus denke: Er hat den Tempel gereinigt, von heuchlerischen Pharisäern gesprochen, hat sich angelegt und war kritisch. Dafür ist er ja ans Kreuz geschlagen worden. Er war aber auch unendlich barmherzig und milde. Diese Komplexität des menschlichen Naturelles interessiert mich. Glauben heißt für mich leben, und leben heißt: Gefühle haben. Natürlich muss man sich auch entschuldigen können, wenn etwas daneben ging. Wenn ein Glaube arm macht, ist es für mich kein guter Glaube. Glaube macht frei. Das ist meine Auffassung.

1990 kamen Sie in die JVA Siegburg. Wie haben Sie den Übergang vom Gemeindepfarrer zum Gefängnispfarrer erlebt?

Ich wurde betreut und eingearbeitet von drei Mitbrüdern, es waren zwei evangelische Pfarrer und ein katholischer Diakon, die mich einführten in die ganz speziellen Anforderungen der Tätigkeit als Gefängnisseelsorger. Es gilt, viele Dinge zu beachten. Einmal gibt es die offiziellen Regeln, ein regelrechtes Regelwerk: Keine Geschäfte machen mit Gefangenen, keine zu große Nähe, keine Korruption etc. Dann gibt es die Verhaltensweisen der seelsorgerischen Arbeit im Knast: Erst einmal zuhören, nicht jede Bitte erfüllen, erst einmal abwägen... Auch der Umgang mit der Justiz will gelernt sein. Ich bin Kirchenmann und sitze nicht in jedem Fall im gleichen Boot mit der Justiz. Manchmal muss man auch ein kritisches Gegenüber sein. Rudolf Hebeler sprach öfter auch vom „kritischen

Wächteramt der Kirche". Genau hinschauen, die Menschenwürde im Blick haben…

Wie gestaltet sich Ihr Arbeitstag? Gehen Sie in die Zellen und suchen die Gefangenen auf? Oder wie erreichen die Gefangenen Sie?

Zunächst einmal muss man sagen, dass die Gefängnisseelsorger in der Regel in allen Gefängnissen ein ganz hohes Ansehen haben, weil wir diejenigen sind, die zur Verschwiegenheit verpflichtet sind. Ich unterliege ja dem Beichtgeheimnis. Und weil die Inhaftierten immer unterstellen, dass der Seelsorger auf ihrer Seite ist. Nein, so kann man das nicht sagen. Das geht nicht immer … dass der Seelsorger mit ihnen verbunden ist. Da wir keine Sicherheits- und Ordnungsaufgaben erfüllen, haben wir im Gefängnisalltag eine andere Funktion. Wir müssen uns also nicht groß um Kontakte bemühen. Die Gefangenen wissen, dass ich da bin. Sie kommen auf mich zu. Ich habe also keine Sprechzeiten, sondern besuche die Leute. Es gibt Anträge, die finde ich in meinem Fach vor und dann gehe ich in die Zellen. Viele Gefangenen schreiben keine Anträge mehr, weil wir in längerfristigen Gesprächen sind. Dann gibt es die Möglichkeit, dass ich von Bediensteten oder Mitgefangenen darauf hingewiesen werde: „Schauen Sie doch einmal bei dem und dem vorbei, dem geht es gar nicht gut." Diesen Hinweisen gehe ich dann nach.

Was sind das für Beweggründe, dass Sie gerufen werden?

Ich bin ein stückweit ein Lebensberater. Jemand, der für die Sinnfragen da ist: „Meine Frau hat mich verlassen. Was mache ich jetzt?/Meine Ex-Frau will nicht, dass mein Sohn Kontakt zu mir hält…/Ich habe einen Mord begangen – ich sehe keinen Sinn mehr im Leben. Kann Gott mich noch lieben?" Also die ganze Palette der Sinnfragen wird vorgetragen und zwar so, dass man bei mir „ins Unreine" reden kann, frei vom Herzen. Ich bin kein Gutachter, kein Rechtsanwalt, und es bleibt unter dem Siegel der Verschwiegenheit. Aber ich höre auch Dinge, die gut gelaufen sind: „Ich habe eine Frau kennen gelernt. Mein Leben bekommt eine neue Wendung." Also, sehr vieles geht in Richtung Frau, Freundin, Liebe, Kinder, Familie… Das ist die Regel. Die seltensten Gespräche fangen direkt religiös an. Es ist wie beim Zwiebelschälen: von äußeren Schichten nach innen. Wenn ich Glück habe, erreiche ich irgendwann den Kern.

Werden Sie nur von Katholiken gerufen?

Von allen. Wir sind eine interkonfessionelle und multikulturelle Gesellschaft hier. Ich habe genauso viele Gespräche mit Muslimen, Buddhisten, Atheisten wie mit Christen… Wir schauen hier nicht auf die Konfession. Wir sind für jeden da, der uns braucht. Das gilt auch für meine Kollegen. Die Probleme sind für jeden Menschen die gleichen. Bei den Sinnfragen kann ich keine Unterschiede zwischen den Menschen bemerken. Es gibt kulturelle und Mentalitätsunterschiede. Aber die Sinnfragen bewegen alle Menschen gleichermaßen.

Was antworten Sie, wenn ein Mörder Ihnen die Frage stellt, ob Gott ihn noch lieben kann?

Natürlich antworte ich mit „ja", denn allein schon, dass jemand diese Frage stellt, zeigt, dass er Gott nahe kommen möchte, dass er mit ihm ringt. Am Kreuz hat Jesus zu dem einen Verbrecher gesagt: „Noch heute wirst du mit mir im Paradies sein." [1] Und er hat sich den Schuldigen und Sündern in besonderer Weise zugewandt. Wenn die Menschen dem Verbrecher nicht vergeben – Gott wird es tun. Wenn derjenige es ehrlich mit Gott meint, wird Gott ihm vergeben. Aber erst einmal muss er sich selbst vergeben können. Es ist Arbeit an der Versöhnung mit sich selber, mit den Familienangehörigen, mit der Gesellschaft, ja überhaupt mit dem Leben. Und wenn es denn so kommt: Versöhnung mit Gott.

Haben Sie den Eindruck, dass die Inhaftierung hilft, zu sich und zu Gott zu kommen? Oder ist eine Inhaftierung für viele Menschen eher Verwahrung, wo die Zeit still steht und dann geht es nach der Entlassung dort weiter, wo man aufgehört hat?

Es gibt beides. Viele, viele Inhaftierte sagen mir: „Es ist wie eine rote Ampel, dass ich hier abgestoppt werde. Und jetzt kommen Fragen hoch, die vorher nie da waren oder verdrängt wurden." Sie sagen: „Ich musste Karriere machen, Geld machen" und merken im Knast, dass der Mensch eigentlich viel weniger braucht, als sie erstrebt haben, dass es ganz andere Dinge sind, nach denen sie sich sehnen. Es kommen verdrängte Gefühle, Fragen, aber auch Schuldgefühle hoch. Nicht nur mit Blick auf die Taten, sondern auch in Hinsicht auf die Vernachlässigung der Familie, der Frau und der Kinder. Auch da kommt das Moment der Versöhnung ins Spiel.

Oder die Erfahrung der Dankbarkeit. Wenn ihnen Liebe geschenkt wird. Obwohl der Mann unverbesserlich immer wieder „eingefahren" ist, kommt die Frau trotzdem regelmäßig zum Besuch, und die Kinder malen Bilder und schreiben Briefe an den Papa, obwohl er die Familie in die Not gestürzt und mitgestraft hat. Wobei ich nicht verschweigen will, dass die meisten Beziehungen leider kaputt gehen. Aber es gibt die treuen Beziehungen, und da kommt eine große Dankbarkeit hoch und manche müssen erst einmal lernen, dieses Geschenk der Liebe überhaupt annehmen zu können. Das können manche gar nicht. Sie können ja noch nicht einmal sich selber annehmen. Ich behaupte, dass der Knast die Menschen zum Wesentlichen zurückführt.

Was ist das Wesentliche für Sie?

Darüber nachzudenken: Was brauche ich wirklich, um ein zufriedenes und glückliches Leben führen zu können? Mal zu schauen: Was macht mich denn aus? Was trägt mich im Leben? Was ist der Sinn meines Lebens? Und da kommt man dann auf die fundamentalen Werte zurück: Liebe, Treue, Verständnis – Grundhaltungen, die uns Menschen zum Menschen machen, uns leben lassen. Dann wird Geld plötzlich nicht mehr so wichtig oder Karriere... Ob das anhält, weiß ich nicht. Aber etwas kann ich sagen: Der Knast ist auf jeden Fall die Unterbrechung eines Lebenslaufes. Und manch einer hat die Unterbrechung als heilsam erlebt. Ich kenne Inhaftierte, die sagen: „Ich habe eine andere Lebensphilosophie erspüren können, und ich kann nicht mehr dahinter zurück. Ich kann nicht mehr so tun, als wüsste ich von nichts."

Erleben Sie im Gespräch mit den Inhaftierten auch Reue und ein Bedauern der Taten?

Ich habe hier in der Anstalt von den 560 Inhaftierten ca. 60 „Lebenslängliche". Der Rest sind zum großen Teil Männer mit langen, langen Haftstrafen. Ich kann sagen: Je kapitaler das Verbrechen ist, desto tiefer geht das auch. Ich habe selten Menschen erlebt, die das kalt lächelnd wegstecken. Die Leute, die hier wegen Mordes einsitzen, machen sich alle Gedanken um ihre Tat, über ihre Schuld. Und viele haben den Wunsch, es irgendwie wieder gut zu machen. Das sind dann ganz, ganz tiefe existentielle Kontakte und Gespräche, wo es wiederum um die Sinn- und auch die Gottesfrage geht. Also, ich erlebe das: Reue. Ich erlebe hier Beichtgespräche, die sehr, sehr tief gehen, mit tiefer Reue und Tränen, auch mit Erlösung, dass die Leute beladen kommen und befreit gehen. Und ich auch. Das geht natürlich auch an mir nicht spurlos vorbei. Ich bin nicht allein Gebender, sondern viel öfter noch der Beschenkte. Man kommt hier an diesem Ort zu den ganz wesentlichen Fragen des Menschseins und des Glaubens.

Haben Sie erleben dürfen, dass jemand eine Gotteserfahrung gemacht hat und dadurch vielleicht zum Glauben gefunden hat?

Wie meinen Sie das?

Ich meine mit Gotteserfahrung, dass Gott das Herz eines Menschen berührt hat und er damit die Wirklichkeit Gottes spüren durfte.

Ich kenne jemanden, der dies erlebt hat. In der JVA Reinbach saß ein Mann ein, der einen Polizistenmord mit Geiselnahme verübt hatte. Mittlerweile ist er Bruder bei den Trappisten und einer der besten Ikonenmaler, die wir in Deutschland haben. Er hat mir eine Ikone für die JVA Siegburg gemalt. Durch die kirchlichen Vertreter der JVA, mehr noch durch die Tätigkeit des Ikonenmalens hat er den Weg zu Gott gefunden. Sein ursprünglicher Ansatz war, Ikonen zu malen und sie teuer zu verkaufen. Er dachte, damit kann man gut „Kohle" machen.

Interessant aber war: Er konnte keine Gesichter malen. Und sein Seelsorger sagte ihm immer: „Wenn du gute Gesichter malen willst, musst du beten." Er hat das immer abgetan, aber irgendwann einen totalen Zusammenbruch erlebt. Und in dem Moment fing er an zu beten. Und dann gelang es ihm auch, der Mutter Gottes ein Gesicht zu geben. Ja, heute ist er bei den Trappisten und malt sehr, sehr gute Ikonen nach den alten Regeln vom Berge Athos.

Haben Sie die Erfahrung machen können, dass ein Atheist zu Gott und dem Glauben fand?

Nicht in einem spektakulären Sinn, aber in der Art, dass viele Menschen hier beginnen, Glaube und Kirche zu umkreisen. Sie beginnen zu suchen und sagen: „Darüber muss ich nachdenken". Ich habe nicht erlebt, dass jemand in der Art des Damaskuserlebnisses von Paulus sagt: „Ich bin bekehrt", aber sie kommen zu dem Schluss, dass es mehr geben muss, als ihr Leben bisher ausgemacht hat, mehr als diesen Materialismus.

Sie beginnen, dem Ganzen Sympathien abzugewinnen. Ich werde oft auch zu ganz verschiedenen Themen vom Personal befragt: zum Papst, zur Kirchengeschichte, zu aktuellen Fragen des kirchlichen Lebens... Da merke ich, dass es da ein großes Interesse gibt.

Sind Sie auch seelsorgerisch für das Personal zuständig?

Ja. Ich bin hier auch der soziale Ansprechpartner der JVA. Genauso natürlich unter dem Siegel der Verschwiegenheit wie bei den Gefangenen.

Stehen Sie da nicht manchmal zwischen den Fronten?

Ja, das kann passieren. Man braucht eine große menschliche Kompetenz und man muss ein integrer Charakter sein. Ich hoffe, dass ich das bin. Gleichzeitig muss man auch kommunikativ tätig werden können. Ich denke, dass hier in der JVA mein Wort auch etwas gilt und dass ich auch manches bewegen kann. Nicht auf dem Wege der Macht, sondern durch Gespräche, durch einen Rat, durch die Kunst des Zuhörens...

Sind Sie schon einmal wegen des Beichtgeheimnisses in Konflikt mit der Justiz gekommen? Sie erfahren ja möglicherweise Dinge, die die Hüter des Gesetzes von den Inhaftierten nicht erfahren? Hat man schon einmal von Ihnen oder einem Kollegen verlangt, das Beichtgeheimnis zu brechen?

Mein Gemeindereferent stand bis März letzten Jahres vor dem Oberlandesgericht in Düsseldorf in dem ersten Al Quaida-Prozess. Ich war sein dienstlicher Vorgesetzter, war also insofern davon betroffen. Ich habe ein ganzes Jahr damit zu tun gehabt. Und es ging genau darum: Die seelsorgerische Verschwiegenheit zu wahren.

...obwohl der Staat verlangte, Informationen aus dem Beichtgespräch preis zu geben und sich damit vehement in innerkirchliche Angelegenheiten einmischen wollte.

Mein Kollege war von Beugehaft bedroht. Letztlich hat man ein Ordnungsgeld gegen ihn verhängt. Also, in dieser Gefahr ist man natürlich als Priester…

Angenommen, jemand beichtet Ihnen ein Verbrechen und Sie wüssten: Mit den Informationen aus dem Beichtgespräch könnten weitere Verbrechen verhindert, vielleicht weitere Menschenleben gerettet werden? Wie würden Sie sich positionieren?

Wenn wir das Beichtsiegel brechen, die seelsorgerische Verschwiegenheit nicht wahren, ist unser Beruf hinfällig. In einem solchen Konfliktfall wie dem, nach dem Sie fragen, würde ich natürlich all meine Kompetenz, all meine Intelligenz nutzen, um die Verschwiegenheit zu wahren, aber ein Verbrechen auf jeden Fall zu verhindern. Allerdings ist diese Konstellation noch nicht vorgekommen. Das entspringt wohl eher der Phantasie von Krimiautoren: Der unaufgeklärte Mord, von dem nur der Priester etwas weiß… Was ich allerdings schon erlebt habe ist, dass mir Leute etwas erzählen, was in der Vergangenheit nicht aufgedeckt oder aufgeklärt wurde. Allerdings keinen Mord. Damit verbunden war aber immer auch große Schuld, die empfunden wurde.

Und manchmal ist es meine Aufgabe, die Leute ganz hart mit sich selbst zu konfrontieren. Dann höre ich öfter: „Herr Pfarrer, Sie als Christ sagen mir so etwas?" Und ich antworte dann: „Ja, ich sage Ihnen das, weil Sie es sich selbst nicht sagen."

Was unterscheidet Ihre Tätigkeit von der eines Gefängnis-Psychologen?

Das Beichtgeheimnis! Aus diesem resultiert, dass wir keine Stellungnahmen abgeben, keine Urteile fällen, dass wir dafür auch gar nicht zuständig sind. Aber gerade deswegen auch auf besondere Weise gefragt sind, weil wir Dinge ansprechen können, die beim Psychologen möglicherweise nicht angesprochen werden. Und wir Pfarrer haben vielleicht noch das Privileg, die Zeit aufzubringen, die andere Berufsstände nicht mehr haben.

Die Mediziner sind für das Wohl des Körpers da, die Psychologen müssen ihre Gutachten erbringen, der Sozialdienst schreibt den Vollzugsplan, die Beamten haben die Sicherheitsaufgaben wahrzunehmen – sie alle haben ihre Verpflichtungen, die sie binden. Und der Pfarrer ist für all das da, was übrig bleibt. Der Seelsorger hat von allem etwas. Er ist ein Generalist.

Sie erzählten im Zusammenhang mit dem unerwarteten Besuch eines Pfarrers aus der JVA Wuppertal, dass Sie Ihren Mitbruder fragten, ob es gefährlich sei, im Gefängnis zu arbeiten? Wie empfinden Sie das heute nach langer eigener Berufstätigkeit hier? Gab es Momente von Angst? Sie begegnen täglich Menschen mit schwierigen Lebenswegen. Und manche von ihnen scheinen ja – zumindest in ihrer Vergangenheit – vor nichts zurück geschreckt zu sein…

Ich habe bisher keine Angst gehabt. Vielleicht auch deshalb, weil ich mir denke: „Du bist ja katholischer Priester und meinst es gut mit den Leuten. Die Leute wissen auch, dass dem so ist und respektieren mich." Gut, ich bin vorsichtig im Umgang mit manch einem und habe ab und zu auch ein gesundes Misstrauen, aber Angst habe ich keine. Umgekehrt: Die Gefangenen sind sehr sensibel. Sie merken sofort, wenn es mir mal nicht gut geht.

Als ich mein silbernes Priesterjubiläum gefeiert habe, haben sie mir ein Buch geschenkt, wo fast alle von denen, mit denen ich umgehe, sich eingeschrieben und mir persönliche Wünsche überbracht haben. Sie haben mir so viel Liebes mitgeteilt, ein Buch – in Leder gebunden, mit Vorwort und persönlichen Bildern... Also, ich habe kaum einen Ort, wo mir so viel liebevolle Zuwendung geschenkt wird wie hier. Ich könnte mir nicht vorstellen, an einem anderen Ort zu arbeiten. Für eine Gemeindepfarrei bin ich verloren.

4. Es ist mein Weg – Leben im Zölibat

Wie empfinden Sie das Leben im Zölibat?

Nachdem ich die Entscheidung getroffen hatte, war es eigentlich klar. Es ist nicht immer leicht. Ich hätte mir auch gut vorstellen können, verheiratet gewesen zu sein und Kinder zu haben. Aber ich weiß auch: Ich kann nicht alles haben. Ich weiß, was es heißt, allein zu sein. Und ich weiß aus der Erinnerung noch, wie schön es sein kann, mit einem anderen Menschen zusammen zu sein. Aber worauf ich verzichtet habe, das hat mir der Herrgott auf eine andere Weise sehr, sehr intensiv zurückgegeben. Er hat mich nicht leiden lassen und mir vieles dafür geschenkt. Manche Sorgen, die viele Eheleute haben, habe ich nicht.

Der Zölibat ist nicht nur eine Last, sondern kann auch eine einfachere Lebensweise bedeuten. Es ist auch eine Erfahrung, die ich hier im Knast mache: Wenn ich erlebe, wie sich Mütter die Augen ausweinen, weil ihr Sohn im Knast ist oder Väter, die vor Kummer gebeugt sind, weil der Sohn auf der schiefen Bahn ist, dann weiß ich, dass ich keine Probleme habe. Das sind nicht meine Themen. Also, mancher Kelch mag durch den Zölibat auch an mir vorbei gegangen sein. Eine gute Ehe zu leben und Kinder wohlbehalten ins Leben zu geleiten – das verdient jeden Respekt. Da frage ich mich manchmal, ob ich da nicht den leichteren Weg gewählt habe. Aber das will ich nicht gegeneinander aufwiegen. Es ist mein Weg, und ich komme gut damit klar.

Könnten Sie sich denn die Vereinbarkeit Ihres Berufes mit einer Familie vorstellen?

Schwer! Die Scheidungsquote ist bei meinen evangelischen Brüdern und Schwestern sehr hoch. Und das kommt ja nicht von ungefähr. Die Gemeinde verlangt nach dem Pfarrer, die Familie erwartet Mann und Vater bzw. Frau und

Mutter. Das immer wieder in Einklang zu bringen, halte ich für eine große Leistung, wenn es denn gelingt.

Gibt es etwas, was in der katholischen Kirche verändert werden sollte? Haben Sie Visionen für die Zukunft der katholischen Kirche?

Den Zölibat abschaffen und meinen, dann hätte man die Priester, das halte ich für platt. Die Kirche muss bei den Menschen sein. Sie muss glaubwürdig sein, ohne sich zu verbiegen. Sie muss ihrem Auftrag treu bleiben, unbequem sein, moralisches Wächteramt wahrnehmen, diesbezüglich eine Instanz bleiben und gleichzeitig den Puls der Zeit mitbekommen. Sie muss lebendig bleiben, ohne moderner als die Modernen sein zu wollen. Das ist schwierig, aber das ist der Auftrag. Die Kirche besteht seit 2.000 Jahren. Insofern hege ich die Hoffnung, dass wir auf einem guten Fundament ruhen und eine Zukunft haben.

5. Ins Vertrauen fallen lassen – Nachdenken über Gott und die Welt

Gab es Lebensphasen, wo Sie Gott suchen mussten oder haben Sie Gott immer schon gefunden?

Ich bin in diese katholische Glaubenssituation hinein geboren worden, und mein Glaube an Gott ist eigentlich nie tiefgründig hinterfragt worden. Das ist vielleicht eine Gnade, aber ich habe mich von Anfang an auf diesem Vertrauensfundament bewegt. Es hat vielleicht auch mit mir zu tun, denn ich bin jemand, der sich ins Vertrauen fallen lassen kann.

Wie spüren Sie die Anwesenheit Gottes in Ihrem Leben? Wie würden Sie jemandem, der nicht glaubt, Gott beschreiben?

Schwere Frage! Ich spüre es oft im Nachhinein, im Rückblick, so dass ich sagen kann: „Es war gut so, wie es sich gefügt hat." Gerade, was meinen beruflichen Werdegang betrifft, bin ich ja eher geführt worden, als dass ich selber alles arrangiert hätte. Natürlich habe ich mitgearbeitet, aber die wesentlichen Zusammenhänge haben sich ergeben. Man könnte sagen, als eine Fügung Gottes.

Man könnte natürlich auch sagen, dass das alles Zufall ist...

Das könnte man, aber es kommt etwas dazu. Diese Fügungen werden – im Nachhinein – oft von dem Eindruck der totalen Sinnhaftigkeit begleitet. Bei einem Zufall prägt sich dieser Eindruck nicht so aus. Wie spüre ich die Anwesenheit Gottes? Manchmal „blitzartig", dass ich umhüllt bin, eine Art Getragensein. Das geht dann auch wieder weg. Manchmal spüre ich es gar nicht. Es ist nicht so, dass ich unentwegt in der gefühlten Anwesenheit Gottes lebe. Aber es gibt viele solcher Momente: In einem ganz normalen Gespräch, in der Begegnung mit der Kunst, in einem Dom.

Und natürlich spüre ich die Anwesenheit Gottes im Gebet, was ich privat oder in der Messfeier bete. Insgesamt ist das alles aber schwer zu beschreiben. Ich würde zu jemandem, der diese Erfahrungen sucht, sagen: „Lassen Sie sich drauf ein und schauen Sie, ob Sie jemanden haben, der Sie begleitet in Ihren Fragen und Zweifeln!" Wie lernt man schwimmen? Nicht am Beckenrand, sondern indem man ins Wasser springt, und der Schwimmmeister steht am Rand und kann helfen, wenn es nicht weiter geht.

Was ist Gott für Sie?

Gott ist für mich der Unfassbare, Unbegreifliche. Theologisch betrachtet: Wir können mehr darüber sagen, was Gott nicht ist als darüber, was er ist. Das heißt, er ist immer mehr, als wir uns vorstellen können. Er ist der ganz Nah-Kommende – er ist der Ganz-Weite. Karl Rahner hat einmal geschrieben: "Gott sei Dank ist Gott ganz anders, als wir ihn uns vorstellen." Er kommt mir ganz nah und ist manchmal ganz weit weg, aber dennoch ist er da und hält mich, trägt mich. Manchmal spüre ich seine Anwesenheit in den unangenehmen Fragen meines Gewissens oder in einer bestimmten Unruhe.

Der Gott des Alten Testamentes teilt sich den Menschen noch sehr deutlich mit: Moses hört die Stimme Gottes, der Dornbusch brennt… Wie teilt sich Gott Ihnen mit? Spricht er zu Ihnen? Hören Sie seine Stimme? Entstehen Bilder im Inneren?

Gott teilt sich mir zuallererst einmal über die Bibel mit, über sein Wort. Wenn ich sie aufschlage, spricht er zu mir, und ich bekomme die Hinweise, nach denen ich suche. Er kann sich aber auch über einen Mitmenschen mitteilen, dass mich dieser anspricht und auf etwas hinweist. Auch über Sie, über Ihre Fragen, indem ich darüber nachdenke und mir klar mache, wo ich stehe, wo ich bin…

Es gibt so viele Möglichkeiten, wo ich die Stimme Gottes höre: in der Stille und in allen Momenten des menschlichen Lebens. Gott ist eigentlich immer da. Ob es Momente tiefster Verlassenheit sind: Gott hat in seinem Sohn Jesus Christus gerufen: „Mein Gott, warum hast du mich verlassen?" Jesus ist gequält worden. In diesem Tiefpunkt des Lebens ist Gott, aber auch, wenn ich mich auf dem Gipfel fühle: Christus ist verklärt worden auf dem Berg Tabor. In einem Psalm heißt es sinngemäß: Wohin ich mich auch bewege, du bist schon da. Von allen Seiten umgibst du mich.[2]

Wenn ich die Zeichen des Alltags nehme, können sie mit Gott zu tun haben. Nicht alle, aber viele. Gott muss nicht laut sprechen, mit Donner, Blitz und Getöse sich zeigen. Gott offenbarte sich Eliah in einem leisen Säuseln. Er kommt oft gerade da, wo wir ihn nicht erwarten. Er kommt anders, als wir es uns vorstellen.

Für mich gehören auch Gottes- und Nächstenliebe zusammen. Wenn ich meinem Nächsten wirklich menschlich begegne, dann ist das eine Gottesbegegnung. Das kann ich nicht trennen. Wenn ich eine Zelle betrete, dann ist Gott schon dort – in dem Gefangenen, der mir da entgegen tritt, weil er eine menschliche und damit göttliche Würde hat, denn wir sind ja von Gott als sein Ebenbild geschaffen worden. Das muss ich mir natürlich immer wieder vergegenwärtigen. Das habe ich nicht immer abrufbereit.

6. Eine Gnade – Die Beichte

Was ist die Beichte für Sie?

Die Beichte ist für mich ein Heilmittel, weil ich merke, dass viele Menschen unheilvoll gefangen sind in ihrer eigenen Schuld. Eine gute Beichte stellt einen Prozess dar mit Besinnung, Reue, Erkenntnis und gutem Vorsatz. Wenn dieser Weg gegangen wird, ist die Beichte ein Heilmittel, um als Mensch besser zu werden, menschlicher, christlicher... Und um Verantwortung für sich und sein Versagen zu übernehmen. Von daher ist die Beichte für mich eine Gnade.

Wie macht Ihrer Meinung nach einen guten Beichtvater aus?

Das sagt ja schon das Wort: Er sollte etwas Väterliches/Mütterliches haben. Ein Beichthörender muss klar sein, denn er ist Richter im geistlichen Sinne. Er nennt die Dinge beim Namen, beschönigt nichts, sondern lässt die Schuld in der ganzen Größe zu, wie sie empfunden wird. Aber er muss dann auch jemand sein, der zusammen mit dem Beichtenden sich an die Heilung der Wunde macht. Er stellt wie ein Arzt die Medikamente dafür zur Verfügung – die Medikamente, die Gott als der große Heiler durch den Priester dem Beichtenden zukommen lässt. Wir alle wollen heil sein im Sinne von Vollkommen-Sein oder mit sich selbst im Reinen sein. Wir alle möchten ein glückliches, zufriedenes, geliebtes Leben führen. Und dazu kann die Beichte beitragen.

Haben Sie erlebt, dass sich diese Wirkung der Beichte erfüllt?

Ja, gerade hier, gerade in der Umgebung eines Gefängnisses erlebe ich das immer wieder, dass die Menschen, die rechtskräftig verurteilt wurden und sich vor Gott und den Menschen schuldig fühlen, sich nach einer guten Beichte wirklich erlöst und befreit fühlen und Anlauf für einen Neuanfang nehmen. Ich erlebe auch, dass das nachwirkt und nicht nur im Moment gilt. Das sagen mir die Leute auch, man merkt es im Auftreten, in ihrer Art zu reden. Manche teilen mir mit, dass sie endlich wieder schlafen können. Und übrigens ist die Beichte, das Sakrament der Beichte wie auch alle anderen Sakramente, etwas, wo ich Gott spüre, dass Gott dem Menschen nur Gutes will.

7. Ein tiefes Ein- und Ausatmen – Das Gebet

Sie erwähnten vorhin, dass Sie Gott auch im Gebet spüren. Wie beten Sie?

Ich bete einmal mein privates Gebet, mein Stundengebet, das Brevier, was ja der katholische Geistliche fünf Mal am Tag betet. Also, ich bete mit der Kirche die Psalmen und die Texte des Neuen und Alten Testamentes. Ich bete allerdings auch mit eigenen Worten. Ich bete auch ohne Worte, indem ich einfach nur schweige. Ich bete natürlich in jeder Weise, wenn ich Gottesdienste feiere. Das ist ja auch Gebet – Feier des Gebetes in gottesdienstlicher Form. Geistliche Lektüre, die mich erhebt, die mich trägt, ist für mich auch eine Form des Gebetes.

Was ist das Gebet für Sie? Wie würden Sie es beschreiben?

Ein tiefes Ein- und Ausatmen. Es ist etwas Lebendes. Im Gebet komme ich an meine glaubensmäßige Vitalität.

8. Es vergeht kein Tag, an dem wir nicht auch lachen – Das Hier und Heute

Herr Pfarrer Kerkhoff, wie sieht Ihr Alltag heute aus?

Ich bin für all die da, die den Priester in den zwei Gefängnissen, die ich betreue, brauchen. Am Wochenende feiere ich die heilige Messe, bei Bedarf auch in der Woche. Außerdem bin ich Vorsitzender der Gefängniskonferenz in Nordrhein-Westfalen. Ich kenne also fast alle Gefängnisse hier und damit auch meine Kolleginnen und Kollegen. Ich bin Dekan in der Gefängnisseelsorge, d. h. ich habe eine gewisse Zuständigkeit für die Gefängnisseelsorger in Nordrhein-Westfalen, habe deshalb des öfteren auch im Ministerium zu tun. Ich habe also eine ziemliche Bandbreite in meiner Tätigkeit. Es kann sein, dass ich morgens berufspolitische Gespräche im Auftrag der Kirche im Ministerium führe und mich eine Stunde später mit einem „Lebenslänglichen" unterhalte.

Wir haben viel von menschlichem Vergehen und Schuld gesprochen. Der Knast ist ein ernster Ort, wo man auf die wesentlichen existentiellen Fragen zurückgeführt wird, wie Sie es sagten. Lachen Sie manchmal auch auf Arbeit? Gibt es hier Anlässe zu lachen?

Oh doch, die gibt es. Das hier ist ja ein Sammelbecken von Originalen, von Menschen, die ungeheuer kreativ sind, die malen, texten, Musik machen. Es vergeht eigentlich kein Tag, an dem wir nicht lachen – Bedienstete wie Gefangene. An so einem Ort der Unfreiheit gedeihen die Subversivität, Humor, Ironie, Witz... Das kennen Sie ja aus der ehemaligen DDR!

Haben Sie ein Lebensmotto, einen Leitspruch?

Mein Primizspruch ist mein Leitspruch: „Wenn nun ich, euer Herr und Meister, euch die Füße gewaschen habe, so sollt auch ihr euch untereinander die Füße waschen. Ein Beispiel habe ich euch gegeben, damit ihr tut, wie ich euch getan habe. Wahrlich, wahrlich, ich sage euch: Der Knecht ist nicht größer als sein Herr und der Apostel nicht größer als der, der ihn gesandt hat." [3] Mein Priestertum, so wie ich es verstehe, sehe ich vor allem auch als einen Dienst am Menschen…

„Dienst am Menschen" – das hat für mich viel mit Liebe zu tun: Liebe zum Leben, zu den Menschen, zu sich selbst: Was ist die Liebe für Sie?

Sie stellen ja Fragen! Gott ist für mich der Inbegriff der Liebe. Rein menschlich/irdisch gesehen, würde ich mit einer Metapher antworten, die vielleicht abgegriffen wirkt: Die Liebe ist für mich wie die Sonne. Sie lässt mich leben, gibt Wärme, Licht, schenkt Hoffnung, trägt… All das Gute im Leben gibt die Liebe.

Gottes Macht ist die Liebe

PFARRER MARTIN FUCHS, BONN

Geboren am 19. September 1959

Pfarrer Martin Fuchs ist Seelsorger der Schausteller der Bundesrepublik Deutschland. Seine offizielle Bezeichnung lautet: Leiter der katholischen Circus- und Schaustellerseelsorge. Sein Büro hat er in Bonn, doch dort hält er sich die wenigste Zeit über auf. 20.000 km fährt er mit dem Auto oder dem Zug jährlich, um dem fahrenden Volk als Priester zur Seite zu stehen. Seine Arbeitsplätze sind Kirchweihfeiern, Volksfeste, Jahrmärkte. Er predigt in Festzelten, tauft auf dem Hochseil oder führt Beichtgespräche im Kassenhäuschen des Riesenrades, hinter der Theke des Imbisswagens oder am Bratwurststand. Pfarrer Martin Fuchs liebt das reisende Volk und ist dabei selbst zum Reisenden geworden. Um ihn zu treffen, braucht es den Blick in den Festkalender. „Kommen Sie doch bitte zum Libori nach Paderborn. Da muss ich ohnehin dienstlich sein. Und Paderborn ist die Mitte zwischen Braunschweig und Bonn. Da haben wir die Strecke gerecht geteilt." – höre ich seine Stimme am Telefon.

So mache ich mich auf, und erlebe die „fünfte Jahreszeit" in Paderborn, den Libori, eines der größten und ältesten Volksfeste der Welt. Auf der Suche nach einem Raum, wo wir unsere Gespräche führen können, streife ich mit Pfarrer Fuchs über den Markt mit all seinen Buden und dem bunten Treiben der Händler und Schausteller. Der Pfarrer grüßt nach links und rechts, hat hier ein paar fröhliche Worte und stellt sich dort vor, wo er noch nicht gekannt wird. Er verwickelt die Menschen hinter den Theken und Auslagen in Gespräche. „Wo ich bin, ist die Kirche" – sagt er und betont, dass es ihm wichtig ist, Gott und die Kirche zu den Menschen zu bringen.

Als es mir schließlich gelungen ist, spontan und improvisiert einen stillen Raum für unsere Gespräche in einem Krankenhaus in Paderborn zu finden und ich dies Pfarrer Fuchs mitteilen will, ist er weg. Ich suche ihn und finde ihn ins Gespräch vertieft, in Begleitung eines Patienten, den Krankenhausgang auf und ab schreitend.

„Ich wurde um ein Beichtgespräch gebeten", sagt er, und im nächsten Moment gilt seine ganze Aufmerksamkeit meinen Fragen.

Juli 2008

I. LÄSST DU UNS DEINEN MARTIN? – KINDHEIT UND JUGEND

Herr Pfarrer Fuchs, in welche Familie wurden Sie hinein geboren?

Ich bin 1959 in Neumarkt, Oberpfalz, geboren worden, gehöre also zur Nachkriegsgeneration. Mein Vater war schwer verwundet worden im Krieg. Er war in Russland, auf der Krim und am Don gewesen. 1944 ist er gerade noch heraus gekommen, weil er verwundet war. Ich glaube, er ist mit dem letzten Zug mitgekommen. Meine Eltern sind relativ alt gewesen, als sie mich bekommen haben. Meine Mutter war bei meiner Geburt 35. Meine Eltern hatten ein Obstgeschäft und meine Großmutter einen Stand auf dem Markt. Ich musste schon recht früh sehr selbstständig sein, weil die Mutter im Geschäft, der Vater zwecks Einkäufen unterwegs war. Ich war also auf mich gestellt.

Mein Leben hat eigentlich auf der Straße begonnen. Ich wuchs als Straßenkind auf, die Straße war unser Spielplatz. Die Geschäftsleute kannten sich natürlich alle untereinander, und so zog ich oft von einem Geschäft zum anderen. Mal war die Metzgerei der Spielplatz. Der Metzgerjunge war ein Jahr älter als ich. Dann waren mal wieder die Bäckerei oder verschiedene Gastwirtschaften waren der Spielplatz. Wir sind immer hinten 'rein, haben uns überall ausgekannt, haben überall etwas zum Naschen bekommen. Also, es war toll. Wir haben aber auch kleine Arbeiten übernommen, haben zum Beispiel vier Bäckereien, vier Gastwirtschaften und auch Metzgereien beliefert. So war ich überall bekannt, eigentlich wie ein bunter Hund.

Aber die Schule haben Sie ganz normal besucht?

Ja, natürlich. Ich sollte eigentlich, weil ich so schön singen konnte, zu den Regensburger Domspatzen kommen. Aber ich konnte mir ein Leben außerhalb „meiner Straßen und Geschäfte" gar nicht vorstellen und so habe ich zu meinen Eltern gesagt: „Ich will nicht, ich bleibe hier." Ab der 5. Klasse bin ich zum Gymnasium gegangen.

Sie sind in einer katholischen Familie aufgewachsen. Wie wurde bei Ihnen der Glaube gelebt?

In der Familie hatten wir schon immer einen engen Bezug zur Pfarrei und zu den Geistlichen. Zwei Mal im Jahr kamen Pfarrer und Kapläne zu uns zum Schlachtfest oder einem anderen Anlass. Bei uns „ums Eck" war das Kolpinghaus, welches ein Sammelpunkt für viele kirchliche Aktivitäten war. Dort ging ich ein und aus. Es war selbstverständlich, dass wir alle am Sonntag in die Kirche gingen. Meine Eltern erzählten auch, dass ich als kleiner Junge in der Kirche immer völlig artig war, voller Aufmerksamkeit für das, was da geschah.

Ich war nach der Erstkommunion auch Ministrant, habe aber nach wenigen Monaten aufgehört. Warum? Ich war von September bis Dezember 1968 Ministrant, und da wurden noch die lateinischen Gebete im Gottesdienst gesprochen, und da die niemand mit mir gelernt hatte, konnte ich als Ministrant auch nicht mitbeten. Dafür habe ich mich so geschämt, dass ich aufgehört habe. Als sich nach dem Konzil, so um 1970 herum, die Liturgie verändert hatte, die Messe in Deutsch gehalten werden konnte, bin ich wieder eingestiegen. Und dann voll: Ich habe dem Messner geholfen, bin drei Mal in der Woche früh aufgestanden und war bereits 6.00 Uhr in der Kirche. 6.30 Uhr fand die erste Messe statt, 7.15 Uhr die zweite. Es gab damals acht Geistliche in unserer Pfarrei, die alle Hände voll zu tun hatten. Da war ein Ministrant als Helfer immer gefragt. Meine Bezugsperson war der Messner. Er hat die Ministranten ausgebildet. Ich habe auch zu meiner Primiz gesagt: „Wenn ich meinen Albert nicht gehabt hätte, stünde ich heute nicht hier."

Er war eine Art geistiger Vater für Sie? Was hat er ausgestrahlt?

Er hat ausgestrahlt, dass Gebet und geistliches Leben selbstverständlich sind. Er hat mich auch überallhin mitgenommen. In der Stadt hat es immer geheißen: „Dort kommen der Messner und sein Bub", wenn wir mit dem Rad unterwegs waren. Er hat uns Ministranten alles, was er wusste, weiter gegeben und alles, was es in der Kirche gab, gezeigt und erklärt. Ich kannte in unserer Kirche jedes „Stück", vom Glockenturm bis zur Sakristei, jeden liturgischen Gegenstand, jeden Heiligen, der als Bild da hing. Ich habe dem Messner ein Loch in den Bauch gefragt, weil ich alles wissen wollte. Seitdem ich Ministrant war, habe ich mehr Zeit in der Kirche verbracht als zu Hause: Schule, danach Kirche und nur zum Schlafen erschien ich zu Hause.

Ist in dieser Zeit schon der Wunsch entstanden, Priester zu werden?

Vielleicht nicht so konkret. Es war ein Hineinwachsen. Als ich 15 war, entstand auch ein enger Kontakt zu den Kaplänen. Wir haben viel gemeinsam unternommen. Das hat geprägt. Ohne dass ich das gewusst habe, haben viele Leute über mich gesagt: „Der geht einmal ins Seminar." Mein Vater erzählte mir viel später, dass ein Mal im Jahr der alte Pfarrer Joseph Kopf zu uns ins Haus kam und den Vater fragte: „Lässt du uns deinen Martin?" Jedes Jahr ein Mal! Meine Eltern haben das aber nie angeschoben. Es gibt allerdings in der Familie meiner Mutter, einige Generationen vorher, einige Geistliche. Und die Großmutter mütterlicherseits hat sich immer gewünscht, dass einer ihrer sieben Söhne einmal Priester wird, aber dieses Ereignis hat eine Generation übersprungen.

Wie ging es nach dem Abitur weiter?

Als ich in der 12. Klasse war, stand im August 1978 plötzlich Dr. Ludwig Mödl in der Sakristei. Ich hatte ihn als Religionslehrer in der 4. Klasse. Damals war er bei uns Kaplan. Jetzt war er der Regens des Priesterseminars Eichstätt. Irgend jemand musste ihn geschickt haben. Ich weiß nicht wer. 16.00 Uhr war Rosenkranz-Gebet. Und da stand er vor mir. Ich fragte: „Grüß Gott, Herr Regens, was führt Sie denn her?" Er: „Ach, ich bin gerade in der Nähe gewesen." Und er fragte mich aus, wie es mir geht, welche Pläne ich habe, was ich nach dem Abitur vorhabe... Zu Pfingsten, nach den Abitur-Prüfungen meldete ich mich in Eichstätt im Priesterseminar an. Und da sagte der Regens: „Auf Sie warte ich schon lange!"

Wie haben die Eltern reagiert, dass ihr einziger Sohn den Weg des Priesters einschlagen wird? Sie wissen ja in diesem Moment, dass Sie keine Familie gründen werden, dass es keine Schwiegertochter, keine Enkel geben wird...

Sie haben verhalten reagiert, aber die Entscheidung weder forciert noch gebremst. Sie sagten immer: Wenn es dich glücklich macht, dann geh diesen Weg!

2. Die Religion wieder ins Herz holen – Der Weg zum Priester

Sie sind also gleich nach dem Abitur ins Priesterseminar Eichstätt eingetreten... Wie haben Sie das Studium erlebt?

Ich war da schnell zu Hause. Ein Kaplan sagte damals zu mir: „Bewahre dir deinen Glauben, den du bisher gehabt hast! Denn wenn du Theologie studierst, kann es sein, dass dir zunächst alles kaputt geschlagen wird."

Das sagen alle meine Gesprächspartner.

Es ist auch so. Wahrscheinlich muss das Priesterstudium das auch leisten.

Hat Sie dennoch etwas im Studium geprägt?

Durch meine praktische Erfahrung als Ministrant und Messner war es ganz selbstverständlich, dass ich auch im Seminar Messner wurde und dann auch Zeremoniar im Dom. Das war sehr erfüllend. Wir haben auch im Seminar gut zusammen gepasst und viel unternommen, zumindest der Kern der fünf Eichstätter Kurskollegen. Wir haben im 3. Kurs auch einen Dreigesang[1] gebildet. Wir hatten die Choral-Schola im Haus gehabt. Das Choralsingen, Psalmensingen, die Laudes oder Vespern habe ich geleitet. Wir haben damit auch im Dom gesungen. Wir sind auch zu vielen Gemeinden „hinaus" gefahren, haben Kontakt zu den dortigen Pfarrern aufgenommen und gepflegt und im Gottesdienst gesungen. So haben wir auch das Priesterseminar nach außen getragen. Der Regens sagte immer: „Fahrt nicht so oft fort." Aber es kamen ganz viele positive Rückmeldungen aus den Gemeinden, so dass wir fast das Aushängeschild des Seminars wurden und der Regens am Ende nichts mehr dagegen hatte. Wir haben manchmal auch den „Chef" – den Regens – mitgenommen, und so sind die Seminartage wieder eingeführt worden, die es vorher regelmäßig gegeben hatte.

Was ist das?

Seminartage? Der Bischof kam ins Seminar und fuhr mit uns in eine Pfarrei. Wir haben dort gemeinsam den Gottesdienst gefeiert, sind bei Familien untergebracht gewesen, so dass man sich richtig gut kennen lernte. Wir waren alle wie eine große Familie, haben auch die Gemeinden dadurch sehr gut kennen gelernt und enge Kontakte geknüpft. Das war auch ein Weg, wo wir uns gemeinsam im Glauben stärkten und uns gemeinsam gegen die „Dekonstruktion des Glaubens" durch das Studium wehrten. Wir haben auch für vieles gekämpft. Nach dem Konzil von 1968 war alles im Umbruch, und wir wollten einerseits, dass der Gottesdienst „frisch" und modern ist, ohne aber wichtige Traditionen, Rituale und Zeichen aufzugeben.

So habe ich mich zum Beispiel dafür eingesetzt, dass ein Evangeliar wieder verwendet wird, dass man es in der Messe einsetzt und daraus liest. Das habe ich in meiner Pfarrei von allen Pfarrern, auch die in Vertretung da waren, verlangt. Heute ist das selbstverständlich. Oder: Dass man in der Fastenzeit die Kreuze verhüllt... Das hat man nicht mehr gemacht. Adventsandachten hatte man nicht mehr gemacht... usw.

Es ging Ihnen darum zu zeigen, dass das Kirchenjahr seine Struktur hat und die Zeichen dieser Struktur einen tiefen religiösen Sinn...

Ja, es wurde die Aufgabe unserer Generation, die verkopfte Religiosität wieder ins Gemüt, ins Herz hinein zu holen, spürbar zu machen dass Gott unser gesamtes Leben prägt und durchzieht. Und dass es dafür bestimmte Zeichen gibt, die uns das gegenwärtig machen. Es ist Gottes-Dienst, den Gott an uns hat! Es geht nicht darum, dass wir Menschen kommen müssen, damit wir den lieben Gott gnädig stimmen, sondern es ist umgekehrt: Jesus Christus ist für uns gestorben. Das ist das Angebot Gottes, das er uns gemacht hat, um uns zu erlösen. Und wir müssen eigentlich nur „Ja" dazu sagen. Aber das müssen wir fertigbringen.

Ohne ein inneres Ja dazu geht es nicht. Und wenn ich diesen Weg einmal gegangen bin, dann merke ich auch, dass Glaube etwas Befreiendes ist, etwas, was mir eine größere Perspektive gibt, weil mich der Glaube in die Welt Gottes führt. Auf diesem Weg sind die Zeichen und Rituale wie Wegweiser, die einem Geleit geben.

Wer hat Sie im Studium am meisten geprägt?

Ich glaube, der ehemalige Subregens, Hochwürden Dr. Rug hat mich am meisten geprägt. Bei ihm habe ich im Freisemester auch ein Jahr gewohnt. Er wurde mir so etwas wie ein väterlicher Freund. Er war für die Liturgie im Dom in Eichstätt zuständig, hat auch Vorlesungen in Liturgie gegeben und war mein wichtigster Ansprechpartner, mein Gegenüber für alle Fragen des Glaubens. Ich konnte zu jeder Tages- und Nachtzeit zu ihm kommen mit meinen Anliegen. Wir haben oft gestritten, dass die Fetzen flogen, aber nie miteinander, sondern immer um eine Sache, die vor uns lag.

Gab es während des Studiums Zweifel, ob es die richtige Entscheidung, die richtige Wahl war?

Zweifel hat man immer. Man ist sich ja auch bewusst, dass man mit der Weihe eine endgültige Entscheidung trifft, mit der man auf vieles verzichtet. Man hat zwar lange Zeit zu überlegen, abzuwägen, das eigene Leben anzuschauen, aber wenn die Weihe vor einem liegt, ist es trotzdem ein großer Schritt: Ist das die Lebensform, die mich durchs Leben tragen kann? Vor dem Studium war auch eine Freundin da. Und da geht man schon intensiv ins eigene Innere und befragt sich, wohin der Weg gehen soll. Es war keine Entscheidung gegen sie, sondern eine Entscheidung für das Priester-Dasein. Es ist wie in der Ehe. Wenn sich Zwei füreinander entscheiden, geben sie ihr Ja-Wort unter den Voraussetzungen der Gegenwart und müssen dann ihren gemeinsamen Weg gehen. Ihn einfach gehen! Für mich ist das nicht anders.

Gab es während des Studiums Zweifel, ob der Weg zum Priester die richtige Entscheidung, die richtige Wahl war?

Zweifel hat man immer. Man ist sich ja auch bewusst, dass man mit der Weihe eine endgültige Entscheidung trifft, mit der man auf vieles verzichtet. Man hat zwar lange Zeit, zu überlegen, abzuwägen, das eigene Leben anzuschauen, aber wenn die Weihe vor einem liegt, ist es trotzdem ein großer Schritt: Ist das die Lebensform, die mich durchs Leben tragen kann? Vor dem Studium war auch eine Freundin da. Und da geht man schon intensiv ins eigene Innere und befragt sich, wohin der Weg gehen soll. Es war keine Entscheidung gegen sie, sondern eine Entscheidung **für** das Priester-Dasein. Es ist wie in der Ehe. Wenn sich Zwei **für**einander entscheiden, geben sie ihr Ja-Wort unter den Voraussetzungen der Gegenwart und müssen dann ihren gemeinsamen Weg gehen. Ihn einfach gehen! Für mich ist das nicht anders.

3. MESSE IM AUTOSCOOTER, TAUFE UNTERM RIESENRAD – DIE ARBEIT ALS SCHAUSTELLERSEELSORGER

Wann und wo sind Sie zum Priester geweiht worden?

Am 28. Juni 1986 bin ich in Eichstätt geweiht worden. Wir waren zu siebt.

Wie haben Sie Ihre Weihe erlebt?

Dieser Tag war ein Geschenk. Als alle die Messgewänder anzogen, war das der schönste Moment. Eine Reporterin fragte einmal einen Priesterkandidaten, woran man denkt, wenn man ausgestreckt auf dem Boden vor seinem Bischof liegt. Und die Antwort lautete damals: „Hoffentlich habe ich das Preisschild an den Schuhsohlen abgemacht." Nein, Spaß beiseite: Als ich da lag, fiel mir alles ein, was mir auf den Weg mitgegeben wurde. Bis zu diesem Schritt bin ich geleitet und geführt worden, ab jetzt würde ich meinen Weg als Priester gehen. Das war bewegend.

Wo haben Sie Ihre Primiz gefeiert?

Beim Empfang am Tag der Weihe bin ich daheim in die Kirche eingezogen. Unser Pfarrer hatte mit 1.000 Leuten gerechnet. Es müssen 10.000 gewesen sein, die wie auf dem Volksfestzug standen und warteten. Meine Primiz habe ich eine Woche später in Neumarkt gefeiert. Es hat geregnet, aber wie! Die Primiz war im Freien auf dem Marktplatz. Ich habe ein buntes Bild von über 5.000 Regenschirmen vor mir gehabt. Also, es war ein Lebens-Höhepunkt. So etwas Ähnliches habe ich nur noch einmal erlebt: Als ich 2004 aus meiner Pfarrstelle in Heideck verabschiedet wurde. Da kamen 1.500 Leute in das Zelt, welches für das Heimatfest aufgebaut wurde.

Sie waren als Kaplan und Gemeindepfarrer tätig, aber 2004 verließen Sie dann Ihre Gemeinde...

Als Kaplan habe ich an verschiedenen Orten gearbeitet: Heideck, Berching, drei Jahre in Schwabach. Von 1990 bis 2000 war ich Pfarrer in Untermässing und danach vier Jahre nochmals in Heideck. Seit 2004 habe ich keine feste Kirche mehr, weil ich zum Nationalseelsorger der Schausteller berufen wurde.

Wie kam es, dass man Sie dazu berief?

Die Reisetätigkeit hat schon immer mein Leben bestimmt. Meine Großmutter war mit ihrem Stand oft auf verschiedenen Festen und Märkten unterwegs. Da habe ich sie als Kind begleitet und es ergaben sich viele Gelegenheiten, Schausteller kennen zu lernen. Als kleiner Bub war ich immer bei denen draußen. Kaum kamen die Wagen, war ich da, habe zugeschaut, wie sie aufgebaut haben, habe zum Teil mitgeholfen, habe manchmal Obst und Gemüse vorbei gebracht. In meiner Kinderzeit kam das Karussell noch 10 Pfennig, dann 20, dann wurde daraus eine Mark. Das war eine Revolution, als ein Mal Karussellfahren plötzlich eine Mark kostete! Und später kamen die Fahrchips, die man an der Kasse kaufte. Das ist die Volksfestwährung: Chips... Und die habe ich immer reichlich geschenkt bekommen, weil ich ja bekannt war wie ein bunter Hund. Die Verwandten schenkten mir manchmal auch Volksfestgeld, aber das brauchte ich nie. So kam es, dass ich nach dem Fest immer mehr Geld hatte als vorher.

Die Verbindung zu den Schaustellern ist nie abgerissen, auch während des Studiums nicht, wo ich zu den Volksfesten im bayerischen Raum rund um Eichstätt fuhr. In der Studienzeit, wenn ich im Sommer drei Wochen Vertretung für unseren Messner in Neumarkt gemacht habe, war ich früh in der Kirche und abends auf dem Volksfest. Da habe ich, wo es gebraucht wurde, ausgeholfen: Fischsemmeln machen, Schaschlik braten, Fahrgeschäfte mit aufbauen – ich habe überall mit angefasst.

Haben Sie sich als Schausteller-Seelsorger beworben?

Für so etwas bewirbt man sich nicht. 1990 war ich noch Kaplan in Schwabach. Da trat das erste Mal jemand von den Schaustellern an mich heran: „Wir hätten da eine Taufe, würdest du das machen?" Da habe ich Kontakt zum Bischof aufgenommen und gefragt, ob ich das neben meiner Arbeit in der Pfarrei machen dürfte. Ich habe mich auch an Pater Schönig gewendet, der in Augsburg wirkte und 45 Jahre als Seelsorger für die Schausteller zuständig war. Er ist 1954 geweiht worden und war seitdem für die Schausteller und Menschen im Zirkus unterwegs. Er ist Pallotiner-Pater und hat diese Tätigkeit mit Genehmigung seines Ordens ausführen dürfen. Auch von ihm bekam ich grünes Licht, und so wuchs ich da hinein.

Ich bin durch ganz Bayern gekommen und auch im Württembergischen unterwegs gewesen. Es nützt nichts, wenn man dafür jemanden einsetzt, zu dem die Schausteller kein Vertrauen haben. Es muss jemand sein, der den Draht zu ihnen hat, der zu ihnen hingeht, weil er sich auf dem Festplatz wohl fühlt. In den sechs Wochen Sommerferien habe ich manchmal 30 Volksfeste besucht und später in meinem Urlaub auch. Und wenn ich am Anfang noch als Privatperson gekommen bin, wurde ich doch mehr und mehr als Priester gefragt und gebraucht. Da ging es dann schon um Seelsorge, manchmal am Bratwurststand oder in der Kasse des Riesenrades.

Sie haben keine „feste" Kirche mehr, sondern sind als Seelsorger mobil unterwegs. Vermissen Sie nicht manchmal auch die Stille und den schützenden Raum einer Kirche?

Da, wo der Priester ist, da ist die Kirche. „Der Segen Gottes kommt", sagen die Leute manchmal, wenn sie mich sehen. „Jetzt kann uns nichts mehr passieren." Ich gehe zu den Menschen hin. Dorthin, wo sie arbeiten und leben: das kann der Zirkus sein, der Autoscooter, der Wohnwagen… Das Schaustellerdasein ist eine Lebensart: Die Schausteller ziehen mit ihrem Wohnwagen und ihrem Geschäft von einem Platz zum anderen. Sie sind moderne Nomaden.

Und Sie sind dadurch ein nomadischer Priester geworden…

Alles, was ich als Priester für die Ausübung meiner Aufgaben brauche, habe ich im Auto. Ich lade meinen großen Rollkoffer aus, packe aus, und innerhalb von zehn Minuten ist der Altarraum eingerichtet.

Wo findet der Gottesdienst statt?

Je nachdem, wo Platz ist. In den südlichen Gefilden gibt es meist ein großes Zelt auf dem Volksfest. Auch im Autoscooter ist Platz. Ich hatte vorgestern eine

Taufe, die fand im Bahnhofsbereich des Riesenrades statt. Das Taufwasser wird vor Ort geweiht.

Steht das Volksfest-Ambiente nicht in totalem Kontrast zur Aura eines Kirchenraumes? Hier Zerstreuung, weltliche Vergnügungen, dort eine Architektur, die eine festlich-feierliche Ausstrahlung hat und die die Seele zu Höherem erhebt?

Das ist vielleicht nur für den Außenstehenden so. Die Besucher erleben, dass in wenigen Tagen eine ganze Stadt des Vergnügens aufgebaut wird, und wenn sie kommen, ist es laut, bunt und fröhlich. Was die Besucher nicht wahrnehmen, ist die Ruhe und Stille, die über dieser Stadt auf Zeit liegt, bevor der Rummel beginnt oder wenn er zu Ende ist. Auch die Menschen hinter den bunten Fassaden ihrer Läden und Geschäfte werden nicht wahrgenommen. Meine Aufgabe ist es, zu den Menschen hinter den Fassaden zu gehen, die es gar nicht schaffen, einen festen Bezug zu einer Gemeinde herzustellen, weil sie 11 Monate des Jahres unterwegs sind.

Wie knüpfen Sie die Kontakte zu den Menschen?

Zuerst gehe ich auf dem Fest ein Mal `rum, vielleicht noch ein zweites Mal. Wer zwei Mal vorbei geht, wird drinnen am Stand schon wahrgenommen. Und das dritte Mal wird man dann schon angesprochen: „Grüß Gott, Herr Pfarrer, was führt Sie denn her?" Und dann spricht es sich herum: Der Pfarrer ist da, und dann kommen sie schon auf mich zu: „Herr Pfarrer, könnten Sie mein Geschäft segnen?" Oder: "Herr Pfarrer, ich habe da so ein Kreuz, das ist noch nicht geweiht…" Oder es möchte jemand beichten. Ja, dann gibt es die Gottesdienste, die ich feiere, die ich immer auch der jeweiligen Pfarrei vor Ort bekannt mache. Auch Taufen, Firmungen finden immer in enger Zusammenarbeit und Absprache mit den jeweiligen Pfarrern vor Ort statt.

Nicht immer stößt meine Anwesenheit und Tätigkeit auf Sympathie bei den Gemeinden vor Ort, die oft gar keinen Sensus für die Probleme der Leute haben, die immer unterwegs sind. Aber es gibt auch sehr schöne Beispiele der Zusammenarbeit. Bei Kirchweihfesten, Kirmes, lädt oft auch die gastgebende Gemeinde die Schausteller zu sich ein. Und wir hatten es auch schon umgekehrt, dass die Gemeindemitglieder zum Gottesdienst auf den Platz kommen und mit den Schaustellern zusammen im Zelt die Messe feiern.

Den Schaustellern haftet ja oft noch das Stigma des fahrenden Volkes und damit der ärmeren Gesellschaftsschichten an…

Ja, das ist so. Dabei ist ein Schausteller in der Regel ein Kleinunternehmer oder ein mittelständischer Betrieb, was oft nicht gesehen wird. Bei einem neuen Verkaufswagen sind Sie mit 90.000 € dabei, und das ist erst einmal nur der Wagen. Bei modernen Fahrgeschäften kann man mit einer bis drei Millionen rechnen.

Ein neues Riesenrad: fünf Millionen. Und die Kosten wie Platzmiete, Benzin, Strom, Werbung steigen, während die Einnahmen gleich bleiben. Es ist mit der Zeit immer schwieriger geworden für die Schausteller. Eigentlich müssten sie aus dem Kulturetat bezuschusst werden.

Dafür kämpfe ich momentan, denn diese Volksfeste gehören seit Jahrhunderten zu unserer Kultur und Geschichte. Sie sind Tradition, und werden als solche oft gar nicht geschätzt. Viele kulturelle Leistungen, die wir heute genießen, sind irgendwann einmal im Mittelalter auf den Kirchenfesten, der Kirmes, durch das fahrende Volk entstanden.

Es bilden sich ja, wenn man durch die Lande zieht, auch bestimmte Persönlichkeitseigenschaften der Menschen heraus. Was schätzen Sie an den Schaustellern? Oder was unterscheidet Schausteller von den sesshaften Leuten?

Schaustellerei ist eine ganz eigene Lebensart. Schausteller sind sehr naturverbunden, weil sie das ganze Jahr über draußen arbeiten und sich mit den Witterungsverhältnissen arrangieren müssen: Wenn es regnet, macht man kein Geschäft. Ist es zu heiß, gehen die Leute ins Bad. Sie sind sehr hilfsbereit, helfen sich jederzeit untereinander, wenn es nötig ist.

Das Auf und Ab des Lebens, das Ziehen von einem Platz zum anderen, das Einpacken, Auspacken, Ankommen, Dasein, Abfahren – das sind die natürlichen Rhythmen des Schaustellers. Das Leben geschieht in diesem Spannungsfeld und daraus resultiert auch eine ganz andere Lebenseinstellung, eine tiefe Weisheit. Die Familie ist in der Regel immer dabei. In der Familie ist ein enger Zusammenhalt, sonst funktioniert es nicht. Man muss sich fest auf den anderen verlassen können. Unter den ständig wechselnden Außenbedingungen ist die Familie der ruhende Pol, die innere Heimat, das Beständige…

Und man führt ja sein Hab und Gut mit sich, kann also nicht so viel Materielles anhäufen wie zum Beispiel in einem Haus. Wird man dadurch wesentlicher?

Ja, andere Dinge werden wesentlich, zum Beispiel die Gastfreundschaft, das gute Gespräch mit einem anderen Menschen…

Wie wird der christliche Glaube unter diesen Umständen gelebt?

Die Schausteller haben eine ganz eigene Form, ihre Religiosität zu leben. Man kann das nicht vergleichen mit dem Leben in einer Gemeinde. Die Religiosität wird in der Familie weiter gegeben, nicht so sehr in Form von Wissen, sondern als gelebte, praktizierte Religiosität. Die Kinder erfahren als ganz selbstverständlich das Erlebnis der Gemeinschaft. Während ein Kind, was nicht „auf dem Platz" groß wird, hinein wachsen muss in die kirchliche Gemeinde, ist diese Erfahrung für ein Schaustellerkind von Anfang an da.

Sie betonten vorhin, dass das Schaustellergewerbe eine lange Tradition vom Mittelalter bis ins Heute hat. Hat sich auch Magisches gehalten?

Ein gewisser Hang zum Magischen ist da. „An Gottes Segen ist alles gelegen" – die Einstellung, dass man Gott gnädig stimmen muss durch sein Tun, durch Gebete, durch bestimmte Handlungen, damit es gute Geschäfte gibt, mag da sein... Aber wenn wir Religiosität definieren, als die Verbindung des Menschen mit Gott, dann ist diese Bindung das, was man mitnehmen kann von Platz zu Platz. Es ist das Beständige, der innere Halt in einem rastlosen Leben. Und dieses Bündel schnüre ich ihnen, so dass Sie es immer dabei haben, dass sie es auf ihren Reisen mitnehmen und daraus leben können.

4. Wen der Herrgott einmal am „Wickel" hat – Leben im Zölibat

Wie kommen Sie mit dem Leben im Zölibat zurecht?

Sicher, ich gehe meinen Weg allein, aber es sind so viele Menschen um mich herum und auch für mich da. Die Einsamkeit mag für diesen oder jenen ein Problem sein, dass man persönliche Entscheidungen allein treffen muss und diesbezüglich auch allein für sich verantwortlich ist. In meinen 22 Priesterjahren habe ich mich jedoch noch nie einsam gefühlt. Einsamkeit resultiert auch daraus, dass sich jemand auf sich allein zurückzieht, sich abkapselt und das tue ich nicht.

Sie hatten erzählt, dass es in Ihrem Leben eine Freundin gab. Dennoch sind Sie Priester geworden. War die Liebe zu Gott stärker?

Ja! Ich erzähle Ihnen folgendes: Ich kenne meinen Gemeindereferenten noch vom Studium her. Er war auch „angetreten", um Priester zu werden, lernte dann aber seine Frau kennen, die auch als Gemeindereferentin arbeitet und mit der er mittlerweile seit 30 Jahren verheiratet ist. Und seine Frau sagte neulich zu mir: „Ich kämpfe heute noch um meinen Mann!" Verstehen Sie? Wen der Herrgott einmal „beim Wickel" hat, den lässt er nie wieder los...

Schenkt Ihnen der Zölibat auch Freiheiten für Ihre Tätigkeit als Priester, die Sie sonst vielleicht nicht hätten?

Das kann man so sehen. Das Erste, was für uns wichtig ist, ist die tiefe Beziehung zu Jesus Christus und zu Gott, der uns trägt, in dessen Auftrag wir unterwegs sind, in dessen Auftrag wir geweiht sind. Diese Gottesnähe ist etwas Tragendes, und dazu gehört auch diese Lebensform. Dieses Ungeteiltsein..., verstehen Sie? Ich könnte mir nicht vorstellen, auch noch Familie zu haben, weil ich zu viel unterwegs bin. Die Familie würde mich nie sehen. Familie wäre für mich keine Erfüllung, sondern eine große Last. Das ist nicht nur ein vorgeschobener Grund, sondern es geht um dieses innere Erfülltsein: Wen der Herrgott einmal am Wickel hat, den lässt er nicht mehr los. Das gilt auch hier. Das Zölibat ist für mich die Lebensform, die hierfür notwendig ist. Mit der Verantwortung, die einem für die vielen, vielen Menschen übertragen wird, ist man eigentlich ausgefüllt genug. Das Tragende sollte ja sein, dass wir Priester Jesu Christi und Gottes sind.

Wenn ich Familienvater bin, wäre meine Familie das Erste. Das ist auch ganz normal. Ich kann mir nicht vorstellen, dass es bei dem derzeitigen Priesterbild und Aufgabenbereich anders möglich wäre.

Könnten Sie sich in der Zukunft denn die Vereinbarkeit von Familie und Priesterberuf vorstellen? Dadurch dass sich dann vielleicht viel mehr Menschen für den Priesterberuf entscheiden würden, würde sich ja auch das Aufgabengebiet verändern?

Ich glaube, der Zölibat wird unangetastet bleiben. Ich könnte mir vorstellen, dass es vielleicht bei den Diakonen, die ja Familie haben, eine Erweiterung des Aufgabengebietes geben könnte, dass sie Aufgaben der Priester mit übernehmen können. Aber das würde auch zu einem Zweiklassensystem führen: Die Priester mit und die ohne Familie... In der evangelischen Kirche ist es genau umgekehrt. Mir haben evangelische Kollegen, die keine Familie haben, gesagt, dass sie längst nicht so anerkannt werden wie die Pfarrer/Pfarrerinnen mit Familie.

Ich bin mir auch nicht sicher, ob sich wirklich so viel mehr junge Männer weihen lassen würden, wenn sie Familie haben dürften. Denn dem Priester wird eine immense Verantwortung für sehr viele Menschen übertragen. Und ich kann mir vorstellen, dass man sich im Zusammenhang mit einer Familie von den Aufgaben erdrückt fühlen und diese Konstellation scheuen würde. Also, es ist eine müßige Diskussion von Leuten, die es vielleicht gut meinen, aber die die Konsequenzen auch für eine Familie gar nicht absehen können.

Ist es nicht ein natürliches menschliches Bedürfnis, einen einzigen Menschen lieben zu dürfen und von ihm geliebt zu werden? Ist es nicht eine arge Einschränkung, auf diese Form der Liebe, die sich ja von der Liebe Gottes qualitativ unterscheidet, verzichten zu müssen?

Ja und nein! Dass man sich angenommen und geliebt fühlt, ist eine Grundvoraussetzung für ein glückliches und erfülltes Leben. Ich fühle mich angenommen und geliebt von sehr vielen Menschen. Das zu erleben, ist rundum erfüllend.

5. GOTTES MACHT IST DIE LIEBE – NACHDENKEN ÜBER GOTT UND DIE LIEBE

Sich angenommen und geliebt fühlen... Was ist die Liebe für Sie?

Sie ist die Erfahrung des Angenommenseins, die Erfahrung, dass mich Menschen auf meinem Weg begleiten und mir zur Seite stehen, dass sie sich mir positiv zuwenden – das ist für mich Liebe.

Jetzt kommen die philosophischen Fragen: Was ist Gott für Sie?

Gott ist der Urgrund meines Daseins, das Fundament unseres Lebens. Wenn Sie ein schönes Haus bauen, mit einer tollen Fassade und attraktiven Stockwerken, dann wird dieses Haus den Stürmen des Lebens nicht standhalten, weil etwas fehlt. So ist es auch, wenn Gott in unserem Leben fehlt. Gott ist das Fundament, auf das wir fest bauen können. Wir sind in ihm verwurzelt, dürfen auch fallen, weil wir gehalten werden und dürfen uns von diesem festen Halt aus auch nach oben strecken, ihm entgegen wachsen. Damit haben wir eigentlich das Kreuz: Wir schauen nach oben, sind nach unten fest verwurzelt und haben die Arme weit ausgebreitet für die Fülle des Lebens.

Das ist ein schönes Bild. So habe ich das Kreuz noch nie gesehen. Hat sich unser Gottesbild im Lauf der Zeit gewandelt?

Unser Gottesbild hat sich sehr verändert. Die hierarchische Grundstruktur unserer Gesellschaft hat sich in der hierarchischen Kirchenstruktur wieder gefunden und auch in dem hierarchischen Gottesbild: Gott war „der da oben" und wir waren „die da unten" und wir haben aufgeschaut zu einem Gott der Macht, der nach Belieben auch strafen konnte. Nach der Aufbruchsstimmung des 2. vatikanischen Konzils setzte sich der Gedanke durch: Wir sind alle unterwegs zu Gott, der ein Gott der Liebe ist, ein Gott, der uns trägt. Es muss ein armseliger Gott sein, dem es nur um Macht geht. Natürlich ist Gott mächtig. Aber seine Macht ist die Liebe, die er uns schenkt, mit der er uns zu allem befähigt. Und wir sollen uns frei für diese Liebe entscheiden.

Spricht Gott heute noch zu uns Menschen?

Selbstverständlich.

In welcher Form?

So viele Individuen es gibt, so viele Wege gibt es, die Gott nutzt. Ob die Menschen dafür empfänglich sind, ob sie es aufnehmen, die Stimme Gottes zu hören, das ist eine andere Frage. Er spricht zu uns über Begegnungen mit anderen Menschen, über das, was wir in unserem Leben erfahren, er spricht zu uns in der Natur – in all dem zeigt sich die Stimme Gottes für mich.

Sie kennen die Geschichte von der Babuschka? Gott spricht zu ihr, dass er sie besuchen möchte. Daraufhin fegt sie ihr Häuschen von oben bis unten. Und während sie dies tut, klopft es an der Tür. Ein Wanderer steht davor. Sie öffnet und sagt gleich: „Ich habe keine Zeit, Gott will mich besuchen kommen" und schlägt die Tür wieder zu. Dann kommt ein Bettler und bittet um eine Gabe, das Gleiche wiederholt sich. Schließlich klopft ein Kind an. Auch für dieses nimmt sie sich keine Zeit. Dann ist sie fertig mit dem Fegen und nun sitzt sie und wartet auf Gott, aber niemand kommt. Da beginnt sie mit ihm zu hadern und ruft: „Warum kommst du nicht?" Da hört sie in ihrem Inneren Gottes Stimme: „Ich habe drei Mal bei dir angeklopft und drei Mal hast du mir die Tür gewiesen." Diese Geschichte ist schnell erzählt, aber sie weist in ihrer Tiefe auf die Art und Weise, wie wir Gott erfahren können.

Wie erfahren Sie selbst die Nähe Gottes? Wie würden Sie eine Gotteserfahrung beschreiben?

Die Eucharistie ist für mich immer eine Gotteserfahrung, ist Gottesbegegnung. In jeder Kirche, in der gebetet wird, erfahre ich Gott. Auch wenn niemand drin ist, spürt man das, wenn man hinein geht, weil die Wände die Energie des Gebetes zurück geben. Als Einzelner kann ich Gott in der Stille erfahren genauso wie unter vielen Menschen.

Wenn mir andere Menschen glückliche Momente schenken, dann ist das Gotteserfahrung. Wenn ich anderen glückliche Momente schenken darf ebenso. In der Deutung des eigenen Lebens erfahre ich Gott. Entspricht mein Lebensweg meiner Bestimmung, dem, was Gott mit mir vorhat? Die Zeichen meines Lebens immer wieder daraufhin untersuchen und deuten... Ich erfahre Gott in schier ausweglosen, schmerzhaften Situationen, wenn mir eine innere Kraft zuwächst, diese Situationen zu durchstehen.

6. Ein neues Sich-Öffnen für die Liebe Gottes – Die Beichte

Was bedeutet Ihnen die Beichte?

Ein neues sich Öffnen für die Liebe Gottes. Nicht mehr und nicht weniger. In der Beichte möchte ich – wenn ich das jetzt einmal persönlich sage – Gottes Licht auf mein Leben werfen, denn ich weiß, dass er die dunklen Stellen erleuchten wird und wieder hell macht. Das ist für mich das positive Geschenk des Sakramentes der Versöhnung, wie es offiziell heißt, und die Bezeichnung ist gut und richtig.

Woher nehmen Sie die Gabe, Menschen in der Beichte begleiten zu können?

Die Gabe und die Kraft dazu muss ich mir immer wieder täglich im Gebet holen. Dann muss man die Fähigkeit entwickeln, jetzt, hier, in diesem Moment ganz leer zu werden, um sich dem Menschen, der vor einem steht und beichten will, uneingeschränkt öffnen zu können. Das ist ein Stück weit auch Training. Es passiert oft, dass ich bei irgendeiner Arbeit bin oder bei einer Feier, und ich werde angerufen: „Herr Pfarrer, da liegt jemand im Sterben, bitte kommen Sie schnell!" Und schon werden Sie mit allem menschlichen Leid, was um diese Situation herum ist, konfrontiert. Sicher, man muss auch einen gewissen Schutzpanzer haben. Aber es ist ein Unterschied, ob ich einen lediglich „sozialen" Schutzpanzer habe oder ob ich einen Schutz habe, den mir der Glauben schenkt. Die Fülle des Lebens tut sich zwischen Geburt und Tod immer wieder auf, und man sollte meinen, dass dem Priester nichts fremd ist, was es zwischen diesen beiden Polen gibt. Wenn ich erfahren habe, dass Gott einen befreit zu einem Größeren hin, dann bin ich auch in der Lage, dieses Größere im anderen zu sehen. Und das ist für mich auch eine Aufgabe und ein Ergebnis der Beichte.

7. Mein Leben vor Gott tragen – Das Gebet

Wie beten Sie, Herr Pfarrer Fuchs?

Einerseits bediene ich mich aus dem großen Gebetsschatz der Kirche. Das Stundengebet, das alle Priester beten, verbindet uns untereinander wie eine große Gemeinschaft, von der man sich auch getragen fühlt. Andererseits ist jeder Gedanke, mit dem ich mein Leben vor Gott trage, Gebet. Und dieses Gebet kann immer und überall stattfinden, ob ich Auto fahre oder irgendwo warte...

8. Wo ich bin, repräsentiere ich Kirche – Das Hier und Heute

Wie viele Kilometer fahren Sie jährlich?

Ich absolviere 170 bis 180 Reisetage im Jahr. Dafür fahre ich ca. 20 000 km mit dem Auto, einiges fahre ich mit dem Zug, und mit dem Flieger bin ich auch unterwegs. Das meiste fahre ich jedoch mit dem Auto, denn die Kirche muss ich ja auch noch mitnehmen, und wenn man dann zwei bis drei Koffer hinter sich herzieht, dann ist das nicht so komfortabel. August bis Oktober, das sind die Monate, wo es wirklich Schlag auf Schlag geht: bis zum Oktoberfest und dem Cannstädter Wasen. Auf dem Oktoberfest, dem größten Volksfest der Welt, bin ich 10 Tage. Da hat der Schaustellergottesdienst eine ganz große Tradition. Das Hypodrom hat 3000 Sitzplätze, und es sind beim Gottesdienst ca. 2000 Plätze besetzt. Da kommen alle: die Schausteller, die Festwirte und die Verantwortlichen der Stadt München. Taufe, Firmung oder Erstkommunion gibt es immer bei diesem Gottesdienst. So wie für die Gemeinden die Oster-, Pfingst- und Weihnachtsgottesdienste Höhepunkte im Kirchenjahr sind, so sind es für die Schausteller diese Gottesdienste mit großer Tradition.

Sind Sie auf dem Platz ökumenisch tätig? Betreuen Sie auch andere Religionen oder nur die Katholiken?

Wer zu uns kommt, der wird empfangen und betreut. Zu mir kommen viele evangelische Gläubige und zum evangelischen Kollegen viele Katholiken. Wir schaffen es gar nicht, dass jeder alle allein betreut. Wir müssen uns ergänzen und tauschen uns auch darüber aus.

Gibt es ein humorvolles Ereignis, an das Sie sich erinnern?

Es ist immer sehr lustig, wenn die Leute spekulieren, wer ich bin, wenn ich auf dem Platz herum gehe. Zum Beispiel Erlangen: Ich war noch nicht so bekannt wie heute, gehe auf dem Festplatz herum, schaue mir alles an, bleibe stehen und höre aus einem Imbisswagen: „Das ist die Lebensmittelkontrolle." Daraufhin spricht mich die Frau an und fragt, was ich so gucke. Ich sage: „Ich schaue, wie Sie das machen." „Ach so, Sie wollen sich bei uns was abschauen? Sie sind wohl von der Konkurrenz?" Das Eis war erst gebrochen, als ich mich als Priester vorstellte. Oder in Worms: Ich stand eine halbe Stunde beim Wagen mit den Reibekuchen. Im Wagen waren die Oma, die Enkelin und die Schwägerin. Es sieht schön aus, wenn sie ihre Arbeit tun. Alles geht ihnen von der Hand, es wird mit so einer Hingabe gearbeitet, man spürt die jahrelange Erfahrung und Fertigkeit...

Ich schaue da gern zu. Und drinnen im Wagen wurden die wildesten Vermutungen kreiert, wer ich bin und was ich will. Dann sagte die Schwägerin zur Chefin: „Du, der interessiert sich für dich!" Man muss dazu sagen, die Oma war vielleicht 70. Am Sonntag gab es den Gottesdienst, und als ich am Montag wieder auf dem Platz war und bei ihnen vorbei schaute, haben wir herzlich darüber gelacht, dass sie mich für alles andere gehalten haben, nur nicht für den Pfarrer.

Lustig ist auch, wenn ich mit im Geschäft sitze. Zum Beispiel saß ich mal an der Kasse vom Riesenrad, habe den Besitzer kurz vertreten. Kommt ein junger Mann, sieht mich, fragt: „Sind Sie ein Pfarrer?" Ich: „Ja". Der junge Mann völlig verdutzt: „Ich wollte eigentlich nur Karussell fahren." „Bittschön, Sie können auch zwei oder drei Mal fahren, hab nichts dagegen", sagte ich und gab ihm die Chips. Sie können sich nicht vorstellen, mit welch großen Augen der junge Mann ins Riesenrad gestiegen ist.

Er dachte vielleicht, da sitzt jemand im Priesterkostüm. Auf dem Jahrmarkt ist schließlich alles möglich... Haben Sie denn den Beruf schon jemals bereut?

Überhaupt nicht. Auch die Schaustellerseelsorge nie. Ich habe den Draht zu den Leuten. Es ist meine Gemeinde, wenn Sie so wollen. Wenn ich irgendwohin gehe, repräsentiere ich Kirche, egal wo ich bin. Und ich werde mit so vielem reich beschenkt.

Womit werden Sie beschenkt?

Die Leute warten regelrecht darauf, dass ich komme. Und sie öffnen sich mir gegenüber in einer Weise, dass ich mich jedes Mal beschenkt fühle. Das andere Beschenktsein empfinde ich in der Zuwendung zu Gott und der Zuwendung

Gottes zu uns Menschen. „Gott ist die Liebe." Diese Liebe zu erfahren, ist in den Höhen und Tiefen des Lebens ein großes Geschenk.

Die einzelnen Geschäfte auf dem Festplatz sind ja ein Ort im Ort. Die Geisterbahn hat eine andere Aura als das Riesenrad, der Schmalzkuchenwagen unterscheidet sich vom Bratwurststand. Wenn Sie sagen, da wo Sie sind, ist die Kirche, wo haben Sie überall schon getauft?

Fast überall schon. Der spektakulärste Ort war vielleicht hoch oben auf der Plattform einer Wasserbahn neben dem Hochseil in Wiesbaden. Der Clou war, dass bei mir eine Taufe angemeldet wurde, ich aber nicht nach dem Ort fragte, wo die Taufe stattfindet. Ich hörte nur „Hochseilartisten" und als sie mich vom Bahnhof abholten, fragte ich: „Habt ihr schon alles hergerichtet?" „Ja" hieß es, „alles fertig". Während der Fahrt fragte ich: „Wo wird denn die Taufe stattfinden?" Da begannen schon alle zu grinsen. Mir wurde mulmig. Jedenfalls wollte der Vater sein Kind auf dem Hochseil nach oben tragen. „Auf den Mast gehe ich nicht" rief ich. „Ja, das haben wir uns schon gedacht", war die Antwort. Also, es war so: Das Hochseil mit dem Mast hatten sie über die Wasserbahn gespannt. Ich sollte mit der Wasserbahn hinauffahren, an der Plattform sollte ich vorsichtig aussteigen. Da wo die Kurve der Wasserbahn war, war die Plattform eingerichtet mit einem Tisch für die Taufutensilien. Der Vater wollte mit seinem Kind von unten herauf steigen und ich könnte es dann auf der Plattform taufen. Na ja, so haben wir es dann auch gemacht. Aber es hat mich schon Überwindung gekostet, da oben, 12 Meter über dem Boden zu stehen.

Und alles ohne Netz und doppelten Boden?

Ohne alles... Aber ich habe darauf bestanden, dass wir alle mit der Wasserbahn nach unten fahren. Das erschien mir sicherer. Da sind wir natürlich patschnass geworden.

Sie betreuen das „reisende Volk" und sind dabei selbst ein Reisender geworden. Welcher Leitspruch begleitet Sie durch Ihr Leben, ein Spruch, der trotz aller äußeren Bewegung vielleicht wie ein innerer Fixpunkt ist?

Meinen Primizspruch, der auch mein Leitspruch ist, würde ich nennen: „Seht das Lamm Gottes, das hinweg nimmt die Sünden der Welt." Er weist hin auf Jesus, der immer in unserer Mitte für uns da ist. Das ist das, was mich immer wieder trägt und was ich auch als meine Aufgabe als Priester ansehe: Gott den Menschen näher zu bringen.

Für jeden von uns hat Gott einen Weg vorgesehen

KAPLAN MARKUS DIEDERICH, NEUBRANDENBURG

Geboren am 14. Februar 1976

Kaplan Markus Diederich ist mein letzter Gesprächspartner. Meiner Bitte nach einem Interview kam er zögernd nach. Er hat mein Anliegen genau geprüft. Gerade erst war er als einziger Kandidat seines Jahrgangs im Erzbistum Hamburg zum Priester geweiht worden. Ein gesundes Misstrauen, ob mein Anliegen seriös ist und Zweifel, was er als junger Priester, der am Anfang seines Weges steht, in einem Interview zu geben hätte, hatten sein Zögern bedingt. Nun holte er mich in Hamburg vom Bahnhof ab. Wir fahren nach Neugraben, wo er gerade eine Vakanzvertretung macht und vor seiner Priesterweihe als Diakon gearbeitet hat. Sein fröhliches offenes Lachen nimmt mich gleich für ihn ein. Er hat die Fähigkeit, spontan auf die Menschen zuzugehen, und so befinden wir uns sofort in einem angeregten Gespräch. Kaplan Markus Diederich hat sich die Entscheidung, den Weg des Priesters zu gehen, nicht leicht gemacht. Sie ist über viele Jahre gereift. Umwege über die Ausbildung zum Bankkaufmann und ein Studium der Volkswirtschaft stellten sich als Wege heraus, die Berufung deutlich zu spüren und ihr zu folgen.

Juli 2008

I. AM SCHÖNSTEN IST, WAS WIR NICHT FASSEN KÖNNEN – KINDHEIT, JUGEND, LEHRE

Herr Kaplan Diederich, in welche Familie wurden Sie hinein geboren?

Ich komme aus einer katholischen Familie, was in Schwerin nicht unbedingt der Normalfall ist. In den Städten Mecklenburgs gibt es heute vielleicht 6% Katholiken. In der DDR gab es 1950 ca. 95% Christen und 1990 waren es nur noch etwa 20%. Es sind fortschreitend weniger geworden, und so musste man sich, wenn man Christ war, von Anfang an behaupten. Ich war in meiner Klasse der Einzige, der in den Religionsunterricht ging. So hatte ich mich zunächst mit meinen Mitschülern auseinander zu setzen und ab der 4. Klasse auch mit den Lehrern. Es kam also dazu, dass ich im Unterricht nicht mehr still gehalten habe, wenn es um Glaubensfragen oder die Glaubensfreiheit ging.

Aus welcher Familie komme ich? Die väterliche Linie war schon immer katholisch. Das lässt sich in den Kirchenarchiven lange zurückverfolgen. Meine Mutter war evangelisch getauft, hat den Glauben aber nicht aktiv gelebt. Mein Vater hatte schon mit 14 zu ihr gesagt: „Dich heirate ich später." Sie hatte eigentlich einen anderen im Auge. Aber irgendwann hat es wohl dann doch gefunkt. Sie hat durch meinen Vater zum Glauben gefunden und ist konvertiert, als sie meinen Vater heiratete.

Hatten die Eltern als aktive Christen in der DDR Schwierigkeiten?

Mein Vater hat Biochemie studiert, hat aber in dieser Fachrichtung zunächst keine Arbeit bekommen. Wir haben nach der Wende in seiner Stasi-Akte recherchiert. Dort war nachzulesen, dass die Stasi das verhindert hat. Aber er hat sich dann doch noch, ohne dass die Stasi das mitbekam, in einer Klinik in Schwerin beworben und dort auch als Biochemiker im Labor gearbeitet. Meine Mutter hat Betriebswirtschaft studiert, hat in der Wasserwirtschaft gearbeitet und früh uns drei Kinder bekommen. Aus verschiedenen Gründen hat sie diese Arbeit jedoch aufgegeben, hat dann im Pfarrbüro gearbeitet und Ende der 80er Jahre eine Ausbildung in Religionspädagogik absolviert. Sie gibt heute noch Religionsunterricht in der 1. und 2. Klasse, ist also einen konsequent kirchlichen Weg gegangen. Wir haben da beide auch voneinander profitiert und geben uns bis heute gegenseitig Anregungen. Mein Vater ist nach der Wende in die Politik eingestiegen, war zwei Jahre Innenminister in Mecklenburg-Vorpommern und vier Jahre im Landtag. Jetzt ist mein Vater ebenfalls im kirchlichen Dienst tätig.

Wie wurde der Glaube in Ihrer Familie gelebt?

Wir haben vor jeder Mahlzeit und vorm Schlafengehen gebetet. Sonntags gingen wir zur Kirche in die Messe. Ich kann mich auch nicht daran erinnern, dass ich mich jemals dagegen gesträubt habe. Als ich dann Messdiener wurde, bin ich mit dem Fahrrad immer vorgefahren. Mein Vater hat die Orgel gespielt. Wir sind auch eine recht musikalische Familie. Mein Bruder ist zum Beispiel Dirigent an der Musikalischen Komödie in Leipzig.

Sehr geprägt hat mich auch die „Frohe Herrgottstunde". Für die Kinder, die in einen staatlichen Kindergarten gingen, gab es in der Kirche am Samstag-Vormittag die „Frohe Herrgottstunde", die Schwester Bertilia abhielt. Sie hatte eine schöne Ausstrahlung, den Glauben zu leben und für uns da zu sein. An diese Stunden erinnere ich mich sehr gern. Schwester Bertilia war auch bei meiner Primiz dabei, was mich sehr gefreut hat. In der 1. Klasse hatte ich Religionsunterricht bei Schwester Mechthilda. Sie werde ich jetzt auch in Neubrandenburg wieder treffen und mit ihr zusammen arbeiten. Sie müsste um die 80 sein. In Neubrandenburg hat der Paramentenkreis um Schwester Mechthilda auch meine erste Albe gemacht. Und jetzt komme ich für meine erste Kaplan-Stelle auch noch dorthin. So schließen sich manchmal die Kreise.

Sie sind also auch Ministrant gewesen. Wann sind Sie es geworden?

Sobald man es werden konnte. Die Erstkommunion war in der 3. Klasse. Danach konnte man Messdiener werden. Ich habe damit auch viel Zeit verbracht. Samstags Vormittag hatten wir Messdienerstunde, wo wir erst geübt haben und dann gemeinsam die Freizeit verbrachten.

Obwohl ich erst 13 war, war ich bei allen Demonstrationen mit dabei. Meine Oma väterlicherseits ist für die erste Demonstration in Schwerin noch ziemlich wichtig geworden. Der Norden „hing ja hinterher". Im Süden waren die Montagsdemonstrationen schon im vollen Gange, da war im Norden noch gar nichts zu spüren. Im Süden hieß es immer: „der rote Norden", und wenn man A, B oder C auf dem Nummernschild des Autos hatte, bekam man im Süden schon die Reifen aufgeschlitzt. Der erste Demonstrationstermin war in Schwerin erst am 23. Oktober 1989. Geschichtliche Daten korrespondieren oft vielsagend miteinander. Ein Jahr zuvor, am 23. Oktober 1988 wurde Niels Stensen[1] von Papst Johannes Paul II. selig gesprochen.

Niels Stensen hat entdeckt, dass das Herz ein Muskel ist, dass es einen Verbindungsgang vom Ohr zur Nase gibt, der auch nach ihm benannt ist. Er hat entdeckt, dass gewisse Steine, die in den Alpen zu finden sind und wie Haifischzähne aussehen, auch Haifischzähne sind und hat beschrieben, was diese Funde mit der Entwicklung der Erde zu tun haben. Niels Stensen war kurz davor, seinen Glauben zu verlieren und er fand zurück durch die Vorbereitung seiner Antrittsvorlesung in Anatomie, für die er die menschliche Hand untersuchte. Dabei hat er den Ausspruch geprägt: „Schön ist, was wir sehen, schöner, was wir wissen. Weitaus am Schönsten ist, was wir nicht fassen." Diese Worte sind auch der Leitspruch meiner Diakonweihe geworden. Ja, und für diesen 23. Oktober 1989, der zugleich der erste Jahrestag der Seligsprechung von Stensen war, war also die erste Demonstration gegen das DDR-System in Schwerin angesetzt. Die Partei hatte ihrerseits dafür gesorgt, dass eine Gegendemo stattfand, zu der die Leute mit Bussen herangefahren wurden. Und meine Oma hatte den Anstoß gegeben, mit der Demo der friedlichen Revolution an einen anderen Ort zu ziehen, damit es zwischen den beiden Demonstrationen keine Kollisionen gibt. Vorweg gab es in den Kirchen der Innenstadt die Friedensgebete. Wir waren in der St. Anna-Kirche, und als wir 'raus kamen, sahen wir neben dem Theater den Wasserwerfer stehen. Das war schon ein komisches Gefühl, wissend um die Bilder von Berlin… Wir hatten Kerzen und Blumen dabei, die wir den Menschen in die Hand drückten, die ihre Hände nicht aus den Taschen bekamen. Man wusste nicht, was sie in den Taschen hatten… Ich durfte von Anfang an mit dabei sein, und das war auch gut so. Als meine Mutter am 9. November zu meinem Vater sagte: „Die Mauer ist offen", sagte er nur: „Schlaf weiter…". Aber am nächsten Tag war es Gewissheit, und wir sind alle gleich nach Lübeck gefahren, wo wir Verwandte hatten. Es war unglaublich, einfach unvergesslich: Viele Leute „von drüben" standen an der Grenze und haben auf den Trabbi geklopft. Ich habe immer nur gerufen: „Nicht so doll, das Ding ist nur aus Pappe!"

Sie haben nach dem Gymnasium nicht gleich Theologie studiert...

Ich wusste nicht, werde ich Lehrer oder Arzt oder etwas anderes, und so habe ich im Gymnasium erst einmal Russisch abgewählt und stattdessen Biologie gewählt. Heute bereue ich, dass ich nicht gut russisch spreche.

Warum würden Sie heute gern russisch sprechen wollen?

Wir haben in unseren Gemeinden auch viele Russland-Deutsche. Neulich habe ich ein Kind getauft und dabei wäre es wohl besser gewesen, ich hätte dies auf Russisch tun können. Denn die meisten sprachen nur Russisch und kein Deutsch.

Tauchte der Wunsch, Priester zu werden, in Ihren Gedanken schon auf?

Es gab ihn, aber er war auch relativ schnell wieder vom Tisch. Ich war mit 16 gerade erst gefirmt worden. Ich habe zwar bereits ein Jahr später Gruppenstunden in der katholischen Jugend für die 9. und 10. Klasse mitgestaltet, was mir auch Spaß gemacht hat. Dennoch absolvierte ich nach dem Abitur zunächst eine Banklehre, die zwei Jahre dauerte und wollte dann in Richtung Wirtschaftsingenieurswesen gehen. Durch die Lehre habe ich jedoch mein Interesse an dem Fach Volkswirtschaft entdeckt und das nach der Lehre studiert.

Aber ich muss erst einmal eine Pause machen, ich habe gerade eine Unterzuckerung. Ich bin Diabetiker.

Sie sind Diabetiker? Wann ist diese Krankheit bei Ihnen diagnostiziert worden? Die Einstellung auf eine solche Krankheit bedeutet ja eine ziemliche Veränderung aller Lebensverhältnisse...

Ja, es ist ein ziemlicher Einschnitt. Ich weiß noch, wie ich mit meinem Vater mit dem Fahrrad ins Krankenhaus gefahren bin und dort die Diagnose erhielt: Diabetes. Das war im Mai 1980. Ich war also vier Jahre alt, musste lernen, damit zu leben, mit den Einschränkungen beim Essen umzugehen... Ich weiß noch, wie ich immer wieder zu meinen Eltern sagte: „Ich habe Hunger!" Und dann bekam ich wieder Quark vorgesetzt, weil der ja nicht „rechnet". Und dadurch entwickelte sich bei mir das Bedürfnis nach einer Tischkultur. Ich wünschte mir von meinen Eltern als kleiner Junge: „Wenn ich schon nicht essen darf, was mir schmeckt, dann möchte ich mindestens schönes Geschirr haben." Das heißt, ich konnte noch nicht richtig sprechen und sagte: „szönes Geszirr" und das wird bis heute in der Familie so zitiert.

2. FÜR JEDEN VON UNS HAT GOTT EINEN WEG VORGESEHEN – DER WEG ZUM PRIESTER

Wie ging es weiter nach der Lehre zum Bankkaufmann? Sie sagten, dass das Thema Volkswirtschaft sie zu interessieren begann...

Ich schaute mich zunächst um, wo man Volkswirtschaft studieren kann: Hamburg, Rostock, Kiel kamen für mich als Erstes in Frage, weil ich in der Nähe bleiben wollte. Ich war seit 1994 politisch stark engagiert. In jenem Jahr bin ich, zusammen mit meinen beiden Brüdern, in die Junge Union eingetreten. Meine Mutter konnte das überhaupt nicht verstehen, da mein Vater in seiner politischen Laufbahn sehr schlechte Erfahrungen gemacht hatte. „Genau das ist der Grund, warum wir dabei mitmachen", sagten wir zu unserer Mutter. „Wenn wir nicht eintreten, bleibt alles beim Alten, wird sich nie etwas ändern." Nach der Anfangseuphorie der politischen Wende war vieles wieder zusammengebrochen, so dass ich auch viel wieder mit aufbauen konnte. Ich wurde Schatzmeister im Kreisverband, dann im Landesverband, habe auf Deutschlandebene in der Jungen Union im Arbeitskreis „Wirtschaft" mitgearbeitet, habe den Kreisverband Parchim wieder aufgebaut. Ich war also auf Kreis-, Landes- und Bundesebene politisch aktiv. Deswegen wollte ich in der Nähe bleiben und bin nach Kiel gegangen, um zu studieren. 1998 habe ich meine damalige Freundin kennen gelernt, die aus Schwerin kam und in Neubrandenburg studiert hat. Wir waren ein gutes Jahr zusammen. Aber die Beziehung stimmte nicht, und so haben wir uns wieder getrennt.

Sie schlossen das Volkswirtschaftsstudium ab. Wie kam es dazu, ein weiteres Studium, das der Theologie, aufzunehmen und dann doch den Weg des Priesters zu gehen?

1997 bewarb ich mich bei der Adenauer-Stiftung um Studienförderung. Parallel dazu bewarb ich mich beim Cusanuswerk, einer Stiftung der katholischen Kirche. Und dort schrieb ich schon hinein, dass ich mich dafür interessieren würde, Priester zu werden. 1997 bin ich auch zum Weihbischof in Schwerin gegangen und habe gesagt, dass ich gern Kommunionhelfer werden möchte. Er antwortete mir, dass das nur gestandene Eheleute werden würden. Ich war 21, ledig und hatte dafür also nicht die besten Voraussetzungen, bin es also auch nicht geworden.

Sie hätten ja auch den Beruf des Religionslehrers ins Auge fassen können? Warum Priester?

Ich habe z. B. Kinderfreizeiten gestaltet, Jugendgottesdienste abgehalten, was mir sehr viel Spaß gemacht und mir viel bedeutet hat. Ich merkte: Das kann ich. Dem Altar nahe zu kommen, war auch ein tiefes Bedürfnis von mir. 1999 bin ich allerdings im Rahmen des Volkswirtschafts-Studiums für ein Jahr nach Glasgow gegangen, musste dafür meine gesamten politischen Aktivitäten an den Nagel hängen: 50% meiner Zeit – und wenn Sie so wollen – meines Lebens einfach aufgeben... Ich bin dort mehr und mehr in verschiedene christliche Kreise hinein gekommen. Das eine war ein Bibelkreis, der sich in unserer Straße gegründet hatte. Wir waren sechs Leute aus sechs verschiedenen Nationen, z. B. aus Ungarn, Griechenland, Spanien, und jeder gehörte einer anderen christlichen Konfession an. Wir haben uns über die Bibel ausgetauscht. Und auch solche Fragen diskutiert wie: Was meint Vorherbestimmung? Was heißt Berufung? Was hat Gott mit einem vor?

Wie haben Sie die letzte Frage für sich beantwortet?

Ich kam erst einmal zu dem Schluss, dass es für jeden einen Weg gibt, auf dem er glücklich werden kann. Diesen Weg hat Gott für uns vorgezeichnet. Der ist uns mitgegeben. Diesen Weg können, sollen wir finden. Wenn wir ihn finden, haben wir ein glückliches Leben, im Sinne von: ein erfülltes Leben. Und diesen Weg galt es für mich zu finden. Darauf gründet sich auch die Entscheidung, Priester zu werden, weil ich spürte, dass ich damit ein erfülltes Leben führen würde.

Auch als Volkswirt kann man ein glückliches Leben führen, oder?

Sicher, aber ich spürte, dass immer etwas offen, also unerfüllt, bleiben würde. Der zweite Einfluss in Glasgow war die *Christian Union*, die christliche Gemeinschaft an der Universität. Ein Student, der später Pfarrer an einer Freikirche geworden ist, veranstaltete *Supper-Partys*. Man traf sich freitags zum gemeinsamen Abendbrot und hat danach über Glaubensthemen gesprochen. Das hat mich auch stark geprägt.

Der dritte Einfluss, der meine Entscheidung, Priester zu werden, mit befördert hat, war meine Aufnahme in den *Glasgow University* Chapel Choir, das ist der Kapellchor der Universität. Dafür musste man sich bewerben. Ich konnte zwar nicht vom Blatt singen, hatte aber vorher bereits fünf Jahre klassischen Gesangsunterricht. Und so wurde ich dort aufgenommen. Das hat meinen Sonntagsrhythmus ein bisschen durcheinander gebracht, weil ich nunmehr sonntags früh nicht zur katholischen Messe ging, sondern in die *Church of Scotland* zur Probe mit anschließendem Gottesdienst[2]. Das hat mir sehr viel gegeben, hat mir aber für meine katholische Seele nicht gereicht, so dass ich jeden Sonntag zusätzlich noch in den katholischen Gottesdienst auf dem Campus ging. Dieser fand nicht nur am Sonntag, sondern auch in der Woche in der Mittagspause statt, dann aber ohne Gesang und mit nur kurzer Predigt. Das hat mir so viel gegeben, dass ich schließlich jeden Tag dorthin zur Messe ging. Und das war mitentscheidend für die Beantwortung der Frage: Warum werde ich eigentlich nicht Priester? So herum habe ich mir die Frage gestellt.

Wie sah Ihre Antwort aus?

Ich konnte diese Frage nicht vernünftig beantworten. Ich spürte nur, dass ein erfülltes Leben darauf hinaus lief: Ich habe einen Draht zu Kindern, ich kann mich Menschen allen Alters öffnen, sie ansprechen und viele auch begeistern.

Ich wollte meinen Glauben leben und meinen Glauben bezeugen. Ich singe gern, liebe die Musik und den Sport und denke, dass ich all das als Priester gut einbringen kann. Das heißt, die Beantwortung der Frage lief nicht so sehr auf der argumentativen Schiene ab, sondern war eher eine Suche nach dem Sinn des Lebens und den spürte ich dort.

Das alles hat sich in Schottland entschieden?

Ja, zum Millenium 2000 hatte ich dann für mich klar: Ich möchte Priester werden. Ich wollte dennoch vorher das Studium der Volkswirtschaft abschließen, was ich 2001 auch getan habe. Der Priesterwunsch hat sich dann noch verfestigt, indem ich jemanden aus dem Bistum Dresden besuchte, der ebenfalls Stipendiat der Konrad-Adenauer-Stiftung war und das diesbezügliche Auslandsjahr in Irland verbrachte. Er war bereits Theologiestudent und auf dem Weg zum Priester, hatte aber zu dieser Zeit bereits Zweifel, ob das der richtige Weg für ihn sei und ob er sich nicht doch für seine Freundin und die Liebe zu ihr entscheiden sollte. Wir haben eine gemeinsame Woche miteinander verbracht, in der wir uns über sehr viele existentielle Fragen ausgetauscht haben. Am Ende dieser Woche war ich sicherer darin, dass ich diesen Weg gehen werde und für ihn stand fest, dass er ihn verlässt. Er ist aber dann doch der Berufung zum Priester gefolgt und 2006 geweiht worden.

Sie hatten fünf Jahre des Studierens hinter sich und nun noch einmal fünf Jahre Studium der katholischen Theologie vor sich. Wo haben Sie Theologie studiert?

Ich habe in Frankfurt am Main an der Hochschule St. Georgen studiert, die den Jesuiten gehört. Die beiden ersten Jahre wohnt man im Priesterseminar. Dann gibt es das Freijahr. Da bin ich nach Rom gegangen. Gewohnt habe ich dort in der Nähe von St. Paul vor den Mauern bei einer Gemeinschaft von Brüdern, die hauptsächlich Jugendarbeit macht. Studiert habe ich an der Gregoriana, der Universität der Jesuiten und an der St. Anselmo-Hochschule der Benediktiner. 2004 bin ich wieder zurück gekommen und habe das Studium in Frankfurt zu Ende geführt. 2006 habe ich das Studium mit dem Diplom der Theologie abgeschlossen.

Auf das Studium folgt das Priesterseminar. Wo und wie haben Sie diese Zeit verbracht?

Es schloss sich der Pastoralkurs an, der die Vorbereitung auf die Diakon- und dann auf die Priesterweihe ist. Der findet für fünf verschiedene Diözesen gemeinsam in Hamburg statt. Wir waren zuerst neun und bei der Priesterweihe sieben Kandidaten, weil zwei von uns in Rom geweiht wurden. Dieser Teil der Ausbildung gilt mehr der priesterlichen Praxis: Also, wie feiert man eine Taufe? Oder wir haben die Zeremonie einer Trauung geübt… All das ist wichtig, aber die erste Taufe war eben dann doch ganz anders! Man macht auch noch die ersten

Erfahrungen in der Seelsorge, die wir unter sehr harten Bedingungen machten. Wir sind in Hamburg ins Krankenhaus gegangen und haben uns den Menschen zum Gespräch angeboten. Das ist nicht einfach, kostete auch Überwindung, denn meistens ist der Weg ja anders herum: Die Menschen suchen den Priester zum Gespräch auf.

Was war hart daran? Stießen Sie auch auf Ablehnung?

Ja, das kam schon vor. Manchmal drehte sich das Gespräch aber nur um einen selbst. Die Kranken haben viele Fragen zu meiner Person gestellt und sich selbst nicht geöffnet, was ja der eigentliche Sinn von Seelsorge ist. Aber es gab auch sehr berührende seelsorgliche Gespräche. Aber richtig geht es erst los mit der Diakonweihe, die bei mir am 24. März 2007 war. Da erfuhr ich auch, dass ich für ein Jahr als Diakon nach Hamburg kommen würde. Und noch bevor ich da war, hatte ich schon die erste Taufe zu machen: Russland-Deutsche ließen ihr Kind taufen. Das war nicht einfach wegen der Sprache. Beim ersten Lied merkte ich, dass ich der Einzige bin, der singt. Also, haben wir nur die erste Strophe gesungen. Der Täufling war fünf und nicht unbedingt willig, zum Taufbecken zu kommen. Aber ich hatte vorher durch Zufall mit ihm ein bisschen Fußball ge-spielt und dadurch war dann doch ein Kontakt da, dass er mir vertraute und sich taufen ließ. Ja, dann kamen gleich die ersten Gespräche zur Trauerbegleitung, die ersten Beerdigungen, Taufvorbereitungen, Trauungen...

Sie haben als Diakon und jetzt auch als Kaplan in kurzer Zeit das gesamte Spektrum der priesterlichen Tätigkeiten ausfüllen dürfen oder müssen. Was erfüllt Sie dabei am meisten?

Es ist ja immer die Frage: Wann können wir als Kirche den Menschen am meisten geben? Es sind m. E. nicht die Trauungen, denn leider geht es bei einer Hochzeit häufig vor allem darum, dass das Paar in der Kirche heiratet, weil es ja „so schön" ist, weil es eine festliche Zeremonie haben möchte. Den Menschen einerseits einen festlichen Gottesdienst zu bereiten und ihnen andererseits eine tiefe Glaubenserfahrung zu vermitteln, das ist nicht einfach.

Aber ist die Liebe nicht der zentrale Bestandteil des Christentums? Gott als Manifes-tation der Liebe, die im Sakrament der Ehe eine menschliche Ausprägung findet? Ist damit nicht eine Hochzeit genau der Moment, wo die Menschen offen für diese Form der Gotteserfahrung sind bzw. sie spüren und sie sich deswegen aneinander binden und dies vor Gott bezeugen wollen? Und zur Zeit der Hochzeit sind die Menschen ja noch mitten im Leben, um eine solche Erfahrung umsetzen zu können. Sind in einem solchen herausgehobenen Moment, wie es die Hochzeit ist, nicht auch die Herzen offen für eine solche Botschaft?

Ja natürlich, das habe ich auch erlebt. Aber vielen Paaren geht es eben mehr darum, eine große festliche Zeremonie zu haben, für die die Kirche nicht mehr als einen schönen Rahmen bietet. Dann ist es schwer, die Menschen auf einer anderen Ebene zu erreichen. Während man bei einer Beerdigung den Trauernden als Priester sehr viel mehr an Beistand, Geleit und Glaubensgespräch geben kann.

Aber ist es nicht eigentlich wunderbar, dass die Kirche den Menschen diese „schöne Seite" des Lebens schenken kann?

Wenn die zu Trauenden dem Glauben zugewandt sind, dann ist es wunderbar. Bei der Hochzeit, die ich vor zwei Wochen durchgeführt habe, war es so, dass die Zwei sich ihre Liebe vor Gott zugesagt haben und das auch leben. Und da zeigte sich die Liebe Gottes im Sakrament der Ehe.

Wir waren bei Ihrer Diakonweihe stehen geblieben. Wie haben Sie Ihre Weihe zum Priester erlebt? Gab es eventuell noch Zweifel?

Ich bin am 10. Mai 2008 in Hamburg zum Priester geweiht worden. Davor gab es noch einmal Exerzitien: eine Woche im Schweigen zu verbringen, das Wort Gottes betrachten, in sich selbst hinein hören, damit man gut vorbereitet das Sakrament empfangen kann. Zweifel kamen noch, aber sie haben mich nicht umgeworfen. Ich denke, dass Zweifel jeder hat – auch Eheleute haben vor der Trauung oft noch Zweifel, ob das der richtige Partner und der richtige Weg für sie ist. Zweifel sind gut, weil sie den Weg festigen können, denn man muss sich jedes Mal neu aktiv dafür entscheiden. Ich bin sicher auch hie und da in Versuchung verschiedener Art geführt worden, aber ich habe mich zum Beispiel nie neu verliebt, was ich auch als ein Zeichen ansehe.

Wie haben Ihre Eltern reagiert, als Sie Ihnen mitteilten, dass Sie Priester werden möchten?

Mein Vater hat positiv reagiert, weil er selbst einmal mit diesem Gedanken gespielt hatte. Meine Mutter hat eher zurückhaltend reagiert. Ihr wäre es am liebsten gewesen, wenn ich eine Ärztin oder Krankenschwester geheiratet hätte, bei der ich als Diabetiker gut umsorgt gewesen wäre, sage ich jetzt einmal spaßeshalber. Aber sie hat sich mittlerweile gut hineingefunden in meinen Weg und ihn akzeptiert.

Die Weihe ist ja noch „ganz frisch". Wie haben Sie diesen Tag erlebt?

Die Diakonweihe war wirklich ein großer Tag, weil ich mich dort selber gegeben, geschenkt habe. Einerseits in die Hand Gottes und seiner Kirche und gleichzeitig habe ich auf bestimmte Dinge verzichtet. Die Priesterweihe ist ein Tag, wo vor allem beschenkt wird, zum Beispiel mit der Gabe, nunmehr die heilige Messe feiern und die anderen Sakramente spenden zu dürfen. Ich glaube, dass ich noch viel Zeit brauchen werde, um einzuholen, was an diesem Tag geschehen ist. Ich bin mit viel Ruhe da hineingegangen. Das hat mich gefreut. Am Vortag ging alles drunter und drüber. Ich bin ja als Einziger geweiht worden. Da fehlt auch so ein bisschen Halt, den einem die Gemeinschaft anderer Mitkandidaten geben kann.

Aber der Tag selbst war von Ruhe geprägt. Ich bin vor der Weihe noch eine halbe Stunde am Hafen spazieren gegangen, dann in die volle Kirche gekommen. In der Sakristei hat mich der Bischof bereits erwartet. Wir sind dann gemeinsam in die Kirche getreten und ich habe den Gottesdienst als sehr feierlich und erfüllend erlebt. Danach kamen natürlich viele, viele Gratulationen. Das war sehr schön, aber körperlich auch sehr anstrengend.

3. ICH MÖCHTE GOTTES FROHE BOTSCHAFT VERMITTELN – DIE ARBEIT ALS PRIESTER

Sie beschreiten nunmehr als Kaplan den Weg im priesterlichen Dasein. Was heißt es für Sie, ein guter Kaplan, ein guter Priester zu sein?

Ich möchte für die Menschen da sein, ihre Ängste und ihre Freuden mit ihnen teilen. Und soweit es geht, möchte ich das als einer von ihnen tun. Ich sehe mich genauso als Kind Gottes wie es die anderen für mich sind. Ich möchte also Pfarrer sein und nicht in irgendeiner Verwaltung landen.

Der Beruf des Priesters ist ja von Berufung geprägt. Sie werden also sicher auch von den Menschen als ein Botschafter Gottes wahrgenommen werden. Und in dieser Hinsicht vielleicht auch als etwas Besonderes?

Sicher, das kann so sein, aber es soll nicht mein eigenes Bild von mir verstellen. An erster Stelle bin ich Gott gegenüber sein Kind, für die Menschen darf ich gleichzeitig Priester sein und im Gottesdienst Christus repräsentieren.

Wie gehen Sie damit um, in der Eucharistiefeier Christus zu verlebendigen? Dass durch Sie Christus die Wandlungsworte im Sakrament spricht?

Da bin ich noch am Werden, noch am Wachsen. Soweit es mir „aufgeht" und mir Entsprechendes geschenkt wird, möchte ich den Menschen Gottes frohe Botschaft vermitteln und ins Heute „übersetzen". Es gibt viele Gebete, die der Priester im Gottesdienst spricht. Da ist mir sehr wichtig, dass ich sie vor Gott spreche.

Meine Ausrichtung ist dann nicht auf die versammelte Gemeinde, sondern auf Gott hin, in der Hoffnung, dass die Menschen durch mich auf Gott schauen. Und wir nicht „unter uns" stehen bleiben, sondern die Menschen über mich zu Gott finden.

Sie sagen: Gott finden... Wie haben Sie selbst Gott gefunden? Was ist für Sie eine Gottes-
erfahrung?

Ich habe keine Erscheinung gehabt. Meine Suche galt dem, was Gott für mich
bestimmt hat, und so bin ich Priester geworden. Ich merke, dass ich von Gott
getragen werde, in schwierigen, aber auch in guten Lebenssituationen. Ich bin
dankbar, durch den Wald gehen zu können und mich an Gottes herrlicher Natur
erfreuen zu können. Ich bin aber genauso dankbar, Menschen zu begegnen und
auf diese Weise etwas von der Welt und damit von Gott zu erfahren, weil es für
mich Gott ist, der diese Welt erschaffen hat. Und damit ist in Allem immer auch
etwas von ihm.

Was unterscheidet Ihre Gotteserfahrung von der eines Naturfreundes, der sich in der
Natur regeneriert und sich an ihr erfreut?

Die Perspektive ist eine andere, weil ich die Dinge nicht einfach nur als Natur
sehe, sondern in allem, was ist, auch Gott erkenne bzw. nach ihm suche. Also
hinter die Dinge zu schauen versuche…

Was ist für Sie Gott?

Der Unbegreifliche … Der uns geschaffen hat … Der uns trägt … Der mir Halt
gibt, auch in schweren Stunden, egal, welchen Weg ich gehe …

Hat es ein Christ Ihrer Meinung nach einfacher im Leben als ein Mensch, der nicht
glaubt?

Ich glaube schon. Ich denke da an einen Taufbewerber, den ich gerade begleite.
Er hat jemanden in den Tod begleitet, der nicht an Gott glaubte, der nicht in
der Gemeinschaft der Kirche verankert war. Da haben sich viele Fragen für ihn
aufgetan. Seine Kinder sind getauft. Er selbst ist es nicht. Für ihn ist das Erlebnis des Todes zum Anlass geworden zu sagen: Ich möchte in der Gemeinschaft
stehen und ich möchte den Halt des Glaubens erfahren dürfen. Er hatte gespürt,
dass diesem Menschen, den er in den Tod begleitet hat, etwas gefehlt hat, was er
bei anderen, die im Glauben stehen, erlebt hat: diesen Halt.

Haben Sie Gott irgendwann einmal verloren? Mussten Sie Gott in einer Lebensphase
einmal suchen oder haben Sie ihn schon immer gefunden?

Gott habe ich nie verloren. Ich habe hier und da etwas von meinem Glauben
verloren. Dazu musste ich auch beim Studium bereit sein. Ich wusste, dass im
Studium einiges zerbrechen würde, was ich dann für mich neu aufbauen müsste.
Gott schenkt uns auch Freiheit, unseren Glauben und unser Leben zu leben.
Freiheit zu einem Leben mit all den Unvollkommenheiten, die man selbst ja auch
spürt! Der Spruch: Bindung macht frei, gilt auch für den Glauben. Gott nimmt
mir die Angst, dass er mich verlässt. Ich bin geborgen in ihm, fühle mich aufge-

hoben im Leben und angenommen vom Leben. Mein Glaube ist über die Zeit hin gewachsen. Es gab jetzt keinen qualitativen Sprung, mit dem sich alles auf einmal verändert hätte.

Haben Sie erleben dürfen, dass jemand durch Sie in seinem Glauben bestärkt wurde oder zum Glauben gefunden hat?

Dass jemand durch mich zum Glauben gefunden hat, hat mir so deutlich noch niemand gesagt. Aber ich erinnere mich an eine Kinderfreizeit – und das gehört auch zu meinem Berufungsweg – wo wir eine morgendliche „Einheit" mit einem Gebet in einer kleinen Kapelle abschlossen. Danach kam ein Junge zu mir, von dem ich das nie erwartet hätte. Er war vielleicht in der 8. Klasse und sagte: „So habe ich noch nie gebetet." Dieser Satz war auch wichtig für meinen Weg. Den trage ich in meinem Herzen, in der Hoffnung, dass das wieder geschieht, dass es mir – mit Gottes Hilfe – wieder gelingen möge, die Menschen so zu erreichen, dass Gott sie berührt.

Was unterscheidet Sie als Christ von einem moralisch hoch stehenden, völlig integer denkenden und handelnden Atheisten?

Der Atheist entwirft ein Gegenbild zu Gott, indem er Gott verneint und daraus seinen Halt schöpft. Also beschäftigt er sich schon mit dessen Existenz. Eigentlich ist für den Atheisten Gott da, nur dass der Atheist alles aus sich selbst heraus entwickelt. Das kann funktionieren, aber alles bleibt letztlich auf ihn selbst als einzelnen Menschen oder die Menschheit bezogen. Das Großartige am Glauben ist ja das DU, dass es eine Beziehung ist zwischen Gott und mir, zwischen Gott und den Menschen. Wenn ich mich nur von mir aus begründe, kann ich ja gar nichts empfangen, sondern ich muss alles selber geben und mich selber fest machen und erfahre nicht, dass ich gehalten werde. Gerade im Falle tiefer existentieller Erschütterungen taucht dann doch eine schmerzliche Leere auf.

Kennen Sie die Sehnsucht nach Gott?

Ja, ich kenne die Sehnsucht nach der Erfahrung Gottes. Aber er schenkt uns ja oft genug auch Zeichen, die wir nur als solche erkennen müssen. Es geschehen auch immer noch Wunder. Die Schwester meiner Schwägerin hat ein Kind bekommen mit einer genetisch bedingten Krankheit, so dass die Lebenserwartung des Kindes bei nicht mehr als acht Jahren lag. Wir wissen nicht, warum, und auch die Ärzte wissen dies nicht: Aber nach einem Jahr verschwand der genetische Defekt.[3]

Wurde für das Kind gebetet?

Sicher wurde auch gebetet, aber die Familie der Schwägerin selbst ist nicht christlich. Wunder geschehen nicht nur dort, wo Christen sind, sondern ich glaube, Wunder geschehen auch dort, wo ein „Ja" zum Leben da ist. Wie diese Mutter ihr Kind als Geschenk angenommen hat, mit welcher Liebe, trotz all der Prognosen der Ärzte – das hat vielleicht dieses Wunder geschehen lassen. Denn damit tritt sie in die Liebe Gottes, ob ausdrücklich oder unbewusst – das ist nicht wichtig.

4. Trägt mich Gott auf dieser Ebene, trägt er mich auch auf allen anderen – Leben im Zölibat

Sie sind ja nun gerade erst fertig mit dem Studium. Wird in Ihrer Generation noch über den Zölibat diskutiert? Wie stehen Sie selbst zum Leben im Zölibat?

Es wurde auch bei uns darüber diskutiert. Manche arbeiten sich daran ab. Manche sagen, der Zölibat schenkt mir Freiheit, und nehmen ihn ganz selbstverständlich für sich an. Ich glaube nicht, dass sich in den nächsten 20 bis 30 Jahren daran etwas ändern wird. Wenn doch, so würde es mich nicht betreffen, denn ich habe mich dafür entschieden, zölibatär zu leben und habe das Versprechen dafür gegeben. Für mich selbst ist der Zölibat die Herausforderung gewesen, um meine Berufung zu prüfen. Wahrscheinlich hätte ich mich viel eher für diesen Weg entschieden, wenn es den Zölibat nicht gegeben hätte. Ob das für mich gut gewesen wäre – eher in den Priesterberuf einzutreten – weiß ich nicht. Also, diese Verknüpfung von Ehelosigkeit und Priestertum war eine Prüfung für mich: Trägt mich Gott auf dieser Ebene, trägt er mich auch auf allen anderen.

Nehmen Sie unsere evangelischen Kollegen: Wir haben auch dort Pfarrer, die zölibatär leben, dies freiwillig tun und glücklich damit sind. Es gibt viele, die Familie hatten, geschieden sind und nicht glücklich mit der Situation sind. Und es gibt die, die Familie und Beruf – Berufung – vereinen können und glücklich leben.

Es gibt aber auch bei den zölibatär lebenden Priestern die, die glücklich sind mit der Situation und jene, die am Zölibat zerbrechen, krank werden, zu trinken beginnen o. ä. Und wie viele Priester haben sich verliebt, bekennen sich dazu und müssen ihren Beruf aufgeben? Ist die Liebe nicht gottgewollt, ein Geschenk Gottes? Gott lässt doch seine Priester nicht fallen, nur weil sie sich verlieben? Ich finde, das alles ist genauso schwierig wie auf der evangelischen Seite des Glaubens.

Natürlich ist die Familie auch eine Kraftquelle, die einem verloren geht, wenn man zölibatär lebt. Aber es ist eben auch sehr schwer, Familie und die Aufgaben des Priesters zu vereinen. Hierfür gibt es keine Patentlösung, zumindest hat keine der Kirchen bis jetzt eine gefunden.

Haben Sie darüber nachgedacht, was es für Sie bedeutet, keine Kinder haben zu können?

Sicher hätte ich mir vorstellen können, Kinder zu haben. Aber ich kann auch Vaterschaft auf andere Weise erfahren: geistige Vaterschaft, wenn ich Kinder mitpräge durch meine Arbeit als Priester. Man kann anderen zum Vater werden, ohne in die Eltern-Kind-Beziehung zu treten. Die Kirche sagt: Nur, wer zum guten Ehemann und Vater taugt, taugt auch zum guten Priester. Man will keine Priester haben, die nicht beziehungsfähig sind, die sich nicht einlassen können auf andere Menschen. Und das ist schon mein größter Wunsch: mich einlassen zu können auf die Menschen, die mir als Priester anvertraut sind.

5. FREI MACHEN ZU NEUEM LEBEN – DIE BEICHTE

Was bedeutet Ihnen die Beichte? Was ist die Beichte für Sie?

Die Beichte bedeutet mir viel aus der Freiheit zum Leben heraus. Intensiv leben als Mensch mit allen Fehlern, heißt eben auch, dass ich jemandem Verletzungen zufügen kann, dass ich Schuld auf mich lade. Eine Menge davon kann ich vielleicht wieder gut machen. Manches aber nicht, und das belastet mich dann. Ich glaube, das belastet jeden, weil man nicht weiß, wie man mit dieser Schuld umgehen soll. Selbst wer Gott nicht kennt, hat doch ein Schuldgefühl. Nicht Gott gegenüber, sondern sich selbst und dem anderen gegenüber. Und da hilft die Beichte: Weil ich im anderen auch Gott begegne, kann Gott mir die Schuld vergeben und von mir nehmen, was mich bedrückt und mich frei machen zum neuen Leben.

Welche persönlichen Erfahrungen haben Sie mit der Beichte gemacht?

Ich gehe seit ca. 20 Jahren zur Beichte und bei drei Beichten habe ich diese tiefe Erfahrung der Vergebung gemacht. Ich glaube, man kann eine solche tiefe Erfahrung auch nur machen, wenn man mit der Beichte vertraut ist, wenn man regelmäßig geht, auch wenn es vielleicht gerade nicht dringend ist. Es ist sehr schwer, nur dann zur Beichte zu gehen, wenn es drängt, weil dann die Überwindung sehr groß ist und man nicht damit vertraut ist.

Haben Sie selbst schon Beichten abgenommen?

Ich kann dazu noch nicht viel sagen, weil ich selbst erst eine Beichte abgenommen habe.

Was macht für Sie einen guten Beichtvater aus?

Ein guter Beichtvater muss keine guten Ratschläge geben, sondern er sollte die richtigen Fragen stellen. Fragen, die dem Beichtenden weiter helfen zu erkennen, was im eigenen Leben schief läuft und selbst eine Antwort zu finden, was man besser oder anders machen kann. Niemand kann die Lösung eines Beichtvaters für sich übernehmen und leben. Das Wichtige an der Beichte ist, dass jeder selbst seine eigene Antwort findet. Manchmal kann es aber auch nur gut sein zuzuhören und als Priester die Absolution zu spenden und gar nichts zu fragen. Das kann hilfreich genug sein. Das abzuschätzen, ist natürlich schwer. Da muss ich noch hinein wachsen.

6. Ich singe, was mir auf der Seele liegt – Das Gebet

Wie beten Sie, Herr Kaplan Diederich?

Es gibt verschiedene Formen. Das eine ist das Stundengebet, was uns als Priester aufgetragen ist. Manchmal gibt es Tage, wo ich es bete, aber mir nicht die Zeit nehme, mich fallen zu lassen. Es gibt aber auch Tage, wo mir das Gebet eine unglaubliche Kraft schenkt, wo ich im Gebet verweile, zur Ruhe komme. Wenn ich gar nicht weiter weiß, ist eine Form des Gebets für mich auch, ans Klavier zu gehen und neue geistliche Lieder zu singen und zu spielen, um auf diese Weise Gott zu loben. Ich singe und spiele dann nicht irgendetwas, sondern es sind die Texte und Lieder, zu denen mein Herz „ja" sagt. Ich singe dann das, was mir auf der Seele liegt. Manchmal ziehe ich mich auch für eine halbe Stunde in die Kirche zurück und sage: „Hier bin ich jetzt, bei DIR" und dann versuche ich, nichts zu denken, sondern mich frei zu machen für Gott. Dass mich mal nicht all das umtreibt, was mich plagt und beschäftigt… Bei Paulus heißt es sinngemäß: „Wir wissen nicht, wie wir beten sollen, aber Gottes Geist selbst nimmt sich unserer Schwachheit an und betet für uns." Gott weiß, was wir brauchen und sein Geist betet in uns, wir müssen ihn nur lassen.

Wenn Sie es definieren müssten: Was ist Gebet für Sie?

Zeit für Gott!

7. Seht euch die Vögel des Himmels an – Gedanken über das Hier und Heute

Sie sind ja nun gerade erst geweiht worden und treten als junger Priester in eine sehr alte Institution ein. Haben Sie Visionen für die Entwicklung der katholischen Kirche? Sollte sich aus Ihrer Sicht etwas ändern?

Das Einzige, was mir fehlt, ist Gottvertrauen für die Kirche als Gemeinschaft, als Institution. Es wäre so wichtig, dass wir selber Gottvertrauen aufbringen und uns sicher sind: Gott führt uns, Gott kümmert sich um uns und seine Kirche. Und wir müssen nicht bis in alle Zukunft vorsorgen. Das sage ich gerade auch als Volkswirt: Wir sind kein Unternehmen. Wir müssen nicht die Pensionskassen bis in alle Zukunft randvoll haben. Heißt es nicht in der Bibel: Seht euch die Vögel des Himmels an. Sie säen und ernten nicht und euer himmlischer Vater ernährt sie doch?[5]

Was würde sich in der Kirche ändern, wenn Sie dieses Gottvertrauen spüren würden?

Wir würden uns weniger um uns selber drehen. Wir würden anders nach außen strahlen, wenn wir zeigen, dass wir auf Gott vertrauen. Christen müssten mehr lächeln, sage ich jetzt einmal in Abwandlung des Nietzsche-Zitates: Die Christen müssten mir erlöster aussehen...[6]

Vielleicht auch: Wir sollten uns mehr Ruhe gönnen. Wir begehen ja den Sonntag als freien Tag, weil wir ohnehin nicht alles machen, schaffen, bewerkstelligen, lösen können. Sollten wir nicht auch einmal die Dinge sich entwickeln lassen? Gott wirken lassen? Das fängt bei den Priestern an. Es gibt Priester, die gönnen sich keinen Urlaub, die gönnen sich keinen freien Tag. Das ist nicht das, was Gott uns vorlebt: „Am siebten Tag ruhte er", heißt es. Wir sollten die Dinge manchmal auch ruhen lassen, und darin werden sie vollendet: in der Ruhe. Ist das nicht unglaublich: ER vollendete die Dinge, die er geschaffen hatte, indem er ruhte.

Das klingt wunderbar. Es gibt nicht viele Orte auf der Welt, wo so etwas gelebt wird. Die Kirche müsste eigentlich einer dieser Orte sein. Und wenn die Priester sich keine Auszeiten gönnen, dann übernehmen sie ja die Werte dieser Welt und leben nicht das, was die Bibel vorschlägt. Es ist eine große Versuchung, alles richtig und perfekt machen zu wollen. Aber gibt es Perfektion wirklich? Wo Perfektionsstreben vorherrscht, fehlt die Liebe – könnte man das so sagen?

Ja, vielleicht. Liebe ist für mich das „Ja" zum anderen so, wie er ist, so wie Gott ihn gemeint hat. Und wo man nach Perfektion strebt, fehlt einem vielleicht die Fähigkeit, diese gottgewollte Vollkommenheit zu sehen.

Was wünschen Sie sich für Ihre Tätigkeit als frisch „gebackener" Kaplan?

Dass ich viel Liebe erfahren und viel Liebe weiter geben darf... In dem Sinne, dass ich den Menschen erfahrbar machen kann, dass sie von Gott geliebt sind und dass ich Gottes Liebe weiter geben kann, dass die Menschen so sind, wie sie sind und dass es gut so ist... Und ich wünsche mir gelegentlich auch Ruhe.

Welche Gemeinde erwartet sie?

Mich erwartet Neubrandenburg mit 60 km Umkreis: Insgesamt sind es 3.000 Gemeindmitglieder. Es gibt einen Pfarrer, einen Gemeindereferenten, einen hauptamtlichen Organisten, zwei Ordensschwestern und dann mich als Kaplan

Haben Sie ein Lebensmotto, einen Leitspruch?

Meinen Primizspruch: „Zur Freiheit hat uns Christus befreit."[7]

ANMERKUNGEN

GOTT ODER NICHT GOTT – DAS IST HIER DIE FRAGE S. 9

1 Ernst Frankenberger: Gottesbekenntnisse großer Naturforscher. 1973, S. 18

2 Es sei auf das sehr anregende und zum Nachdenken einladende Buch von V. J. Becker „Gottes geheime Gedanken", Norderstedt 2006, verwiesen. Becker stellt ausführlich den Zusammenhang von Quantentheorie, durch das Bewusstsein geschaffene Realität und Gottes Existenz zur Diskussion. Darauf beziehe ich mich an dieser Stelle in aller Kürze. Wer mehr dazu lesen möchte, dem sei dieses Buch empfohlen.

DURCH NACHT ZUM LICHT S. 13

1 **Wilhelm Heinrich Riehl**: Kulturhistoriker und Novellist. * 6.5.1823 in Wiesbaden, † 16.11.1897 in München. Er war 1948/49 Mitglied der Frankfurter Nationalversammlung, seit 1854 Professor in München, seit 1858 auch Direktor des Bayerischen Nationalmuseums. Er wurde einer der Begründer der wissenschaftlichen Volkskunde in Deutschland. In seiner „Naturgeschichte des deutschen Volkes" (4 Bände, 1851-69) beschrieb er die materielle und geistig-moralische Situation verschiedener Volksschichten mehrerer historischer Epochen. Populär waren seine biedermännisch-humorvollen Novellen.

2 Das **Eiserne Kreuz**

3 Wikipedia 27.5.2007: Anlass des **Kulturkampfes** war erstens die Veröffentlichung eines Verzeichnisses moderner theologischer und gesellschaftlicher Anschauungen und Lehren durch Papst Pius IX. im Jahre 1864, die von der Kirche abzulehnen seien (Syllabus Errorum). Dies bedeutete u. a. sowohl die Ächtung philosophischer Vorstellungen, wie die des Naturalismus, Pantheismus und Rationalismus, als auch die Ablehnung von Sozialismus, Kommunismus, Nationalismus und Liberalismus. Zweitens wurde im 1. Vatikanischen Konzil 1870 das Dogma der Unfehlbarkeit des Papstes definiert, wenn er in Fragen des Glaubens und der Sitte eine Lehre „ex cathedra" verkündet. Insbesondere im deutschen Sprachraum gab es Proteste gegen dieses neue Dogma, woraufhin es zu einer kirchlichen Abspaltung kam. Den „Altkatholiken" wurde deswegen von der Kirche die Lehrbefugnis entzogen. Weil die Professoren aber auch Staatsdiener waren, sah der Staat dies als Eingriff in seine Belange an. Dass die Bevölkerung des Reichslandes Elsaß-Lothringen vorwiegend katholisch war und die Kirche auch zum Protest gegen die Besetzung benutzte, unterstrich in Bismarcks Augen noch den staatsgefährdenden Charakter der Kirche.

Als dann am 8. Juni 1871 die katholische Abteilung im Kultusministerium aufgelöst wurde, regte sich Widerstand von Seiten der Zentrumspartei. Die oppositionelle Zentrumspartei war der politische Arm des Katholizismus. Bismarck, der darauf bedacht war, Staat und Kirche zu trennen, da er den politischen Einfluss der Katholischen Kirche auf staatliche Angelegenheiten als „staatsgefährdend" ansah, versuchte, mit repressiven Mitteln die „Reichsfeinde" zu zerschlagen. Am 10. Dezember 1871 wurde der „Kanzelparagraph" als § 130a in das Reichsstrafgesetzbuch aufgenommen, in dem es hieß:

> *„Ein Geistlicher ..., welcher ... die Angelegenheiten des Staates in einer den öffentlichen Frieden gefährdenden Weise zum Gegenstande einer Verkündigung oder Erörterung macht, wird mit Gefängnis oder Festungshaft bis zu zwei Jahren bestraft."*

Es kam in der Folge auch zu politisch motivierten Haftstrafen gegen katholische Geistliche wie gegen Mieczysław Halka Ledóchowski, den Erzbischof von Posen. Er wurde zur Höchststrafe von zwei Jahren verurteilt. 1876 wurden in Preußen alle Bischöfe festgenommen oder ausgewiesen.

Es folgten im Jahr 1872 das Jesuitengesetz, das den Jesuitenorden verbot. Das Schulaufsichtsgesetz übernahm die Aufsicht über alle Schulen in Preußen durch den Staat. Außerdem wurden 1872 die diplomatischen Beziehungen zum Vatikan abgebrochen. In einer Reichstagsrede bekräftigte Bismarck mit dem Ausspruch „Nach Canossa gehen wir nicht!", seine Absicht, im Konflikt mit der katholischen

Kirche „keinen Fußbreit nachzugeben". Den Höhepunkt des Kulturkampfes markierten die Maigesetze von 1873, die die staatliche Reglementierung der katholischen Kirche gewährleisten sollten. Diese sahen vor:

- Geistliche dürfen nur nach Ablegen eines staatlichen Kulturexamens ein Amt übernehmen
- Meldung aller Geistlichen beim Staat
- Recht, bei staatlichen Gerichten Berufung einzulegen, wenn jemand von der Kirche mit Strafen belegt wird
- Erleichterung des Kirchenaustritts

Im Februar 1875 wurde außerdem die Zivilehe eingeführt. Dieses Gesetz wurde im Folgejahr auf das gesamte Reichsgebiet ausgeweitet. Durch das Brotkorbgesetz von 1875 wurden der Kirche jegliche staatliche Zuwendungen entzogen. Im Mai 1875 folgte das Klostergesetz (Auflösung aller Klostergenossenschaften, mit Ausnahme der krankenpflegerischen, in Preußen). Die Gesetze verfehlten aber ihre Wirkung, denn das Zentrum ging aus den Reichstagswahlen 1874 gestärkt hervor und konnte die Zahl seiner Wähler verdoppeln.

Am 13. Juli 1874 verübte der katholische Handwerker Eduard Franz Ludwig Kullmann wegen des Kulturkampfs ein Attentat auf Bismarck, der dabei aber nur leicht verletzt wurde. Als Pius IX. 1878 starb, folgte ihm Leo XIII. im Amt. In direkten Verhandlungen mit der Kurie wurden die harten Gesetze gemildert. Im Sommer 1882 nahm Preußen wieder diplomatische Beziehungen zum Vatikan auf. Die 1886 und 1887 erlassenen Friedensgesetze führten schließlich zur Beilegung des Konflikts. Leo XIII. erklärte am 23. Mai 1887 öffentlich den „Kampf, welcher die Kirche schädigte und dem Staat nichts nützte", für beendet. Das Jesuitengesetz wurde erst 1917, der Kanzelparagraph erst 1953 in der Bundesrepublik aufgehoben. Das Schulaufsichtsgesetz und das Zivilehegesetz blieben jedoch erhalten. Der Kulturkampf war damit ein wichtiger Schritt in Richtung der Modernisierung Deutschlands durch Trennung von Kirche und Staat. Mit der Weimarer Reichsverfassung bekam dann das Verhältnis von Kirche und Staat seine bis heute geltende Fassung.

4 Wikipedia 27.5.2007: Am 30. Juni 1934 wurde auf Befehl und unter aktiver Beteiligung Hitlers der Stabschef der paramilitärischen Sturmabteilung (SA), **Ernst Röhm**, zusammen mit der Führungsriege, verhaftet und am 1. Juli im Gefängnis in München Stadelheim ermordet. Die Führung der SA war zu einer Tagung in Bad Wiessee zusammengekommen; die Erschießung erfolgte ohne Gerichtsverfahren. Röhm wurde aufgefordert, Selbstmord zu begehen. Er verweigerte dies und wurde auf Befehl Hitlers von Theodor Eicke im Gefängnis Stadelheim bei München erschossen. Im Rahmen der Aktion wurden weitere Aktive aus der SA und Oppositionelle aus Politik und Kirche verhaftet oder erschossen, darunter Gregor Strasser, General Ferdinand von Bredow, der ehemalige Reichskanzler General Kurt von Schleicher und der ehemalige bayerische Ministerpräsident Gustav Ritter von Kahr. Nicht alle Ermordeten hatten enge politische oder persönliche Verbindungen zu Ernst Röhm, vielfach wurden auch andere alte Rechnungen „beglichen", so etwa an Kahr für dessen „Verrat" während des Hitlerputsches 1923. Die Anzahl der Mordopfer war ein Staatsgeheimnis. Nach Angaben des neuen Stabschefs der SA, Lutze, wurden 82 SA-Mitglieder liquidiert, darunter fast die gesamte SA-Prominenz. Nach heutigen Schätzungen wurden in den drei Tagen ca. 200 Menschen ermordet. Ausgeführt wurden die Aktionen vor allem von der SS, die dabei unterstützt wurde von der Gestapo, der Landespolizeigruppe General Göring und der Reichswehr, die sich damit am Mord an ihren Generälen beteiligte.

5 Kinderlandverschickung

6 Karabiner

7 Militärpolizei

8 Jungfernzeugung

9 2. Brief des Paulus an die Korinther 1, 6

10 Pfarrer im Ruhestand

11 Psalm 50,10. Zürcher Bibel. 1955

12 **Frohlocken:** schwaches Verb, Standardwortschatz stilistisch (14. Jh.), spmhd. vrolocken Stammwort. vermutlich zu lecken „springen, hüpfen" mit Umbildung, als das einfache lecken unterging. deutsch (-locken), lecken (auch löcken) schwaches Verb „mit den Füßen ausschlagen" erweiterter Standardwortschatz, inzwischen obsolete Phraseologismus (13. Jh.), mhd. lecken Stammwort. Herkunft unklar. Vielleicht zu lit. lekti „fliegen, laufen, rennen" oder aber (semantisch ansprechend, aber lautlich schwierig) zu gr. láx „mit der Ferse, mit dem Fuß", l. calx „Ferse". Heute noch in wider den Stachel löcken (mit Stachel ist ein Gerät zum Antreiben der Ochsen gemeint), nach Apostelgeschichte 9,5, 26,14. frohlocken. deutsch

13 Wikipedia 27.5.2007: **Jochen Klepper,** Theologe und Journalist, war ein deutscher Journalist, Schriftsteller und einer der bedeutendsten geistlichen Liederdichter des 20. Jahrhunderts. *22.3.1903 in Beuthen/Niederschlesien, † 11.12.1942 in Berlin, er und seine Familie wählten den Freitod, als die Deportation durch die Nazis bevor stand. Jochen Klepper wurde als Sohn eines evangelischen Pfarrers geboren und studierte zunächst Theologie in Erlangen und dann in Breslau. Wegen seines labilen Gesundheitszustandes verzichtete er jedoch darauf, eine Laufbahn als Pfarrer einzuschlagen. Er begann, als Journalist zu arbeiten, zunächst in Breslau, später in Berlin für den Berliner Rundfunk und den Ullstein Verlag. 1931 heiratete er die 13 Jahre ältere Johanna Stein, die ihn bei der Realisierung seines Zieles einer Betätigung als freier Schriftsteller unterstützte. Da Johanna jedoch Jüdin war, geriet die Familie nach der Machtübernahme der Nationalsozialisten 1933 zunehmend unter Druck. Klepper war bis zum Oktober 1932 Mitglied der SPD und wurde deswegen aus Rundfunk und Verlag entlassen und 1937 aus der Reichsschrifttumskammer ausgeschlossen. Zu dieser Zeit lebte Klepper im Berliner Ortsteil Südende, wo sich heute der Jochen-Klepper-Park mit einem Gedenkstein befindet. Seine ältere Stieftochter konnte kurz vor Kriegsausbruch nach England ausreisen. Mit dem Beginn des Zweiten Weltkriegs verschärfte sich die Verfolgung der Juden. Als seiner Frau und ihrer jüngsten Tochter die Deportation drohte, nahm sich die Familie in der Nacht vom 10. auf den 11. Dezember 1942 durch Schlaftabletten und Gas gemeinsam das Leben. Bleibende Bedeutung dürfte den Tagebuchaufzeichnungen Kleppers zukommen, der akribisch genauen beklemmenden „Anatomie" des nationalsozialistischen Systems, beginnend mit den „kleinen Schritten" der „Gleichschaltung" bis zum finalen Inferno des Rassenwahns und des totalen Kriegs. Seine geistlichen Lieder in der Sammlung „Kyrie" wurden bald u.a. von Johannes Petzold und Samuel Rothenberg vertont und haben in großem Umfang Eingang in den Kanon der evangelischen Gesangbücher gefunden; er ist nach Martin Luther und Paul Gerhardt der dritthäufigste Autor. Als Kleppers bedeutendste Prosadichtung gilt der Roman „Der Vater" (1937), eine Biographie des „Soldatenkönigs" Friedrich Wilhelm I. von Preußen.

14 Wikipedia 27.5.2007: **Nikolaus von Kues,** latinisiert auch **Nicolaus Cusanus** genannt, (* 1401 in Cues an der Mosel (heute Bernkastel-Kues); † 11. August 1464 in Todi, Umbrien) war ein Kirchenmann, Kardinal und Universalgelehrter, gilt vielen als der bedeutendste Philosoph und einer der bedeutendsten Mathematiker des 15. Jahrhunderts. Nikolaus von Kues wurde als Nikolaus Chrifftz (= Krebs) als Sohn eines wohlhabenden Kaufmanns und Schiffers in Kues an der Mosel geboren. 1417 begann er in Padua, dem geistigen Zentrum der damaligen Zeit, ein sechsjähriges Studium. In Heidelberg (1416/17) und Padua (1417-23) studierte er Mathematik, Physik, Astronomie, Medizin, antike Philosophie und Jura – nur Theologie nicht. Mit 22 erwarb er den Doktortitel in Jura (doctor decretorum). Danach studierte er in Köln erstmals Theologie.

Er begann eine kirchliche Laufbahn, die ihn bis in die Führungsspitze der Kirche brachte: Mit 26 Dekan am Florinstift in Koblenz, dann Propst von Münstermaifeld (1435-1445), mit 29 Sekretär des Erzbischofs von Trier, und als dessen Bevollmächtigter auf dem Konzil von Basel (1432-1437) wurde er von seinem Lehrer, Kardinal Giuliano Cesarini, zum Vorsitzenden der „Deutschen Nation auf dem Basler Konzil" berufen. Zuerst auf Seiten der Konzilspartei, deren Absicht, dem Papst ein parlamentarisches Konzil überzuordnen, von Nikolaus Cusanus anfangs mit zahlreichen Gelehrten geteilt wurde, entwickelte er sich dann zum Parteigänger des Papstes. 1438 wurde er Domkanoniker in Lüttich. Im Schisma mit den böhmischen Hussiten gelang ihm zeitweilig eine Wiedervereinigung Prags mit Rom. Mit Cesarini unternahm er 1437 eine erfolgreiche Reise nach Konstantinopel. 1438–48 war er päpstlicher Gesandter bei den Deutschen Reichs- und Fürstentagen, 1448 war er maßgeblich am Abschluss des Wiener Konkordats beteiligt. 1450 erhielt er das Fürstbistum Brixen im heutigen Südtirol und wurde von Papst Nikolaus V. zum Kardinal erhoben – er war der einzige deutsche Kardinal seiner Zeit. 1450–52 unternahm er eine Legationsreise durch Deutschland, um Kirche und Klöster zu reformieren. Dabei war eines seiner Anliegen die Förderung des Glaubenswissens im Volk (später von der Reformation aufgegriffen). Zeugnis dafür sind die damals aufgehängten und in verschiedenen Kirchen noch vorhandenen Tafeln mit dem Vaterunser und den Zehn Geboten in der Volkssprache. In Preußen schlichtete er Streitigkeiten zwischen den Deutschordensherren und den Städten.1454 nahm er als Mitglied der kaiserlichen Gesandtschaft am Regensburger Reichstag teil, der einen Zug gegen die Türken, die kurz zuvor Konstantinopel eingenommen hatten, zum Ziel hatte. Am 11. August 1464 starb er in Todi, Umbrien. Sein Grab ist in der Kirche San Pietro in Vincoli in Rom. Sein Herz ruht in der Kapelle des von ihm gestifteten St. Nikolaus-Hospitals (Cusanusstift) in Bernkastel-Kues. Dort befindet sich auch Nikolaus'erhalten gebliebene Bibliothek, die mit ihrer Sammlung von hunderten mittelalterlichen Handschriften, Inkunabeln (d.i. Wiegendrucken) aus Theologie, Philosophie, Wissenschaft und Mathematik als eine der wertvollsten Privatbibliotheken der Welt gilt.

15 Wikipedia 27.5.2007: **Papst Johannes XXIII.** (* 25. November 1881 in Sotto il Monte; † 3. Juni 1963 in der Vatikanstadt) – bürgerlicher Name Angelo Giuseppe Roncalli – war Papst vom 28. Oktober 1958 bis zu seinem Tod am 3. Juni 1963. Er wird auch der „Konzilspapst" oder im Volksmund „il Papa buono" („der gute Papst") genannt. Am 3. März 1925 wurde Roncalli zum Apostolischen Visitator für Bulgarien ernannt. 1931 wurde er zum Apostolischen Delegaten erhoben. Er erhielt den Titel eines Titularbischofs von Aeropolis/Palästina, nach der Demission aus Bulgarien von Mesembria. Nach seiner Wahl wurde Roncalli wegen seines hohen Alters und seiner konservativen Frömmigkeit in der Presse als Übergangspapst und Kompromisslösung bezeichnet, erwies sich jedoch bald als einer, der Mut zu historischen Veränderungen hatte. Als erster Papst seit der Reformation entwickelte er ein Bewusstsein für Ökumene. Er berief zum Staunen der Welt das Zweite Vatikanische Konzil ein, das am 11. Oktober 1962 feierlich eröffnet wurde. Die Vorgänger Pius XI. und Pius XII. hatten zwar über eine Wiedereröffnung des abgebrochenen I. Vatikanischen Konzils nachgedacht, letztlich aber darauf verzichtet. Gegenüber dem frz. Philosophen Jean Guitton, den der Papst als ersten Laienbeobachter zum Konzil einlud, bekannte er sich dazu, schon sehr lange über die Ökumene nachgedacht zu haben. Das Konzil sollte das Aggiornamento (= „Heutigwerden") der katholischen Kirche im 20. Jahrhundert einleiten und versinnbildlichen. Historische Verdienste erwarb er sich um die Überwindung der Kubakrise und durch zahlreiche Friedensinitiativen, zum Beispiel durch seine Enzyklika Pacem in terris. Am 11. Mai 1963 wurde dem Papst der Balzan-Preis für Humanität, Frieden und Brüderlichkeit unter den Völkern im römischen Quirinalspalast überreicht. Diese war auch der letzte öffentliche Auftritt des Papstes.

16 Wikipedia 27.5.2007: **Angelus Silesius** (lat. Schlesischer Bote; getauft 25. Dezember 1624; † 9. Juli 1677 in Breslau; eigentlich Johannes Scheffler) war ein religiöser Dichter des deutschen Barock. Angelus Silesius war der Sohn des nach polnischem Recht (Schlachta) adligen Deutschen Stanislaus Scheffler, der vermutlich seines lutherischen Glaubens wegen seinen Wohnort nach Breslau verlegt hatte. Johann besuchte das Elisabethengymnasium in Breslau und studierte Medizin und Staatsrecht in Straßburg (ab 1643), Leiden (1644) und schließlich Padua (1647), wo er 1648 zum Doktor der Philosophie und der Medizin promoviert wurde. In Leiden kam er in Kontakt mit dem Mystiker Abraham von Franckenberg. Der Mystik blieb er auch in den folgenden Jahren verbunden. 1649 trat Silesius in Oels als Leibarzt in die Dienste des protestantischen Herzogs Silvius Nimrod zu Württemberg-Oels. Dort pflegte er Freundschaft mit Vertretern der schlesischen Mystik in der Nachfolge von Jakob Böhme und Abraham von Franckenberg. 1652 gab er seinen Posten auf und ließ sich als Arzt in Breslau nieder. Im folgenden Jahr konvertierte er zum katholischen Glauben und nahm den Namen Angelus an. Dadurch war er starken Angriffen durch protestantische Theologen ausgesetzt. Sein väterliches Erbe stiftete er für wohltätige Zwecke und bemühte sich um ein asketisches Leben. Ab 1654 bekleidete er das Amt eines ehrenamtlichen Hofarztes des Kaisers Ferdinand III. 1661 wurde er für die Diözese Breslau in Neisse zum Priester geweiht. Von 1664 bis 1666 war er Hofmarschall des Breslauer Fürstbischofs Sebastian von Rostock. Danach lebte er bis zu seinem Tod zurückgezogen als Arzt für Arme und Kranke im Matthiasstift in Breslau.

17 Wikipedia 27.5.2007: Der **Heilige Franz von Sales** (* 21. August 1567 auf Schloss Sales bei Annecy; † 28. Dezember 1622 in Lyon) war Bischof von Genf/Annecy, Ordensgründer, Mystiker und Kirchenlehrer. Er ist der Patron der Schriftsteller, Journalisten, der Gehörlosen und der Städte Genf, Annecy und Chambéry.

Übernommen aus der Webseite: www.franz-sales-verlag.de: Franz von Sales ist nicht zu verstehen, wenn man nicht berücksichtigt, dass all sein Tun, Denken und Reden von der Überzeugung getragen ist, dass Gott den Menschen liebt. Alles, was von Gott kommt, alles, was Gott will, alles was Gott tut, geschieht aus Liebe. Gott selbst ist Liebe, er kann also nicht anders als lieben. Alles, was nicht mit Liebe vereinbar ist, kommt nicht von Gott. Gottes Wille ist immer Gottes Liebe. Franz von Sales betonte immer wieder: Gott verlangt vom Menschen sehr selten große Leistungen, aber kleine Gelegenheiten, Gott zu dienen gibt es täglich. Für diese kleinen Gelegenheiten brauche ich die kleinen Tugenden: Demut, Sanftmut, Gleichmut, Herzlichkeit, Geduld, Sorgfalt, Ertragen unserer und der anderen Fehler, Höflichkeit, Hilfsbereitschaft, Milde, Bescheidenheit, Aufrichtigkeit, Vertrauen.

18 Tänze im Sitzen, ein Bereich des Seniorentanzes/Seniorensports

19 Diese Redewendung hat ihren Ursprung bei Seneca. Sie stammt aus seiner Tragödie *Hercules Furens* (Der wildgewordene Herkules). *Per aspera ad astra* heißt wörtlich: Durch das Raue zu den Sternen. Im übertragenen Sinn ist daraus im Lauf der Zeit *Durch Nacht zum Licht* geworden.

20 NT, 1. Brief des Paulus an die Korinther, 13

IHR SEID PRIESTER BIS ZU EUREM LEBENSENDE S. 39

1 Wikipedia 17.4.2007: Der Begriff **Diaspora** (v. griech.: διασπορά *diaspora* = Verstreutheit) bezeichnet seit dem späten 19. Jahrhundert hauptsächlich religiöse oder ethnische Gruppen, die ihre traditionelle Heimat verlassen haben und unter Andersdenkenden lebend, über weite Teile der Welt verstreut sind. Sie kann aber auch einfach eine Minderheitssituation vor allem einer Religionsgruppe bezeichnen.

2 Wikipedia 17.4.2007: **Franz Joseph Hermann Michael Maria von Papen** (* 29. Oktober 1879 in Werl, Westfalen; † 2. Mai 1969 in Obersasbach, Baden-Württemberg) war ein katholischer deutscher Politiker (Zentrumspartei), 1932 Reichskanzler und 1933–1934 Vizekanzler im ersten Kabinett Hitler.

Am 4. Januar 1933 traf sich von Papen insgeheim mit Adolf Hitler im Haus des Bankiers Kurt Freiherr von Schröder, um über die Regierungsbeteiligung der NSDAP zu beraten. An einem späteren Treffen am 22. Januar nahmen auch Staatssekretär Otto Meißner und Oskar von Hindenburg teil. Allen drei Vertrauten Paul von Hindenburgs wird zugeschrieben, dass sie in den letzten Januartagen den Reichspräsidenten zur Ernennung Hitlers zum Reichskanzler überzeugten. Von Papens Plan war es, Hitler „einzurahmen", ihn und seine Stimmen zu kaufen und in Wirklichkeit selbst die Macht auszuüben („*In zwei Monaten haben wir Hitler in die Ecke gedrückt, dass er quietscht!*" soll er gesagt haben).

Von Papen war vom 30. Januar 1933 bis zum 7. August 1934 Vizekanzler im Kabinett Hitler. Sein Rücktritt erfolgte nach der berühmt gewordenen Marburger Rede, in der er mahnte: „*Deutschland darf kein Zug ins Blaue werden!*". Während des Röhm-Putsches stand er unter Hausarrest. Im Zusammenhang mit dem Tod Hindenburgs bemühte er sich vergeblich um ein Testament aus dessen Hand, in dem öffentlich die Wiederherstellung der Monarchie empfohlen werden sollte.

Im Juli 1933 war er Bevollmächtigter der Reichsregierung beim Abschluss des auch heute noch gültigen Reichskonkordats, mit dem das Verhältnis zwischen dem Deutschen Reich und der katholischen Kirche geregelt wird. Er war Mitglied des Ritterordens vom Heiligen Grab zu Jerusalem. Nach der Ermordung des österreichischen Bundeskanzlers Engelbert Dollfuß am 25. Juli 1934 durch Nationalsozialisten schickte Hitler von Papen als Sondergesandten nach Wien.

1936 stieg von Papen zum Botschafter auf und bereitete den Anschluss Österreichs an das Deutsche Reich vor. 1939 wurde er Botschafter in Ankara und erreichte den Abschluss eines deutsch-türkischen Freundschaftsvertrags am 18. Juni 1940. Am 24. Februar 1942 überlebte von Papen ein von zwei sowjetischen Geheimagenten verübtes Attentat. Die diplomatischen Beziehungen brach die Türkei erst 1944 ab. Daraufhin erwog die deutsche Regierung, ob sie von Papen als Botschafter zum Heiligen Stuhl schicken sollte. Der Bischof von Berlin, Konrad von Preysing, verhinderte dies.

1946 wurde er im Nürnberger Prozess gegen die Hauptkriegsverbrecher freigesprochen, anschließend im sogenannten Spruchkammerverfahren (*Entnazifizierung*) zu acht Jahren Arbeitslager verurteilt. Kurz danach wurde ihm 1949 die Amnestie eingeräumt. 1945 wurde ihm die 1933 verliehene Ehrenbürger-Würde seiner Heimatstadt Werl aberkannt. Ab 1949 bewohnte er für einige Jahre das Schloss Benzenhofen in der oberschwäbischen Gemeinde Berg und versuchte erfolglos, seine politische Karriere weiterzuführen. In den Jahren nach der Amnestie schrieb von Papen unter anderem an seiner Autobiographie „Der Wahrheit eine Gasse", bevor er 1969 verstarb.

Franz von Papen war 1923 zum päpstlichen Geheimkämmerer von Papst Pius XI. ernannt geworden. 1959 wurde er von seinem Freund, Papst Johannes XXIII., erneut zum Geheimkämmerer ernannt. Außerdem war er Ritter des Malteserordens.

3   Neues Testament, Matthäus 16,24

4   Der **Regens** (Partizip zu lat. *regere*, leiten) ist der Leiter eines Priesterseminares in einer Diözese der Katholischen Kirche. Er wird durch den für das Seminar zuständigen Diözesan-Bischof berufen und ist diesem gegenüber zur Rechenschaft verpflichtet.

Zu seinen Aufgaben zählen die Leitung der wirtschaftlichen Angelegenheiten des Priesterseminars, Gespräche mit den Seminaristen und deren Beurteilung zur Weihezulassung oder auch -ablehnung. Um ihn in seiner Aufgabe zu unterstützen, kann ihm ein Subregens zur Seite stehen, welcher ihm untergeordnet ist. Der Regens eines Priesterseminares ist immer Priester. Der Subregens unterstützt die Arbeit des Regens im Priesterseminar. Er wird ebenfalls vom Bischof berufen und eingesetzt.

5   Die **Dalmatik** ist ein kurzärmeliges liturgisches Kleid des Diakons.

6   Die **Primiz** ist die erste Messe, die ein Priester nach dem Weihegottesdienst (meist mit seiner Heimatgemeinde) feiert (mit Primizsegen am Schluss); lat. primitialis = Erstling

7   CDU-Vorsitzender in der Sowjetischen Besatzungszone

8   Wikipedia 26.4.2007: Der Priester und spätere Kardinal **Joseph Cardijn** gründete die CAJ 1925 in Brüssel. Anliegen Cardijns war es, den jungen Arbeitern und Arbeiterinnen ihre Würde bewusst zu machen und sie durch Aktionen und Seminare zu bilden. Sie sollten so ihre Verantwortung für sich und die Gesellschaft wahrnehmen können. Dabei entwickelte er die Methode „sehen – urteilen – handeln", die in leicht veränderter Funktion später oft Einzug in die Pädagogik der Jugend- und Erwachsenenbildung in Gesellschaft und Kirche fand. In seinem „Handbuch für die CAJ" legte er die Prinzipien der Bewegung fest. *„Die Arbeiter sind keine Sklaven, keine Maschinen, keine Bestien. Sie haben eine Würde wie alle Menschen!" ist für den Verband eine ebenso zentrale Triebfeder wie der Satz „Jede junge Arbeiterin, jeder junge Arbeiter ist mehr wert als alles Gold der Welt, weil sie oder er Tochter oder Sohn Gottes ist."* Beide Aussagen stammen von Cardijn, der so sein zentrales Anliegen formulierte, das ihn zur Gründung des Verbands motiviert hatte. Als Arbeiterpriester hatte er die katastrophalen Umstände gesehen, in denen Arbeiterfamilien damals leben mussten und die aus heutiger Sicht als absolut un-

menschlich bezeichnet werden müssen.

Die Anfänge der CAJ liegen im persönlichen Engagement Cardijns, der in den Arbeitersiedlungen von Haus zu Haus zog, das Evangelium verkündete und dabei stets ein offenes Ohr für die Nöte der Arbeiterinnen und Arbeiter hatte.

9   Sommer 2006

10 Aus dem Lied „Wann wir schreiten Seit` an Seit` und die alten Lieder singen", 2. Strophe, Worte: Hermann Claudius, Melodie: Michael Englert

11 Psalm 119 (118)

12 Neues Testament, Mathäus 19, 10-12

13 Wikipedia 27.4.2007: **Ignatius von Loyola** oder **Íñigo López de Loyola** (* 31. Mai 1491 auf Schloss Loyola bei Azpeitia; † 31. Juli 1556 in Rom), war der wichtigste Mitbegründer und Gestalter der später auch als Jesuitenorden bezeichneten *Gesellschaft Jesu* (lat.: *Societas Jesu*, SJ). Er wurde 1622 heilig gesprochen.

Die Stationen im Leben des Ignatius von Loyola schildert er selber in seiner so genannten Autobiographie: *Der Bericht des Pilgers*:

López de Loyola stammte aus einem baskischen Adelsgeschlecht. Er war der jüngste Sohn des *Don Beltrán Yáñez de Oñez y Loyola* und dessen Ehefrau *María Sáenz de Lieona y Balda*. Als sein Vater 1507 starb, wurde er Page am Hof von *Juan Velásquez de Cuéllar*. Als 1517 sein Dienstherr starb, schloss López de Loyola sich dem Militär an und diente unter dem Herzog von Nájera und Vizekönig von Navarra, Antonio Manrique de Lara.

Am 20. März 1521 bei der Verteidigung Pamplonas gegen französische Truppen wurde Loyola durch eine Kanonenkugel schwer verletzt. Der Überlieferung nach las er auf dem Krankenlager statt seiner bevorzugten Ritterromanzen theologische Literatur und kam deshalb dazu, über seine Lebensweise nachzudenken. Während seiner Rekonvaleszenz im Kloster Montserrat legte er seine Lebensbeichte ab, die der Überlieferung nach drei Tage dauerte. 1522 verließ er, der als Ritter und Edelmann gekommen war, das Kloster als Bettler und Pilger. Seine Waffen ließ er am Altar der Klosterkirche zurück.

Es folgte etwa ein Jahr als Büßer in Manresa – in diese Zeit fallen seine großen inneren Erlebnisse, die er in seinem Exerzitienbuch niederschrieb – und eine Pilgerfahrt nach Jerusalem.

Bis 1526 holte er in Barcelona soviel Schulbildung nach, dass er zu einem Studium zugelassen wurde. In diesem Jahr begann López de Loyola an der Universität Alcalá Philosophie und Theologie zu studieren. Durch seine Ansichten fiel er schon nach kurzer Zeit der Inquisition auf. Nach *ernster Befragung* wurde López de Loyola dort acht Wochen eingesperrt. 1527 wechselte er an die Universität Salamanca, doch auch dort wurde er von der Inquisition bespitzelt, verhört und schließlich vom theologischen Studium ausgeschlossen.

Im Juni 1528 flüchtete er deshalb nach Frankreich. An der Sorbonne studierte er mit finanzieller Unterstützung durch spanische Kaufleute in Frankreich und Flandern weiter und beendete am 15. März 1534 sein Studium mit dem Titel eines *Magister artium*. Ein anschließend erneut aufgenommenes Theologiestudium beendete er nicht. Noch während des Studiums in Paris schloss er Freundschaft mit sechs Kommilitonen, Peter Faber, Franz Xaver, Simon Rodrigues de Azevedo, Diego Laínez, Alfonso Salmerón und Nicolás Bobadilla. Am 15. August 1534, Mariä Himmelfahrt, gelobten die sieben Männer in der Kapelle *St. Denis* am Montmartre Armut, Keuschheit und Mission in Palästina. Dieses gemeinsame Gelöbnis am Montmartre gilt als Keimzelle jener Gemeinschaft, die sich ab 1539 *Compañía de Jesús* nannte, und damit der Jesuiten.

Am 24. Juni 1537 wurde López de Loyola zusammen mit Diego Laínez in Venedig zum Priester geweiht. Wegen der unsicheren politischen Lage war an eine Missionsreise ins Heilige Land nicht zu denken. Deshalb ersetzten sie die gelobte Missionierung des Heiligen Landes durch die Bereitschaft, in den Dienst des Papstes zu treten und insbesondere in den Gebieten zu missionieren, die die katholische Kirche durch die Reformation verloren hatte. Kurz darauf reisten Ignatius und seine Freunde nach Rom und trugen dem Papst ihre Absicht vor. Papst Paul III. nahm ihre *Formula Instituti* zur Kenntnis und genehmigte drei Jahre später mit der Bulle *Regimini militantis ecclesiae* vom 27. September 1540 die *Societas Jesu*.

Die neue Gruppe sorgte schon dadurch für Aufsehen, dass sie auf eine eigene Ordenstracht verzichtete. Darüber hinaus war sie in ihrer straffen Hierarchie an militärische Ränge angelehnt. Auch die Ordensregeln wichen von bisher üblichen ab und orientierten sich an militärischen Disziplinarvorschriften. Gleichzeitig waren Loyola und seine Anhänger neuen Predigtformen gegenüber aufgeschlossen, um ihren ambitionierten Missionszielen gerecht zu werden. Mit der päpstlichen Bulle *Regimini militantis ecclesiae* vom 27. September 1540 wurde der *Societas Jesu* die päpstliche Approbation erteilt. Schnell wurde der Orden zum wichtigsten Träger der Gegenreformation. 1546 ließ Loyola offiziell die ursprüngliche Begrenzung der Gemeinschaft auf 60 Mitglieder fallen, worauf ein rasantes Wachstum, insbesondere in Spanien, einsetzte. 1549 machte eine päpstliche Bulle die Abteilungen der Societas Jesu unabhängig von den jeweiligen Bischöfen ihrer Operationsbereiche.

Im Sommer 1556 erkrankte López de Loyola heftig an Fieber. Am 30. Juli 1556 verlangte er nach der Letzten Ölung und dem päpstlichen Segen. Bei Tagesanbruch des darauf folgenden Tage starb Ignatius von Loyola im Alter von 65 Jahren. Seine letzte Ruhestätte befindet sich in Il Gesù in Rom, der Kirche des Mutterhauses seines Ordens. Der Jesuitenorden zählte bei seinem Tod bereits 1000 Mitglieder.

Nachleben [Ignatius wurde am 27. Juli 1609 von Papst Paul V. selig - und am 22. Mai 1622 von Papst Gregor XV. heilig gesprochen. Sein Gedenktag ist in der katholischen und anglikanischen Kirche sein Sterbetag, der 31. Juli.

14 Wikipedia 27.4.2007: Unter **Kommunion** (griech. *koinonia* 1 Kor 10,16; lat. *communio*, dt. *Gemeinschaft*) versteht man in der römisch-katholischen Kirche, lutherischen Kirche, der anglikanischen Kirche und in der Christengemeinschaft sowie in den Ostkirchen (a) die geheiligten Speisen (Brot und Wein) des Abendmahls (Eucharistie), (b) deren Austeilung und gläubigen Empfang. Darin begründet ist (c) die *Kirchen-* oder *Kommuniongemeinschaft* (lat. *communio*).

15 Wikipedia 3.5.2007: **Niklaus von Flüe** oder **Bruder Klaus** (* 1417; † 21. März 1487 auf dem *Flüeli* bei Sachseln im Kanton Obwalden) war ein Schweizer Einsiedler, Asket und Mystiker. Niklaus von Flüe wurde in eine Obwaldner Bergbauernfamilie geboren. Sein Vater war *Heinrich von Flüe*, seine Mutter hieß *Hemma Ruobert*. Von 1440 bis 1444 nahm Niklaus von Flüe als Offizier am Alten Zürichkrieg teil. Nach dem Krieg heiratete er *Dorothea Wyss*, mit der er zehn Kinder hatte. Er lebte als für damalige Verhältnisse wohlhabender Bauer, war Ratsherr des Kantons und Richter seiner Gemeinde.

1467 – das jüngste Kind war noch kein Jahr alt, der älteste Sohn, Hans, jedoch schon zwanzig, so dass dieser als Bauer die Familie ernähren konnte – verließ Niklaus mit dem Einverständnis seiner Frau seine Familie, um Einsiedler zu werden. Er pilgerte zunächst Richtung Hochrhein. Nachdem er auf seiner Wanderung der Sage nach im Windental oberhalb Liestals eine Vision erlebte, kehrte er um und ließ sich dann in der Ranftschlucht, nur wenige Minuten von seinem Haus, als Einsiedler nieder. Deshalb wird er von der Bildenden Kunst als hagerer, bärtiger Mann (vgl. Abb.) mit Stock und dem *Bätti* (den Rosenkranz gab es damals noch nicht) dargestellt.

In seiner Klause führte er als *Bruder Klaus* ein intensives Gebetsleben, der Schwerpunkt seiner Betrachtungen war die Vertiefung in das Leiden Christi. Immer wieder will er von intensiven Visionen heimgesucht worden sein, die ersten sollen sogar schon im Mutterleib stattgefunden haben. Angeblich nahm er in den letzten 19 Jahren seines Lebens außer der Eucharistie nichts zu sich und trank lediglich das frische Quellwasser aus einem nahen Bach. Dies bestätigte der zuständige Bischof nach einer Untersuchung

16 Neues Testament, Johannes 20, 22-23

17 Tatjana Goritschewa: Von Gott zu reden, ist gefährlich. Meine Erfahrungen im Osten und Westen. Herder Verlag GmbH. 1990

18 Wikipedia 9.5.2007: Die Gemeinschaft **Totus Tuus** wurde 1997 aus Mitgliedern von Gebetskreisen gegründet, die durch „Wallfahrten" nach Medjugorje entstanden sind und ist seit 2004 von der katholischen Kirche als sog. neue geistliche Gemeinschaft anerkannt. „Totus tuus" bedeutet übersetzt „ganz dein". Diese Worte sind der Kern ihrer Spiritualität und drücken die vollkommene Hingabe an Jesus durch Maria aus.
Das Testament des Papstes Johannes Paul II. vom 6. März 1979 beginnt auch mit den Worten: „Totus Tuus ego sum."

19 Franziskus oder auch **Franz von Assisi**, eigentlich *Giovanni Battista Bernardone* (lat. Franciscus de Assisi oder Franciscus Assisiensis) (* um 1181/1182 in Assisi, Italien; † 3. Oktober 1226 in der Portiuncula-Kapelle unterhalb von Assisi) versuchte streng und bis ins Einzelne nach dem Vorbild des Jesus von Nazaret zu leben (sogenannte Imitatio Christi). Diese Lebensweise zog gleichgesinnte Gefährten und Nachahmer an. Franziskus gründete den Orden der *Minderen Brüder* (siehe auch Franziskaner OFM, lat. *ordo fratrum minorum* und Minoriten, lat. *ordo fratrum minorum conventualium*) und war Mitbegründer des Frauenordens der Klarissen. Er ist ein Heiliger der römisch-katholischen Kirche.

GLAUBEN HEISST, DAS HERZ GEBEN S. 70

1 Anton Sterzl: „Der Dom, die Stadt, die Menschen. Leben und Werk von Hans Müllejans. 1977–2004 Dompropst in Aachen. Ehrenbürger der Stadt Aachen" Thouet Verlag. Aachen 2006

2 Webseite Domverein Aachen 25.10.2007: Das Lotharkreuz entstand um das Jahr 1000. Unzählige wertvolle Edelsteine und Perlen sowie aufwendige Filigranarbeiten zieren fast verschwenderisch die Vorderseite. Besonders auffallend ist der im Schnittpunkt der Kreuzbalken vorhandene Halbedelstein Sardonyx. Er weist drei Farbschichten auf und enthält das Portrait Kaiser Augustus. Diese Arbeit ist ein Meisterwerk der Steinschneidekunst und stammt aus der Zeit unmittelbar vor der Geburt Christus. Der im unteren Abschnitt eingefasste Bergkristall aus karolingischer Zeit enthält die Darstellung von König Lothar II. Ihm verdankt das Kreuz seinen Namen. Die Rückseite ist im Gegensatz zur Vorderansicht von schlichter Gestaltung. Als Gravur ist die Darstellung des gekreuzigten Christus erkennbar, während die Sonne und der Mond ihr Antlitz als Zeichen der Trauer verhüllen. Aus dem Himmel tritt die Hand Gottes hervor, die einen Lorbeerkranz hält, in dessen Mitte sich eine Taube befindet. Am Fuß des Kreuzes kriecht eine Schlange empor. Diese Darstellung symbolisiert den Sieg über den Tod und das Böse.

3 Wikipedia 30.10.2007: Die Stephansbursa, auch Stephanusburse, ist ein Teil der Reichskleinodien des Heiligen Römischen Reiches. Es handelt sich um ein Reliquiar in Form einer Pilgertasche, das angeblich Erde aus Jerusalem enthält, die mit dem Blut des Heiligen Stephanus getränkt ist. Die Vorderseite der Stephansbursa ist reich mit Edelsteinen besetzt. Die Seitenflächen zeigen vier Medaillons: eine Rachegöttin, einen Fischer, einen Falkenjäger und einen Vogelsteller. Es handelt sich um eine karolingische Arbeit, vermutlich aus dem ersten Drittel des 9. Jahrhunderts. Bei der Krönung in Aachen befand sich die Stephansbursa zunächst als einziges Reichskleinod auf dem Kredenztisch. Nach dem eigentlichen Krönungsakt wurde sie in einen Hohlraum des Thrones gelegt, auf dem der Kaiser dann Platz nahm. Damit thronte der Gekrönte auf Erde aus der Heiligen Stadt, die zusätzlich durch das Märtyrerblut geheiligt worden war. Zusammen mit dem Reichsevangeliar und dem Säbel Karls des Großen ist sie eines von drei Reichskleinodien, die traditionell in Aachen aufbewahrt wurden. 1794 wurden sie vor den anrückenden Truppen Napoleons zunächst nach Paderborn in Sicherheit gebracht. 1801 kamen sie nach Wien in die weltliche Schatzkammer. Von 1938 bis 1946 befand sich die Stephansbursa in Nürnberg und wurde dann nach Wien zurückgebracht. In Aachen befindet sich heute eine Nachbildung der Bursa.

4 Wikipedia 30.10.2007: Als in der Urgemeinde in Jerusalem immer mehr Arme, insbesondere Witwen und Waisen, zu betreuen waren und es dabei zu Streitigkeiten zwischen den aramäischen und hellenistischen Judenchristen kam, befürchteten die Apostel, dass sie deshalb ihre Aufgaben in Lehre und Predigt vernachlässigen müssten. Die versammelte Gemeinde wählte darum sieben Diakone, Männer *von gutem Ruf und voll Geist und Weisheit*, die sich insbesondere um die vernachlässigten griechisch sprechenden Judenchristen kümmern sollten (Apg 6,1-6). Einer dieser sieben Diakone war Stephanus, beschrieben als *voll Kraft und Gnade*. Wie aus seinem griechischen Namen (dt. *Kranz, Krone*) zu schließen ist, gehörte er selbst zu den Hellenisten. Er wirkte in Jerusalem als Armenpfleger und als Evangelist. Doch hellenistische Juden zeigten ihn beim Hohen Rat, der höchsten jüdischen Behörde, an und warfen ihm vor, gegen Gott und Moses gelästert zu haben. In seiner Verteidigungsrede (Apg 7,1-53) bekannte sich Stephanus zur jüdischen Tradition sowie zum Christentum und warf seinerseits seinen Anklägern und Richtern vor, nicht auf Gott zu hören. Daraufhin gerieten die Richter in Wut und verurteilten ihn zum Tode. Stephanus wurde außerhalb der Stadt gesteinigt (Apg 7,54-60). Stephanus ist der Erste, von dem überliefert wird, dass er wegen seines Bekenntnisses zu Jesus Christus getötet wurde. Damit gilt er als der erste Märtyrer oder auch *Erzmärtyrer*. Seine Tötung war angeblich der Auftakt zu einer großen Christenverfolgung in Jerusalem, an der sich Saulus, der spätere Paulus, besonders eifrig beteiligte.

5   Johannes 17,21

6   Wikipedia 13.10.2007: Von den fast 7.000 Fällen von Heilungen, die im Medizinischen Büro von Lourdes seit seiner Gründung, das heißt seit 120 Jahren, gemeldet wurden, hat die Kirche heute 67 Heilungen in Lourdes als Wunder anerkannt. Geheilt wurden Menschen aus allen Schichten, jeder Altersklasse, aber meistens Frauen (80 %). Die Krankheiten, welche geheilt wurden, sind u. a. Multiple Sklerose, Tuberkulose, Infektionskrankheiten.

7   Markus 9,24

8   Johannes 6,44

9   Mathäus 19,10

10   Paulus, Brief an die Kolosser 1, 16

11   Johannes 12, 47

12   Johannes 15, 9-12

Gott ist für mich keine Erfindung, sondern eine Erfahrung S. 109

1   Ps 63, 9

2   **Romano Guardini** (* 17. Februar 1885 in Verona; † 1. Oktober 1968 in München) war ein katholischer Religionsphilosoph und Theologe.

3   www.bautz.de – Seite des Verlages Traugott Bautz 19.12.2007: **Spaemann, Heinrich**: kath. Priester u. geistlicher Schriftsteller, * 1904, † 1.5. 2001 in Überlingen am Bodensee. – Sp. gilt als einer der bedeutendsten geistlichen Autoren im deutschen Sprachgebiet. Aus dem Ruhrgebiet stammend war er Priester des Bistums Münster und Mitglied der Priesterbruderschaft Charles de Foucauld. – Er wuchs in Westfalen, am Rande des Ruhrgebietes in einem evangelischen Elternhaus auf. In den zwanziger Jahren studierte er Kunstgeschichte in München und Berlin und wandte sich dabei ganz vom Glauben ab. Er wurde Atheist. Als sogar radikaler Atheist trat er in die Redaktion der Berliner »Sozialistischen Monatshefte« ein unter Ernst Bloch. Er heiratete die Tänzerin und Mary Wigman–Schülerin Ruth Krämer. 1927 wurde ihm der Sohn Robert geboren. 1930 wandte er sich mit seiner Frau und seinem Sohn Robert dem Christentum wieder zu und trat in die katholische Kirche ein. Dieser Sohn Robert wurde später christlicher Philosoph und brachte es bis zum Universitätslehrer. Er wirkte in Stuttgart, Heidelberg und München. Nach dem Tode seiner Frau 1936 nahm Spaemann das Studium der Theologie auf und wurde 1942 in Münster von Bischof Galen zum Priester geweiht. Sehr treffend wird im Nachruf auf ihn gesagt: »Als angesehener Exerzitienmeister, geistlicher Ratgeber und Autor zahlrei-

cher Bücher – darunter das weit verbreitete Werk: Das Prinzip der Liebe, hat Spaemann ganze Generationen unruhiger Gottessucher in die Tiefe des je eigenen Fragens hinein begleitet.« (Christ in der Gegenwart Nr. 21/2001, S. 174). 1969 ging er als Rektor ans Vianney-Hospital in Überlingen am Bodensee und trat in die Priesterbruderschaft Charles de Foucauld ein.

4 **Jaques Jean Edmond Georges Gaillot** (* 11. September 1935 in Saint-Dizier) war 13 Jahre lang katholischer Bischof von Évreux. Nach einem harten Konflikt mit dem Vatikan und seiner Amtsenthebung ist er seit 1995 Titularbischof von Partenia und Internetseelsorger.

5 2007

6 Pfarrer Wulsche zeigt auf das Christusbild in seinem Wohnzimmer.

7 Herausgegeben von J. G. Gaarslandt. Rowohlt Taschenbuch Verlag Hamburg. 1985

8 **Charles Eugène Vicomte de Foucauld** (* 15. September 1858 in Straßburg; † 1. Dezember 1916 in Tamanrasset, Algerien) war ein französischer Priester und Mönch. Am 1. Dezember 1916 wurde er vor seiner Klause ermordet.

9 Matthäus 17, 7

WER GLAUBT, HAT KEINE ANGST S. 133

1 „Amen, ich sage euch: Was ihr für einen meiner geringsten Brüder getan habt, das habt ihr mir getan." Matthäus 25,40

2 Text der 1. Strophe eines katholischen Kirchenliedes. Autor: *Georg Thurmeier, 1935.*

3 Der heilige Bruder Konrad von Parzham lebte 41 Jahre lang, bis zu seinem Tod 1894, in Altötting. Der Kapuziner und Pförtner wurde von ungezählten Menschen als gottverbundener Menschenfreund erfahren. 1818 geboren als 11. Kind der Bauerseheleute Bartholomäus und Gertraud Birndorfer auf dem Venushof zu Parzham, wurde er 1841 in den Dritten Orden des heiligen Franziskus zu Altötting unter dem Namen Franziskus aufgenommen, 1849 Aufnahme als Kandidat in das Kapuzinerkloster St.-Anna zu Altötting. Gehilfe an der Pforte, 1852 wurde er der Pförtner des Klosters, eine Tätigkeit, die er bis kurz vor seinem Tod 1894 ausfüllte. 1930 Seligsprechung, 1934 Heiligsprechung durch Papst Pius XI.

4 Wikipedia 19.2.2008: Der Blasiussegen ist ein Segensbrauch im liturgischen Jahr der katholischen Kirche. Das Datum des Blasiussegens ist der liturgische Gedenktag des Heiligen, der 3. Februar. Meist wird er jedoch im Anschluss an die Liturgie des Lichtmesstags oder auch am folgenden Sonntag gespendet. Der Segen knüpft an die Gestalt des hl. Blasius von Sebaste an, der nach der Überlieferung Bischof von Sebaste in Kleinasien war und im Jahr 316 als Märtyrer starb. Der Heilige zählt zu den Vierzehn Nothelfern. Die bekannteste Erzählung über Blasius berichtet, wie er während seiner Gefangenschaft in einem römischen Gefängnis einem jungen Mann, der an einer Fischgräte zu ersticken drohte, das Leben rettete. Im Sinne dieser Überlieferung hält der Priester beim Blasiussegen dem Gläubigen zwei gekreuzte brennende Kerzen in Höhe des Kopfes vor.

Das Segenswort lautet im Benediktionale: Auf die Fürsprache des heiligen Blasius bewahre dich der Herr vor Halskrankheit und allem Bösen. Es segne dich Gott, der Vater und der Sohn und der Heilige Geist. Oder: Der allmächtige Gott schenke dir Gesundheit und Heil. Er segne dich auf die Fürsprache des heiligen Blasius durch Christus, unsern Herrn. Der Segensspruch kann sinngemäß abgewandelt werden. Der Gläubige antwortet mit *Amen.*

5 Matthäus 9, 36

6 Wer von d. Wasser trinkt, das ich gebe, wird ewig keinen Durst mehr haben. Johannes 4, 10-14

7 Ich bin das Brot des Lebens. Wer zu mir kommt, wird nicht hungern. Johannes 6, 22-59

8 Ich bin der wahre Weinstock und mein Vater der Weingärtner Johannes 15,1-8

9   Ich bin der gute Hirte, der sein Leben für die Schafe lässt. Johannes 10, 11-30

10 Ich bin das Licht der Welt. Wer mir folgt, ist nicht in Finsternis. Johannes 8, 12

11 Johannes 14, 1-6

12 Johannes 6, 67-69

13 Taufe Jesu: „Du bist mein geliebter Sohn, an dir habe ich Wohlgefallen gefunden."
Markus 1, 11

DIE MENSCHEN BRAUCHEN DEN PRIESTER – DAS SPÜRE ICH TÄGLICH S. 159

1   Wikipedia 12.3.2008: Bund Lausitzer Sorben e.V. ist der Dachverband sorbischer Vereine
und Vereinigungen mit Sitz in Bautzen. Das sorbische Wort Domowina ist ein poetischer Ausdruck
für Heimat. Die Domowina wurde am 13. Oktober 1912 in Hoyerswerda gegründet. Während des
Nationalsozialismus wurde sie 1937 enteignet und verboten. Sie wurde bereits am 10. Mai 1945 in
Crostwitz, Kreis Kamenz, neu gegründet. Ziel der Domowina ist es, die politischen und kulturel-
len Interessen der etwa 60 000 Sorben bzw. Wenden, die zumeist in den Bundesländern Sachsen und
Brandenburg leben, auf regionaler, Landes- und Bundesebene zu vertreten und die sorbisch/wendische
Sprache und Kultur zu erhalten und zu fördern. Viele Sorben sind keine Domowina-Mitglieder. Der
Grund dafür liegt in der DDR-Vergangenheit, in der sich der Verband der SED-Herrschaft unterwer-
fen musste. Heute unterliegt die Domowina dem Vereinsrecht und ist intern demokratisch aufgebaut.

2   Johannes 8, 12

DER GLAUBE MACHT FREI S. 177

1   Lk 23,43 GNB

2   Psalm 139,1-24: Ein Psalm Davids, vorzusingen.

    HERR, du erforschest mich und kennest mich.
    Ich sitze oder stehe auf, so weißt du es; du verstehst meine Gedanken von ferne.
    Ich gehe oder liege, so bist du um mich und siehst alle meine Wege.
    Denn siehe, es ist kein Wort auf meiner Zunge, das du, HERR, nicht schon wüsstest.
    Von allen Seiten umgibst du mich und hältst deine Hand über mir.
    Diese Erkenntnis ist mir zu wunderbar und zu hoch, ich kann sie nicht begreifen…

3   Johannes 13, 14-16

GOTTES MACHT IST DIE LIEBE S. 200

1   Terzett

FÜR JEDEN VON UNS HAT GOTT EINEN WEG VORGESEHEN S. 218

1   www.heiligenlexikon.de, 27.10.2008: Niels Stensen, geboren am 1. oder 11. Januar 1638 in Ko-
penhagen in Dänemark, gestorben 5. Dezember 1686 in Schwerin in Mecklenburg–Vorpommern. Er
studierte Medizin und wirkte dann als Arzt und Forscher in Leiden und in Paris. Ab 1666 arbeitete er
als Erzieher am Hof der Medici in Florenz. Er wurde einer der angesehensten Wissenschaftler seiner
Zeit und gilt als Begründer der wissenschaftlichen Paläontologie, Geologie und Kristallographie.
1667 konvertierte der Lutheraner zur katholischen Kirche, 1675 empfing er die Priesterweihe und
wirkte dann mit ganzer Kraft als Seelsorger. 1677 wurde er auf Vorschlag des katholischen Herzogs
Johann Friedrich von Hannover von Papst Innozenz XI. zum apostolischen Vikar für die Missionen in
Skandinavien ernannt, wenig später wurde er zum Bischof geweiht. Als Herzog Johann Friedrich 1679
starb, erbte sein evangelischer Bruder, der Bischof von Osnabrück, Ernst-August I., das Kurfürsten-

tum Hannover. Stensen konnte sich dort nun nicht mehr halten, denn der neue Herrscher suchte den katholischen Kultus einzuschränken. Er ging nach Münster und war ab 1680 als Weihbischof für Münster und Paderborn tätig. 1683 zog er unter dramatischen Umständen von dort fort - das Domka-pitel hatte ihn beauftragt, vor der Wahl des neuen Bischofs das Hochamt zu halten, Stensen lehnte ab wegen der „im Vorfeld von Bischofswahlen üblichen Bestechungen und Wahlkapitulationen" - er ging nach Altona - heute Stadtteil von Hamburg - und wirkte in Hamburg. Kurz vor seinem Tod ging er nach Schwerin, gründete dort die katholische Gemeinde und wirkte als einfacher Seelsorger.

2   Wikipedia 12.1.2009: Die Church of Scotland ist die Nationalkirche in Schottland. Im allgemei-nen, informellen Sprachgebrauch wird sie „the Kirk" genannt. Sie ist nicht, wie die Church of Eng-land, die etablierte Staatskirche, hat aber eine besondere Stellung in der Hierarchie des schottischen Staates. Sie ist eine presbyterianische (reformierte) Kirche, keine anglikanische. Die Church of Scot-land entstand als Kirche der Reformation durch den reformatorischen Eifer von John Knox, der die Reformation aus Genf von Johannes Calvin mit in seine Heimat brachte.

3   Anmerkung im April 2009: Leider traten dann später doch weitere Symptome der Krankheit auf, und das Kind ist im Januar diesen Jahres an den Folgen der Krankheit gestorben.

4   Denn wir wissen nicht, worum wir in rechter Weise beten sollen; der Geist selber tritt für uns ein mit Seufzen, das wir nicht in Worte fassen können. Römer 8, 26 [Einheitsübersetzung]

5   Seht die Vögel unter dem Himmel an: sie säen nicht, sie ernten nicht, sie sammeln nicht in die Scheunen; und euer himmlischer Vater ernährt sie doch. Seid ihr denn nicht viel mehr als sie? Matthä-us 6, 26

6   Die Christen müssten mir erlöster aussehen. Bessere Lieder müssten sie mir singen, wenn ich an ihren Erlöser glauben sollte. Friedrich Nietzsche: Also sprach Zarathustra. Werke in drei Bänden. München 1954, Band 2, S. 350

7   Galater 5,1